2025“海关管理现代化前沿”蓝皮书

U1006998

各国（地区）税则内容结构与税率结构的比较分析

金宏彬◎著

中国海关出版社有限公司
中国·北京

图书在版编目（CIP）数据

各国（地区）税则内容结构与税率结构的比较分析 / 金宏彬著. -- 北京 ：中国海关出版社有限公司，2025.
ISBN 978-7-5175-0909-7

Ⅰ. F811. 4

中国国家版本馆 CIP 数据核字第 20253KE535 号

各国（地区）税则内容结构与税率结构的比较分析

GEGUO（DIQU）SHUIZE NEIRONG JIEGOU YU SHUILÜ JIEGOU DE BIJIAO FENXI

作　　者：金宏彬
责任编辑：夏淑婷
责任印制：孙　倩
出版发行：中国海关出版社有限公司
社　　址：北京市朝阳区东四环南路甲 1 号　　邮政编码：100023
编 辑 部：01065194242-7539（电话）
发 行 部：01065194221/4238/4246/4247（电话）
社办书店：01065195616/5127（电话）
https://weidian.com/?userid=319526934（网址）
印　　刷：北京中科印刷有限公司　　经　　销：新华书店
开　　本：710mm×1000mm　1/16
印　　张：25.75　　字　　数：407 千字
版　　次：2025 年 8 月第 1 版
印　　次：2025 年 8 月第 1 次印刷
书　　号：ISBN　978-7-5175-0909-7
定　　价：58.00 元

海关版图书，版权所有，侵权必究
海关版图书，印装错误可随时退换

前　言

《商品名称及编码协调制度》(*Harmonized Commodity Description and Coding System*，简称《协调制度》或 HS）是一部多用途的国际贸易商品分类目录，已有超过 200 个经济体、海关或经济联盟以 HS 为基础制定进出口税则，覆盖国际货物贸易量的 98%以上[①]。

2022 年版 HS 将国际贸易商品分为 21 类、97 章、1228 个四位品目和 5612 个六位子目。根据《商品名称及编码协调制度的国际公约》的规定，缔约方可以在 HS 六位编码基础上增设本国（地区）子目并设置进出口税率制定本国（地区）税则，用于海关征税和贸易统计。同时，税则也承担了环境保护、濒危物种管理、化学武器及麻醉品和精神药物管制、进口配额管理等多项功能。缔约方还可以根据本国（地区）需要增设第 98 章和第 99 章，将本国（地区）的特殊贸易政策和措施纳入税则。在不违背 HS 归类原则和方法的基础上，缔约方可以增设本国（地区）总规则、类注、章注、子目注释或统计注释等。

中国于 1992 年开始采用 HS 为基础制定《中华人民共和国进出口税则》（简称《中国税则》）和《中华人民共和国海关统计商品目录》，在 HS 六位编码基础上增加两位数构成八位税号，承担海关征税、统计、配额管理等多项职能，是国家关税政策的具体体现。因此，为了更好地发挥税则的作用，有必要对国际上主要贸易国家（地区）或经济体的税则的内容结构（包括增设的总规则和注释、列目结构等）和税率结构（征税方式、名义平均税率、最高税率、最低税率、税率分布的离散程度等）等进行深入分析。

美国是发达国家，美国税则在 HS 六位编码基础上增加两位编码构成八位税号，税号数超过一万个，再加上两位数统计后缀构成十位统计编码，同时增设了大量的类注、章注和统计注释，并将大量的特殊商品贸易政策、关税临时立法和自由贸易区政策列入第 98 章和第 99 章。可

---

① 资料来自世界海关组织。

以说，美国税则的内容体系非常丰富。欧盟是世界上最大的区域性经济合作组织，其税则的税号数虽然不是最多，但其从量税、复合税、选择税等征税方式的设置不同于其他国家（地区）税则。日本作为全球第四大经济体，其税则的编码结构是比较罕见的九位编码结构。印度作为发展较快的新兴经济体，其税则的税号数非常多，名义平均税率相对较高。此外，本书还将加拿大、澳大利亚、欧亚经济联盟和中国的税则作为研究对象，共包括八个国家（地区）的税则，研究对象覆盖亚洲、欧洲、北美洲和大洋洲。2023 年，上述八个国家（地区）的进出口贸易总额为 30.81 万亿美元，占全球进出口贸易总额的比重为 64.10%①，涵盖了国际上主要的贸易方。

国内外税则比较研究的资料主要有两种。一种是 1998 年吴家煌主编出版的《世界主要国家关税政策与措施》。该书介绍了美国、欧盟、日本、加拿大、澳大利亚、韩国、泰国、印度、印度尼西亚、巴西、墨西哥、马来西亚及中国的关税法规、关税税则、关税结构、关税水平、关税优惠政策、海关估价、原产地规则、关税配额、反倾销规则、反补贴规则以及其他进口环节税等，是国内第一部全面比较各国（地区）关税政策的百科全书，内容翔实，覆盖面广泛。然而该书研究对象是 1995 年或 1996 年各国（地区）的税则，距今已有近 30 年，其间不仅《协调制度》经历了多次改版和修订，而且各国（地区）税则的列目结构和税率结构都经历了较大调整。自 2001 年中国加入世界贸易组织以来，中国政府履行自主降低进口关税的承诺。经过多次主动降税，中国进口关税水平从入世时的 15.3%降至 2023 年的 7.3%②。另一种是世界贸易组织每年出版的电子书《世界关税概况》（*World Tariff Profiles*），最新版是 2024 年版，对 2023 年或 2022 年各国（地区）税则从整体、农产品、非农产品角度统计税率水平、最高税率、税级数等，内容丰富，有极高的参考价值。该书重点关注税率结构，对税则内容体系尤其是税则列目结构的分析较少，各国（地区）税则增设第 98 章和第 99 章

---

① 根据世界贸易组织的资料整理。

② 数据来自 2025 年 4 月 9 日国务院新闻办公室发布的《关于中美经贸关系若干问题的中方立场》白皮书。

的情况及增设本国注释的情况也未涉及。

综合上述两种研究资料的内容特点，本书从内容结构和税率结构两个方面对各国（地区）税则进行对比分析，分为上篇和下篇。

上篇税则内容结构部分，首先从总规则、注释、税率表三个方面对比分析各国（地区）税则的结构体系。然后分别从类、章、品目和HS子目四个层面统计税号的分布、平均拆分税号数等。最后，将各国（地区）税则分析结果进行汇总比较。

下篇税则税率结构部分则以进口税率为统计指标。首先，统计各国（地区）税则中从价税、从量税、复合税和选择税等不同征税方式的税号数及其占比。然后剔除非从价税，分别从整体、类、章、品目和HS子目五个层面统计名义平均税率、最高税率、最低税率和税率均方差等指标，从整体到局部对各国（地区）税则的进口税率结构做全面、深入的剖析。最后将各国（地区）税率结构汇总比较。

本书得到了上海海关学院科研处的支持，也得到了上海海关学院黄丙志、李九领、宗慧民和温朝柱等海关专家和教授的大力支持和帮助，在此表示衷心的感谢！

作者试图对各国（地区）税则的内容结构和税率结构进行较为深入的分析，因水平所限，本书难免存在疏漏和不足，恳请专家和同行批评指正。

金宏彬

2025 年 4 月

目　录

上篇　各国（地区）税则内容结构的比较分析

下篇　各国（地区）税则税率结构的比较分析

上篇

各国（地区）税则内容结构的比较分析

根据《商品名称及编码协调制度的国际公约》的规定，缔约方可以根据本国（地区）需要在HS六位编码（简称“HS子目”）结构基础上拆分本国（地区）子目，形成八位、九位或者十位的编码体系，用于征税和统计。一般而言，各国（地区）倾向于将本国（地区）的优势产业商品、国际贸易量大的商品、享受特殊关税政策的商品，以及其他特殊商品在本国（地区）税则中列明。此外，有的国家（地区）将本国（地区）特殊商品的关税政策、自由贸易协定关税政策纳入第98章和第99章，并根据归类需要增设了本国（地区）总规则、类注、章注、子目注释和统计注释，这些做法极大地丰富了税则的内容体系，拓展了税则承载的功能。因此，对比研究不同国家（地区）税则的内容结构是非常必要的。

本篇以美国、中国、欧盟、日本、欧亚经济联盟、加拿大、印度和澳大利亚的税则为研究对象，首先从总规则、注释、税率表三个方面对比分析各国（地区）进出口税则的结构体系，然后分别从类、章、品目和HS子目四个层面统计税号（中国和美国税则还分析了十位编码）的数量、平均拆分税号数等。最后，将各国（地区）税则的结构分析结果进行汇总比较。

第 1 章　美国税则的内容结构分析

《美国协调关税税则》（*Harmonized Tariff Schedule of the United States*）由美国国际贸易委员会制定发布，每年不定期更新发布多个版本。为便于比较分析，本书对 2025 年年初发布的基础版税则进行分析。

1.1　税则结构分析

《美国协调关税税则》由归类总规则、注释和税率表三部分组成。

1.1.1　归类总规则

《美国协调关税税则》的归类总规则由 HS 归类总规则（General Rules for the Interpretation）和美国附加规则（Additional U. S. Rules of Interpretation）组成。其中，HS 归类总规则有六条。美国附加规则有四条，具体如下：

1. 根据监管货物所属同类或同级货物在进口到美国或进口之前的用途（实际用途除外）进行归类，且其监管用途为主要用途。

2. 根据实际用途对监管货物进行归类，该监管货物需满足的条件是货物进口到美国时的申报用途须为实际用途，且货物按上述实际用途使用。此外，货物在进入美国之日起三年内需提交相关证明。

3. 关于货品零件的条款涵盖了专用或主要用于该货品的零件，但是对于“零件”或“零件和附件”条款的权限不应高于该零件的专项条款。

4. 第十一类中关于两种或两种以上纺织材料组成混合物的规定，同样适用于其他有关纺织材料的归类。

1.1.2　注释

注释包括 HS 类注、章注、子目注释和附加美国注释（Additional U. S. Notes）、统计注释（Statistical Notes）。

1. 附加美国注释

附加美国注释包括附加总注释、附加类注和附加章注。其中，附加总注释共有36个（实际有效28个），界定了税则中税率栏适用的对象，介绍了免税及优惠税收政策，并详细列举了美国与其他国家（地区）签署的16个自由贸易协定（原产地规则、估价方法、关税政策和配额限制等），详见表1–1。

表1–1　美国附加总注释列表

总注释号	项目
总注释一	进口货物和船舶设备、零部件及修理物品的关税待遇
总注释二	美国关境
总注释三	税率
总注释四	普遍优惠制下受益发展中国家的产品（GSP）
总注释五	享受特殊关税待遇的汽车产品和机动车
总注释六	根据《民用航空器贸易协定》享受免税待遇的物品
总注释七	美国《加勒比海盆地经济复苏法》（CBERA）受惠国产品
总注释八	1985年《美国—以色列自由贸易区实施法》
总注释九	《美国—加拿大自由贸易协定》（暂停）
总注释十	自由联系国的产品
总注释十一	《美国—墨西哥—加拿大协定》
总注释十二	《北美自由贸易协定》（删除）
总注释十三	药品
总注释十四	染料中间体
总注释十五	例外情形
总注释十六	《非洲增长和机会法案》（AGOA）指定为受惠国的产品
总注释十七	2000年美国《加勒比盆地贸易伙伴关系法》（CBTPA）指定为受惠国的产品
总注释十八	《美国—约旦自由贸易区实施法》
总注释十九至二十四	分别转入总注释三（五）款至（十）款
总注释二十五	《美国—新加坡自由贸易协定》
总注释二十六	《美国—智利自由贸易协定》
总注释二十七	《美国—摩洛哥自由贸易协定实施法》
总注释二十八	《美国—澳大利亚自由贸易协定实施法》

表1-1　续

总注释号	项目
总注释二十九	《多米尼加共和国—中美洲—美国自由贸易协定实施法》
总注释三十	《美国—巴林自由贸易协定实施法》
总注释三十一	《美国—阿曼自由贸易协定实施法》
总注释三十二	《美国—秘鲁贸易促进协定实施法》
总注释三十三	《美国—韩国自由贸易协定》
总注释三十四	《美国—哥伦比亚贸易促进协定》
总注释三十五	《美国—巴拿马贸易促进协定》
总注释三十六	《美国—日本贸易协定》

附加类注共有 10 个，分布在 6 个类，详见表 1-2。其中，第 6 类的附加类注最多，有 3 个。

表 1-2　附加类注在各类的分布

单位：个

类	标题	附加类注数
S04	食品；饮料、酒及醋；烟草、烟草及烟草代用品的制品；非经燃烧吸用的产品，不论是否含有尼古丁；其他供人体摄入尼古丁的含尼古丁的产品	2
S06	化学工业及其相关工业的产品	3
S10	木浆及其他纤维状纤维素浆；回收（废碎）纸或纸板；纸、纸板及其制品	1
S11	纺织原料及纺织制品	2
S15	贱金属及其制品	1
S16	机器、机械器具、电气设备及其零件；录音机及放声机、电视图像、声音的录制和重放设备及其零件、附件	1

注：表中字母 S 表示类（Section），下同。

附加章注共计 460 个，分布在 68 个章中，附加章注 10 个及以上的有 6 章，其中第 98 章有 120 个、第 99 章有 112 个、第 4 章有 26 个、第 85 章有 12 个、第 17 章有 11 个、第 52 章有 10 个，附加章注在各章的分布详见表 1-3。

表 1-3　附加章注在各章的分布

单位：个

章	附加章注数	章	附加章注数	章	附加章注数
01	2	32	1	70	5
02	3	35	1	71	3
03	1	36	1	72	3
04	26	39	5	73	2
05	1	40	3	74	1
07	5	41	1	76	1
08	1	42	2	79	1
09	6	44	4	81	2
10	1	45	1	82	3
11	1	48	2	83	1
12	2	49	2	84	4
15	1	51	2	85	12
16	3	52	10	86	1
17	11	55	1	87	2
18	3	56	2	89	1
19	3	58	5	90	4
20	6	60	2	91	5
21	5	61	1	94	1
22	9	62	3	96	2
23	2	64	6	97	2
24	6	65	1	98	120
26	2	68	2	99	112
27	8	69	6		

注：表中未列出的章表示该章没有附加注释，下同。

从附加注释的作用来分，主要有两类：一是解释本国子目中名词或明确其技术指标，如第 4 章附加注释四定义了品目 2204 项下“发泡葡萄酒”的技术要求：“发泡葡萄酒”是指除起泡酒外的每 100 毫升葡萄酒中二氧化碳含量超过 0. 392 克的葡萄酒。二是本国子目列明商品的归类规定，如第 91 章附加注释二：与手表一起进口以及通常随手表一起出售的表带和表链，均应归入品目 9101 或品目 9102 的手表。否则，表带和表链应归入品目 9113。

2. 统计注释

统计注释是对为了统计进出口贸易数据的需要而进一步细分的本国子目的注释，包括总统计注释、类统计注释和章统计注释。

总统计注释共计六个，包括进口货物统计要求、税则中统计注释结构、统计申报编码、缩写、出口申报和“经认证的有机产品”的定义。

类统计注释共有四个，其中第 11 类纺织原料及纺织制品三个，第 16 类机电产品一个。

章统计注释共有 128 个，分布在 53 个章中，最多的是第 98 章，有 11 个统计注释，后面依次是第 85 章 10 个、第 72 章 8 个、第 76 章 7 个。章统计注释在各章的分布详见表 1-4。

表 1-4　章统计注释在各章的分布

单位：个

章	统计注释数	章	统计注释数	章	统计注释数
03	1	27	1	72	8
04	2	28	1	73	1
07	3	38	2	74	1
08	3	39	2	76	7
09	1	44	1	78	1
10	1	48	2	82	2
12	1	52	1	84	4
15	2	53	1	85	10
16	1	54	2	87	1
17	2	55	2	90	2
18	1	56	1	91	1
19	1	60	1	92	2
20	2	61	6	93	1
21	1	62	4	94	6
22	3	64	2	95	1
24	1	69	2	97	2
25	1	70	2	98	11
26	3	71	2	99	2

例如，《美国协调关税税则》在 HS 子目 8532.22“铝电解电容器”项下按直径“不超过 18 毫米”“超过 18 毫米，但不超过 35 毫米”“超过 35 毫米，但不超过 51 毫米”“超过 51 毫米”拆分出 4 个本国统计子目。为明确规格的意义，在第 85 章设置统计注释五：子目 8532.22 中，非圆形横截面的铝电解电容器的直径应为通过中心测量的最大尺寸。

1.1.3 税率表

根据《商品名称及编码协调制度的国际公约》第三条的规定，各国（地区）可以在 HS 子目之后通过拆分增设本国子目，形成本国的进出口商品分类目录和税率表。

《美国协调关税税则》在 HS 共计 21 类 97 章的基础上增加了第 22 类（包括第 98 章和第 99 章）。其中，第 98 章规定在特殊情况下允许免税进口或部分免税进口货物的规定及免税条件，共计 23 个分章（实际有效的有 22 个分章），每个分章使用同一个四位品目，包括出口后运回货物；大型集装箱或容器；个人免税物品；政府进口货物；宗教、教育、科研用品；展品；渔业产品；船舶零件；非洲特殊关税优惠条件的纺织品和服装等。第 99 章规定了临时关税待遇，实际有效 12 个分章，包括附加关税临时立法；临时降低关税；根据修订的《农业调整法》（AAA）第 22 条规定的 WTO《农业协定》和其他进口限制的保障措施；《美国—摩洛哥自由贸易协定》修订；《美国—澳大利亚自由贸易协定》修订；《美国—秘鲁贸易促进协定》修订；《美国—韩国贸易促进协定》修订等。2018 年以来，美国对中国输美部分产品加征关税，该政策在《美国协调关税税则》第 99 章第 3 分章注释二十中列出，对应的商品编码是 9903.8801～9903.8870，共计 64 个编码。截至 2025 年 1 月 1 日仍然有效的是 16 个编码，针对不同商品征收不同关税的具体措施通过第 3 分章注释作出具体规定。

《美国协调关税税则》税率表采用十位编码，前六位是 HS 编码，后四位是本国子目编码。其中，前八位主要为征税目的而设，又称税号，后两位则为统计需要设置，十位编码又称统计编码。

1.2 列目结构分析

为分析《美国协调关税税则》的列目结构，从八位税号和十位统计编码两个层面分别统计本国子目在类、章、品目和 HS 子目项下的分布情况。由于各国（地区）税则在第 98 章和第 99 章的设置情况不尽相同，为便于比较分析，本书仅对各国（地区）税则第 1 章至第 97 章的列目结构进行分析。

1.2.1　八位税号的分布

统计结果表明，2025 年基础版《美国协调关税税则》共有 11414 个八位税号（不含第 98 章和第 99 章），是在 HS 的 5612 个子目的基础上拆分而来，共增加了 5802 个本国子目。11414 个八位税号中，农产品（第 1 类至第 4 类）的税号数为 2162 个（占比为 18.94%），非农产品（第 5 类至第 21 类）的税号数为 9252 个（占比为 81.06%）。

1. 八位税号在各类的分布

11414 个八位税号在各类的分布详见表 1–5。可以看出，第 6 类的税号数最多，为 1859 个，然后依次为第 11 类（1684 个）、第 16 类（1448 个）、第 15 类（996 个）、第 4 类（797 个）、第 1 类（707 个）、第 2 类（580 个）和第 18 类（517 个）等。这些类设置较多的税号数的原因主要有两方面：一方面是 HS 中这些类的子目数较多，这些商品也是国际贸易的主要商品，需要拆分出较多的子目；另一方面是这些商品也是美国进出口贸易的主要商品，根据美国自身的需要拆分出较多的本国子目。八位税号数最少的是第 21 类（19 个）。

表 1–5　八位税号在各类的分布

单位：个

序号	类	标题	八位税号数
1	S06	化学工业及其相关工业的产品	1859
2	S11	纺织原料及纺织制品	1684
3	S16	机器、机械器具、电气设备及其零件；录音机及放声机、电视图像、声音的录制和重放设备及其零件、附件	1448
4	S15	贱金属及其制品	996

表1-5 续

序号	类	标题	八位税号数
5	S04	食品；饮料、酒及醋；烟草、烟草及烟草代用品的制品；非经燃烧吸用的产品，不论是否含有尼古丁；其他供人体摄入尼古丁的含尼古丁的产品	797
6	S01	活动物；动物产品	707
7	S02	植物产品	580
8	S18	光学、照相、电影、计量、检验、医疗或外科用仪器及设备、精密仪器及设备；钟表；乐器；上述物品的零件、附件	517
9	S07	塑料及其制品；橡胶及其制品	378
10	S13	石料、石膏、水泥、石棉、云母及类似材料的制品；陶瓷产品；玻璃及其制品	348
11	S09	木及木制品；木炭；软木及软木制品；稻草、秸秆、针茅或其他编结材料制品；篮筐及柳条编结品	330
12	S20	杂项制品	322
13	S17	车辆、航空器、船舶及有关运输设备	304
14	S10	木浆及其他纤维状纤维素浆；回收（废碎）纸或纸板；纸、纸板及其制品	275
15	S08	生皮、皮革、毛皮及其制品；鞍具及挽具；旅行用品、手提包及类似容器；动物肠线（蚕胶丝除外）制品	231
16	S05	矿产品	203
17	S12	鞋、帽、伞、杖、鞭及其零件；已加工的羽毛及其制品；人造花；人发制品	197
18	S14	天然或养殖珍珠、宝石或半宝石、贵金属、包贵金属及其制品；仿首饰；硬币	108
19	S03	动、植物或微生物油、脂及其分解产品；精制食用油脂；动、植物蜡	78
20	S19	武器、弹药及其零件、附件	33
21	S21	艺术品、收藏品及古物	19
总计			11414

为进一步分析在HS子目基础上各国（地区）税则拆分本国子目的情况，定义平均拆分税号数N_C为：

$$N_C = \frac{N_{\text{Tariff}}}{N_{\text{HS}}}$$

其中，N_{Tariff}为税则税号数，N_{HS}为六位HS子目数（2022年版为5612个，但日本和澳大利亚未使用可选的HS子目271600，故其HS子目数为5611个）。平均拆分税号数N_C可以反映HS子目平均拆分的本国税号数，与HS子目数的数量多少无关。《美国协调关税税则》各类的平均拆分税号数详见表1-6。可以看出，《美国协调关税税则》的平均拆分税号数为2.03个，即每个HS子目平均拆分为2.03个八位税号。其中，第12类的平均拆分税号数最多，为4.19个，即使该类的总税号数仅有197个，但《美国协调关税税则》对HS子目拆分较细。然后依次为第4类（3.62个）、第8类（3.35个）、第18类（2.49个）等。拆分最少的是第21类，平均拆分税号数为1.00个，即《美国协调关税税则》未对该类HS子目进行细化拆分。

表1-6　各类的平均拆分税号数

单位：个

序号	类	标题	平均拆分税号数
1	S12	鞋、帽、伞、杖、鞭及其零件；已加工的羽毛及其制品；人造花；人发制品	4.19
2	S04	食品；饮料、酒及醋；烟草、烟草及烟草代用品的制品；非经燃烧吸用的产品，不论是否含有尼古丁；其他供人体摄入尼古丁的含尼古丁的产品	3.62
3	S08	生皮、皮革、毛皮及其制品；鞍具及挽具；旅行用品、手提包及类似容器；动物肠线（蚕胶丝除外）制品	3.35
4	S18	光学、照相、电影、计量、检验、医疗或外科用仪器及设备、精密仪器及设备；钟表；乐器；上述物品的零件、附件	2.49
5	S13	石料、石膏、水泥、石棉、云母及类似材料的制品；陶瓷产品；玻璃及其制品	2.30
6	S20	杂项制品	2.27

表1-6 续

序号	类	标题	平均拆分税号数
7	S09	木及木制品；木炭；软木及软木制品；稻草、秸秆、针茅或其他编结材料制品；篮筐及柳条编结品	2.26
8	S11	纺织原料及纺织制品	2.11
9	S06	化学工业及其相关工业的产品	2.01
10	S10	木浆及其他纤维状纤维素浆；回收（废碎）纸或纸板；纸、纸板及其制品	1.96
11	S14	天然或养殖珍珠、宝石或半宝石、贵金属、包贵金属及其制品；仿首饰；硬币	1.96
12	S01	活动物；动物产品	1.90
13	S19	武器、弹药及其零件、附件	1.83
14	S02	植物产品	1.83
15	S07	塑料及其制品；橡胶及其制品	1.79
16	S17	车辆、航空器、船舶及有关运输设备	1.77
17	S15	贱金属及其制品	1.75
18	S16	机器、机械器具、电气设备及其零件；录音机及放声机、电视图像、声音的录制和重放设备及其零件、附件	1.74
19	S03	动、植物或微生物油、脂及其分解产品；精制食用油脂；动、植物蜡	1.47
20	S05	矿产品	1.38
21	S21	艺术品、收藏品及古物	1.00
平均			2.03

注：表格最后一行的平均拆分税号数是针对整个税则统计的平均拆分税号数，不是表格中各行数据的平均值，下同。

2. 八位税号在各章的分布

八位税号在各章的分布详见表1-7。可以看出，第29章的税号数最多，为1051个，占税号总数的9.2%。然后依次为第84章（824个）、第85章（624个）、第62章（395个）和第90章（302个）等。税号数最少的是第66章，仅8个税号。

表 1-7　八位税号在各章的分布

单位：个

序号	章	标题	八位税号数
1	29	有机化学品	1051
2	84	核反应堆、锅炉、机器、机械器具及其零件	824
3	85	电机、电气设备及其零件；录音机及放声机、电视图像、声音的录制和重放设备及其零件、附件	624
4	62	非针织或非钩编的服装及衣着附件	395
5	90	光学、照相、电影、计量、检验、医疗或外科用仪器及设备、精密仪器及设备；上述物品的零件、附件	302
6	03	鱼、甲壳动物、软体动物及其他水生无脊椎动物	279
7	28	无机化学品；贵金属、稀土金属、放射性元素及其同位素的有机及无机化合物	274
8	44	木及木制品；木炭	263
9	72	钢铁	262
10	04	乳品；蛋品；天然蜂蜜；其他食用动物产品	259
11	61	针织或钩编的服装及衣着附件	252
12	73	钢铁制品	250
13	39	塑料及其制品	236
14	52	棉花	233
15	48	纸及纸板；纸浆、纸或纸板制品	225
16	87	车辆及其零件、附件，但铁道或电车道车辆除外	212
17	70	玻璃及其制品	198
18	07	食用蔬菜、根及块茎	192
19	20	蔬菜、水果、坚果或植物其他部分的制品	184
20	38	杂项化学产品	182
21	91	钟表及其零件	174
22	64	鞋靴、护腿和类似品及其零件	147
23	40	橡胶及其制品	142
24	82	贱金属工具、器具、利口器、餐匙、餐叉及其零件	135
25	08	食用水果及坚果；柑橘属水果或甜瓜的果皮	133

表1-7　续1

序号	章	标题	八位税号数
26	55	化学纤维短纤	133
27	54	化学纤维长丝；化学纤维纺织材料制扁条及类似品	131
28	96	杂项制品	127
29	41	生皮（毛皮除外）及皮革	121
30	16	肉、鱼、甲壳动物、软体动物及其他水生无脊椎动物、以及昆虫的制品	117
31	02	肉及食用杂碎	111
32	94	家具；寝具、褥垫、弹簧床垫、软坐垫及类似的填充制品；未列名灯具及照明装置；发光标志、发光铭牌及类似品；活动房屋	110
33	71	天然或养殖珍珠、宝石或半宝石、贵金属、包贵金属及其制品；仿首饰；硬币	108
34	32	鞣料浸膏及染料浸膏；鞣酸及其衍生物；染料、颜料及其他着色料；油漆及清漆；油灰及其他类似胶粘剂；墨水、油墨	107
35	51	羊毛、动物细毛或粗毛；马毛纱线及其机织物	101
36	63	其他纺织制成品；成套物品；旧衣着及旧纺织品；碎织物	99
37	21	杂项食品	90
38	42	皮革制品；鞍具及挽具；旅行用品、手提包及类似容器；动物肠线（蚕胶丝除外）制品	89
39	74	铜及其制品	89
40	95	玩具、游戏品、运动用品及其零件、附件	85
41	69	陶瓷产品	82
42	19	谷物、粮食粉、淀粉或乳的制品；糕饼点心	80
43	25	盐；硫磺；泥土及石料；石膏料、石灰及水泥	79
44	15	动、植物或微生物油、脂及其分解产品；精制食用油脂；动、植物蜡	78
45	18	可可及可可制品	78
46	22	饮料、酒及醋	76
47	27	矿物燃料、矿物油及其蒸馏产品；沥青物质；矿物蜡	76

表1-7　续2

序号	章	标题	八位税号数
48	12	含油子仁及果实；杂项子仁及果实；工业用或药用植物；稻草、秸秆及饲料	74
49	81	其他贱金属、金属陶瓷及其制品	74
50	58	特种机织物；簇绒织物；花边；装饰毯；装饰带；刺绣品	72
51	17	糖及糖食	70
52	68	石料、石膏、水泥、石棉、云母及类似材料的制品	68
53	24	烟草及烟草代用品的制品；非经燃烧吸用的产品，不论是否含有尼古丁；其他供人体摄入尼古丁的含尼古丁的产品	67
54	76	铝及其制品	65
55	30	药品	60
56	60	针织物及钩编织物	60
57	59	浸渍、涂布、包覆或层压的纺织物；工业用纺织制品	59
58	83	贱金属杂项制品	59
59	09	咖啡、茶、马黛茶及调味香料	57
60	56	絮胎、毡呢及无纺织物；特种纱线；线、绳、索、缆及其制品	55
61	57	地毯及纺织材料的其他铺地制品	50
62	26	矿砂、矿渣及矿灰	48
63	46	稻草、秸秆、针茅或其他编结材料制品；篮筐及柳条编结品	48
64	33	精油及香膏；芳香料制品及化妆盥洗品	43
65	34	肥皂、有机表面活性剂、洗涤剂、润滑剂、人造蜡、调制蜡、光洁剂、蜡烛及类似品、塑型用膏、“牙科用蜡”及牙科用熟石膏制剂	41
66	92	乐器及其零件、附件	41
67	11	制粉工业产品；麦芽；淀粉；菊粉；面筋	38
68	01	活动物	37
69	37	照相及电影用品	37
70	23	食品工业的残渣及废料；配制的动物饲料	35

表1-7　续3

序号	章	标题	八位税号数
71	93	武器、弹药及其零件、附件	33
72	86	铁道或电车道机车、车辆及其零件；铁道或电车道轨道固定装置及其零件、附件；各种机械（包括电动机械）交通信号设备	32
73	89	船舶及浮动结构体	32
74	06	活树及其他活植物；鳞茎、根及类似品；插花及装饰用簇叶	31
75	53	其他植物纺织纤维；纸纱线及其机织物	31
76	10	谷物	30
77	49	书籍、报纸、印刷图画及其他印刷品；手稿、打字稿及设计图纸	29
78	65	帽类及其零件	29
79	75	镍及其制品	28
80	88	航空器、航天器及其零件	28
81	31	肥料	24
82	35	蛋白类物质；改性淀粉；胶；酶	24
83	05	其他动物产品	21
84	43	毛皮、人造毛皮及其制品	21
85	47	木浆及其他纤维状纤维素浆；回收纸或纸板	21
86	45	软木及软木制品	19
87	97	艺术品、收藏品及古物	19
88	36	炸药；烟火制品；火柴；引火合金；易燃材料制品	16
89	13	虫胶；树胶、树脂及其他植物液、汁	14
90	50	蚕丝	13
91	67	已加工羽毛、羽绒及其制品；人造花；人发制品	13
92	79	锌及其制品	13
93	14	编结用植物材料；其他植物产品	11
94	78	铅及其制品	11
95	80	锡及其制品	10

表1-7　续4

序号	章	标题	八位税号数
96	66	雨伞、阳伞、手杖、鞭子、马鞭及其零件	8
总计			11414

《美国协调关税税则》各章的平均拆分税号数详见表1-8。可以看出，《美国协调关税税则》中第4章的平均拆分税号数最多，为7.85个，即平均每个HS子目拆分出7.85个税号，表明对该章HS子目拆分得非常细致。然后依次为第18章（7.09个）、第64章（5.88个）、第21章（5.63个）、第42章（4.45个）、第46章（4.36个）、第19章（4.21个）、第24章（4.19个）和第17章（4.12个）等。平均拆分税号数最少的是第31章、第47章和第97章，平均拆分税号数均为1.00个，即《美国协调关税税则》未对这些章的HS子目进行拆分。

表1-8　各章的平均拆分税号数

单位：个

序号	章	标题	平均拆分税号数
1	04	乳品；蛋品；天然蜂蜜；其他食用动物产品	7.85
2	18	可可及可可制品	7.09
3	64	鞋靴、护腿和类似品及其零件	5.88
4	21	杂项食品	5.63
5	42	皮革制品；鞍具及挽具；旅行用品、手提包及类似容器；动物肠线（蚕胶丝除外）制品	4.45
6	46	稻草、秸秆、针茅或其他编结材料制品；篮筐及柳条编结品	4.36
7	19	谷物、粮食粉、淀粉或乳的制品；糕饼点心	4.21
8	24	烟草及烟草代用品的制品；非经燃烧吸用的产品，不论是否含有尼古丁；其他供人体摄入尼古丁的含尼古丁的产品	4.19
9	17	糖及糖食	4.12
10	62	非针织或非钩编的服装及衣着附件	3.80
11	65	帽类及其零件	3.63
12	91	钟表及其零件	3.63

表1-8 续1

序号	章	标题	平均拆分税号数
13	20	蔬菜、水果、坚果或植物其他部分的制品	3.54
14	41	生皮（毛皮除外）及皮革	3.27
15	22	饮料、酒及醋	3.17
16	70	玻璃及其制品	2.79
17	16	肉、鱼、甲壳动物、软体动物及其他水生无脊椎动物、以及昆虫的制品	2.79
18	69	陶瓷产品	2.73
19	45	软木及软木制品	2.71
20	51	羊毛、动物细毛或粗毛；马毛纱线及其机织物	2.66
21	07	食用蔬菜、根及块茎	2.63
22	96	杂项制品	2.59
23	29	有机化学品	2.56
24	59	浸渍、涂布、包覆或层压的纺织物；工业用纺织制品	2.46
25	92	乐器及其零件、附件	2.41
26	32	鞣料浸膏及染料浸膏；鞣酸及其衍生物；染料、颜料及其他着色料；油漆及清漆；油灰及其他类似胶粘剂；墨水、油墨	2.38
27	61	针织或钩编的服装及衣着附件	2.38
28	48	纸及纸板；纸浆、纸或纸板制品	2.23
29	14	编结用植物材料；其他植物产品	2.20
30	95	玩具、游戏品、运动用品及其零件、附件	2.18
31	87	车辆及其零件、附件，但铁道或电车道车辆除外	2.16
32	90	光学、照相、电影、计量、检验、医疗或外科用仪器及设备、精密仪器及设备；上述物品的零件、附件	2.11
33	82	贱金属工具、器具、利口器、餐匙、餐叉及其零件	2.11
34	85	电机、电气设备及其零件；录音机及放声机、电视图像、声音的录制和重放设备及其零件、附件	2.11
35	57	地毯及纺织材料的其他铺地制品	2.08

表1-8　续2

序号	章	标题	平均拆分税号数
36	44	木及木制品；木炭	2.05
37	94	家具；寝具、褥垫、弹簧床垫、软坐垫及类似的填充制品；未列名灯具及照明装置；发光标志、发光铭牌及类似品；活动房屋	2.04
38	73	钢铁制品	2.02
39	80	锡及其制品	2.00
40	71	天然或养殖珍珠、宝石或半宝石、贵金属、包贵金属及其制品；仿首饰；硬币	1.96
41	58	特种机织物；簇绒织物；花边；装饰毯；装饰带；刺绣品	1.95
42	06	活树及其他活植物；鳞茎、根及类似品；插花及装饰用簇叶	1.94
43	63	其他纺织制成品；成套物品；旧衣着及旧纺织品；碎织物	1.90
44	08	食用水果及坚果；柑橘属水果或甜瓜的果皮	1.90
45	52	棉花	1.88
46	76	铝及其制品	1.86
47	56	絮胎、毡呢及无纺织物；特种纱线；线、绳、索、缆及其制品	1.83
48	93	武器、弹药及其零件、附件	1.83
49	54	化学纤维长丝；化学纤维纺织材料制扁条及类似品	1.82
50	74	铜及其制品	1.82
51	39	塑料及其制品	1.80
52	40	橡胶及其制品	1.78
53	27	矿物燃料、矿物油及其蒸馏产品；沥青物质；矿物蜡	1.77
54	43	毛皮、人造毛皮及其制品	1.75
55	34	肥皂、有机表面活性剂、洗涤剂、润滑剂、人造蜡、调制蜡、光洁剂、蜡烛及类似品、塑型用膏、“牙科用蜡”及牙科用熟石膏制剂	1.71
56	38	杂项化学产品	1.69
57	02	肉及食用杂碎	1.68

表1-8　续3

序号	章	标题	平均拆分税号数
58	75	镍及其制品	1.65
59	83	贱金属杂项制品	1.64
60	67	已加工羽毛、羽绒及其制品；人造花；人发制品	1.63
61	49	书籍、报纸、印刷图画及其他印刷品；手稿、打字稿及设计图纸	1.61
62	35	蛋白类物质；改性淀粉；胶；酶	1.60
63	72	钢铁	1.57
64	84	核反应堆、锅炉、机器、机械器具及其零件	1.53
65	28	无机化学品；贵金属、稀土金属、放射性元素及其同位素的有机及无机化合物	1.52
66	23	食品工业的残渣及废料；配制的动物饲料	1.52
67	33	精油及香膏；芳香料制品及化妆盥洗品	1.48
68	12	含油子仁及果实；杂项子仁及果实；工业用或药用植物；稻草、秸秆及饲料	1.48
69	15	动、植物或微生物油、脂及其分解产品；精制食用油脂；动、植物蜡	1.47
70	09	咖啡、茶、马黛茶及调味香料	1.46
71	50	蚕丝	1.44
72	79	锌及其制品	1.44
73	11	制粉工业产品；麦芽；淀粉；菊粉；面筋	1.41
74	05	其他动物产品	1.40
75	86	铁道或电车道机车、车辆及其零件；铁道或电车道轨道固定装置及其零件、附件；各种机械（包括电动机械）交通信号设备	1.39
76	78	铅及其制品	1.38
77	60	针织物及钩编织物	1.36
78	68	石料、石膏、水泥、石棉、云母及类似材料的制品	1.36
79	53	其他植物纺织纤维；纸纱线及其机织物	1.35

表1-8　续4

序号	章	标题	平均拆分税号数
80	30	药品	1.33
81	66	雨伞、阳伞、手杖、鞭子、马鞭及其零件	1.33
82	81	其他贱金属、金属陶瓷及其制品	1.32
83	26	矿砂、矿渣及矿灰	1.30
84	89	船舶及浮动结构体	1.28
85	13	虫胶；树胶、树脂及其他植物液、汁	1.27
86	03	鱼、甲壳动物、软体动物及其他水生无脊椎动物	1.24
87	37	照相及电影用品	1.23
88	36	炸药；烟火制品；火柴；引火合金；易燃材料制品	1.23
89	55	化学纤维短纤	1.21
90	25	盐；硫磺；泥土及石料；石膏料、石灰及水泥	1.18
91	10	谷物	1.15
92	01	活动物	1.09
93	88	航空器、航天器及其零件	1.08
94	31	肥料	1.00
95	47	木浆及其他纤维状纤维素浆；回收纸或纸板	1.00
96	97	艺术品、收藏品及古物	1.00
平均			2.03

3. 八位税号在各品目的分布

八位税号在1228个品目的分布详见表1-9，篇幅所限，表中仅列出八位税号数量排名前30的品目。可以看出，品目0406的税号数最多，为154个，表明《美国协调关税税则》对该产品进行了非常细致的拆分，税号数超过100个的还有品目2933（113个），然后依次为品目6204（86个）、品目8708（85个）、品目1806（72个）、品目8528（70个）等。此外，品目0205、品目0409、品目0501、品目0504等165个品目（占品目总数的13.44%）的八位税号数为1，表明不仅HS未对上述品目进行子目拆分，《美国协调关税税则》也未进行拆分。

表 1-9　八位税号在各品目的分布

单位：个

序号	品目	品目条文	八位税号数
1	0406	乳酪及凝乳	154
2	2933	仅含有氮杂原子的杂环化合物	113
3	6204	女式西服套装、便服套装、上衣、连衣裙、裙子、裙裤、长裤、护胸背带工装裤、马裤及短裤（游泳服除外）	86
4	8708	机动车辆的零件、附件，品目 8701 至 8705 所列车辆用	85
5	1806	巧克力及其他含可可的食品	72
6	8528	监视器及投影机，未装电视接收装置；电视接收装置，不论是否装有无线电收音装置或声音、图像的录制或重放装置	70
7	2008	用其他方法制作或保藏的其他品目未列名水果、坚果及植物的其他食用部分，不论是否加酒、加糖或其他甜物质	66
8	2903	烃的卤化衍生物	65
9	2921	氨基化合物	65
10	0304	鲜、冷、冻鱼片及其他鱼肉（不论是否绞碎）	64
11	2922	含氧基氨基化合物	64
12	6203	男式西服套装、便服套装、上衣、长裤、护胸背带工装裤、马裤及短裤（游泳裤除外）	64
13	5208	棉机织物，按重量计含棉量在 85% 及以上，每平方米重量不超过 200 克	62
14	0302	鲜、冷鱼，但品目 0304 的鱼片及其他鱼肉除外	59
15	1901	麦精；细粉、粗粒、粗粉、淀粉或麦精制的其他品目未列名的食品，不含可可或按重量计全脱脂可可含量低于 40%；品目 0401 至 0404 所列货品制的其他品目未列名的食品，不含可可或按重量计全脱脂可可含量低于 5%	59

表1-9　续1

序号	品目	品目条文	八位税号数
16	4202	衣箱、提箱、小手袋、公文箱、公文包、书包、眼镜盒、望远镜盒、照相机套、乐器盒、枪套及类似容器；旅行包、食品或饮料保温包、化妆包、帆布包、手提包、购物袋、钱夹、钱包、地图盒、烟盒、烟袋、工具包、运动包、瓶盒、首饰盒、粉盒、刀叉餐具盒及类似容器，用皮革或再生皮革、塑料片、纺织材料、钢纸或纸板制成，或者全部或主要用上述材料或纸包覆制成	59
17	7019	玻璃纤维（包括玻璃棉）及其制品（例如，纱线、无捻粗纱及机织物）	59
18	2918	含附加含氧基的羧酸及其酸酐、酰卤化物、过氧化物和过氧酸以及它们的卤化、磺化、硝化或亚硝化衍生物	56
19	4412	胶合板、单板饰面板及类似的多层板	53
20	3204	有机合成着色料，不论是否已有化学定义；本章注释三所述的以有机合成着色料为基本成分的制品；用作荧光增白剂或发光体的有机合成产品，不论是否已有化学定义	52
21	7013	玻璃器，供餐桌、厨房、盥洗室、办公室、室内装饰或类似用途（品目7010或7018的货品除外）	52
22	1604	制作或保藏的鱼；鲟鱼子酱及鱼卵制的鲟鱼子酱代用品	48
23	5407	合成纤维长丝纱线的机织物，包括品目5404所列材料的机织物	48
24	8501	电动机及发电机（不包括发电机组）	48
25	0303	冻鱼，但品目0304的鱼片及其他鱼肉除外	45
26	6104	针织或钩编的女式西服套装、便服套装、上衣、连衣裙、裙子、裙裤、长裤、护胸背带工装裤、马裤及短裤（游泳服除外）	44
27	2106	其他品目未列名的食品	43
28	4802	书写、印刷或类似用途的未经涂布的纸及纸板、未打孔的穿孔卡片及穿孔纸带纸，成卷或成张矩形（包括正方形），任何尺寸，但品目4801或4803的纸除外；手工制纸及纸板	43
29	4810	成卷或成张矩形（包括正方形）的任何尺寸的单面或双面涂布高岭土或其他无机物质（不论是否加粘合剂）的纸及纸板，未涂布其他涂料，不论是否染面、饰面或印花	43

表1-9 续2

序号	品目	品目条文	八位税号数
30	9506	一般的体育活动、体操、竞技及其他运动（包括乒乓球运动）或户外游戏用的本章其他品目未列名用品及设备；游泳池或戏水池	43

各品目的平均拆分税号数详见表1-10，篇幅所限，表中仅列出了平均拆分税号数量排名前30的品目①。可以看出，平均拆分税号数最多的仍然是品目0406，为30.80个，即平均每个HS子目拆分出30.80个税号，本国子目拆分最多。然后依次为品目2106（21.50个）、品目6216（20.00个）、品目1901（19.67个）、品目9619（19.00个）、品目8529（17.00个）、品目1806（14.40个）等。此外，品目0103、品目0104、品目0105、品目0205等438个品目（占品目总数的35.67%）的平均拆分税号数为1.00个，即《美国协调关税税则》未对上述品目进行拆分。

表1-10 各品目的平均拆分税号数

单位：个

序号	品目	品目条文	平均拆分税号数
1	0406	乳酪及凝乳	30.80
2	2106	其他品目未列名的食品	21.50
3	6216	分指手套、连指手套及露指手套	20.00
4	1901	麦精；细粉、粗粒、粗粉、淀粉或麦精制的其他品目未列名的食品，不含可可或按重量计全脱脂可可含量低于40%；品目0401至0404所列货品制的其他品目未列名的食品，不含可可或按重量计全脱脂可可含量低于5%	19.67
5	9619	任何材料制的卫生巾（护垫）及卫生棉条、尿布及尿布衬里和类似品	19.00
6	8529	专用于或主要用于品目8524至8528所列装置或设备的零件	17.00
7	1806	巧克力及其他含可可的食品	14.40

① 由于平均拆分税号数相同，实际为31个，下同。

表1-10　续1

序号	品目	品目条文	平均拆分税号数
8	6404	橡胶、塑料、皮革或再生皮革制外底，纺织材料制鞋面的鞋靴	13.00
9	6505	针织或钩编的帽类，用成匹的花边、毡呢或其他纺织物（条带除外）制成的帽类，不论有无衬里或装饰物；任何材料制的发网，不论有无衬里或装饰物	13.00
10	2401	烟草；烟草废料	12.33
11	0403	酸乳；酪乳、结块的乳及稀奶油、酸乳酒及其他发酵或酸化的乳和稀奶油，不论是否浓缩、加糖、加其他甜物质、加香料、加水果、加坚果或加可可	12.00
12	5201	未梳的棉花	12.00
13	6912	陶餐具、厨房器具及其他家用或盥洗用陶器	10.00
14	9620	独脚架、双脚架、三脚架及类似品	10.00
15	9104	仪表板钟及车辆、航空器、航天器或船舶用的类似钟	9.00
16	6402	橡胶或塑料制外底及鞋面的其他鞋靴	8.20
17	2927	重氮化合物、偶氮化合物及氧化偶氮化合物	8.00
18	6201	男式大衣、短大衣、斗篷、短斗篷、带风帽的防寒短上衣（包括滑雪短上衣）、防风衣、防风短上衣及类似品，但品目6203的货品除外	8.00
19	6202	女式大衣、短大衣、斗篷、短斗篷、带风帽的防寒短上衣（包括滑雪短上衣）、防风衣、防风短上衣及类似品，但品目6204的货品除外	8.00
20	8528	监视器及投影机，未装电视接收装置；电视接收装置，不论是否装有无线电收音装置或声音、图像的录制或重放装置	7.78
21	4421	其他木制品	7.50
22	6406	鞋靴零件（包括鞋面，不论是否带有除外底以外的其他鞋底）；活动式鞋内底、跟垫及类似品；护腿、裹腿和类似品及其零件	7.33
23	3926	其他塑料制品及品目3901至3914所列其他材料的制品	7.20

表1-10　续2

序号	品目	品目条文	平均拆分税号数
24	2001	蔬菜、水果、坚果及植物的其他食用部分，用醋或醋酸制作或保藏的	7.00
25	2006	糖渍蔬菜、水果、坚果、果皮及植物的其他部分（沥干、糖渍或裹糖的）	7.00
26	2105	冰淇淋及其他冰制食品，不论是否含可可	7.00
27	4602	用编结材料直接编成或用品目4601所列货品制成的篮筐、柳条编结品及其他制品；丝瓜络制品	7.00
28	8503	专用于或主要用于品目8501或8502所列机器的零件	7.00
29	4409	任何一边、端或面制成连续形状（舌榫、槽榫、半槽榫、斜角、V形接头、珠榫、缘饰、刨圆及类似形状）的木材（包括未装拼的拼花地板用板条及缘板），不论其任意一边或面是否刨平、砂光或端部接合	6.75
30	2007	烹煮的果酱、果冻、柑橘酱、果泥及果膏，不论是否加糖或其他甜物质	6.67
31	2934	核酸及其盐，无论是否已有化学定义；其他杂环化合物	6.67

4. 八位税号在HS子目的分布

八位税号在5612个HS子目的分布详见表1-11①，篇幅所限，表中仅列出了八位税号数量为10个及以上的HS子目，共有91个。可以看出，八位税号数最多的是子目0406.90（50个），然后依次为子目2106.90（42个）、子目0406.20（38个）、子目0406.30（36个）、子目8529.90（31个）等。统计结果还表明，子目0101.21、子目0101.29、子目0101.30、子目0102.21、子目0102.31、子目0102.39、子目0102.90等3510个HS子目（占HS子目总数的62.54%）的税号数为1，表明《美国协调关税税则》未对上述HS子目进行拆分。

① 表中未列出子目条文，完整的子目条文是品目条文加相应的子目条文，欲进一步了解条文内容可以查阅当年的税则，下同。

表1-11　八位税号在HS子目的分布

单位：个

序号	HS子目	八位税号数	序号	HS子目	八位税号数	序号	HS子目	八位税号数
1	0406.90	50	32	6211.20	15	63	8516.90	12
2	2106.90	42	33	8528.49	15	64	0710.80	11
3	0406.20	38	34	8708.50	15	65	0712.90	11
4	0406.30	36	35	2935.90	14	66	0811.90	11
5	8529.90	31	36	4421.99	14	67	1702.90	11
6	2933.99	29	37	4602.19	14	68	1704.90	11
7	1806.20	28	38	6404.11	14	69	2710.19	11
8	3926.90	26	39	8543.70	14	70	2908.99	11
9	2008.99	23	40	9506.99	14	71	2915.39	11
10	1901.10	22	41	1806.10	13	72	2921.42	11
11	6404.19	22	42	1806.32	13	73	2922.50	11
12	8528.72	22	43	2001.90	13	74	2930.90	11
13	0406.10	21	44	2401.30	13	75	2933.39	11
14	1901.90	21	45	2933.59	13	76	8528.59	11
15	2924.29	21	46	4421.91	13	77	9108.90	11
16	0403.90	20	47	6201.40	13	78	1701.91	10
17	3824.99	20	48	6202.40	13	79	2309.90	10
18	6216.00	20	49	6203.43	13	80	2917.19	10
19	6402.99	20	50	6204.63	13	81	2918.29	10
20	2934.99	19	51	6402.91	13	82	2918.99	10
21	9619.00	19	52	6505.00	13	83	2932.99	10
22	2208.90	18	53	8215.99	13	84	4823.90	10
23	1806.90	17	54	8528.69	13	85	6116.10	10
24	1901.20	16	55	8708.99	13	86	6307.90	10
25	2005.70	16	56	9102.29	13	87	6912.00	10
26	2007.99	16	57	2916.39	12	88	7013.99	10
27	2008.30	16	58	2922.29	12	89	9006.59	10
28	2926.90	16	59	2933.19	12	90	9018.90	10
29	6406.10	16	60	5201.00	12	91	9620.00	10
30	2401.20	15	61	6204.69	12			
31	4202.92	15	62	6911.10	12			

1.2.2 十位统计编码的分布

2025 年基础版《美国协调关税税则》共有 19907 个十位统计编码（不含第 98 章和第 99 章），是在八位税号的基础上细化而来，共增加了 8493 个统计编码。下文分析 8493 个统计编码在各类、章、品目及 HS 子目中的分布。

1. 统计编码在各类的分布

8493 个统计编码在各类的分布详见表 1-12。可以看出，第 11 类的统计编码数最多，为 2482 个，占 29.22%。然后依次为第 16 类（1208 个）、第 15 类（814 个）、第 2 类（540 个）、第 6 类（462 个）、第 4 类（432 个）、第 1 类（406 个）、第 18 类（342 个）、第 9 类（294 个）和第 12 类（279 个）等。统计编码数最少的是第 21 类（11 个）。

表 1-12 统计编码在各类的分布

单位：个

序号	类	标题	统计编码数
1	S11	纺织原料及纺织制品	2482
2	S16	机器、机械器具、电气设备及其零件；录音机及放声机、电视图像、声音的录制和重放设备及其零件、附件	1208
3	S15	贱金属及其制品	814
4	S02	植物产品	540
5	S06	化学工业及其相关工业的产品	462
6	S04	食品；饮料、酒及醋；烟草、烟草及烟草代用品的制品；非经燃烧吸用的产品，不论是否含有尼古丁；其他供人体摄入尼古丁的含尼古丁的产品	432
7	S01	活动物；动物产品	406
8	S18	光学、照相、电影、计量、检验、医疗或外科用仪器及设备、精密仪器及设备；钟表；乐器；上述物品的零件、附件	342
9	S09	木及木制品；木炭；软木及软木制品；稻草、秸秆、针茅或其他编结材料制品；篮筐及柳条编结品	294

表1-12　续

序号	类	标题	统计编码数
10	S12	鞋、帽、伞、杖、鞭及其零件；已加工的羽毛及其制品；人造花；人发制品	279
11	S17	车辆、航空器、船舶及有关运输设备	255
12	S20	杂项制品	224
13	S13	石料、石膏、水泥、石棉、云母及类似材料的制品；陶瓷产品；玻璃及其制品	151
14	S05	矿产品	141
15	S07	塑料及其制品；橡胶及其制品	138
16	S10	木浆及其他纤维状纤维素浆；回收（废碎）纸或纸板；纸、纸板及其制品	113
17	S08	生皮、皮革、毛皮及其制品；鞍具及挽具；旅行用品、手提包及类似容器；动物肠线（蚕胶丝除外）制品	105
18	S19	武器、弹药及其零件、附件	34
19	S03	动、植物或微生物油、脂及其分解产品；精制的食用油脂；动、植物蜡	32
20	S14	天然或养殖珍珠、宝石或半宝石、贵金属、包贵金属及其制品；仿首饰；硬币	30
21	S21	艺术品、收藏品及古物	11
总计			8493

2. 统计编码在各章的分布

8493个统计编码在各章的分布详见表1-13。可以看出，第84章的统计编码数最多，为859个。然后依次为第62章（852个）、第61章（586个）、第85章（349个）、第73章（320个）、第72章（296个）等。统计编码数为0的是第45章、第66章、第67章和第79章，均未增设统计编码。

表 1-13 统计编码在各章的分布

单位：个

序号	章	标题	统计编码数
1	84	核反应堆、锅炉、机器、机械器具及其零件	859
2	62	非针织或非钩编的服装及衣着附件	852
3	61	针织或钩编的服装及衣着附件	586
4	85	电机、电气设备及其零件；录音机及放声机、电视图像、声音的录制和重放设备及其零件、附件	349
5	73	钢铁制品	320
6	72	钢铁	296
7	44	木及木制品；木炭	293
8	52	棉花	292
9	03	鱼、甲壳动物、软体动物及其他水生无脊椎动物	283
10	55	化学纤维短纤	266
11	64	鞋靴、护腿和类似品及其零件	244
12	07	食用蔬菜、根及块茎	225
13	91	钟表及其零件	201
14	87	车辆及其零件、附件，但铁道或电车道车辆除外	187
15	94	家具；寝具、褥垫、弹簧床垫、软座垫及类似的填充制品；未列名灯具及照明装置；发光标志、发光铭牌及类似品；活动房屋	161
16	29	有机化学品	154
17	24	烟草及烟草代用品的制品；非经燃烧吸用的产品，不论是否含有尼古丁；其他供人体摄入尼古丁的含尼古丁的产品	134
18	54	化学纤维长丝；化学纤维纺织材料制扁条及类似品	134
19	63	其他纺织制成品；成套物品；旧衣着及旧纺织品；碎织物	130
20	90	光学、照相、电影、计量、检验、医疗或外科用仪器及设备、精密仪器及设备；上述物品的零件、附件	119

表1-13　续1

序号	章	标题	统计编码数
21	08	食用水果及坚果；柑橘属水果或甜瓜的果皮	100
22	20	蔬菜、水果、坚果或植物其他部分的制品	92
23	12	含油子仁及果实；杂项子仁及果实；工业用或药用植物；稻草、秸秆及饲料	90
24	48	纸及纸板；纸浆；纸或纸板制品	87
25	30	药品	84
26	70	玻璃及其制品	84
27	39	塑料及其制品	82
28	27	矿物燃料、矿物油及其蒸馏产品；沥青物质；矿物蜡	65
29	16	肉、鱼、甲壳动物、软体动物及其他水生无脊椎动物、以及昆虫的制品	62
30	32	鞣料浸膏及染料浸膏；鞣酸及其衍生物；染料、颜料及其他着色料；油漆及清漆；油灰及其他类似胶粘剂；墨水、油墨	61
31	28	无机化学品；贵金属、稀土金属、放射性元素及其同位素的有机及无机化合物	57
32	40	橡胶及其制品	56
33	76	铝及其制品	56
34	41	生皮（毛皮除外）及皮革	55
35	26	矿砂、矿渣及矿灰	54
36	82	贱金属工具、器具、利口器、餐匙、餐叉及其零件	54
37	02	肉及食用杂碎	52
38	06	活树及其他活植物；鳞茎、根及类似品；插花及装饰用簇叶	47
39	74	铜及其制品	47
40	60	针织物及钩编织物	46
41	01	活动物	41
42	22	饮料、酒及醋	40

表1-13　续2

序号	章	标题	统计编码数
43	58	特种机织物；簇绒织物；花边；装饰毯；装饰带；刺绣品	39
44	88	航空器、航天器及其零件	39
45	69	陶瓷产品	38
46	10	谷物	36
47	65	帽类及其零件	35
48	93	武器、弹药及其零件、附件	34
49	95	玩具、游戏品、运动用品及其零件、附件	33
50	15	动、植物或微生物油、脂及其分解产品；精制的食用油脂；动、植物蜡	32
51	42	皮革制品；鞍具及挽具；旅行用品、手提包及类似容器；动物肠线（蚕胶丝除外）制品	32
52	33	精油及香膏；芳香料制品及化妆盥洗品	31
53	53	其他植物纺织纤维；纸纱线及其机织物	31
54	38	杂项化学产品	30
55	71	天然或养殖珍珠、宝石或半宝石、贵金属、包贵金属及其制品；仿首饰；硬币	30
56	96	杂项制品	30
57	68	石料、石膏、水泥、石棉、云母及类似材料的制品	29
58	19	谷物、粮食粉、淀粉或乳的制品；糕饼点心	26
59	21	杂项食品	26
60	23	食品工业的残渣及废料；配制的动物饲料	26
61	56	絮胎、毡呢及无纺织物；特种纱线；线、绳、索、缆及其制品	26
62	89	船舶及浮动结构体	26
63	83	贱金属杂项制品	25
64	37	照相及电影用品	24
65	57	地毯及纺织材料的其他铺地制品	24

表1-13　续3

序号	章	标题	统计编码数
66	51	羊毛、动物细毛或粗毛；马毛纱线及其机织物	23
67	25	盐；硫磺；泥土及石料；石膏料、石灰及水泥	22
68	92	乐器及其零件、附件	22
69	17	糖及糖食	21
70	49	书籍、报纸、印刷图画及其他印刷品；手稿、打字稿及设计图纸	21
71	09	咖啡、茶、马黛茶及调味香料	18
72	43	毛皮、人造毛皮及其制品	18
73	05	其他动物产品	17
74	50	蚕丝	17
75	59	浸渍、涂布、包覆或层压的纺织物；工业用纺织制品	16
76	04	乳品；蛋品；天然蜂蜜；其他食用动物产品	13
77	11	制粉工业产品；麦芽；淀粉；菊粉；面筋	12
78	97	艺术品、收藏品及古物	11
79	81	其他贱金属、金属陶瓷及其制品	10
80	13	虫胶；树胶、树脂及其他植物液、汁	9
81	34	肥皂、有机表面活性剂、洗涤剂、润滑剂、人造蜡、调制蜡、光洁剂、蜡烛及类似品、塑型用膏、“牙科用蜡”及牙科用熟石膏制剂	7
82	35	蛋白类物质；改性淀粉；胶；酶	6
83	18	可可及可可制品	5
84	31	肥料	5
85	47	木浆及其他纤维状纤维素浆；回收（废碎）纸或纸板	5
86	14	编结用植物材料；其他植物产品	3
87	36	炸药；烟火制品；火柴；引火合金；易燃材料制品	3
88	80	锡及其制品	3

表1-13　续4

序号	章	标题	统计编码数
89	86	铁道或电车道机车、车辆及其零件；铁道或电车道轨道固定装置及其零件、附件；各种机械（包括电动机械）交通信号设备	3
90	78	铅及其制品	2
91	46	稻草、秸秆、针茅或其他编结材料制品；篮筐及柳条编结品	1
92	75	镍及其制品	1
93	45	软木及软木制品	0
94	66	雨伞、阳伞、手杖、鞭子、马鞭及其零件	0
95	67	已加工羽毛、羽绒及其制品；人造花；人发制品	0
96	79	锌及其制品	0
总计			8493

3. 统计编码在各品目的分布

统计编码在各品目的分布详见表1-14，篇幅所限，表中仅列出了统计编码数量排名前30的品目。可以看出，前五位都是服装类商品，其中品目6211的统计编码数最多，为217个。然后依次为品目6204（214个）、品目6203（159个）、品目6104（131个）等。统计结果还表明，品目0104、品目0205、品目0208、品目0209、品目0401、品目0402和品目0408等461个品目的统计编码数为0，表明《美国协调关税税则》未对上述品目拆分统计编码。

表1-14　统计编码在各品目的分布

单位：个

序号	品目	品目条文	统计编码数
1	6211	运动服、滑雪服及游泳服；其他服装	217
2	6204	女式西服套装、便服套装、上衣、连衣裙、裙子、裙裤、长裤、护胸背带工装裤、马裤及短裤（游泳服除外）	214

表1-14　续1

序号	品目	品目条文	统计编码数
3	6203	男式西服套装、便服套装、上衣、长裤、护胸背带工装裤、马裤及短裤（游泳裤除外）	159
4	6104	针织或钩编的女式西服套装、便服套装、上衣、连衣裙、裙子、裙裤、长裤、护胸背带工装裤、马裤及短裤（游泳服除外）	131
5	6110	针织或钩编的套头衫、开襟衫、背心及类似品	111
6	7304	无缝钢铁管及空心异型材（铸铁的除外）	108
7	0304	鲜、冷、冻鱼片及其他鱼肉（不论是否绞碎）	102
8	2401	烟草；烟草废料	100
9	6404	橡胶、塑料、皮革或再生皮革制外底，用纺织材料制鞋面的鞋靴	90
10	6103	针织或钩编的男式西服套装、便服套装、上衣、长裤、护胸背带工装裤、马裤及短裤（游泳裤除外）	86
11	5516	人造纤维短纤纺制的机织物	81
12	9102	手表、怀表及其他表，包括秒表，但品目 9101 的货品除外	80
13	5208	棉机织物，按重量计含棉量在 85%及以上，每平方米重量不超过 200 克	75
14	5407	合成纤维长丝纱线的机织物，包括品目 5404 所列材料的机织物	75
15	5212	其他棉机织物	73
16	4412	胶合板、单板饰面板及类似的多层板	70
17	6302	床上、餐桌、盥洗及厨房用的织物制品	69
18	3004	由混合或非混合产品构成的治病或防病用药品（不包括品目 3002、3005 或 3006 的货品），已配定剂量（包括制成皮肤摄入形式的）或制成零售包装	67
19	6402	橡胶或塑料制外底及鞋面的其他鞋靴	67
20	8465	木材、软木、骨、硬质橡胶、硬质塑料或类似硬质材料的加工机床（包括用打钉或打 U 形钉、胶粘或其他方法组合前述材料的机器）	67

表1-14 续2

序号	品目	品目条文	统计编码数
21	4403	原木，不论是否去皮、去边材或粗锯成方	66
22	6403	橡胶、塑料、皮革或再生皮革制外底，皮革制鞋面的鞋靴	63
23	7219	不锈钢平板轧材，宽度在600毫米及以上	62
24	9403	其他家具及其零件	61
25	8703	主要用于载人的机动车辆（品目8702的货品除外），包括旅行小客车及赛车	58
26	9401	坐具（包括能做床用的两用椅，但品目9402的货品除外）及其零件	56
27	0709	鲜或冷藏的其他蔬菜	55
28	5515	合成纤维短纤纺制的其他机织物	54
29	4407	经纵锯、纵切、刨切或旋切的木材，不论是否刨平、砂光或端部接合，厚度超过6毫米	53
30	5512	合成纤维短纤纺制的机织物，按重量计合成纤维短纤含量在85%及以上	50

4. 统计编码在HS子目的分布

统计编码在HS子目中的分布详见表1-15，篇幅所限，表中仅列出了统计编码数量为20个及以上的HS子目，共有43个。可以看出，统计编码数最多的是子目6404.19，为57个。然后依次为子目6104.29（50个）、子目0702.00（48个）、子目6211.49（44个）、子目3004.90（43个）、子目2401.30和子目6204.69（42个）、子目2401.20（41个）等。统计结果还表明，子目0101.30、子目0101.90、子目0102.90等3316个HS子目（占HS子目总数的59.09%）的统计编码数为0，表明《美国协调关税税则》未对上述HS子目拆分统计编码。

表 1–15　统计编码在 HS 子目的分布

单位：个

序号	HS 子目	统计编码数	序号	HS 子目	统计编码数	序号	HS 子目	统计编码数
1	6404. 19	57	16	7304. 29	32	31	6403. 99	25
2	6104. 29	50	17	6204. 62	31	32	0603. 19	24
3	0702. 00	48	18	8481. 80	31	33	6505. 00	24
4	6211. 49	44	19	6110. 30	30	34	9102. 11	24
5	3004. 90	43	20	3204. 17	29	35	6117. 90	23
6	2401. 30	42	21	6103. 29	29	36	7318. 15	23
7	6204. 69	42	22	6211. 43	29	37	9102. 29	23
8	2401. 20	41	23	0709. 60	28	38	3301. 29	22
9	6211. 39	38	24	6211. 20	27	39	6211. 32	22
10	6204. 29	37	25	6404. 11	27	40	6110. 20	21
11	6110. 90	34	26	6211. 42	26	41	6203. 29	21
12	6203. 49	34	27	2710. 19	25	42	6204. 63	21
13	6402. 99	34	28	6203. 43	25	43	6307. 90	20
14	0707. 00	33	29	6211. 33	25			
15	6203. 42	33	30	6402. 91	25			

第 2 章　中国税则的内容结构分析

《中华人民共和国进出口税则》（简称《中国税则》）由国务院关税税则委员会制定发布，一般每年发布一个版本。本文对 2025 年版《中国税则》进行统计分析。

2.1　税则结构分析

《中国税则》由归类总规则、注释和税率表三部分组成。

《中国税则》的归类总规则完全使用 HS 六条总规则，没有本国附加规则。《中国税则》中有一个“规则与说明”，共有四条规定，分别介绍了中国进口税则（品目构成、进口税率种类及其适用对象、税率适用顺序、实施时间等）、出口税则（品目构成、出口税率种类及其适用顺序、实施时间等）、其他规则与说明（计税价格的确定方法、计税方式、原产地规则、进境物品的进口税、反倾销和反补贴等关税措施、关税减免政策等）和税则编纂说明（编纂引用的文件）。对比《美国协调关税税则》，这个“规则与说明”实际上也相当于本国附加规则。

注释包括 HS 类注、章注、子目注释和本国子目注释。2025 年版《中国税则》共有 198 个本国子目注释，相比 2024 年版的 23 个本国子目注释，数量有了大幅增加，具体分布详见表 2-1。其中，第 84 章的本国子目注释最多，达到 64 个。这些本国子目注释可以分为两种：一种是对本国子目中出现的名词进行界定，明确加工方法和指标要求，相关注释以前一般以海关总署公告形式对外发布，而本国子目注释明显提高了相关规定的法律地位，便于进出口企业准确理解本国子目进而正确归类。如第 20 章本国子目注释描述了“烤紫菜”的加工方法；第 44 章本国子目注释列出了“热带木”所包含的树种，实际上是引用了《进出口税则商品及品目注释》对热带木的介绍；第 87 章本国子目注释二和三分别列出了“小轿车”和“越野车”的技术指标；第 88 章本国子目注释定义了“航拍无人机”。另一种是明确了特定商品的归类方法。如第 84 章本国子目注释四十七在介绍“分散型工业过程控制设备”概念的基础上，指出单独报验的现场控制站应归入品目 8537 或品目 9032。

表 2-1　本国子目注释的分布

单位：个

章	子目注释数	内容
02	1	本国子目 0208.9010 所称“鲜、冷、冻的乳鸽肉及食用杂碎”，是指 28 日龄（含）以内用于食用的雏鸽的鲜、冷、冻肉及食用杂碎。
07	1	本国子目 0704.9010 所涉及的“卷心菜”，学名结球甘蓝，又名圆白菜、洋白菜，属十字花科芸薹属甘蓝的变种。外观近圆形，结球紧实个头大，层层包裹成球状体，颜色绿，芯白或淡黄色，叶球可供食用。
10	2	一、本国子目 1006.1021、1006.1081、1006.2020、1006.3020、1006.4020 所涉及的“长粒米”，粒长应大于 6.0 毫米，或者长宽比大于等于 2.0。 二、本国子目 1006.1029、1006.1089、1006.2080、1006.3080、1006.4080 所涉及的“其他米”，即中短粒米，粒长应小于等于 6.0 毫米，同时长宽比小于 2.0。
11	2	一、本国子目 1102.9021、1103.1931 所涉及的“长粒米”，粒长应大于 6.0 毫米，或者长宽比大于等于 2.0。 二、本国子目 1102.9029、1103.1939 所涉及的“其他米”，即中短粒米，粒长应小于等于 6.0 毫米，同时长宽比小于 2.0。
12	3	一、本国子目 1211.9027 所称“槐米”，是指经干燥的豆科槐属植物槐（拉丁学名：*Styphnolobium japonicum*）的未开放花蕾，不包括已开放的槐花。 二、本国子目 1211.9039 所称“其他主要用作药料的植物及其某部分”，可以是完整的植物、苔藓或地衣，可以是部分品，例如，木、皮、根、梗、叶、花朵、花瓣、果实及子仁，可以是机械处理后所剩的废料，也可以是某些单一品种植物或植物的某部分包装成的草本植物浸泡剂或草本植物“茶”，例如薄荷茶、如意博士茶（线叶金雀花）等。 三、本国子目 1212.2141 所称“干的紫菜”，是以红毛菜科紫菜属藻类为原料，经拣选、清洗、去杂、切割或切碎、干燥等工序得到的非即食干紫菜产品，不包括经烘烤、调味等工序加工制成的紫菜产品。

表2-1 续1

章	子目注释数	内容
15	1	本国子目 1517.9010 所称“起酥油”，是指食用动、植物油脂及其氢化、分提、酯交换油酯中的一种或上述几种油脂的混合物，经过急冷捏合或不经急冷捏合，添加或不添加食品添加剂和营养强化剂制成的固状、半固体状或流动状的具有良好起酥性能的油脂制品。
17	1	本国子目 1702.9012 所称“蔗糖含量超过 50%的甘蔗糖、甜菜糖与其他糖的简单固体混合物”，是指蔗糖含量超过 50%的甘蔗糖、甜菜糖与其他糖进行简单混合形成的预混粉类产品。本子目可以加入少量其他食品原料，只要保持糖的原有特征。
20	1	本国子目 2008.9934 所称“烤紫菜”，是指以干紫菜为主要原料，未加调味料经烘烤而制成的可直接食用的食品。理化指标为：水分含量小于等于 5.0%。感官要求为：色泽呈绿色，具有品种固有的香脆滋味，无正常视力可见的不可食用的外来异物。
21	3	一、本国子目 2106.9040 所称“椰浆”，是以椰肉为原料，经压榨、过滤、均质、灭菌等工艺制成的白色乳液。该产品适用于烹饪菜肴、小吃和制作各种甜品，非饮料，不适宜直接饮用。 二、本国子目 2106.9061 所称“含香料或着色剂的甘蔗糖或甜菜糖水溶液”，包括添加香料或着色剂的甘蔗糖水溶液或甜菜糖水溶液，以及上述水溶液的混合物。同时，本子目可以含有少量其他糖或其他物质，只要保持添加香料或着色剂的甘蔗糖或甜菜糖水溶液的原有特征。 三、本国子目 2106.9062 所称“蔗糖含量超过 50%的甘蔗糖、甜菜糖与其他食品原料的简单固体混合物”，是指蔗糖含量超过 50%的甘蔗糖、甜菜糖与其他食品原料（可可除外）进行简单混合形成的预混粉类产品。
22	2	一、本国子目 2206.0010 所称“黄酒”，是指以稻米、黍米、小米、玉米、小麦、水等为主要原料，经加曲和/或部分酶制剂、酵母等糖化发酵剂酿制而成的发酵酒。 二、本国子目 2208.9020 所称“白酒”，是指以高粱等谷物为主要原料，以大曲、小曲或麸曲及酒母等为糖化发酵剂，经蒸煮、糖化、发酵、蒸馏、陈酿、勾调而制成的蒸馏酒。
23	1	本国子目 2309.9010 所称“添加剂预混合饲料”，是指由两种（类）或者两种（类）以上营养性饲料添加剂为主，与载体或者稀释剂按照一定比例配制的饲料，包括复合预混合饲料、微量元素预混合饲料、维生素预混合饲料。

表2-1　续2

章	子目注释数	内容
25	4	一、本国子目 2501.0020 所称“纯氯化钠”，按干重计氯化钠含量大于等于 99.5%，但不包括本国子目 2501.0011、2501.0019 的“盐”。 二、本国子目 2504.1091 所称“球化石墨”，是指天然石墨经过球化加工，将微观结构从原来的鳞片状变为球形或半球形后分级得到的产品，直径小于 120 微米。 三、本国子目 2519.9091 所称“化学纯氧化镁”，按干重计氧化镁含量大于等于 97.0%。 四、本国子目 2530.9020 所称“稀土金属矿”，是指经冶炼可以从中提取稀土元素的矿产。该本国子目涉及的稀土金属包括镧、铈、镨、钕、钷、钐、铕、钆、铽、镝、钬、铒、铥、镱、镥、钪、钇 17 种元素。
27	4	一、本国子目 2710.1220 所称“石脑油”，为一部分石油轻馏分的泛称。石脑油馏程由初馏点至 220℃，烷烃和环烷烃含量大于等于 70%，芳烃含量小于等于 12%。 二、本国子目 2710.1230 所称“橡胶溶剂油、油漆溶剂油、抽提溶剂油”，其商品范围分别如下：橡胶溶剂油馏程为 80℃～120℃，对橡胶有很强的溶解能力，可用作橡胶工业溶剂。油漆溶剂油馏程为 140℃～200℃，可用作油漆工业溶剂和稀释剂。抽提溶剂油馏程为 61℃～76℃，对大豆油、花生油等植物油具有很强的溶解能力，可用作植物油脂萃取过程中的抽提溶剂，苯含量小于等于 0.1%。 三、本国子目 2710.1923 所称“柴油”，是指一种碳原子数为 10～22 的烃类混合物。它的倾点或凝点为-50℃～30℃；馏程为：50% 回收温度小于等于 300℃，90%回收温度小于等于 355℃，95%回收温度小于等于 365℃。 四、本国子目 2710.1924 所称“燃料油”，不包括煤油馏分及柴油，具体技术指标参考《炉用燃料油》（GB 25989—2010）、《船用燃料油》（GB 17411—2015）、《燃气轮机液体燃料》（GB/T 29114—2012）中的运动黏度和闪点（闭口）。

表2-1　续3

章	子目注释数	内容
28	3	一、本国子目 2809.2011 所称“食品级磷酸”，其具体技术指标参考《食品添加剂　磷酸》（GB 1886.15—2015）。 二、本国子目 2826.1210 所称“无水氟化铝”，是指无水氟化氢气体与氢氧化铝经气固反应生产的氟化铝产品，其主要技术指标为：氟质量分数大于等于 61%，铝质量分数大于等于 31.5%，二氧化硅质量分数小于等于 0.05%，五氧化二磷质量分数小于等于 0.01%，烧减量小于等于 0.5%，松装密度大于等于 1.5 克/立方厘米。 三、本国子目 2835.2510 所称“饲料级的正磷酸氢钙（磷酸二钙）”，是指技术要求符合《饲料添加剂　磷酸氢钙》（GB/T 22549—2017）中Ⅰ型饲料级磷酸氢钙的正磷酸氢钙。
29	1	本国子目 2917.3611 所称“精对苯二甲酸”，是白色针状结晶或粉末，密度约为 1.510 克/立方厘米，约在 300℃升华。该产品能溶于碱溶液，稍溶于热乙醇，不溶于乙醚、冰醋酸和氯仿，用于制造合成树脂、合成纤维和增塑剂等。主要技术指标为：4-羧基苯甲醛（4-CBA）小于等于 25ppm。
31	2	一、本国子目 3104.2020 所称“纯氯化钾”，按干重计氯化钾含量大于等于 99.5%。 二、本国子目 3105.9010 所称“有机-无机复混肥料”，按《有机-无机复混肥料》（GB/T 18877—2020）标准执行。
37	1	本国子目 3702.4221、3702.4422 所称“印刷电路板制造用光致抗蚀干膜”，是指制造印刷电路板用的一种实现电路图形转移的光致抗蚀干膜，通常由保护膜、光致抗蚀剂膜和载体薄膜三部分组成，主要用于抗蚀、掩孔和阻焊等。

表2-1　续4

章	子目注释数	内容
38	4	一、本国子目3802.1010所称“木质活性炭”，是以锯末、树皮、木屑、果壳、竹子等为原料生产的活性炭，广泛用于医药、果汁、饮料、饮用水等领域，其干品填充密度小于0.5克/立方厘米（粉状，200目筛余物20%以内）。 二、本国子目3808.9112所称“生物杀虫剂”，是指以多杀霉素、除虫菊素、苦参碱、鱼藤酮、乙蒜素、诱虫烯中的一种或多种为有效成分的杀虫剂。 三、本国子目3824.9930所称“增碳剂”，是指由无烟煤经清洗、干燥、煅烧、破碎、筛分等过程制成的，用于钢铁冶炼脱氧、增碳的产品。 四、本国子目3824.9993所称“表层包覆钴化合物的氢氧化镍（掺杂碳）”，主要用于电池正极，通常由镍盐与碱反应制备，按需要掺杂一定比例的碳，并进行表面覆钴加工。
39	3	一、本国子目3903.1910、3903.3010所涉及的“改性”，是一种物理改性工艺。该工艺以聚苯乙烯或丙烯腈-丁二烯-苯乙烯（ABS）共聚物为基体，通过加入阻燃剂、增韧剂、矿物质等添加剂，改善聚合物在燃烧性、力学、电学、热学等方面的性能。 二、本国子目3907.6110、3907.6910、3908.1011、3908.1012所涉及的“切片”，是指聚合物或聚合物与添加剂的混合物经切粒机切割后得到的产品，一般呈扁平、扁椭圆状或圆粒状。其中，圆粒状产品一般无明显刀切痕迹。 三、本国子目3926.9010所涉及的“机器及仪器”，是指《中华人民共和国进出口税则》第84、85、90章的商品。
40	1	本国子目4016.1010、4016.9310、4016.9910所涉及的“机器及仪器”，是指《中华人民共和国进出口税则》第84、85、90章的商品。

表2-1　续5

章	子目注释数	内容
44	3	一、本国子目 4403.9960 所称“北美硬阔叶木原木”，是指下列原木：大叶槭、梣叶槭、黑槭、红花槭、银槭、糖槭、菱叶桤木、红桤木、细叶桤木、水山核桃、心果山核桃、光皮山核桃、剥壳山核桃、条裂山核桃、肉豆蔻山核桃、鳞皮山核桃、毛山核桃、重齿栗木、糖朴、西方朴、美洲白蜡木、阔叶白蜡木、黑白蜡木、宾州白蜡木、红白蜡木、四棱白蜡木、美国冬青、灰核桃木、黑核桃木、美国枫香木、北美鹅掌楸、披针叶木兰、大花木兰、弗州木兰、湿生蓝果木、酸蓝果木、林生蓝果木、一球悬铃木、黑樱桃、刺槐、黑柳、北美檫木、美国椴木、异叶椴木、翼状榆、美国榆、厚叶榆、红榆、秋榆、岩榆。 二、本国子目 4407.9930 所称“北美硬阔叶木木材”，是指下列木材：菱叶桤木、红桤木、细叶桤木、水山核桃、心果山核桃、光皮山核桃、剥壳山核桃、条裂山核桃、肉豆蔻山核桃、鳞皮山核桃、毛山核桃、重齿栗木、美国冬青、灰核桃木、黑核桃木、美国枫香、北美鹅掌楸、披针叶木兰、大花木兰、弗州木兰、湿生蓝果木、酸蓝果木、林生蓝果木、一球悬铃木、刺槐、黑柳、北美檫木、美国椴、异叶椴木、翼状榆、美国榆、厚叶榆、红榆、秋榆、岩榆、糖朴、西方朴。 三、本国子目 4412.1093、4412.4911、4412.5911、4412.9920 所涉及的“热带木”，是指下列木材：大叶帽柱木、非洲桃花心木、西非红豆木、箭毒木、阿兰木、圭亚那苦油楝木、非洲甘比山榄木、杜楝木、非洲栎柞木、婆罗双木、美洲轻木、白驼峰楝木、黑驼峰楝木、卡蒂沃木、雪松木、西非褐红椴木、深红色红柳桉木，非洲核桃楝木、阿夫苏木、象牙海岸榄仁木、破布木、吉贝木、丝棉木、乔状黄牛木、安哥拉丛花木、巴西胡桃木、皮蚁木、伊罗科木、拟爱神木、夹竹桃木、巴西红木、绒根木、龙脑香木、开姆帕斯木、羯布罗香木、康多非洲楝木、象牙海岸褐红椴木、象牙海岸翼梧桐木、浅红色红柳桉木、非洲榄仁木、南美樟木、圭亚那铁线子木、西印度桃花心木、猴子果木、肖氏夸利亚木、曼孙梧桐木、马来蝴蝶木、巴梣红柳桉木、粗轴坡垒木、印茄木、斯温漆木、异

表2-1　续6

章	子目注释数	内容
44	3	翅香木、非洲梨木、非洲银叶木、胶木、非洲白梧桐木、加蓬榄木、蓖麻木、爱里古夷苏木、奥文科尔木、中非蜡烛木、紫檀木、人面子木、危地马拉黑黄檀木、印度黑黄檀木、巴西黑黄檀木、巴西柚、巴西花梨木、白坚木、鸡骨常山木、印马四出香木、大沃契希亚木、东西亚棱柱木、萨撇列木、萌生木棉木、苏帕楠木、西波木、苏古皮拉木、红椿木、圭亚那考拉玉蕊木、柚木、安哥拉香桃花心木、非洲阿勃木、南美肉豆蔻木、白柳桉木、白色红柳桉木、白色柳桉木、黄色红柳桉木。
48	3	一、本国子目4802.1010所称“宣纸”，是采用产自安徽省泾县境内及周边地区的青檀皮和沙田稻草，不掺杂其他原材料，并利用泾县独有的山泉水，按照传统工艺经过特殊的传统工艺配方，在严密的技术监控下，在安徽省泾县内以传统工艺生产的，具有润墨和耐久等独特性能，供书画、裱拓、水印等用途的高级艺术用纸。 二、本国子目4805.9120所涉及的“装饰原纸”，是指直接浸渍或印刷后浸渍，经热压层合加工，用于人造板饰面的原纸。 三、本国子目4811.5191所涉及的“纸塑铝复合材料”，是指原纸、聚乙烯及铝箔经专用设备一次性复合生产而成的复合材料。该产品主要生产环节包括印刷、复合等工艺，可在食品罐装机上成型、罐装、封合，无须再经其他复杂加工。主要用于牛奶、饮料等液体食品包装，实现在常温状态下长距离运输及保存。
49	1	本国子目4911.1010所称“无商业价值的商业广告品、商品目录及类似印刷品”，是指不以盈利为目的，主要用作宣传、介绍、推销、展示商品，不在市场销售的印刷品。

表2-1　续7

章	子目注释数	内容
50	3	一、本国子目 5003.0011 所称“下茧、茧衣、长吐、滞头”，是指不适合缫丝的下茧、茧衣、长吐、滞头等缫丝副产品按一定的比例混合后的产品。该产品是重要的绢纺原料，需符合《中华人民共和国纺织行业标准　桑蚕绢纺原料》（FZ/T41001—2014）。 二、本国子目 5003.0012 所称“回收纤维”，是指将碎绸布或其他丝绸织物及制品的废碎料拉松成纤维状的废丝。 三、本国子目 5003.0091 所称“绵球”，是指不能缫丝的下茧、茧衣、长吐、滞头等缫丝副产品经精练、脱胶、干燥处理后成为白色的精干绵，再经梳理后制成的无杂质的绵球（包括绵条、绵片等）。
54	3	一、本国子目 5402.1110 所涉及的“聚间苯二甲酰间苯二胺纤维”，又名芳纶 1313，或间位芳纶，属芳香族聚酰胺纤维。 二、本国子目 5402.1120 所涉及的“聚对苯二甲酰对苯二胺纤维”，又名芳纶 1414，或对位芳纶，属芳香族聚酰胺纤维。 三、本国子目 5402.4910、5402.5920 所称“聚乙烯纱线”，是由分子量大于等于 100 万的线型聚乙烯制得的长丝纱线，断裂强度大于等于 22cN/dtex，且初始模量大于等于 750cN/dtex。
55	3	一、本国子目 5503.1110、5506.1011 所涉及的“聚间苯二甲酰间苯二胺纤维”，又名芳纶 1313，或间位芳纶，属芳香族聚酰胺纤维。 二、本国子目 5503.1120、5506.1012 所涉及的“聚对苯二甲酰对苯二胺纤维”，又名芳纶 1414，或对位芳纶，属芳香族聚酰胺纤维。 三、本国子目 5504.1021 所涉及的“阻燃粘胶纤维”，是通过添加无机或有机阻燃剂制成的，氧指数大于 28%，回潮率小于等于 13%。
64	2	一、本国子目 6404.1910 所涉及的“拖鞋”，是指没有后帮（带），露趾或不露趾的、日常穿用的鞋。 二、本国子目 6404.2010 所涉及的“拖鞋”，是指没有后帮（带），露趾或不露趾的、日常穿用的鞋。

表2-1　续8

章	子目注释数	内容
68	3	一、本国子目6802.9311所称“花岗岩制石刻墓碑石”，是指用天然花岗石材加工成的立在坟墓前面或后面的石碑套件，一般由墓碑和外栅组成，上面刻有相关文字图案和造型。 二、本国子目6815.1310所称“碳纤维预浸料”，是指碳纤维在各类树脂等基体树脂中浸渍而成的材料。 三、本国子目6815.9940所称“玄武岩纤维及其制品”，是指以玄武岩为原料经高温熔融后拉制而成的无机纤维，以及由该无机纤维经纺织等工艺加工而成的纤维制品。
70	3	一、本国子目7002.2010所称“光导纤维预制棒”，简称光棒，是一种在横截面上具有一定折射率分布特性和芯/包比的透明石英玻璃棒。根据折射率的不同，光棒可从结构上分为芯层和包层两个部分。其芯层的折射率较高，由高纯二氧化硅材料掺杂折射率较高的高纯二氧化锗材料构成，包层由高纯二氧化硅材料或掺氟的高纯二氧化硅材料构成。 二、本国子目7002.3110所称“光导纤维用波导级石英玻璃管”，是指用于生产玻璃光导纤维用的高纯度石英玻璃管。该玻璃管具有较高的纯度，可以保证光波在其中传递时损耗较小。所谓波导级是指某种材料达到具有约束或引导电磁波（或光频电磁波）这一性能所必须具备的技术指标。波导级石英玻璃一般要达到以下纯度：影响光导纤维光学性能的金属离子杂质总含量小于等于1ppm、羟基（-OH）含量小于等于10ppm。 三、本国子目7020.0013所称“其他熔融石英或其他熔融硅石制玻璃制品”，是指以天然水晶、优质硅石或四氯化硅为主要原料，经过电熔、气熔等不同工艺生产的由二氧化硅单一组分构成的特种工业玻璃。

表2-1　续9

章	子目注释数	内容
71	3	一、本国子目 7103.9920 所称“水晶”，是根据《珠宝玉石　名称》（GB/T 16552—2017）确定的。水晶的矿物名称为石英，品种包括紫晶、黄晶、烟晶、绿水晶、芙蓉石、发晶。 二、本国子目 7103.9930 所称“碧玺”，是根据《珠宝玉石　名称》（GB/T 16552—2017）确定的。碧玺的矿物名称为电气石。 三、本国子目 7103.9940 所称“软玉”，是根据《珠宝玉石　名称》（GB/T 16552—2017）确定的。软玉的主要组成矿物为透闪石、阳起石，品种包括和田玉、白玉、青白玉、青玉、碧玉、墨玉、糖玉、黄玉（和田玉）。
72	3	一、本国子目 7202.9911 所称“钕铁硼速凝永磁片”，是指以稀土金属（主要为钕）、纯铁、硼铁等初级产品为原料，经真空高温熔融、速凝成晶、破碎、热处理制成的薄片状合金。其组成成分为稀土（钕、镨、镝、铽）25%～39%，硼 0.8%～1.3%，其他为铁及少量铜、钴、铝、锆、镓等添加元素。形状为不规则薄片，厚度 0.1 毫米～0.8 毫米。经加工后，充磁制成永磁体，应用于计算机、通信产品、电子设备等高科技领域。 二、本国子目 7202.9912 所称“钕铁硼磁粉”，是指以铁合金、钕和其他金属等初级产品为原料，经高温二次重熔、快淬、破碎、退火制成的粉末，其组成成分为钕 20%～32%，钴 0%～16%，硼 0.8%～1.3%，铌 0%～2.5%，其他为铁。钕铁硼磁粉主要应用于计算机、通信产品、电子设备等高科技领域。 三、本国子目 7225.4010 所称“除不锈钢、高速钢以外的合金工具钢”，按重量计，成分含量范围符合下列任一条款，不论是否含有其他元素，但所含其他元素的比例并不使其具有章注所列其他合金钢的特征：碳含量大于 1.2%，同时铬含量大于 10.5%的；或者碳含量大于等于 0.3%，同时铬含量大于等于 1.25%，且小于 10.5%的；或者铬含量大于等于 0.9%，且小于等于 1.2%，同时钼含量大于等于 0.9%，且小于等于 1.4%的；或者含碳量大于等于 0.5%，同时钼含量大于等于 3.5%的；或者碳含量大于等于 0.5%，同时钨含量大于等于 5.5%的。

表2-1　续10

章	子目注释数	内容
73	1	本国子目7326.9011所称“其他工业用钢铁纤维及其制品”，是指单根直径为40纳米至40微米的多功能合金纤维，主要材质为不锈钢、铁铬铝合金等。钢铁纤维主要通过表面处理（在原料不锈钢或铁铬铝合金表面电化学涂覆金属或物理涂覆非金属隔离层，制得复合丝）、封装集束复合材料（采用封装材料封装被嵌入基体的不锈钢或铁铬铝合金复合丝，形成一种复合材料）、细晶强化（压实封装之后的复合材料，然后经过多次减径拉拔和退火成为成品复合线）、选择性分离（将成品复合线采用电化学分离的方式，除去封装及基体材料，最终获得钢铁纤维）等工艺流程制备。钢铁纤维及其制品的主要用途包括汽车尾气颗粒捕集，高温气体、熔体过滤，化纤行业过滤，汽车玻璃膜布，电磁屏蔽材料、防静电导电材料等。
74	3	一、本国子目7407.1010所称“铬锆铜制条、杆及型材及异型材”，主要成分为铜、铬、锆，按重量计铬含量0.6%~1.4%，锆含量0.05%~0.3%。 二、本国子目7408.2210所涉及的“铜镍锌铅合金（加铅德银）”，是指铜、镍、锌、铅的合金，是在锌白铜的基础上添加微量的铅形成的易切削的白铜。按重量计铜含量40%~65%，镍含量9%~16%，铅含量1.0%~2.5%，锰含量0.05%~6.5%。锌为余量，且铁、磷、硫、锡等杂质元素总和小于等于0.9%。 三、本国子目7411.1011所称“外径小于等于25毫米的带有内（外）螺纹或翅片的精炼铜管”，是指一般用作空调、冰箱及其他系统的热交换管材，整根管的内或外表面具有一定数量、一定规则的螺纹或翅片。
81	1	本国子目8103.2011所称“松装密度小于2.2克/立方厘米的钽粉”，主要用于电容器生产，松装密度可用《金属粉末松装密度的测定　第3部分：振动漏斗法》（GB/T 1479.3—2017）测定。
82	1	本国子目8202.2010所称“双金属带锯条”，主要用于金属切割，其齿部材料为高速钢或硬质合金，锯条体的材料是低合金弹簧钢。齿部硬度大于等于62洛氏硬度（766维氏硬度），锯条体经过热处理后硬度大于等于45洛氏硬度（436维氏硬度）。

表2-1　续11

章	子目注释数	内容
84	64	一、本国子目 8413. 5031 所称“往复式柱塞泵”，由泵缸、柱塞、吸入阀、排出阀和驱动机构组成，工作原理与活塞泵相同，区别在于柱塞是穿过装在泵缸上的固定填料密封件在缸体内运动，其密封性比活塞泵好。 二、本国子目 8413. 6040 所称“螺杆回转泵”，由相互啮合的螺杆和泵体内包括螺杆的泵套组成。螺杆泵按螺杆根数分为单螺杆泵、双螺杆泵、三螺杆泵和五螺杆泵。 三、本国子目 8413. 6050 所称“径向柱塞泵”，由壳体、油缸主体、配液轴、若干个柱塞和弹簧等组成。配液轴偏心固定在壳体上，当它转动时，柱塞在缸筒内做径向往返运动，进行吸液和注液。 四、本国子目 8413. 6060 所称“轴向柱塞泵”，按其结构特征可分为直轴式（斜盘式）和斜轴式（摆缸式）两大类。斜盘式柱塞泵由壳体、转子（驱动轴、缸筒、柱塞）和斜盘组成。壳体端面配有配液盘；缸筒体内安装若干个柱塞，沿圆周方向均匀分布，并能在其中滑动。斜盘固定在壳体上，并与转动轴线的垂线成一定的夹角，斜盘不随转子转动。但转子转动时，驱动轴带动缸筒体转动，柱塞也随之转动，同时柱塞在缸筒体内作轴向的往返运动，进行吸液和注液，柱塞端部始终紧靠在斜盘上。摆缸式轴向柱塞泵的特点是：转子轴线与传动轴轴线之间成一个角度；转子及其各缸筒体内的柱塞分别用带万向接头的连杆与传动轴相连。转子转动时，传动轴带动缸筒体和柱塞一起旋转，同时柱塞在缸筒体内作轴向的往返运动，进行吸液和注液。 五、本国子目 8417. 8050 所称“垃圾焚烧炉”，由垃圾前处理系统、焚烧系统、烟气净化系统及煤气发生炉等组成，具有自动送料、分筛、烘干、焚烧、除尘、控制等功能，可用于处理城市生活垃圾、危险废弃物（含医用垃圾）、一般工业垃圾，分为机械炉排焚烧炉、流化床焚烧炉、回转式焚烧炉等。 六、本国子目 8418. 2910 所称“半导体制冷式家用型冷藏箱”，又称电子制冷式冷藏箱，利用半导体的热电效应工作，不使用传统制冷工艺和机械运动部件。核心制冷部件是采用 P 型和 N 型两种半导体材料制成的半导体制冷片。

表2-1　续12

章	子目注释数	内容
84	64	七、本国子目8419.1200所称“太阳能热水器”，是指利用太阳能将水从低温加热到高温的装置，由太阳能集热器、储水箱、支架及相关附件组成，主要依靠太阳能集热器把太阳能转换成热能，使水产生微循环而产生所需热水。 八、本国子目8421.2191所称“船舶压载水处理设备”，是指采用单一或者综合的机械、物理、化学和生物处理方法，清除、无害化处置压载水及沉积物中有害水生物和病原体的压载水处理设备及控制和监测设备。 九、本国子目8421.3924所称“电袋复合除尘器”，是指静电除尘和过滤除尘机理有机结合的一种复合除尘器。除尘器内部安装电场区和滤袋区，下部设灰斗，前后端有进、出气箱，进气箱内设气流均布装置。除尘器配有高压供电电源、电气控制装置和清灰装置等，主要用于火电、建材、冶金等行业烟尘治理。 十、本国子目8421.3940所称“烟气脱硫装置”，一般由烟气脱硫反应器、吸收剂制备及供应系统（如循环浆液泵、生石灰消化器、雾化喷嘴、旋转喷雾器等）、副产物处理系统（如水力旋流分离器、真空皮带脱水机或圆盘脱水机、石膏筒仓或石膏库等）、脱硫增压风机、除雾器、烟气挡板门、搅拌器等组成，主要用于火电、冶金、建材等行业烟气脱硫。目前的脱硫工艺为石灰石/石灰—石膏法脱硫、烟气循环流化床法脱硫、氨法脱硫、镁法脱硫、钠法脱硫等，其中以石灰石/石灰—石膏法脱硫设备为主。 十一、本国子目8421.3950所称“烟气脱硝装置”，一般由反应器、氨气稀释风机、混合器、喷氨混合系统、还原剂储运制备系统（如尿素溶液储罐、尿素溶液运输泵、尿素水解反应器等）、测试与控制系统等组成，可带有还原剂喷射系统（如喷枪、还原剂计量装置）等。该装置主要利用还原剂与氮氧化物发生化学反应生成氮气和气态水，降低烟气中氮氧化物排放量，主要用于火电、建材、冶金等行业烟气脱硝。目前的脱硝工艺包括选择性催化还原法（SCR）、选择性非催化还原法（SNCR）、SNCR-SCR联合法，其中以SCR脱硝设备为主。

表2-1　续13

章	子目注释数	内容
84	64	十二、本国子目 8424.8920 所称“喷涂机器人”，是指专用于自动喷漆或喷涂其他涂料的工业机器人，由机器人本体、减速器、控制系统、伺服系统、喷具和涂料输供系统等部分组成，主要应用于汽车、船舶、仪表、电器、搪瓷等工艺生产部门。 十三、本国子目 8428.9020 所称“机械式停车设备”，是指通过机械方式搬运、停放车辆的机械设备。此类设备大多采用自动控制、计算机管理等手段，综合应用机、电、声、光、自动化等技术，达到存取储放车辆的高效率、高可靠性和高安全性。此类设备分为升降横移类、垂直循环类、水平循环类、多层循环类、平面移动类、巷道堆垛类、垂直升降类和简易升降类等多种型式。主要由钢结构件、传动系统、控制系统等部分组成。 十四、本国子目 8428.9031 所称“堆取料机械”，属于大型料场专用设备，一般分为臂式斗轮堆取料机、桥门式斗轮堆取料机和刮板式堆取料机三类。其中，臂式一般由取料机构（堆料机无取料机构），输送机构，回转、俯仰、行走机构，金属结构，电气控制设备等组成。桥门式和刮板式结构形式不同，但工作原理基本类似。 十五、本国子目 8430.3110 所称“采（截）煤机”，由工作装置、机体和行走装置组成。装有截齿的滚筒或螺旋圆盘组成旋转工作装置，通过摇臂安装在机体上，机体安装在齿轮、齿条啮合的行走装置或履带式行走底盘上。工作时，机体在行走装置的推动下沿煤体移动，同时工作装置旋转，截齿击碎煤层，切割下的煤落入工作装置下的输送机上送出。 十六、本国子目 8430.3120 所称“凿岩机”，是用来直接开采石料的工具，由一环形切割链环绕一金属臂运作，切割平面和角度均可调节，一般与工程车、液压挖掘机等配套使用。 十七、本国子目 8430.3130 所称“隧道掘进机”，是指用机械破碎岩石、出碴和支护，实行连续作业的一种综合设备，利用回转刀具开挖，破碎洞内围岩及掘进，形成整个隧道断面。一般由刀盘、主驱动、盾体、推进系统、输送机、注浆系统、液压系统、控制系统、导向测量系统、管片拼装系统、润滑系统等组成。

表2-1 续14

章	子目注释数	内容
84	64	十八、本国子目8431.2010所涉及的“品目8427所列机械的驱动桥”，是品目8427所列机械传动系统的组成部分，由主减速器、差速器、半轴、轮边减速器、桥壳等构成，主要功能是增大由传动轴或变速器产生的转矩，并将动力合理分配给左右驱动轮。 十九、本国子目8431.4920所涉及的“工程机械的驱动桥”，是品目8426、8429或8430所列机械传动系统的组成部分，由主减速器、差速器、半轴、轮边减速器、桥壳等构成，主要功能是增大由传动轴或变速器产生的转矩，并将动力合理分配给左右驱动轮。 二十、本国子目8432.3111所称“免耕谷物播种机”，是指在未经耕整、有作物残茬覆盖的土地上，不实行任何土壤耕作或进行少量旋耕作业（动土率小于等于40%）的条件下，能直接完成播种作业的播种机，主要完成开沟、排种、覆土和镇压等作业。按排种方式的不同，排种器分为槽轮式、磨盘式、气力式等。 二十一、本国子目8432.3121所称“免耕马铃薯种植机”，是指按一定行距、种薯间距和栽种深度种植马铃薯的机具，能一次完成开沟（或起垄）、施肥、栽种薯块和覆土等作业。 二十二、本国子目8432.3131所称“免耕水稻插秧机”，是指按一定行距、株距、秧苗数和栽植深度将水稻秧苗栽植于水田的机具，通常由发动机、秧苗箱、送秧机构、分插机构、动力驱动、行走装置等部件组成。 二十三、本国子目8433.5920所称“棉花采摘机”，由驾驶室、发动机、行走机构等基本机构和采棉滚筒、气流输送装置、集棉箱等主要工作部件组成。在棉花采摘机前进时，扶导器压缩棉株，并把棉株引入由采棉滚筒及固定护板组成的工作室（采棉区），棉株宽度被积压成8~9厘米，旋转着的采棉滚筒有规律地把摘锭送入采棉区，旋转的摘锭伸出栅板，插入被挤压的棉株，同开裂棉铃相遇，其钩齿抓住籽棉，把棉絮从开裂的棉铃中拉出，缠绕在摘锭上。然后摘锭进入脱棉区，高速旋转的橡胶圆盘式脱棉器将摘锭上的籽棉脱下，落入集棉室，由气流管道送入集棉箱。摘锭从湿润器下边通过时，表面涂上一层水，清除掉绿色汁液和泥土垢（以利于采棉和脱棉）后重新进入采棉区。

表2-1　续15

章	子目注释数	内容
84	64	二十四、本国子目 8433.6010 所称“蛋类清洁、分选、分级机器”，包括蛋类清洁机、蛋类分选分级机。蛋类清洁机是将蛋类通过专用输送带送入水槽中，分别经过浸润、软刷、漂淋等连续的工艺，将附着于蛋类表面的污物去除的机器。蛋类分选分级机是根据蛋类重量、蛋壳颜色进行分类，或根据设定对蛋类表面是否干净、有无裂纹等情况进行判断和剔除，并根据这些信息将不同类别的蛋送往不同包装通道（进行包装）的设备。 二十五、本国子目 8437.1010 所称“光学色差谷物颗粒选别机（色选机）”，运用特定的光学方法，凸显被选物料与正常物料的颜色或形状差异，这些差异被电子视觉系统检测，经控制系统处理产生输出信号，控制执行机构剔除被选物料，得到品质一致的物料。 二十六、本国子目 8443.3214 所称“热敏打印机”，是指采用加热显色技术实现打印输出的打印机。其结构仅包括热敏打印头、进纸胶辊及进纸电机等，不需要各种复杂的辅助机构。热敏打印机可作为模块嵌入到各种终端设备中使用，广泛应用于条码、标签、收据、日志等专业打印领域。 二十七、本国子目 8443.9111 所称“卷筒料给料机”是指为卷筒料印刷机连续供料的辅机。卷筒料自动给料机按更换料卷的方式分为高速接料机和零速接料机两类。高速接料机是指印刷机在全速或略微降速的运行过程中，两料卷（更换料卷与被更换料卷）在同速运行状态下完成粘接、更换料卷的自动接料装置；零速接料机是指两料卷（更换料卷与被更换料卷）在静止状态下完成粘接，而印刷机仍在正常高速运行，在此期间是由给料机的料卷储存装置（储料器）向印刷机供给输送料带的自动接料装置。 二十八、本国子目 8443.9921 所称“热敏打印头”，是指数字印刷机的部件，由排成矩阵的小型电加热器和逻辑电路组成。逻辑电路控制加热器工作和进纸，当加热器被驱动时在介质上就会产生一个与加热元素相对应的图形，从而完成输出图像的任务。

表2-1　续16

章	子目注释数	内容
84	64	二十九、本国子目 8447.2011 所称“特里科经编机”，其织物牵拉方向与织针平面近似成直角，织物张力由织针承担。在成圈配置以及编织方面的特点如下：(1) 沉降片上纱线接触点为 2 个；(2) 经轴一般放在机器后面或者放在机器的顶部；(3) 织针可以从机前更换；(4) 老式特里科经编机导纱梳栉编号从机后到机前（从 2001 年 1 月开始，编号从机前到机后）；(5) 使用复合针；(6) 没有牵拉就可以起头编织；(7) 光编链组织不能编织（编链衬纬可以编织）；(8) 纱线与坯布牵拉成 90°，织针受力较大。 三十、本国子目 8447.2012 所称“拉舍尔经编机”，其织物牵拉方向与织针平面近似平行，织物张力对织针不大起作用。在成圈配置以及编织方面的特点如下：(1) 沉降片纱线接触点为 3 个；(2) 经轴一般放在机器的顶部；(3) 织针必须从机后更换；(4) 导纱梳栉的编号从机前到机后；(5) 使用复合针和舌针；(6) 没有牵拉不能起头编织；(7) 光编链线圈也能编织；(8) 纱线与坯布牵拉成 170°，织针受力较小。 三十一、本国子目 8448.3940 所称“环锭细纱机紧密纺装置”，又称环锭细纱机集聚纺装置，一般安装在环锭细纱机的牵伸部分，可适应纺多种纤维，通过对加捻点的纺纱三角区中纤维的控制，纺出高质量的紧密纱线。这种纱线具有纺纱强力高、毛羽少、条干好等特点。 三十二、本国子目 8449.0010 所称“针刺机”，主要结构由送网机构、针刺机构、牵拉机构、花纹机构（仅花纹针刺机有此机构）、传动机构、附属机构、机架等组成。针刺机按加工纤网的状态可分为预针刺机和主针刺机；按结构可分为单针梁式和双针梁式；按传动形式可分为上传动式和下传动式。针刺法是一种机械加固方法，其基本原理是用截面为三角形（或其他形状）且棱边带有钩刺的针，对蓬松的纤网进行反复针刺，将纤网加工成具有一定厚度和强度的针刺法非织造布。

表2-1　续17

章	子目注释数	内容
84	64	三十三、本国子目 8449.0020 所称“水刺设备”，主要结构由水刺装置（水刺头）、输送网帘（或辊筒）、抽吸装置和水循环装置等组成。水刺装置是由内部带有通水孔的集流腔体与水针板组成，采用耐腐蚀和耐高压材料制成。水针板是一个长条薄型不锈钢板，根据工艺要求，在针板上开有单排孔、双排孔或三排孔。一般水刺装置的配置为四上四下，可以水平排列，也可以圆周排列。水刺设备一般是将两组或多组水刺装置串联使用。水刺法又称射流喷射网法、水力缠结法、喷水成布法，采用高速高压的水流及部分反射水流促使纤维相互缠结抱合，以加固纤网，制成水刺法非织造布。 三十四、本国子目 8450.1110、8450.2011 所涉及的“波轮式全自动洗衣机”，主要结构由箱体、洗涤桶、外桶（盛水桶）、电机、传动部件以及全自动程序控制器、传感器等电控系统组成。电机等洗涤系统轴向垂直设置。其工作原理为：通过各种器件组成的控制电路来控制电机、进水阀、排水阀，使洗衣机实现程序运转；依靠装在洗衣桶底部的波轮正、反旋转形成水流，带动衣物上、下、左、右翻转，使衣物在洗涤液中进行柔和地摩擦，在洗涤剂的作用下实现去污清洗，洗涤过程全自动控制。 三十五、本国子目 8450.1120、8450.2012 所涉及的“滚筒式全自动洗衣机”，主要结构由箱体、洗涤桶、外桶（盛水桶）、电机、传动部件、平衡块以及全自动程序控制器、传感器等电控系统组成。电机等洗涤系统轴向水平设置。其工作原理为：通过各种器件组成的控制电路来控制电机、进水阀、排水阀，使洗衣机实现程序运转；模仿棒锤击打衣物原理设计，利用电动机的机械做功使滚筒旋转，带动衣物在滚筒中不断地被提升摔下，做重复运动，加上洗涤剂与水的共同作用使衣物洗涤干净，洗涤过程全自动控制。 三十六、本国子目 8452.1091 所称“手动式家用型缝纫机”，又称为缝纫器，产品体积通常小于 15 厘米×10 厘米×15 厘米，重量小于 2 千克，可随身携带，手握按压式动力，作单线链式线迹缝纫，能够缝纫悬挂着的窗帘、壁挂、手帕、围裙、枕套等，也可缝制小衣物等。

表2-1　续18

章	子目注释数	内容
84	64	三十七、本国子目 8452.2120 所称“非家用自动包缝机”，是指由直针线和弯针线，通过机器的运动循环穿套在缝料边缘形成包缝链式线迹（500 类包缝链式线迹），将缝料包边并缝合的工业缝纫机，采用微型计算机控制，具有自动剪线、定针位、抬压脚等自动功能。机器由机壳、传动机构、针杆机构、勾线机构、送料机构、压脚机构、切刀机构以及机架、台板、控制系统、驱动电机等机构与部件组成，产品主要用于服装的包边、包缝、镶边等，能有效防止缝料边缘脱散，广泛应用于印染、服装、地毯等行业。 三十八、本国子目 8452.2130 所称“非家用自动绷缝机”，是指利用针、梭两种缝线自连、互连、交织，在缝料底面形成单面覆盖链式线迹，或在缝料正面再增加覆盖线形成双面覆盖链式线迹（400 类多线链式线迹），将两层或多层缝料缝合的工业用缝纫机，采用微型计算机控制，具有自动剪线、拔线、倒缝、定针位及抬压脚等自动功能。产品主要由机壳、刺料机构、主轴传动机构、上轴传动及挑线机构、勾线机构、绷针机构、送料机构、输回油机构以及机架、台板、控制系统、驱动电机等组成，主要应用于针织服装厂缝制棉毛衫、汗衫及类似的化纤织物的搭缝连接、针织服装的滚领、滚边、折边、拼接缝等作业。 三十九、本国子目 8457.1091 所称“加工金属的铣车复合加工中心”，是在车床基础上复合了铣削功能，利用刀具移动或旋转和工件旋转的合成运动实现对工件表面的切削加工的设备。工件主轴为水平或垂直状态，并配有自动换刀装置（刀库机械手），主要用于工序多、形状复杂的回转体零件的加工。与车削中心相比，增加了一个具有完备铣削功能的铣削单元（铣主轴）和自动换刀装置（刀库机械手）。 四十、本国子目 8458.9110 所称“切削金属的立式数控车床”，主要由床身、立柱、刀架、工作台（卡盘）、X/Z 轴进给等组成，其主轴处于垂直位置，主要有两种结构形式：（1）主轴和工作台（卡盘）位于下方的床身上，刀架在立柱上，适于加工大型和重型零件，通常称为数控立式正置车床。（2）主轴和卡盘位于立柱上，

表2-1　续19

章	子目注释数	内容
84	64	刀架则位于下方床身上，适于加工中小型盘、盖类零件，自动化程度高，通常称为数控立式倒置车床。 四十一、本国子目 8460.2311 所称“高精度曲轴磨床”，是曲轴精加工设备，一般由基础部分（床身、工作台）、支承部分（头架、尾架、卡盘、中心架等）、砂轮架、进给机构、数控系统、液压系统、对刀测量装置等组成。主要用于磨削汽车、拖拉机、机车内燃机、柴油机及船用发动机用曲轴。 四十二、本国子目 8460.4010 所称“珩磨机床”，是指利用珩磨头与工件表面接触，进行相对的旋转和往复运动或其他多自由度的运动，借二者相互修整作用，提高工件尺寸、形状精度和表面质量的磨削机床。珩磨机床主要在汽车、拖拉机、液压件、轴承、航空等制造业中用于珩磨工件的孔。除此之外，珩磨机床还包括加工其他表面的外圆珩磨机、气缸珩磨机、轴承滚道珩磨机、平面珩磨机、曲面珩磨机、球面珩磨机、顺序加工珩磨机等。 四十三、本国子目 8460.4020 所称“研磨机床”，是指利用涂敷或压嵌在研具上的磨料或加入游离磨料，通过研具与工件在一定压力下的相对运动，对工件表面进行精整的磨削机床。研磨机床主要用于研磨工件中的高精度平面、内外圆柱面、圆锥面、球面、螺纹面和其他型面。除此之外，研磨机床还包括用于研磨圆柱形工件的无心研磨机。 四十四、本国子目 8461.4011 所称“齿轮磨床”，是指利用磨具对齿轮表面进行磨削加工的精加工设备，一般由工作主轴、床身、砂轮主轴、辅助单元等组成。按齿轮型式分为渐开线圆柱齿轮磨床和锥齿轮磨床。 四十五、本国子目 8466.9310 所称“刀库”，是指存放待换工具的装置，“自动换刀装置”是指能自动更换加工中所用工具的装置。刀库系统是用于满足自动化加工过程中所需储刀及换刀需求的一种装置，由自动换刀机构及可以储放多把刀具的刀库构成。该装置由电脑程序控制，可完成各种不同的加工需求，如铣削、钻孔、镗孔、攻牙等，大幅缩短加工时程，降低生产成本。刀库可分为斗笠

表2-1　续20

章	子目注释数	内容
84	64	式、圆盘式、链条式，自动换刀装置则可分为油压机构、气压机构、电气凸轮机构三类。目前电气凸轮机构因设计简单使用操作可靠被广泛采用。 四十六、本国子目 8471.3010 所称“平板电脑”，是指输入输出部件集成在一起、以触摸屏为基本输入设备的便携式电脑（通常屏幕大于等于 7 英寸）。 四十七、本国子目 8471.4991 所称“分散型工业过程控制设备”，即分散型控制系统（DCS），是利用计算机技术对生产过程进行分散控制，以及进行集中监视、操作、管理的一种控制系统。其核心结构可归纳为“三点一线”式结构，“一线”是指 DCS 的骨架计算机网络，“三点”是指连接在网络上的三种不同类型的节点：现场控制站、操作员站和工程师站。该本国子目的商品应构成系统，单独报验的部件应根据其报验状态归入相关品目。例如，单独报验的现场控制站应归入品目 8537 或品目 9032。 四十八、本国子目 8477.1010 所称“注塑机”，又名塑料注射成型机，是将固态的塑料（玻璃态）原料经过塑化装置塑化为熔融态(粘流态)，在压力的作用下注射入密闭的膜腔内，利用塑料成型模具将热塑性塑料或热固性塑料制成各种形状，经保压冷却定型后，开模顶出而制得塑料制品的一种成型设备。 四十九、本国子目 8477.3010 所称“挤出吹塑机”，是指挤出机和吹塑装置的组合体，由挤出机及型坯模具、吹塑模具、吹胀装置、合模机构、型坯厚度控制系统、传动机构等组成。 五十、本国子目 8477.3020 所称“注射吹塑机”，是指注塑机与吹塑装置的组合体，由塑化机构、液压系统、合模结构、型坯模具、吹塑模具、吹胀装置、控制电器等组成。 五十一、本国子目 8477.3090 所称“其他吹塑机”，包括特殊结构的吹塑机，这些吹塑机是用片材、型材等熔融型坯或冷型坯，吹塑成具有特殊形状和用途的中空制件的吹塑机。

表2-1　续21

章	子目注释数	内容
84	64	五十二、本国子目 8479.5011 所称“协作机器人”，是指能和人类在共同工作空间中协同工作的机器人，由执行机构、一体化关节和控制系统组成，其中一体化关节又由伺服电机、减速器、编码器、驱动器和通信总线等组成。 五十三、本国子目 8479.8992 所称“自动化立体仓储设备”，主要用于单元货物的立体存放、自动存放信息管理，由电气控制元件、计算机软硬件等部分组成，按存储单元大小和存储规模设计、制作存储货架和自动存放设备，并编制设备控制和货位管理软件进行操作，属于机电信息管理一体化应用技术。 五十四、本国子目 8480.4110 所称“压铸模”，一般是由两个互补冷硬铸模组成，其型腔与所需铸件两面的形状相同，合模后将融熔状态的金属液体注入模腔，经加压、保压、冷却、开模，生产出各种压铸件。在某些情况下，这两个互补冷模还对熔融金属施加一定的压力。 五十五、本国子目 8480.4120 所称“粉末冶金用压模”，用于压制各种粉末冶金件。将模具组装到压力机上，调试，在开模状态下装入金属粉末（钢粉、铜粉、不锈钢及各种合金粉等），压力机动作，加压，模具压紧，将经过烧结的金属粉末在高压下成型为零件。 五十六、本国子目 8480.7110 所称“硫化轮胎用囊式型模”，由两个可调节的金属冷硬铸模组成，用蒸汽或电加热，内有环状的充气袋或热水袋，以将胎坯牢牢地压向型模的内壁。 五十七、本国子目 8481.8021 所称“电磁换向阀”，是一种换向阀，其作用是利用电磁铁的推力来驱动阀芯运动以变换流体流动方向。它有滑阀和球阀两种结构，通常所说的电磁换向阀为滑阀结构，球状或锥状阀芯的电磁换向阀被称为电磁换向座阀，也称电磁球阀。根据第 84 章子目注释三的规定，用于传动系统的换向阀不应归入本子目。

表2-1　续22

章	子目注释数	内容
84	64	五十八、本国子目8481.8031所称“电子膨胀阀”，是一种流量阀，其作用是在阀的进出口压差变化的情况下，维持通过的流量恒定，从而维持与之串联的被控对象的流量恒定。电子膨胀阀主要用于变频制冷系统中，实现对系统制冷流量的自动调节，使系统始终保持在最佳的工作状况下运行。电子膨胀阀由阀体和线圈两部分组成，阀体由阀座部件、转子部件和止动器三个部件组成，线圈由缠绕在骨架上的上下绕组、导磁体和引出电缆等组成。线圈与阀体内永磁转子组成永磁步进电机，通过控制线圈的脉冲输入信号可以实现阀体内转子部件的正反向旋转。转子的转动通过丝杆和螺母的螺纹传动，将转子部件的旋转运动转化为阀针轴向移动，从而调节阀口通流面积的大小，实现系统制冷流量大小的自动调节。电子膨胀阀是采用步进电机驱动的电力驱动阀门。 五十九、本国子目8482.1010所称“调心球轴承”，是指滚道是球面形，能够调整沟道轴线间的角偏差及角运动的轴承。 六十、本国子目8482.1020所称“深沟球轴承”，是指每个套圈均具有横截面弧长约为球周长三分之一的连续沟道的向心球轴承。 六十一、本国子目8482.1030所称“角接触球轴承”，是指公称接触角大于0°、小于等于45°的向心球轴承（包括三点接触和四点接触球轴承），不包括推力角接触球轴承。 六十二、本国子目8482.1040所称“推力球轴承”，是指公称接触角大于45°、小于等于90°，主要用于承受轴向载荷的球轴承。按公称接触角的不同，公称接触角为90°的推力球轴承称为轴向接触轴承；公称接触角大于45°、小于90°的推力球轴承称为角接触推力轴承。 六十三、本国子目8483.1011所称“船舶用柴油机曲轴”，是船用柴油机的重要组成部分，主要功能是与连杆配合将作用于活塞上的气体压力转变为传动轴（包括曲轴）的旋转动力，曲轴一般由主轴颈、连杆轴颈、曲柄、平衡块、前端和后端等组成。

表2-1　续23

章	子目注释数	内容
84	64	六十四、本国子目 8486.9091 所称“带背板的溅射靶材组件”，由裸靶和支撑背板两部分组成，通过焊接连接为一体。裸靶原材料通常为高纯金属或金属合金，通过特殊的热机械处理和精密机械加工制造而成，背板通常带有与溅射机配合的连接孔、定位突起或卡环、卡口等结构。无背板结构单金属裸靶按原材料归类。
85	28	一、本国子目 8504.4014 所称“功率小于 1 千瓦，精度低于万分之一的直流稳压电源”，是指输入端为交流输入或直流输入，输出端为经稳压电路处理的直流电，在电网电压波动或负载发生变化时保持输出电压稳定的稳压电源，其最大输出功率小于 1 千瓦，精度低于万分之一（数值大于万分之一）。稳压电路的工作原理是通过检测输出端电压值，将检测的电压值反馈到控制电路，控制电路再通过调节输入端的电压值，来改变输出端的电压值，以实现输出电压的稳定。功率是指直流稳压电源的额定输出功率。精度是指直流稳压电源的实际输出电压与设计输出电压之间的偏差值。 二、本国子目 8504.4091 所称“具有变流功能的半导体模块”，是指除品目 8541 和 8542 所列商品以外，由两个及两个以上半导体器件组成或由半导体器件与其他器件或装置构成的模块。模块由器件相互连接后封装而成，外部引脚线（也称“金属脚”）可与其他电路连接，部分模块带有散热片。该模块属于静止式变流器的范围，具有变流功能，能够对电网的功率、电流、频率和相位等参数进行精确的控制和有效的处理。半导体器件通常包括功率二极管、绝缘栅双极晶体管（IGBT）、场效应晶体管（MOSFET）、大功率晶体管、晶闸管等；其他器件通常包括电阻、光耦等。 三、本国子目 8507.8030 所称“全钒液流电池”，是指一种高效电化学储能设备，由电堆单元、能量存储部分及控制部分组成。钒电解质溶液在循环泵的推动下流经电堆，实现电能的存储与释放。 四、本国子目 8512.3012 所称“机动车辆用防盗报警器”，包括所有机动车辆用防盗报警器，无论其是否带有视觉信号报警装置。

表2-1　续24

章	子目注释数	内容
85	28	五、本国子目 8515. 2120 所称“电阻焊接机器人”，是指利用电阻热进行自动焊接的工业机器人，由机器人本体、控制系统、传感器、焊钳、电阻焊机及控制器等部分组成，主要应用于汽车制造、电工电子等领域。 六、本国子目 8515. 3120 所称“用于金属加工的电弧（包括等离子弧）焊接机器人”，是指专门用于电弧（包括等离子弧）焊接的工业机器人，由机器人本体、控制系统、传感器、焊枪、焊机、自动送丝装置等部分组成，主要应用于汽车、工程机械、摩托车、船舶、运动器材、航空、航天、锅炉等领域。 七、本国子目 8515. 8010 所称“激光焊接机器人”，是指以激光器为焊接源的焊接机器人，由机器人本体、控制系统、传感器、激光头、激光系统等部分组成，主要应用于汽车、电子、冶金等领域。 八、本国子目 8516. 1010 所称“储存式电热水器”，是指装有控制或限制水温的装置，并可以储存非饮用热水的固定式容器。这种热水器是配有浸入式加热元件的保温水箱，水可在其中逐渐得到加热。 九、本国子目 8516. 1020 所称“即热式电热水器”，又称快热式电热水器，是指水流过热水器时，通过电加热方式加热水的驻立式热水器。 十、本国子目 8516. 2920 所称“辐射式空间加热器”，由发热管、辐射板、控制部分等构成。其中，辐射板通常是抛物柱面的反射镜，发热管通常是卤素管或石英管等。 十一、本国子目 8516. 2931 所称“风扇式空间加热器”，又称强制对流式加热器，是指利用风扇鼓动空气流经电热元件，再将暖风送出的加热器。通常分为离心式、轴流式、贯流式、涡轮式等型式，基本结构包括电热元件、风扇、温度控制器和外壳。 十二、本国子目 8516. 2932 所称“充液式空间加热器”，又称充液式散热器、电热油汀，封闭的装置中充有导热油或导热液作为传热媒介，电气元件将传热媒介加热，然后把热量散发到周围的空气中。根据不同的功率大小，充液式加热器分为板式和多片式等结构。

表2-1　续25

章	子目注释数	内容
85	28	十三、本国子目8516.6050所称“电烤箱”，是指用于烘烤鸡、肉、汉堡包等食物的厨房炊事器具（家用烤面包机除外），其结构由箱体、门、发热器（单个或上下双势）、烤盘、控制系统等组成，靠热风或电热管加热食物，根据不同容积设有一层或两层烤盘，容积分为9升、12升、16升、22升不等，功率为600瓦~1200瓦。电烤箱与多士炉、三明治炉最大的不同是，前者是将生鲜食材经加热制成熟食，内部结构更为复杂。 十四、本国子目8516.7110所称“滴液式咖啡机”，主要结构由水箱、加热器、过滤器、保温盘、咖啡壶、微电脑控制部件和附件等七部分构成。其工作原理为：将咖啡粉放入过滤器内，水箱内加满水，开启咖啡机。加热器将对进入加热器内的水进行加热，并将热水从过滤器上部洒下。对过滤器内的咖啡粉进行充分浸泡，利用水的自重将咖啡粉内的咖啡精华通过过滤网滤出。滤出的咖啡液流到下部的咖啡壶内，即完成咖啡的制作。 十五、本国子目8516.7120所称“蒸馏渗滤式咖啡机”，主要结构由水罐（含加热功能）、漏斗、微电脑控制部件和附件等四部分构成。其工作原理为：制作咖啡的水放入水罐内，加热后产生高温高压的水蒸气，利用虹吸原理将高温高压的水蒸气通过水罐中心的水管引流到装有咖啡粉的漏斗内。让水蒸气瞬间穿过咖啡粉的细胞壁，将咖啡的内在精华萃取出来制作咖啡。 十六、本国子目8516.7130所称“泵压式咖啡机”，主要结构由水箱、水泵、加热器、漏斗、微电脑控制部件和附件六大部分组成。水箱与水泵连接，通过微电脑控制部件控制水泵从水箱抽水至加热器，水通过加热器加热后，由于水泵提供的压力使热水流至加热器下部的压力过滤漏斗内，热水从而将压力过滤漏斗内的咖啡粉的精华过滤出来。同时通过过滤网内的小孔作用产生丰富的泡沫。 十七、本国子目8516.7210所称“家用自动面包机”，是指通过微电脑控制搅面、发酵、醒面和焙烤来制作各种面包、蛋糕的家电产品，将面粉、水、糖、酵母等所有配料放入面包桶后，启动机器后自动完成面包制作的全过程。

表2-1　续26

章	子目注释数	内容
85	28	十八、本国子目8516.7220所称“片式烤面包机（多士炉）”，主要功能是烘烤面包片、面包圈、法式面包、华夫饼、酥皮馅饼等，可烤制出不同焦硬度、口感和烧色图案，有2片、3片和4片的多士炉。其主要由炉身、炉胆、发热板、滑动机构、电子板控制、电磁铁和炉底等组件构成。使用时将面包放入面包槽腔内，压下提手，滑动组件向下运动，网架将整片面包夹持归中，并沉入烘烤腔内，电子板工作，发热板开始发热，进行烘烤；电子板组件控制线圈的通断电时间，从而控制磁吸片的吸合时间，到达设定的时间后，电子板组件控制线圈断电，磁铁吸力消失，滑动组件弹起，同时发热板断电不再加热；托架将烤好的面包托至炉胆上端，方便用户取出，完成烘烤过程。 十九、本国子目8517.6237所称“有线网络接口卡”，又称有线网卡，是物理上连接自动数据处理设备或其他网络设备终端与网络的一种数字式适配器，其连接网络设备和终端设备的两个端口都是以有线形式实现的。设备端接口常见的有PCI接口和USB接口。网络端接口常见的有PJ-45接口、BNC接口和光纤接口。 二十、本国子目8517.6292所称“无线网络接口卡”，又称无线网卡，主要由主板（包括基带、射频、电源管理、外围器件、PCB板）、射频天线、MD结构件等组成。设备端接口通常以有线方式实现，常见的有PCMCIA接口和USB接口。网络端接口通常以无线方式通过天线和基站连接。 二十一、本国子目8517.6293所称“无线接入固定台”，是指采用无线通信技术体制的无线终端接入设备，这种产品具备语音通信功能，有的还可具备收发短信、手机模式上网等功能。能在无线网络覆盖的范围内，将无线网络信号转化为普通固定电话模拟信号，适用于固定电话不易布线地区，可直接代替固定电话。该设备可以是一部无线固定电话机，也可以是一部无线接入系统多用户固定台。可以为多个用户提供服务并具有内部交换功能，多个用户共用若干个无线信道。该设备一般包括天馈线、电源模块、接口单元、主控单元和模块化的射频单元。对于带传真功能的产品还会有传真模块。

表2-1　续27

章	子目注释数	内容
85	28	二十二、本国子目8522.9091所称“车载音频转播器或发射器”，通常由液晶显示屏、控制器、输入输出终端三部分组成。多数产品可以通过调频（FM）发射和汽车的收音模块相接，通过汽车或者家中的FM立体声接收机来收听来自声音重放设备（iPod、MP3、MP4、CD唱机）中的音乐。有些产品还可以用音频线与汽车音箱直接相连。 二十三、本国子目8536.9011所称“工作电压不超过36伏的接插件”，是指连接两个器件的连接器，用于传输电流或信号（光缆用连接器除外），工作电压小于等于36伏。 二十四、本国子目8537.1019所称“用于电压不超过1000伏线路的其他数控装置”，是指除可编程序控制器以外的数控装置，包括数控（NC）和计算机数控（CNC）两种类型。数控装置是成套数控伺服装置的组成部分之一，成套数控伺服装置由数控装置、信息载体、伺服系统、检测装置组成。若上述成套数控伺服装置同时报验，则不归入本子目，而应归入品目90.32项下。 二十五、本国子目8539.3191所称“紧凑型荧光灯”，又称节能灯，具有体积小、省电、发光效率高、光线柔和等特点。紧凑型荧光灯与普通荧光灯相比，最主要的特点在于灯管的结构是紧凑型的，通常被弯成H形、U形、双n形、螺旋形等；多数紧凑型荧光灯的灯管、电子镇流器部件和灯头部件通常是有机地结合成一体的，在不损坏其中部件的情况下一般是可拆卸的。紧凑型荧光灯主要是通过节能灯管和低功耗电子镇流器实现节能。 二十六、本国子目8539.3230所称“钠蒸气灯”，是利用钠蒸气放电产生可见光的电光源。钠灯又分低压钠灯和高压钠灯。低压钠灯的工作蒸气压不超过几个帕。高压钠灯的工作蒸气压大于0.01兆帕。 二十七、本国子目8539.3240所称“汞蒸气灯”，是利用汞放电时产生汞蒸气获得可见光的电光源。汞灯可分为低压汞灯、高压汞灯和超高压汞灯三种。低压汞灯点燃时汞蒸气压小于一个大气压，高压汞灯的工作汞蒸气压为0.2~1兆帕，超高压汞灯的工作汞蒸气压为1兆帕以上。

表2-1　续28

章	子目注释数	内容
85	28	二十八、本国子目8544.3020所称“机动车辆用点火布线组及其他布线组”，是指《中华人民共和国进出口税则》第87章所列机动车辆用的点火布线组及其他布线组。布线组是指用于电气布线的成组电线或电缆。例如，连接机动车火花塞与分电器的成组电缆。
86	3	一、本国子目8608.0010所称“轨道自动计轴设备”，是指用于记录列车进入区段的轮轴数和驶出区段的轮轴数、判断区段内是否还有轮轴、决定区段是否被占用的设备。其工作原理是用以检测列车通过铁路上某一点（计轴点）的车轴数，以检查两个计轴点之间或轨道区段内的空间情况，或判定列车通过计轴点的时间，自动校正列车行驶里程等。自动计轴设备由传感器、计数比较器、计算机或其他电子处理系统、传输通道、电源和接口电路等部分组成（当车辆轴数的信息需要远距离传输时，计轴器还需采用传输设备）。 二、本国子目8609.0011、8609.0021所涉及的“保温式集装箱”，是指安装有制冷设备、具有隔热功能，用于运输易腐食物或者货物的集装箱。 三、本国子目8609.0012、8609.0022所涉及的“罐式集装箱”，是指圆筒型罐式结构，配有支撑架使其可固定于车辆或船舶，用于运输液体、气体或其他特种货物的集装箱。
87	5	一、本国子目8703.1011所称“全地形车”，是一种集娱乐、体育运动、旅游于一体的特种车辆，可在沙滩、草地、山路、旅游场所等多种复杂路面行驶。除用于驾驶外，也可以用于载送人员或运输物品。全地形车一般装备单缸或双缸小型内燃发动机，采用传动链（或传动轴）将动力传至车轮，驱动整车行驶。全地形车一般为四轮，装备摩托车式的跨骑式座位，不带乘员座，方向把操控转向，采用非公路用低压轮胎，符合阿克曼转向原理，前、后悬架均采用类似轿车用的独立悬架设计，装有电动机、变速器、离合器、传动链（或传动轴）、前后减震器等。本子目也包括用方向盘操控的带有乘员座的类似车辆（Go — Carts）。

表2-1　续29

章	子目注释数	内容
87	5	二、本国子目 8703. 2361 所称“小轿车”，是指具有如下两项技术特性之一的乘用车，但越野车除外：1. 车身结构为三厢式车身。2. 车身结构为两厢式车身，且同时具有以下条件：（1）座位数不超过 5 座，座椅（含可折叠座椅）不超过两排且无侧向布置；（2）一半以上的发动机长度位于车辆前风窗玻璃最前点以前，且转向盘的中心位于车辆总长的前四分之一部分之后；（3）车长小于等于 4000 毫米，或车长大于 4000 毫米但小于等于 5200 毫米且车辆处于整车整备质量状态下车顶外覆盖件最大离地高度小于等于 1580 毫米。一半以上的发动机长度，对于前横置发动机，为发动机曲轴中心线；对于前纵置发动机，为发动机第一缸和最后一缸缸心距的中心线。两厢式车身指动力总成舱、客舱和行李舱在外形上形成两个空间形态的车身，乘用车的行李舱和客舱内部贯通（包括行李舱由一块可移动的隔板分割成上下两部分后，仅上半部分与乘客舱贯通的情形）；三厢式车身指动力总成舱、客舱和行李舱在外形上形成各自独立形态的车身。车顶外覆盖件是指车身顶部外表面的结构件，不包括行李架、天线等附加在车顶上的附件。其他排量的小轿车参照上述标准执行。 三、本国子目 8703. 2362 所称“越野车”，是指具有如下各项技术特性的乘用车：1. 至少有一个前轴和至少有一个后轴同时驱动（包括一个驱动轴可以脱开的车辆）。2. 至少有一个差速锁止机构或至少有一个类似作用的机构。3. 车辆处于整车整备质量和一位驾驶员状态下，单车计算爬坡度大于等于 30%，并至少具有如下六项技术特性中的五项：（1）接近角大于等于 25°；（2）离去角大于等于 20°；（3）纵向通过角大于等于 20°；（4）前轴离地间隙大于等于 180 毫米；（5）后轴离地间隙大于等于 180 毫米；（6）前后轴间的离地间隙大于等于 200 毫米。4. 车身结构为两厢式车身时，一半以上的发动机长度位于车辆前风窗玻璃最前点以前，且转向盘的中心位于车辆总长的前四分之一部分之后。装有高度可调悬架的乘用车，有一种悬架状态具有 1~4 技术特性时也视为越野乘用车。其他排量的越野车参照上述标准执行。

表2-1　续30

章	子目注释数	内容
87	5	四、本国子目 8703. 2363 所称“9 座及以下的小客车”，是指座位在 9 座及以下，并具有如下两项技术特性之一的乘用车：1. 车身结构为一厢式车身；2. 车身结构为两厢式车身，除小轿车、越野车以外的其他非专用乘用车。专用乘用车包括旅居车、防弹车、救护车、殡仪车等，不归入本子目。其他排量的 9 座及以下的小客车参照上述标准执行。 五、本国子目 8712. 0020 所称“竞赛型自行车”，是供比赛用的自行车，可分为场地竞赛车和公路竞赛车两种。竞赛型自行车的基本技术参数：允许载重量 80 千克，车轮直径大于等于 610 毫米，成车重量小于等于 11 千克。
88	1	本国子目 8806. 2110、8806. 2210、8806. 2310、8806. 2410、8806. 2910、8806. 9110、8806. 9210、8806. 9310、8806. 9410 所称“航拍无人机”，是指搭载固定的或可替换的摄影摄像载荷（无论是否装置光学镜头），具有无线电遥控和数字图传能力，设计用于在空中拍摄影像，且不具备其他与飞行相关实用性功能的无人驾驶航空器。
90	17	一、本国子目 9001. 9010 所称“彩色滤光片”，通常是作为液晶显示器的关键部件使用，液晶显示器依靠彩色滤光片显示图像的色彩。彩色滤光片是镀有 BM、R、G、B、ITO 镀层的有色玻璃。彩色滤光片的制备方法有四种，包括颜料分散法、染色法、印刷法和电沉积法（该品目不包括等离子显示器用滤光片，等离子显示器用滤光片带有电磁屏蔽夹层，不属于纯粹的光学元件，应按专用零件归类）。 二、本国子目 9014. 2010 所称“自动驾驶仪”，是指用于暂时替代驾驶员，保持稳定飞机以及使飞机按给定参数（高度、航向等）飞行的装置，主要由直接操作或伺服马达控制机构（通常为替代驾驶员动作的液压马达）以及调整仪表读数和伺服机构动作的自动感应装置（高速陀螺仪）构成。

表2-1 续31

章	子目注释数	内容
90	17	三、本国子目 9015.1010 所称“激光雷达”，是指由发射系统、接收系统、信息处理系统等部分组成的一种激光测距仪（可包括测角功能）。单独报验的激光发射器，或以本国子目激光雷达为部件进一步集成的检测或导航设备不归入本子目。 四、本国子目 9018.1310 所称“核磁共振成像成套装置”，由磁体、梯度系统、射频系统（含多种类型接收线圈）以及数据处理和分析软硬件系统等部分组成，用于人体的解剖和生理功能的成像。该品目不包括单独进口的零部件。 五、本国子目 9018.9060 所称“输血设备”，是指成套的简单输血设备或成套的体外循环设备，前者由血袋、输血导管、输血针组成，直接进行静脉输血，后者由人工心肺设备、人工肾脏透析设备等组成。 六、本国子目 9018.9080 所称“手术机器人”，是指由机械臂、控制台、成像系统等部分组成，能以微创方式实施复杂的外科手术的一种医疗设备。包括骨科手术机器人、腔镜手术机器人、神经外科手术机器人、放射介入手术机器人。 七、本国子目 9021.9011 所称“血管支架”，由支架和导管输送系统组成，通过导管输送器将支架输送至病变部位，植入支架以达到支撑狭窄闭塞段血管，保持血流通畅的目的。血管支架主要分为冠脉支架、脑血管支架、肾动脉支架、大动脉支架等。支架通常由金属材料、覆膜材料或生物材料制成，部分支架表面涂覆治疗药物。支架按照在血管内展开的方式可分为自展式和球囊扩张式两种。 八、本国子目 9023.0010 所称“教习头”，是指用胶头皮、色发等制成的供美容、美发使用的教具。 九、本国子目 9024.1010 所称“电子万能试验机”，适用于各种金属、非金属、复合材料的拉伸、压缩、弯曲、剪切、剥离撕裂及金属薄板塑性应变比 r 值，拉伸硬化指数 n 值等多项试验。其主要功能是测金属材料的性能。

表2-1　续32

章	子目注释数	内容
90	17	十、本国子目9024.1020所称“硬度计”，是指使用压入法（如布氏硬度、洛氏硬度、维氏硬度、显微硬度、巴氏硬度、韦氏硬度）、划痕法（如莫氏硬度）、回跳法（如里氏硬度、肖氏硬度）等方法测量金属材料软硬程度的仪器。 十一、本国子目9026.2010所称“压力/差压变送器”，是指将压力、差压等工艺变量转换为统一的标准信号，作为指示记录仪、调节器或控制装置的输入信号，以实现对上述变量的显示、记录或自动控制的装置。通常由压力传感器、数据处理电子电路和仪器壳体等部分组成，可作为自动控制设备的组成部分。压力/差压变送器中的传感器在压力/差压的作用下，产生微弱的电量变化信号（如电容变量、电阻变量、电感变量），电子电路对变化信号进行放大、运算、校正，最后输出与压力/差压成比例的标准电流信号或标准数字信号，主要用于测量气体或液体的压力或压力差等参数。 十二、本国子目9031.4920所称“光栅测量装置”，是指利用光栅的光学原理工作的测量装置，主要由标尺光栅、光电读数头和数显表组成，通常标尺光栅固定在机床活动部件上，光栅读数头固定在机床固定部件上，指示光栅装在光栅读数头中。光栅测量装置经常应用于机床和加工中心等方面，可用作直线位移和角位移的检测。 十三、本国子目9031.8031所称“超声波探伤检测仪”，是指一种运用超声检测的方法来检测的仪器。其原理是：超声波在被检测材料中传播时，材料的声学特性和内部组织的变化对超声波的传播产生一定的影响。通过对超声波受影响程度和状况的探测了解材料性能和结构变化的技术称为超声检测。超声检测方法通常有穿透法、脉冲反射法、串列法等。 十四、本国子目9031.8032所称“磁粉探伤检测仪”，是指一种对铁磁性材料表面及近表面缺陷进行无损检测的仪器。其原理是：有表面和近表面缺陷的工件磁化后，当缺陷方向和磁场方向成一定角度时，由于缺陷处的磁导率的变化使磁力线逸出工件表面，产生漏磁场，可以吸附磁粉而产生磁痕显示。

表2-1　续33

章	子目注释数	内容
90	17	十五、本国子目 9031.8033 所称“涡流探伤检测仪”，是指运用涡流检测法检测的探伤仪器。涡流检测法利用的是电磁感应原理，适用于检测导电材料。检测线圈通以交变电流，线圈子内交变电流的流动将在线圈子周围产生一个交变磁场，这种磁场称为“原磁场”。把一导体置于原磁场中时，在导体内将产生感应电流，这种电流叫作涡流。导体中的电特性（如电阻、磁导率等）变化时，将引起涡流的变化。利用涡流的变化检测工件中的不连续性的方法称为涡流检测原理。 十六、本国子目 9032.8911 所称“列车自动防护系统（ATP）车载设备”，是指用于防止列车相撞，保证列车运行安全的车载设备。工作原理是自动检测列车实际运行位置，自动确定列车最大安全运行速度，连续不断地实行速度监督，实现超速防护，自动监测列车运行间隔，以保证实现规定的行车间隔。ATP 是整个 ATC 系统的基础，ATO 和 ATS 子系统都依托于 ATP 子系统的工作。 十七、本国子目 9032.8912 所称“列车自动运行系统（ATO）车载设备”，是指用于保证列车正常运行和行车调整优化的车载设备。作用是代替司机来自动驾驶，包括平滑加速、调速和车站程序定点停车。ATO 辅助 ATP 工作，接受 ATP 的信息，其中有 ATP 速度指令、列车实际速度和列车走行距离。此外还从 ATS 子系统和地面标志线圈接受列车运行等级等信息。根据以上信息，ATO 通过牵引/制动线控制列车，使其维持在一个参考速度上运行，并在设有屏蔽门的站台准确停车。
93	1	本国子目 9307.0010 所涉及的“军用刀”，是指刺刀、多用途刀具、伞兵刀、飞行员刀等纳入军品出口管理清单的军用刀具。
95	1	本国子目 9506.9111 所称“跑步机”，是指具有单方向运动表面，在该运动面上可进行漫步或跑步，脚可以自由地离开运动表面的训练器械。一般由跑步表面、跑步板、防滑面、紧急停止装置、前把手、侧扶手、前护罩、后滚筒及护罩、脚踏平台以及显示器等组成。
96	1	本国子目 9608.9910 所涉及的“机器、仪器”，是指《中华人民共和国进出口税则》第 84、85 及 90 章的商品。

根据前文分析，《美国协调关税税则》的前八位编码为征税而设，第九位、第十位编码为统计而设，并将征税与统计两项职能结合在一起。中国海关征税与统计两项职能由不同部门管理，故依据征税和统计的需要分别编制《中国税则》和《中华人民共和国海关统计商品目录》（简称《统计商品目录》）。其中，《中国税则》的结构与HS相同，共21类97章；《统计商品目录》中为统计需要增加了第22类第98章特殊交易品及未分类商品。

《中国税则》税率表采用八位编码，在HS六位编码基础上拆分两位本国子目。由于《中国税则》也承担了贸易管制职能，八位编码体系已不能满足进出口管理的需要，故进出口报关时需要按《中国海关报关实用手册》中的十位编码填报，第九位、第十位编码主要包括以下三方面功能：一是通过不同的代码实现海关监管职能，如十位编码7108.1100.00非货币用金粉对应的监管条件是代码“J”，即由中国人民银行出具的“黄金及其制品进出口准许证或批件”。二是对谷物和棉花等进口商品实施配额管理，如十位编码1001.1100.01配额内进口的种用硬粒小麦，进口税率为1%；十位编码1001.1100.90配额外进口的种用硬粒小麦，进口税率为65%；十位编码5201.0000.01配额内进口的未梳的棉花，进口税率为1%；十位编码5201.0000.90配额外进口的未梳的棉花，进口税率为40%。三是对子目中所含的部分特定商品设置暂定税率。如税号0802.9990项下其他坚果的进口税率为24%，而十位编码0802.9990.30碧根果的暂定进口税率为7%，享受较低的进口税率。

2.2　列目结构分析

为分析《中国税则》的列目结构，从八位税号和十位编码两个层面分别统计本国子目在类、章、品目和HS子目项下的分布情况。

2.2.1　八位税号的分布

统计结果表明，2025年版《中国税则》共有8960个八位税号，是在5612个HS子目的基础上拆分出来的，共增加了3348个本国子目。8960个八位税号中，农产品的税号数为1455个（占比为16.24%），非农产品的税号数为7505个（占比为83.76%）。

1. 八位税号在各类的分布

8960个八位税号在各类的分布详见表2-2。可以看出，第16类的税号数最多，为1644个。然后依次为第6类（1418个）、第11类（1139个）、第15类（792个）、第2类（534个）、第1类（533个）和第17类（521个）等。八位税号数最少的是第19类（21个）。

表2-2　八位税号在各类的分布

单位：个

序号	类	标题	八位税号数
1	S16	机器、机械器具、电气设备及其零件；录音机及放声机、电视图像、声音的录制和重放设备及其零件、附件	1644
2	S06	化学工业及其相关工业的产品	1418
3	S11	纺织原料及纺织制品	1139
4	S15	贱金属及其制品	792
5	S02	植物产品	534
6	S01	活动物；动物产品	533
7	S17	车辆、航空器、船舶及有关运输设备	521
8	S18	光学、照相、电影、计量、检验、医疗或外科用仪器及设备、精密仪器及设备；钟表；乐器；上述物品的零件、附件	340
9	S04	食品；饮料、酒及醋；烟草、烟草及烟草代用品的制品；非经燃烧吸用的产品，不论是否含有尼古丁；其他供人体摄入尼古丁的含尼古丁的产品	326
10	S07	塑料及其制品；橡胶及其制品	282
11	S09	木及木制品；木炭；软木及软木制品；稻草、秸秆、针茅或其他编结材料制品；篮筐及柳条编结品	264
12	S13	石料、石膏、水泥、石棉、云母及类似材料的制品；陶瓷产品；玻璃及其制品	224
13	S20	杂项制品	210
14	S05	矿产品	200

表2-2　续

序号	类	标题	八位税号数
15	S10	木浆及其他纤维状纤维素浆；回收（废碎）纸或纸板；纸、纸板及其制品	161
16	S08	生皮、皮革、毛皮及其制品；鞍具及挽具；旅行用品、手提包及类似容器；动物肠线（蚕胶丝除外）制品	106
17	S14	天然或养殖珍珠、宝石或半宝石、贵金属、包贵金属及其制品；仿首饰；硬币	88
18	S12	鞋、帽、伞、杖、鞭及其零件；已加工的羽毛及其制品；人造花；人发制品	73
19	S03	动、植物或微生物油、脂及其分解产品；精制食用油脂；动、植物蜡	62
20	S21	艺术品、收藏品及古物	22
21	S19	武器、弹药及其零件、附件	21
总计			8960

各类的平均拆分税号数详见表2-3。可以看出，《中国税则》的平均拆分税号数为1.60个，即每个HS子目拆分为1.60个八位税号。其中，第17类的平均拆分税号数最多，为3.03个，表明《中国税则》对相关子目的拆分最详细，然后依次为第16类（1.97个）、第9类（1.81个）、第2类（1.68个）、第18类（1.63个）、第14类（1.60个）等。拆分最少的是第10类，平均拆分税号数为1.15个。

表2-3　各类的平均拆分税号数

单位：个

序号	类	标题	平均拆分税号数
1	S17	车辆、航空器、船舶及有关运输设备	3.03
2	S16	机器、机械器具、电气设备及其零件；录音机及放声机、电视图像、声音的录制和重放设备及其零件、附件	1.97
3	S09	木及木制品；木炭；软木及软木制品；稻草、秸秆、针茅或其他编结材料制品；篮筐及柳条编结品	1.81

表2-3 续

序号	类	标题	平均拆分税号数
4	S02	植物产品	1.68
5	S18	光学、照相、电影、计量、检验、医疗或外科用仪器及设备、精密仪器及设备；钟表；乐器；上述物品的零件、附件	1.63
6	S14	天然或养殖珍珠、宝石或半宝石、贵金属、包贵金属及其制品；仿首饰；硬币	1.60
7	S12	鞋、帽、伞、杖、鞭及其零件；已加工的羽毛及其制品；人造花；人发制品	1.55
8	S08	生皮、皮革、毛皮及其制品；鞍具及挽具；旅行用品、手提包及类似容器；动物肠线（蚕胶丝除外）制品	1.54
9	S06	化学工业及其相关工业的产品	1.54
10	S13	石料、石膏、水泥、石棉、云母及类似材料的制品；陶瓷产品；玻璃及其制品	1.48
11	S20	杂项制品	1.48
12	S04	食品；饮料、酒及醋；烟草、烟草及烟草代用品的制品；非经燃烧吸用的产品，不论是否含有尼古丁；其他供人体摄入尼古丁的含尼古丁的产品	1.48
13	S11	纺织原料及纺织制品	1.43
14	S01	活动物；动物产品	1.43
15	S15	贱金属及其制品	1.39
16	S05	矿产品	1.36
17	S07	塑料及其制品；橡胶及其制品	1.34
18	S03	动、植物或微生物油、脂及其分解产品；精制食用油脂；动、植物蜡	1.17
19	S19	武器、弹药及其零件、附件	1.17
20	S21	艺术品、收藏品及古物	1.16
21	S10	木浆及其他纤维状纤维素浆；回收（废碎）纸或纸板；纸、纸板及其制品	1.15
平均			1.60

2. 八位税号在各章的分布

八位税号在各章的分布详见表 2-4。可以看出，第 84 章的税号数最多，为 1053 个，占税号总数的 11.76%。然后依次为第 29 章（603 个）、第 85 章（591 个）、第 87 章（392 个）、第 28 章（325 个）、第 3 章（300 个）和第 90 章（264 个）等。税号数最少的是第 66 章，仅 6 个税号。

表 2-4　八位税号在各章的分布

单位：个

序号	章	标题	八位税号数
1	84	核反应堆、锅炉、机器、机械器具及其零件	1053
2	29	有机化学品	603
3	85	电机、电气设备及其零件；录音机及放声机、电视图像、声音的录制和重放设备及其零件、附件	591
4	87	车辆及其零件、附件，但铁道或电车道车辆除外	392
5	28	无机化学品；贵金属、稀土金属、放射性元素及其同位素的有机及无机化合物	325
6	03	鱼、甲壳动物、软体动物及其他水生无脊椎动物	300
7	90	光学、照相、电影、计量、检验、医疗或外科用仪器及设备、精密仪器及设备；上述物品的零件、附件	264
8	44	木及木制品；木炭	232
9	72	钢铁	229
10	39	塑料及其制品	170
11	73	钢铁制品	168
12	62	非针织或非钩编的服装及衣着附件	155
13	55	化学纤维短纤	136
14	38	杂项化学产品	134
15	61	针织或钩编的服装及衣着附件	132
16	52	棉花	129
17	12	含油子仁及果实；杂项子仁及果实；工业用或药用植物；稻草、秸秆及饲料	127

表2-4 续1

序号	章	标题	八位税号数
18	07	食用蔬菜、根及块茎	124
19	48	纸及纸板；纸浆、纸或纸板制品	116
20	54	化学纤维长丝；化学纤维纺织材料制扁条及类似品	113
21	40	橡胶及其制品	112
22	70	玻璃及其制品	108
23	20	蔬菜、水果、坚果或植物其他部分的制品	105
24	63	其他纺织制成品；成套物品；旧衣着及旧纺织品；碎织物	105
25	08	食用水果及坚果；柑橘属水果或甜瓜的果皮	94
26	25	盐；硫磺；泥土及石料；石膏料、石灰及水泥	89
27	30	药品	89
28	71	天然或养殖珍珠、宝石或半宝石、贵金属、包贵金属及其制品；仿首饰；硬币	88
29	81	其他贱金属、金属陶瓷及其制品	85
30	82	贱金属工具、器具、利口器、餐匙、餐叉及其零件	82
31	74	铜及其制品	81
32	02	肉及食用杂碎	79
33	94	家具；寝具、褥垫、弹簧床垫、软坐垫及类似的填充制品；未列名灯具及照明装置；发光标志、发光铭牌及类似品；活动房屋	79
34	68	石料、石膏、水泥、石棉、云母及类似材料的制品	77
35	01	活动物	70
36	96	杂项制品	70
37	27	矿物燃料、矿物油及其蒸馏产品；沥青物质；矿物蜡	67
38	58	特种机织物；簇绒织物；花边；装饰毯；装饰带；刺绣品	67
39	32	鞣料浸膏及染料浸膏；鞣酸及其衍生物；染料、颜料及其他着色料；油漆及清漆；油灰及其他类似胶粘剂；墨水、油墨	65
40	15	动、植物或微生物油、脂及其分解产品；精制食用油脂；动、植物蜡	62

表2-4　续2

序号	章	标题	八位税号数
41	16	肉、鱼、甲壳动物、软体动物及其他水生无脊椎动物、以及昆虫的制品	62
42	37	照相及电影用品	62
43	60	针织物及钩编织物	61
44	95	玩具、游戏品、运动用品及其零件、附件	61
45	41	生皮（毛皮除外）及皮革	60
46	51	羊毛、动物细毛或粗毛；马毛纱线及其机织物	59
47	09	咖啡、茶、马黛茶及调味香料	55
48	91	钟表及其零件	54
49	76	铝及其制品	53
50	89	船舶及浮动结构体	49
51	26	矿砂、矿渣及矿灰	44
52	05	其他动物产品	43
53	33	精油及香膏；芳香料制品及化妆盥洗品	43
54	53	其他植物纺织纤维；纸纱线及其机织物	43
55	64	鞋靴、护腿和类似品及其零件	43
56	59	浸渍、涂布、包覆或层压的纺织物；工业用纺织制品	42
57	86	铁道或电车道机车、车辆及其零件；铁道或电车道轨道固定装置及其零件、附件；各种机械（包括电动机械）交通信号设备	42
58	04	乳品；蛋品；天然蜂蜜；其他食用动物产品	41
59	56	絮胎、毡呢及无纺织物；特种纱线；线、绳、索、缆及其制品	40
60	69	陶瓷产品	39
61	83	贱金属杂项制品	38
62	88	航空器、航天器及其零件	38
63	10	谷物	36
64	11	制粉工业产品；麦芽；淀粉；菊粉；面筋	35

表2-4 续3

序号	章	标题	八位税号数
65	06	活树及其他活植物；鳞茎、根及类似品；插花及装饰用簇叶	31
66	31	肥料	31
67	22	饮料、酒及醋	30
68	23	食品工业的残渣及废料；配制的动物饲料	30
69	57	地毯及纺织材料的其他铺地制品	30
70	34	肥皂、有机表面活性剂、洗涤剂、润滑剂、人造蜡、调制蜡、光洁剂、蜡烛及类似品、塑型用膏、“牙科用蜡”及牙科用熟石膏制剂	28
71	50	蚕丝	28
72	42	皮革制品；鞍具及挽具；旅行用品、手提包及类似容器；动物肠线（蚕胶丝除外）制品	26
73	21	杂项食品	25
74	46	稻草、秸秆、针茅或其他编结材料制品；篮筐及柳条编结品	24
75	49	书籍、报纸、印刷图画及其他印刷品；手稿、打字稿及设计图纸	24
76	75	镍及其制品	24
77	19	谷物、粮食粉、淀粉或乳的制品；糕饼点心	23
78	13	虫胶；树胶、树脂及其他植物液、汁	22
79	35	蛋白类物质；改性淀粉；胶；酶	22
80	92	乐器及其零件、附件	22
81	97	艺术品、收藏品及古物	22
82	17	糖及糖食	21
83	47	木浆及其他纤维状纤维素浆；回收纸或纸板	21
84	93	武器、弹药及其零件、附件	21
85	43	毛皮、人造毛皮及其制品	20
86	24	烟草及烟草代用品的制品；非经燃烧吸用的产品，不论是否含有尼古丁；其他供人体摄入尼古丁的含尼古丁的产品	19
87	36	炸药；烟火制品；火柴；引火合金；易燃材料制品	16

表2-4　续4

序号	章	标题	八位税号数
88	65	帽类及其零件	13
89	79	锌及其制品	12
90	18	可可及可可制品	11
91	67	已加工羽毛、羽绒及其制品；人造花；人发制品	11
92	80	锡及其制品	11
93	14	编结用植物材料；其他植物产品	10
94	78	铅及其制品	9
95	45	软木及软木制品	8
96	66	雨伞、阳伞、手杖、鞭子、马鞭及其零件	6
总计			8960

各章的平均拆分税号数详见表2-5。可以看出，2025年版《中国税则》中第87章的平均拆分税号数最多，为4.00个，即平均每个HS子目拆分出4个税号，表明对相关子目的拆分非常细。然后依次为第50章（3.11个）、第5章（2.87个）、第12章（2.54个）、第80章（2.20个）、第46章（2.18个）和第37章（2.07个）等。拆分最少的是第18章、第47章和第66章，平均拆分税号数均为1.00个，即《中国税则》未对相关HS子目进行拆分。

表2-5　各章的平均拆分税号数

单位：个

序号	章	标题	平均拆分税号数
1	87	车辆及其零件、附件，但铁道或电车道车辆除外	4.00
2	50	蚕丝	3.11
3	05	其他动物产品	2.87
4	12	含油子仁及果实；杂项子仁及果实；工业用或药用植物；稻草、秸秆及饲料	2.54
5	80	锡及其制品	2.20

表2-5　续1

序号	章	标题	平均拆分税号数
6	46	稻草、秸秆、针茅或其他编结材料制品；篮筐及柳条编结品	2.18
7	37	照相及电影用品	2.07
8	01	活动物	2.06
9	20	蔬菜、水果、坚果或植物其他部分的制品	2.02
10	13	虫胶；树胶、树脂及其他植物液、汁	2.00
11	14	编结用植物材料；其他植物产品	2.00
12	63	其他纺织制成品；成套物品；旧衣着及旧纺织品；碎织物	2.00
13	85	电机、电气设备及其零件；录音机及放声机、电视图像、声音的录制和重放设备及其零件、附件	2.00
14	30	药品	1.98
15	89	船舶及浮动结构体	1.96
16	84	核反应堆、锅炉、机器、机械器具及其零件	1.96
17	06	活树及其他活植物；鳞茎、根及类似品；插花及装饰用簇叶	1.94
18	53	其他植物纺织纤维；纸纱线及其机织物	1.87
19	90	光学、照相、电影、计量、检验、医疗或外科用仪器及设备、精密仪器及设备；上述物品的零件、附件	1.85
20	86	铁道或电车道机车、车辆及其零件；铁道或电车道轨道固定装置及其零件、附件；各种机械（包括电动机械）交通信号设备	1.83
21	44	木及木制品；木炭	1.81
22	58	特种机织物；簇绒织物；花边；装饰毯；装饰带；刺绣品	1.81
23	28	无机化学品；贵金属、稀土金属、放射性元素及其同位素的有机及无机化合物	1.81
24	59	浸渍、涂布、包覆或层压的纺织物；工业用纺织制品	1.75
25	64	鞋靴、护腿和类似品及其零件	1.72
26	07	食用蔬菜、根及块茎	1.70
27	43	毛皮、人造毛皮及其制品	1.67

表2-5　续2

序号	章	标题	平均拆分税号数
28	74	铜及其制品	1.65
29	65	帽类及其零件	1.63
30	41	生皮（毛皮除外）及皮革	1.62
31	71	天然或养殖珍珠、宝石或半宝石、贵金属、包贵金属及其制品；仿首饰；硬币	1.60
32	54	化学纤维长丝；化学纤维纺织材料制扁条及类似品	1.57
33	95	玩具、游戏品、运动用品及其零件、附件	1.56
34	21	杂项食品	1.56
35	51	羊毛、动物细毛或粗毛；马毛纱线及其机织物	1.55
36	68	石料、石膏、水泥、石棉、云母及类似材料的制品	1.54
37	27	矿物燃料、矿物油及其蒸馏产品；沥青物质；矿物蜡	1.53
38	70	玻璃及其制品	1.52
39	81	其他贱金属、金属陶瓷及其制品	1.52
40	76	铝及其制品	1.51
41	62	非针织或非钩编的服装及衣着附件	1.49
42	33	精油及香膏；芳香料制品及化妆盥洗品	1.48
43	16	肉、鱼、甲壳动物、软体动物及其他水生无脊椎动物，以及昆虫的制品	1.48
44	29	有机化学品	1.47
45	35	蛋白类物质；改性淀粉；胶；酶	1.47
46	94	家具；寝具、褥垫、弹簧床垫、软座垫及类似的填充制品；未列名灯具及照明装置；发光标志、发光铭牌及类似品；活动房屋	1.46
47	88	航空器、航天器及其零件	1.46
48	32	鞣料浸膏及染料浸膏；鞣酸及其衍生物；染料、颜料及其他着色料；油漆及清漆；油灰及其他类似胶粘剂；墨水、油墨	1.44
49	96	杂项制品	1.43
50	75	镍及其制品	1.41

表2-5　续3

序号	章	标题	平均拆分税号数
51	09	咖啡、茶、马黛茶及调味香料	1.41
52	40	橡胶及其制品	1.4
53	60	针织物及钩编织物	1.39
54	10	谷物	1.38
55	67	已加工羽毛、羽绒及其制品；人造花；人发制品	1.38
56	72	钢铁	1.37
57	73	钢铁制品	1.35
58	25	盐；硫磺；泥土及石料；石膏料、石灰及水泥	1.34
59	08	食用水果及坚果；柑橘属水果或甜瓜的果皮	1.34
60	03	鱼、甲壳动物、软体动物及其他水生无脊椎动物	1.33
61	49	书籍、报纸、印刷图画及其他印刷品；手稿、打字稿及设计图纸	1.33
62	56	絮胎、毡呢及无纺织物；特种纱线；线、绳、索、缆及其制品	1.33
63	79	锌及其制品	1.33
64	23	食品工业的残渣及废料；配制的动物饲料	1.30
65	42	皮革制品；鞍具及挽具；旅行用品、手提包及类似容器；动物肠线（蚕胶丝除外）制品	1.30
66	69	陶瓷产品	1.30
67	39	塑料及其制品	1.30
68	11	制粉工业产品；麦芽；淀粉；菊粉；面筋	1.30
69	92	乐器及其零件、附件	1.29
70	31	肥料	1.29
71	82	贱金属工具、器具、利口器、餐匙、餐叉及其零件	1.28
72	22	饮料、酒及醋	1.25
73	57	地毯及纺织材料的其他铺地制品	1.25
74	61	针织或钩编的服装及衣着附件	1.25
75	04	乳品；蛋品；天然蜂蜜；其他食用动物产品	1.24

表2-5　续4

序号	章	标题	平均拆分税号数
76	38	杂项化学产品	1.24
77	55	化学纤维短纤	1.24
78	17	糖及糖食	1.24
79	36	炸药；烟火制品；火柴；引火合金；易燃材料制品	1.23
80	19	谷物、粮食粉、淀粉或乳的制品；糕饼点心	1.21
81	02	肉及食用杂碎	1.2
82	26	矿砂、矿渣及矿灰	1.19
83	24	烟草及烟草代用品的制品；非经燃烧吸用的产品，不论是否含有尼古丁；其他供人体摄入尼古丁的含尼古丁的产品	1.19
84	15	动、植物或微生物油、脂及其分解产品；精制的食用油脂；动、植物蜡	1.17
85	34	肥皂、有机表面活性剂、洗涤剂、润滑剂、人造蜡、调制蜡、光洁剂、蜡烛及类似品、塑型用膏、“牙科用蜡”及牙科用熟石膏制剂	1.17
86	93	武器、弹药及其零件、附件	1.17
87	97	艺术品、收藏品及古物	1.16
88	48	纸及纸板；纸浆；纸或纸板制品	1.15
89	45	软木及软木制品	1.14
90	78	铅及其制品	1.13
91	91	钟表及其零件	1.13
92	83	贱金属杂项制品	1.06
93	52	棉花	1.04
94	18	可可及可可制品	1.00
95	47	木浆及其他纤维状纤维素浆；回收（废碎）纸或纸板	1.00
96	66	雨伞、阳伞、手杖、鞭子、马鞭及其零件	1.00
平均			1.60

3. 八位税号在各品目的分布

八位税号在HS的1228个品目中的分布详见表2-6，篇幅所限，表中仅列出了排名前31的品目。可以看出，品目8703的税号数最多，为170个，比《美国协调关税税则》中税号数最多的品目0406还多16个。然后依次为品目8708（89个）、品目0302和品目2903（均为52个）、品目0303（51个）、品目0304（50个）。统计结果还表明，品目0205、品目0409、品目0501、品目0702等179个品目（占品目总数的14.58%）的税号数为1，表明不仅HS未拆分子目，《中国税则》也未拆分。

表2-6　八位税号在各品目的分布

单位：个

序号	品目	品目条文	八位税号数
1	8703	主要用于载人的机动车辆（品目8702的货品除外），包括旅行小客车及赛车	170
2	8708	机动车辆的零件、附件，品目8701至8705所列车辆用	89
3	0302	鲜、冷鱼，但品目0304的鱼片及其他鱼肉除外	52
4	2903	烃的卤化衍生物	52
5	0303	冻鱼，但品目0304的鱼片及其他鱼肉除外	51
6	0304	鲜、冷、冻鱼片及其他鱼肉（不论是否绞碎）	50
7	5402	合成纤维长丝纱线（缝纫线除外），非供零售用，包括细度在67分特以下的合成纤维单丝	48
8	0307	带壳或去壳的软体动物，活、鲜、冷、冻、干、盐腌或盐渍的；熏制的带壳或去壳软体动物，不论在熏制前或熏制过程中是否烹煮	44
9	2846	稀土金属、钇、钪及其混合物的无机或有机化合物	43
10	8443	用品目8442的印刷用版（片）、滚筒及其他印刷部件进行印刷的机器；其他打印机、复印机及传真机，不论是否组合式；上述机器的零件及附件	43
11	1211	主要用作香料、药料、杀虫、杀菌或类似用途的植物或这些植物的某部分（包括子仁及果实），鲜、冷、冻或干的，不论是否切割、压碎或研磨成粉	41
12	4403	原木，不论是否去皮、去边材或粗锯成方	39

表2-6　续1

序号	品目	品目条文	八位税号数
13	0306	带壳或去壳的甲壳动物，活、鲜、冷、冻、干、盐腌或盐渍的；熏制的带壳或去壳甲壳动物，不论在熏制前或熏制过程中是否烹煮；蒸过或用水煮过的带壳甲壳动物，不论是否冷、冻、干、盐腌或盐渍的	38
14	2922	含氧基氨基化合物	37
15	2933	仅含有氮杂原子的杂环化合物	36
16	3004	由混合或非混合产品构成的治病或防病用药品（不包括品目 3002、3005 或 3006 的货品），已配定剂量（包括制成皮肤摄入形式的）或制成零售包装	35
17	6302	床上、餐桌、盥洗及厨房用的织物制品	35
18	8414	空气泵或真空泵、空气及其他气体压缩机、风机、风扇；装有风扇的通风罩或循环气罩，不论是否装有过滤器气密生物安全柜，不论是否装有过滤器	35
19	8517	电话机，包括用于蜂窝网络或其他无线网络的智能手机及其他电话机；其他发送或接收声音、图像或其他数据用的设备，包括有线或无线网络（例如，局域网或广域网）的通信设备，但品目 8443、8525、8527 或 8528 的发送或接收设备除外	35
20	0106	其他活动物	34
21	2008	用其他方法制作或保藏的其他品目未列名水果、坚果及植物的其他食用部分，不论是否加酒、加糖或其他甜物质	34
22	7019	玻璃纤维（包括玻璃棉）及其制品（例如，纱线、无捻粗纱及机织物）	34
23	8486	专用于或主要用于制造半导体单晶柱或晶圆、半导体器件、集成电路或平板显示器的机器及装置；本章注释十一（三）规定的机器及装置；零件及附件	34
24	7304	无缝钢铁管及空心异型材（铸铁的除外）	33
25	2921	氨基化合物	32
26	8462	加工金属的锻造、锻锤或模锻（但轧机除外）机床（包括压力机）；加工金属的弯曲、折叠、矫直、矫平、剪切、冲孔、开槽或步冲机床（包括压力机、纵剪线及定尺剪切线，但拉拔机除外）；其他加工金属或硬质合金的压力机	32

表2-6 续2

序号	品目	品目条文	八位税号数
27	8516	电热的快速热水器、储存式热水器、浸入式液体加热器；电气空间加热器及土壤加热器；电热的理发器具（例如，电吹风机、电卷发器、电热发钳）及干手器；电熨斗；其他家用电热器具；加热电阻器，但品目 8545 的货品除外	32
28	8528	监视器及投影机，未装电视接收装置；电视接收装置，不论是否装有无线电收音装置或声音、图像的录制或重放装置	32
29	3702	成卷的未曝光摄影感光胶片，用纸、纸板及纺织物以外任何材料制成；未曝光的一次成像感光卷片	31
30	4002	合成橡胶及从油类提取的油膏，初级形状或板、片、带；品目 4001 所列产品与本品目所列产品的混合物，初级形状或板、片、带	31
31	4407	经纵锯、纵切、刨切或旋切的木材，不论是否刨平、砂光或端部接合，厚度超过 6 毫米	31

各品目的平均拆分税号数详见表 2-7，表中仅列出了平均拆分税号数排名前 32 的品目。其中，品目 2846 的平均拆分税号数最多，为 21. 50 个。然后依次为品目 8703（12. 14 个），品目 0504、品目 5305 和品目 8609（均为 8. 00 个）。统计结果还表明，品目 0201、品目 0202、品目 0204、品目 0205 等 535 个品目（占品目总数的 43. 57%）的平均拆分税号数为 1. 00 个，即《中国税则》未对上述品目进行拆分。

表 2-7　各品目的平均拆分税号数

单位：个

序号	品目	品目条文	平均拆分税号数
1	2846	稀土金属、钇、钪及其混合物的无机或有机化合物	21. 50
2	8703	主要用于载人的机动车辆（品目 8702 的货品除外），包括旅行小客车及赛车	12. 14
3	0504	整个或切块的动物（鱼除外）的肠、膀胱及胃，鲜、冷、冻、干、熏、盐腌或盐渍的	8. 00

表2-7　续1

序号	品目	品目条文	平均拆分税号数
4	5305	椰壳纤维、蕉麻（马尼拉麻）、苎麻及其他品目未列名的纺织用植物纤维，生的或经加工但未纺制的；上述纤维的短纤、落麻及废料（包括废纱线及回收纤维）	8.00
5	8609	集装箱（包括运输液体的集装箱），经特殊设计、装备适用于各种运输方式	8.00
6	5311	其他纺织用植物纤维机织物；纸纱线机织物	7.00
7	8712	自行车及其他非机动脚踏车（包括运货三轮脚踏车）	7.00
8	9503	三轮车、踏板车、踏板汽车和类似的带轮玩具；玩偶车；玩偶；其他玩具；缩小（按比例缩小）的模型及类似的娱乐用模型，不论是否活动；各种智力玩具	7.00
9	1211	主要用作香料、药料、杀虫、杀菌或类似用途的植物或这些植物的某部分（包括子仁及果实），鲜、冷、冻或干的，不论是否切割、压碎或研磨成粉	6.83
10	8486	专用于或主要用于制造半导体单晶柱或晶圆、半导体器件、集成电路或平板显示器的机器及装置；本章注释十一（三）规定的机器及装置；零件及附件	6.80
11	8529	专用于或主要用于品目8524至8528所列装置或设备的零件	6.50
12	5002	生丝（未加捻）	6.00
13	7020	其他玻璃制品	6.00
14	8444	化学纺织纤维挤压、拉伸、变形或切割机器	6.00
15	8706	装有发动机的机动车辆底盘，品目8701至8705所列车辆用	6.00
16	8901	巡航船、游览船、渡船、货船、驳船及类似的客运或货运船舶	6.00
17	8708	机动车辆的零件、附件，品目8701至8705所列车辆用	5.93
18	0510	龙涎香、海狸香、灵猫香及麝香；斑蝥；胆汁，不论是否干制；供配制药用的腺体及其他动物产品，鲜、冷、冻或用其他方法暂时保藏的	5.00
19	2929	其他含氮基化合物	5.00
20	2941	抗菌素	5.00

表2-7　续2

序号	品目	品目条文	平均拆分税号数
21	4408	饰面用单板（包括刨切积层木获得的单板）、制胶合板或类似多层板用单板以及其他经纵锯、刨切或旋切的木材，不论是否刨平、砂光、拼接或端部结合，厚度不超过 6 毫米	5.00
22	5003	废丝（包括不适于缫丝的蚕茧、废纱及回收纤维）	5.00
23	5811	用一层或几层纺织材料与胎料经绗缝或其他方法组合制成的被褥状纺织品，但品目 5810 的刺绣品除外	5.00
24	6002	宽度不超过 30 厘米，按重量计弹性纱线或橡胶线含量在 5%及以上的针织物或钩编织物，但品目 6001 的货品除外	5.00
25	6004	宽度超过 30 厘米，按重量计弹性纱线或橡胶线含量在 5%及以上的针织物或钩编织物，但品目 6001 的货品除外	5.00
26	7419	其他铜制品	5.00
27	8209	未装配的工具用金属陶瓷板、杆、刀头及类似品	5.00
28	8522	专用于或主要用于品目 8519 或 8521 所列设备的零件、附件	5.00
29	8604	铁道或电车道用的维修或服务车，不论是否机动（例如，工场车、起重机车、道碴捣固车、轨道校正车、检验车及查道车）	5.00
30	2106	其他品目未列名的食品	4.50
31	2842	其他无机酸盐及过氧酸盐（包括不论是否已有化学定义的硅铝酸盐），但叠氮化物除外	4.50
32	2929	其他含氮基化合物	4.50

4. 八位税号在 HS 子目的分布

八位税号在 5612 个 HS 子目中的分布详见表 2-8，篇幅所限，表中仅列出了八位税号数量为 10 个及以上的 HS 子目，共有 31 个。可以看出，八位税号数最多的 HS 子目是子目 2846.90（39 个）。然后依次为子目 1211.90（30 个），子目 8703.40、子目 8703.60 和子目 8703.70（均为 28 个），子目 8703.50（26 个）等。统计结果还表明，子目 0101.21、子目 0101.29、子目 0101.90、子目 0102.21、子目 0102.29 等 3990 个 HS 子目（占 HS 子目总数的 71.10%）的税号数为 1 个，表明《中国税则》未对上述 HS 子目进行拆分。

表 2-8　八位税号在 HS 子目的分布

单位：个

序号	HS 子目	八位税号数	序号	HS 子目	八位税号数	序号	HS 子目	八位税号数
1	2846. 90	39	12	8528. 72	12	23	3004. 20	10
2	1211. 90	30	13	8703. 23	12	24	8413. 60	10
3	8703. 40	28	14	8703. 33	12	25	8443. 39	10
4	8703. 60	28	15	2805. 30	11	26	8486. 20	10
5	8703. 70	28	16	8525. 89	11	27	8529. 90	10
6	8703. 50	26	17	8705. 90	11	28	8708. 29	10
7	8517. 62	18	18	8901. 20	11	29	8708. 30	10
8	2941. 90	15	19	2008. 99	10	30	8901. 90	10
9	8708. 50	14	20	2710. 19	10	31	9018. 90	10
10	1212. 21	13	21	2825. 90	10			
11	8708. 99	13	22	3003. 20	10			

2. 2. 2　十位编码的分布

2025 年《中国税则》共有 11966 个十位编码（不含第 98 章），是在八位税号的基础上细化而来，共增加 3006 个十位编码。现分析 3006 个十位编码在各类、章、品目及 HS 子目中的分布。

1. 十位编码在各类的分布

3006 个十位编码在各类的分布详见表 2-9。可以看出，第 6 类的十位编码数最多，为 780 个，占十位编码总数的 25. 95%。然后依次为第 16 类（500 个）、第 1 类（249 个）、第 9 类（238 个）等。十位编码数最少的是第 19 类（8 个）。

表 2-9 新增十位编码在各类的分布

单位：个

序号	类	标题	新增十位编码数
1	S06	化学工业及其相关工业的产品	780
2	S16	机器、机械器具、电气设备及其零件；录音机及放声机、电视图像、声音的录制和重放设备及其零件、附件	500
3	S01	活动物；动物产品	249
4	S09	木及木制品；木炭；软木及软木制品；稻草、秸秆、针茅或其他编结材料制品；篮筐及柳条编结品	238
5	S02	植物产品	205
6	S17	车辆、航空器、船舶及有关运输设备	191
7	S18	光学、照相、电影、计量、检验、医疗或外科用仪器及设备、精密仪器及设备；钟表；乐器；上述物品的零件、附件	138
8	S15	贱金属及其制品	119
9	S11	纺织原料及纺织制品	116
10	S04	食品；饮料、酒及醋；烟草、烟草及烟草代用品的制品；非经燃烧吸用的产品，不论是否含有尼古丁；其他供人体摄入尼古丁的含尼古丁的产品	84
11	S08	生皮、皮革、毛皮及其制品；鞍具及挽具；旅行用品、手提包及类似容器；动物肠线（蚕胶丝除外）制品	75
12	S13	石料、石膏、水泥、石棉、云母及类似材料的制品；陶瓷产品；玻璃及其制品	63
13	S20	杂项制品	54
14	S07	塑料及其制品；橡胶及其制品	47
15	S05	矿产品	41
16	S12	鞋、帽、伞、杖、鞭及其零件；已加工的羽毛及其制品；人造花；人发制品	28
17	S10	木浆及其他纤维状纤维素浆；回收（废碎）纸或纸板；纸、纸板及其制品	20

表2-9　续

序号	类	标题	新增十位编码数
18	S21	艺术品、收藏品及古物	19
19	S14	天然或养殖珍珠、宝石或半宝石、贵金属、包贵金属及其制品；仿首饰；硬币	17
20	S03	动、植物或微生物油、脂及其分解产品；精制的食用油脂；动、植物蜡	14
21	S19	武器、弹药及其零件、附件	8
合计			3006

2. 十位编码在各章的分布

3006个十位编码在各章的分布详见表2-10。可以看出，第29章新增的十位编码数最多，为407个。然后依次为第84章（311个）、第44章（234个）、第85章（189个）、第87章（155个）等。此外，第50章、第53章、第57章、第60章等8个章的十位编码数均为0，即均未增设十位编码。

表2-10　新增十位编码在各章的分布

单位：个

序号	章	标题	新增十位编码数
1	29	有机化学品	407
2	84	核反应堆、锅炉、机器、机械器具及其零件	311
3	44	木及木制品；木炭	234
4	85	电机、电气设备及其零件；录音机及放声机、电视图像、声音的录制和重放设备及其零件、附件	189
5	87	车辆及其零件、附件，但铁道或电车道车辆除外	155
6	03	鱼、甲壳动物、软体动物及其他水生无脊椎动物	121
7	90	光学、照相、电影、计量、检验、医疗或外科用仪器及设备、精密仪器及设备；上述物品的零件、附件	117

表2-10　续1

序号	章	标题	新增十位编码数
8	28	无机化学品；贵金属、稀土金属、放射性元素及其同位素的有机及无机化合物	108
9	30	药品	98
10	12	含油子仁及果实；杂项子仁及果实；工业用或药用植物；稻草、秸秆及饲料	64
11	38	杂项化学产品	53
12	70	玻璃及其制品	48
13	41	生皮（毛皮除外）及皮革	44
14	81	其他贱金属、金属陶瓷及其制品	44
15	01	活动物	42
16	02	肉及食用杂碎	42
17	39	塑料及其制品	41
18	05	其他动物产品	38
19	33	精油及香膏；芳香料制品及化妆盥洗品	32
20	32	鞣料浸膏及染料浸膏；鞣酸及其衍生物；染料、颜料及其他着色料；油漆及清漆；油灰及其他类似胶粘剂；墨水、油墨	31
21	06	活树及其他活植物；鳞茎、根及类似品；插花及装饰用簇叶	30
22	94	家具；寝具、褥垫、弹簧床垫、软座垫及类似的填充制品；未列名灯具及照明装置；发光标志、发光铭牌及类似品；活动房屋	30
23	07	食用蔬菜、根及块茎	28
24	16	肉、鱼、甲壳动物、软体动物及其他水生无脊椎动物、以及昆虫的制品	28
25	88	航空器、航天器及其零件	28
26	08	食用水果及坚果；柑橘属水果或甜瓜的果皮	27
27	51	羊毛、动物细毛或粗毛；马毛纱线及其机织物	25

表2-10　续2

序号	章	标题	新增十位编码数
28	52	棉花	22
29	82	贱金属工具、器具、利口器、餐匙、餐叉及其零件	21
30	27	矿物燃料、矿物油及其蒸馏产品；沥青物质；矿物蜡	20
31	64	鞋靴、护腿和类似品及其零件	19
32	96	杂项制品	19
33	97	艺术品、收藏品及古物	19
34	62	非针织或非钩编的服装及衣着附件	18
35	20	蔬菜、水果、坚果或植物其他部分的制品	17
36	36	炸药；烟火制品；火柴；引火合金；易燃材料制品	17
37	42	皮革制品；鞍具及挽具；旅行用品、手提包及类似容器；动物肠线（蚕胶丝除外）制品	17
38	61	针织或钩编的服装及衣着附件	17
39	71	天然或养殖珍珠、宝石或半宝石、贵金属、包贵金属及其制品；仿首饰；硬币	17
40	72	钢铁	17
41	10	谷物	16
42	13	虫胶；树胶、树脂及其他植物液、汁	16
43	37	照相及电影用品	15
44	73	钢铁制品	15
45	15	动、植物或微生物油、脂及其分解产品；精制的食用油脂；动、植物蜡	14
46	22	饮料、酒及醋	14
47	25	盐；硫磺；泥土及石料；石膏料、石灰及水泥	14
48	43	毛皮、人造毛皮及其制品	14
49	63	其他纺织制成品；成套物品；旧衣着及旧纺织品；碎织物	14
50	92	乐器及其零件、附件	14
51	76	铝及其制品	12

表2-10 续3

序号	章	标题	新增十位编码数
52	09	咖啡、茶、马黛茶及调味香料	11
53	11	制粉工业产品；麦芽；淀粉；菊粉；面筋	11
54	59	浸渍、涂布、包覆或层压的纺织物；工业用纺织制品	9
55	68	石料、石膏、水泥、石棉、云母及类似材料的制品	9
56	17	糖及糖食	8
57	48	纸及纸板；纸浆；纸或纸板制品	8
58	74	铜及其制品	8
59	89	船舶及浮动结构体	8
60	93	武器、弹药及其零件、附件	8
61	26	矿砂、矿渣及矿灰	7
62	35	蛋白类物质；改性淀粉；胶；酶	7
63	49	书籍、报纸、印刷图画及其他印刷品；手稿、打字稿及设计图纸	7
64	91	钟表及其零件	7
65	04	乳品；蛋品；天然蜂蜜；其他食用动物产品	6
66	31	肥料	6
67	34	肥皂、有机表面活性剂、洗涤剂、润滑剂、人造蜡、调制蜡、光洁剂、蜡烛及类似品、塑型用膏、“牙科用蜡”及牙科用熟石膏制剂	6
68	40	橡胶及其制品	6
69	69	陶瓷产品	6
70	21	杂项食品	5
71	47	木浆及其他纤维状纤维素浆；回收（废碎）纸或纸板	5
72	55	化学纤维短纤	5
73	95	玩具、游戏品、运动用品及其零件、附件	5
74	19	谷物、粮食粉、淀粉或乳的制品；糕饼点心	4

表2-10 续4

序号	章	标题	新增十位编码数
75	24	烟草及烟草代用品的制品；非经燃烧吸用的产品，不论是否含有尼古丁；其他供人体摄入尼古丁的含尼古丁的产品	4
76	56	絮胎、毡呢及无纺织物；特种纱线；线、绳、索、缆及其制品	4
77	65	帽类及其零件	4
78	23	食品工业的残渣及废料；配制的动物饲料	3
79	46	稻草、秸秆、针茅或其他编结材料制品；篮筐及柳条编结品	3
80	66	雨伞、阳伞、手杖、鞭子、马鞭及其零件	3
81	14	编结用植物材料；其他植物产品	2
82	67	已加工羽毛、羽绒及其制品；人造花；人发制品	2
83	18	可可及可可制品	1
84	45	软木及软木制品	1
85	54	化学纤维长丝；化学纤维纺织材料制扁条及类似品	1
86	58	特种机织物；簇绒织物；花边；装饰毯；装饰带；刺绣品	1
87	75	镍及其制品	1
88	79	锌及其制品	1
89	50	蚕丝	0
90	53	其他植物纺织纤维；纸纱线及其机织物	0
91	57	地毯及纺织材料的其他铺地制品	0
92	60	针织物及钩编织物	0
93	78	铅及其制品	0
94	80	锡及其制品	0
95	83	贱金属杂项制品	0
96	86	铁道或电车道机车、车辆及其零件；铁道或电车道轨道固定装置及其零件、附件；各种机械（包括电动机械）交通信号设备	0
总计			3006

3. 十位编码在各品目的分布

3006个新增的十位编码在品目中的分布详见表2-11，篇幅所限，表中仅列出了排名前30的品目。可以看出，品目8703新增的十位编码数最多，为125个。然后依次为品目4407（70个）、品目2933（68个）、品目3004（62个）和品目1211（41个）等。统计结果还表明，品目0104、品目0105、品目0204和品目0209等661个品目新增的十位编码数均为0，表明这些品目未拆分十位编码。

表2-11 新增十位编码在各品目的分布

单位：个

序号	品目	品目条文	新增十位编码数
1	8703	主要用于载人的机动车辆（品目8702的货品除外），包括旅行小客车及赛车	125
2	4407	经纵锯、纵切、刨切或旋切的木材，不论是否刨平、砂光或端部接合，厚度超过6毫米	70
3	2933	仅含有氮杂原子的杂环化合物	68
4	3004	由混合或非混合产品构成的治病或防病用药品（不包括品目3002、3005或3006的货品），已配定剂量（包括制成皮肤摄入形式的）或制成零售包装	62
5	1211	主要用作香料、药料、杀虫、杀菌或类似用途的植物或这些植物的某部分（包括子仁及果实），鲜、冷、冻或干的，不论是否切割、压碎或研磨成粉	41
6	8413	液体泵，不论是否装有计量装置；液体提升机	39
7	4412	胶合板、单板饰面板及类似的多层板	38
8	7019	玻璃纤维（包括玻璃棉）及其制品（例如，纱线、无捻粗纱及机织物）	32
9	0106	其他活动物	30
10	2903	烃的卤化衍生物	28

表2-11　续1

序号	品目	品目条文	新增十位编码数
11	4408	饰面用单板（包括刨切积层木获得的单板）、制胶合板或类似多层板用单板以及其他经纵锯、刨切或旋切的木材，不论是否刨平、砂光、拼接或端部结合，厚度不超过6毫米	26
12	8414	空气泵或真空泵、空气及其他气体压缩机、风机、风扇；装有风扇的通风罩或循环气罩，不论是否装有过滤器气密生物安全柜，不论是否装有过滤器	26
13	8806	无人驾驶航空器	25
14	2921	氨基化合物	24
15	3304	美容品或化妆品及护肤品（药品除外），包括防晒油或晒黑油；指（趾）甲化妆品	24
16	2934	核酸及其盐，无论是否已有化学定义；其他杂环化合物	23
17	4403	原木，不论是否去皮、去边材或粗锯成方	23
18	8523	录制声音或其他信息用的圆盘、磁带、固态非易失性数据存储器件、“智能卡”及其他媒体，不论是否已录制，包括供复制圆盘用的母片及母带，但不包括第三十七章的产品	23
19	4418	建筑用木工制品，包括蜂窝结构木镶板、已装拼的地板、木瓦及盖屋板	22
20	8421	离心机，包括离心干燥机；液体或气体的过滤、净化机器及装置	22
21	0307	带壳或去壳的软体动物，活、鲜、冷、冻、干、盐腌或盐渍的；熏制的带壳或去壳软体动物，不论在熏制前或熏制过程中是否烹煮	21
22	2932	仅含有氧杂原子的杂环化合物	21
23	3808	杀虫剂、杀鼠剂、杀菌剂、除草剂、抗萌剂、植物生长调节剂、消毒剂及类似产品，零售形状、零售包装或制成制剂及成品（例如，经硫磺处理的带子、杀虫灯芯、蜡烛及捕蝇纸）	21
24	2922	含氧基氨基化合物	20

表2-11　续2

序号	品目	品目条文	新增十位编码数
25	3002	人血；治病、防病或诊断用的动物血制品；抗血清、其他血份及免疫制品，不论是否修饰或通过生物工艺加工制得；疫苗、毒素、培养微生物（不包括酵母）及类似产品；细胞培养物，不论是否修饰	20
26	8419	利用温度变化处理材料的机器、装置及类似的实验室设备，例如，加热、烹煮、烘炒、蒸馏、精馏、消毒、灭菌、汽蒸、干燥、蒸发、气化、冷凝、冷却的机器设备，不论是否电热的（不包括品目8514的炉、烘箱及其他设备），但家用的除外；非电热的快速热水器或贮备式热水器	20
27	0304	鲜、冷、冻鱼片及其他鱼肉（不论是否绞碎）	19
28	2930	有机硫化合物	19
29	8479	本章其他税号未列名的具有独立功能的机器及机械器具	19
30	2931	其他有机—无机化合物	18

4. 十位编码在HS子目的分布

3006个新增的十位编码在HS子目的分布详见表2-12，篇幅所限，表中仅列出了新增十位编码10个及以上的HS子目，共有28个。可以看出，子目8703.40新增的十位编码数最多，为28个。然后依次为子目8703.50（26个）、子目3004.90（24个）、子目1211.90（23个）和子目8413.60（18个）等。统计结果还表明，子目0101.90、子目0102.21、子目0102.29、子目0204.10和子目0204.21等4200个HS子目（占HS子目总数的74.84%）的十位编码数为0，表明未对上述HS子目进行十位编码拆分。

表 2-12　新增十位编码在 HS 子目的分布

单位：个

序号	HS 子目	新增十位编码数	序号	HS 子目	新增十位编码数	序号	HS 子目	新增十位编码数
1	8703.40	28	11	2933.99	13	21	3824.99	11
2	8703.50	26	12	4407.99	13	22	4407.29	11
3	3004.90	24	13	4412.10	13	23	9032.89	11
4	1211.90	23	14	8413.50	13	24	0602.90	10
5	8413.60	18	15	4408.90	12	25	2924.29	10
6	2934.99	16	16	8479.89	12	26	4408.39	10
7	2930.90	15	17	8703.23	12	27	8481.80	10
8	3004.49	15	18	8703.33	12	28	9018.90	10
9	8703.90	15	19	2846.90	11			
10	2932.99	14	20	2933.39	11			

第3章　欧盟税则的内容结构分析

欧盟对外实行统一的关税政策，所有欧盟成员方海关采用一部共同海关税则。

3.1　税则结构分析

2025年版《欧盟共同海关税则》（*Common Customs Tariff*）由总则（Preliminary Provisions）、税则税率表（Schedule of Customs Duties）和税则附则（Tariff Annexes）三部分组成。

3.1.1　总则

总则分为总规则（General Rules）和特别规定（Special Provisions）两部分。

总规则包括HS归类总规则、关于税率的总规则和适用于分类目录及税率的总规则三部分。其中，HS归类总规则来自《协调制度》，有六条；关于税率的总规则是税率表中税率适用规则和对税率栏中有关符号的解释，有八条；适用于分类目录及税率的总规则规定了海关估价和享受优惠关税等，有四条。

特别规定有六个部分，分别对船舶、航空器、药品、标准税率、容器及包装材料、优惠关税待遇等特殊货物的关税待遇作出了规定，共计23条规定。

3.1.2　税则税率表

《欧盟共同海关税则》的税则税率表包括注释和税率表两部分。

注释包括HS类注、章注、子目注释和欧盟附加注释。欧盟附加注释包括附加类注和附加章注。附加类注共有五个，分布在第16类和第17类中，详见表3-1。

表3-1　附加类注在各类的分布

单位：个

类	标题	附加类注数
S16	机器、机械器具、电气设备及其零件；录音机及放声机、电视图像、声音的录制和重放设备及其零件、附件	3
S17	车辆、航空器、船舶及有关运输设备	2

欧盟附加章注共计122个，分布在42个章，其中附加章注最多的是第22章，有13个附加章注。然后依次为第20章（9个）、第17章（8个）、第2章（7个），详见表3-2。附加章注明确了《欧盟共同海关税则》拆分子目的特征，如第84章附加注释一对“航空发动机用”作出了具体规定：子目8407.10和子目8409.10项下的“航空发动机用”，仅适用于设计用于安装螺旋桨或旋翼的发动机。

表3-2　附加章注在各章的分布

单位：个

章	附加章注数	章	附加章注数	章	附加章注数
02	7	22	13	61	3
03	2	23	5	62	2
04	4	27	6	64	2
08	3	28	1	72	1
10	2	30	1	76	3
11	2	35	1	84	2
13	1	37	2	85	1
15	5	39	1	89	3
16	2	40	1	90	2
17	8	42	1	94	1
18	2	44	2	95	1
19	4	53	1	96	1
20	9	56	1	97	1
21	6	57	1	99	5

《欧盟共同海关税则》将商品分为21类、99章，第98章规定了成套工业设备进口的统计编码，第99章是特殊编码，包括某些特定货物的CN（Combined Nomenclature）编码以及某些特定货物的统计编码。《欧盟共同海关税则》的前六位编码完全采用HS的编码，在此基础上细化得到八位编码构成CN编码，主要用于征税；部分八位编码进行拆分可得到十位编码，即TARIC编码，主要为部分进出口商品实施关税、商业或农业政策而设。

3.1.3 税则附则

税则附则包括农产品附则、符合免税待遇条件的药物清单、基于货物性质的优惠关税待遇、统计TARIC编码。其中，农产品附则中规定了农产品成分附加税（EA）、糖附加税（AD S/Z）和面粉附加税（AD F/M）的税率确定方法，并对进口的水果和蔬菜根据进口日期和价格来适用不同的税率。

统计TARIC编码对43个八位编码进行细化，拆分出170个十位TARIC统计编码。

3.2 列目结构分析

为分析《欧盟共同海关税则》的列目结构，本书对八位税号在类、章、品目和HS子目项下的分布情况进行统计。结果表明，2025年版《欧盟共同海关税则》共有9778个八位税号，是在HS的5612个六位子目的基础上拆分出来的，共增加了4166个本国子目。9778个八位税号中，农产品的税号数为2562个（占八位税号总数的26.20%），非农产品的税号数为7216个（占八位税号总数的73.80%）。

3.2.1 八位税号在各类的分布

9778个八位税号在各类的分布详见表3-3，可以看出，第16类的税号数最多，为1384个。然后依次为第6类（1273个）、第11类（1144个）、第1类（976个）、第15类（962个）、第4类（878个）、第2类（571个）和第17类（338个）等。八位税号数最少的是第21类（19个）。

表3-3　八位税号在各类的分布

单位：个

序号	类	标题	八位税号数
1	S16	机器、机械器具、电气设备及其零件；录音机及放声机、电视图像、声音的录制和重放设备及其零件、附件	1384
2	S06	化学工业及其相关工业的产品	1273
3	S11	纺织原料及纺织制品	1144
4	S01	活动物；动物产品	976
5	S15	贱金属及其制品	962
6	S04	食品；饮料、酒及醋；烟草、烟草及烟草代用品的制品；非经燃烧吸用的产品，不论是否含有尼古丁；其他供人体摄入尼古丁的含尼古丁的产品	878
7	S02	植物产品	571
8	S17	车辆、航空器、船舶及有关运输设备	338
9	S07	塑料及其制品；橡胶及其制品	305
10	S18	光学、照相、电影、计量、检验、医疗或外科用仪器及设备、精密仪器及设备；钟表；乐器；上述物品的零件、附件	296
11	S09	木及木制品；木炭；软木及软木制品；稻草、秸秆、针茅或其他编结材料制品；篮筐及柳条编结品	270
12	S13	石料、石膏、水泥、石棉、云母及类似材料的制品；陶瓷产品；玻璃及其制品	243
13	S05	矿产品	236
14	S20	杂项制品	236
15	S10	木浆及其他纤维状纤维素浆；回收（废碎）纸或纸板；纸、纸板及其制品	194
16	S03	动、植物或微生物油、脂及其分解产品；精制的食用油脂；动、植物蜡	137
17	S08	生皮、皮革、毛皮及其制品；鞍具及挽具；旅行用品、手提包及类似容器；动物肠线（蚕胶丝除外）制品	130

表3-3　续

序号	类	标题	八位税号数
18	S12	鞋、帽、伞、杖、鞭及其零件；已加工的羽毛及其制品；人造花；人发制品	106
19	S14	天然或养殖珍珠、宝石或半宝石、贵金属、包贵金属及其制品；仿首饰；硬币	58
20	S19	武器、弹药及其零件、附件	22
21	S21	艺术品、收藏品及古物	19
总计			9778

各类的平均拆分税号数详见表3-4，可以看出，《欧盟共同海关税则》的平均拆分税号数为1.74，即每个HS子目拆分为1.74个八位税号。其中，第4类的平均拆分税号数最多，为3.99个，表明《欧盟共同海关税则》对相关子目的拆分最细。然后依次为第1类（2.62个）、第3类（2.58个）、第12类（2.26个）等。拆分最少的是第21类，平均拆分税号数为1.00个，表明《欧盟共同海关税则》并未对该类进行拆分。

表3-4　各类的平均拆分税号

单位：个

序号	类	标题	平均拆分税号数
1	S04	食品；饮料、酒及醋；烟草、烟草及烟草代用品的制品；非经燃烧吸用的产品，不论是否含有尼古丁；其他供人体摄入尼古丁的含尼古丁的产品	3.99
2	S01	活动物；动物产品	2.62
3	S03	动、植物或微生物油、脂及其分解产品；精制的食用油脂；动、植物蜡	2.58
4	S12	鞋、帽、伞、杖、鞭及其零件；已加工的羽毛及其制品；人造花；人发制品	2.26
5	S17	车辆、航空器、船舶及有关运输设备	1.97
6	S08	生皮、皮革、毛皮及其制品；鞍具及挽具；旅行用品、手提包及类似容器；动物肠线（蚕胶丝除外）制品	1.88

表3-4　续

序号	类	标题	平均拆分税号数
7	S09	木及木制品；木炭；软木及软木制品；稻草、秸秆、针茅或其他编结材料制品；篮筐及柳条编结品	1.85
8	S02	植物产品	1.80
9	S15	贱金属及其制品	1.69
10	S20	杂项制品	1.66
11	S16	机器、机械器具、电气设备及其零件；录音机及放声机、电视图像、声音的录制和重放设备及其零件、附件	1.66
12	S13	石料、石膏、水泥、石棉、云母及类似材料的制品；陶瓷产品；玻璃及其制品	1.61
13	S05	矿产品	1.61
14	S07	塑料及其制品；橡胶及其制品	1.45
15	S11	纺织原料及纺织制品	1.44
16	S18	光学、照相、电影、计量、检验、医疗或外科用仪器及设备、精密仪器及设备；钟表；乐器；上述物品的零件、附件	1.42
17	S10	木浆及其他纤维状纤维素浆；回收（废碎）纸或纸板；纸、纸板及其制品	1.39
18	S06	化学工业及其相关工业的产品	1.38
19	S19	武器、弹药及其零件、附件	1.22
20	S14	天然或养殖珍珠、宝石或半宝石、贵金属、包贵金属及其制品；仿首饰；硬币	1.05
21	S21	艺术品、收藏品及古物	1.00
平均			1.74

3.2.2　八位税号在各章的分布

八位税号在各章的分布详见表3-5，可以看出，第84章的八位税号数最多，为894个，占税号总数的9.14%。然后依次为第29章（519个）、第85章（490个）、第3章（466个）、第72章（344个）、第20章（307个）和第28章（264个）等。八位税号数最少的是第14章，仅有5个。

表 3-5　八位税号在各章的分布

单位：个

序号	章	标题	八位税号数
1	84	核反应堆、锅炉、机器、机械器具及其零件	894
2	29	有机化学品	519
3	85	电机、电气设备及其零件；录音机及放声机、电视图像、声音的录制和重放设备及其零件、附件	490
4	03	鱼、甲壳动物、软体动物及其他水生无脊椎动物	466
5	72	钢铁	344
6	20	蔬菜、水果、坚果或植物其他部分的制品	307
7	28	无机化学品；贵金属、稀土金属、放射性元素及其同位素的有机及无机化合物	264
8	02	肉及食用杂碎	248
9	44	木及木制品；木炭	235
10	73	钢铁制品	233
11	87	车辆及其零件、附件，但铁道或电车道车辆除外	228
12	90	光学、照相、电影、计量、检验、医疗或外科用仪器及设备、精密仪器及设备；上述物品的零件、附件	215
13	39	塑料及其制品	214
14	22	饮料、酒及醋	213
15	62	非针织或非钩编的服装及衣着附件	186
16	04	乳品；蛋品；天然蜂蜜；其他食用动物产品	176
17	38	杂项化学产品	175
18	48	纸及纸板；纸浆；纸或纸板制品	149
19	52	棉花	149
20	61	针织或钩编的服装及衣着附件	147
21	55	化学纤维短纤	144
22	70	玻璃及其制品	139

表3-5　续1

序号	章	标题	八位税号数
23	15	动、植物或微生物油、脂及其分解产品；精制的食用油脂；动、植物蜡	137
24	08	食用水果及坚果；柑橘属水果或甜瓜的果皮	128
25	07	食用蔬菜、根及块茎	117
26	27	矿物燃料、矿物油及其蒸馏产品；沥青物质；矿物蜡	111
27	16	肉、鱼、甲壳动物、软体动物及其他水生无脊椎动物、以及昆虫的制品	103
28	82	贱金属工具、器具、利口器、餐匙、餐叉及其零件	98
29	94	家具；寝具、褥垫、弹簧床垫、软座垫及类似的填充制品；未列名灯具及照明装置；发光标志、发光铭牌及类似品；活动房屋	93
30	40	橡胶及其制品	91
31	54	化学纤维长丝；化学纤维纺织材料制扁条及类似品	85
32	25	盐；硫磺；泥土及石料；石膏料、石灰及水泥	80
33	63	其他纺织制成品；成套物品；旧衣着及旧纺织品；碎织物	79
34	64	鞋靴、护腿和类似品及其零件	78
35	81	其他贱金属、金属陶瓷及其制品	77
36	12	含油子仁及果实；杂项子仁及果实；工业用或药用植物；稻草、秸秆及饲料	75
37	96	杂项制品	72
38	11	制粉工业产品；麦芽；淀粉；菊粉；面筋	71
39	41	生皮（毛皮除外）及皮革	71
40	95	玩具、游戏品、运动用品及其零件、附件	71
41	01	活动物	65
42	10	谷物	65
43	76	铝及其制品	65
44	23	食品工业的残渣及废料；配制的动物饲料	64
45	68	石料、石膏、水泥、石棉、云母及类似材料的制品	61

表3-5　续2

序号	章	标题	八位税号数
46	51	羊毛、动物细毛或粗毛；马毛纱线及其机织物	60
47	32	鞣料浸膏及染料浸膏；鞣酸及其衍生物；染料、颜料及其他着色料；油漆及清漆；油灰及其他类似胶粘剂；墨水、油墨	59
48	56	絮胎、毡呢及无纺织物；特种纱线；线、绳、索、缆及其制品	59
49	71	天然或养殖珍珠、宝石或半宝石、贵金属、包贵金属及其制品；仿首饰；硬币	58
50	74	铜及其制品	58
51	30	药品	55
52	19	谷物、粮食粉、淀粉或乳的制品；糕饼点心	52
53	91	钟表及其零件	51
54	09	咖啡、茶、马黛茶及调味香料	50
55	33	精油及香膏；芳香料制品及化妆盥洗品	49
56	58	特种机织物；簇绒织物；花边；装饰毯；装饰带；刺绣品	48
57	06	活树及其他活植物；鳞茎、根及类似品；插花及装饰用簇叶	46
58	60	针织物及钩编织物	46
59	26	矿砂、矿渣及矿灰	45
60	17	糖及糖食	44
61	59	浸渍、涂布、包覆或层压的纺织物；工业用纺织制品	43
62	69	陶瓷产品	43
63	83	贱金属杂项制品	42
64	89	船舶及浮动结构体	42
65	37	照相及电影用品	41
66	57	地毯及纺织材料的其他铺地制品	40
67	21	杂项食品	39
68	88	航空器、航天器及其零件	39
69	42	皮革制品；鞍具及挽具；旅行用品、手提包及类似容器；动物肠线（蚕胶丝除外）制品	36

表3-5　续3

序号	章	标题	八位税号数
70	53	其他植物纺织纤维；纸纱线及其机织物	34
71	31	肥料	33
72	35	蛋白类物质；改性淀粉；胶；酶	33
73	34	肥皂、有机表面活性剂、洗涤剂、润滑剂、人造蜡、调制蜡、光洁剂、蜡烛及类似品、塑型用膏、“牙科用蜡”及牙科用熟石膏制剂	31
74	92	乐器及其零件、附件	30
75	24	烟草及烟草代用品的制品；非经燃烧吸用的产品，不论是否含有尼古丁；其他供人体摄入尼古丁的含尼古丁的产品	29
76	86	铁道或电车道机车、车辆及其零件；铁道或电车道轨道固定装置及其零件、附件；各种机械（包括电动机械）交通信号设备	29
77	18	可可及可可制品	27
78	47	木浆及其他纤维状纤维素浆；回收（废碎）纸或纸板	24
79	50	蚕丝	24
80	43	毛皮、人造毛皮及其制品	23
81	46	稻草、秸秆、针茅或其他编结材料制品；篮筐及柳条编结品	23
82	93	武器、弹药及其零件、附件	22
83	05	其他动物产品	21
84	49	书籍、报纸、印刷图画及其他印刷品；手稿、打字稿及设计图纸	21
85	97	艺术品、收藏品及古物	19
86	75	镍及其制品	18
87	13	虫胶；树胶、树脂及其他植物液、汁	14
88	36	炸药；烟火制品；火柴；引火合金；易燃材料制品	14
89	45	软木及软木制品	12
90	65	帽类及其零件	12
91	79	锌及其制品	11
92	78	铅及其制品	10

表3-5 续4

序号	章	标题	八位税号数
93	66	雨伞、阳伞、手杖、鞭子、马鞭及其零件	8
94	67	已加工羽毛、羽绒及其制品；人造花；人发制品	8
95	80	锡及其制品	6
96	14	编结用植物材料；其他植物产品	5
总计			9778

各章的平均拆分税号数详见表3-6。可以看出，《欧盟共同海关税则》中第22章的平均拆分税号数最多，为8.88个。然后依次为第20章（5.90个）、第4章（5.33个）、第2章（3.76个）和第64章（3.12个）等。拆分最少的是第14章、第67章和第97章，平均拆分税号数均为1.00个，即《欧盟共同海关税则》未对相关HS子目进行拆分。

表3-6 各章的平均拆分税号数

单位：个

序号	章	标题	平均拆分税号数
1	22	饮料、酒及醋	8.88
2	20	蔬菜、水果、坚果或植物其他部分的制品	5.90
3	04	乳品；蛋品；天然蜂蜜；其他食用动物产品	5.33
4	02	肉及食用杂碎	3.76
5	64	鞋靴、护腿和类似品及其零件	3.12
6	06	活树及其他活植物；鳞茎、根及类似品；插花及装饰用簇叶	2.88
7	23	食品工业的残渣及废料；配制的动物饲料	2.78
8	19	谷物、粮食粉、淀粉或乳的制品；糕饼点心	2.74
9	50	蚕丝	2.67
10	11	制粉工业产品；麦芽；淀粉；菊粉；面筋	2.63
11	17	糖及糖食	2.59
12	15	动、植物或微生物油、脂及其分解产品；精制的食用油脂；动、植物蜡	2.58

表3-6　续1

序号	章	标题	平均拆分税号数
13	27	矿物燃料、矿物油及其蒸馏产品；沥青物质；矿物蜡	2.58
14	10	谷物	2.50
15	18	可可及可可制品	
16	16	肉、鱼、甲壳动物、软体动物及其他水生无脊椎动物、以及昆虫的制品	2.45
17	21	杂项食品	2.44
18	87	车辆及其零件、附件，但铁道或电车道车辆除外	2.33
19	35	蛋白类物质；改性淀粉；胶；酶	2.20
20	46	稻草、秸秆、针茅或其他编结材料制品；篮筐及柳条编结品	2.09
21	03	鱼、甲壳动物、软体动物及其他水生无脊椎动物	2.07
22	72	钢铁	2.06
23	56	絮胎、毡呢及无纺织物；特种纱线；线、绳、索、缆及其制品	1.97
24	70	玻璃及其制品	1.96
25	41	生皮（毛皮除外）及皮革	1.92
26	43	毛皮、人造毛皮及其制品	1.92
27	01	活动物	1.91
28	73	钢铁制品	1.88
29	76	铝及其制品	1.86
30	44	木及木制品；木炭	1.84
31	08	食用水果及坚果；柑橘属水果或甜瓜的果皮	1.83
32	95	玩具、游戏品、运动用品及其零件、附件	1.82
33	24	烟草及烟草代用品的制品；非经燃烧吸用的产品，不论是否含有尼古丁；其他供人体摄入尼古丁的含尼古丁的产品	1.81
34	42	皮革制品；鞍具及挽具；旅行用品、手提包及类似容器；动物肠线（蚕胶丝除外）制品	1.80
35	59	浸渍、涂布、包覆或层压的纺织物；工业用纺织制品	
36	62	非针织或非钩编的服装及衣着附件	1.79

表3-6 续2

序号	章	标题	平均拆分税号数
37	92	乐器及其零件、附件	1.76
38	94	家具；寝具、褥垫、弹簧床垫、软座垫及类似的填充制品；未列名灯具及照明装置；发光标志、发光铭牌及类似品；活动房屋	1.72
39	45	软木及软木制品	1.71
40	33	精油及香膏；芳香料制品及化妆盥洗品	1.69
41	89	船舶及浮动结构体	1.68
42	57	地毯及纺织材料的其他铺地制品	1.67
43	84	核反应堆、锅炉、机器、机械器具及其零件	1.66
44	85	电机、电气设备及其零件；录音机及放声机、电视图像、声音的录制和重放设备及其零件、附件	1.66
45	39	塑料及其制品	1.63
46	38	杂项化学产品	1.62
47	07	食用蔬菜、根及块茎	1.60
48	51	羊毛、动物细毛或粗毛；马毛纱线及其机织物	1.58
49	82	贱金属工具、器具、利口器、餐匙、餐叉及其零件	1.53
50	63	其他纺织制成品；成套物品；旧衣着及旧纺织品；碎织物	1.52
51	90	光学、照相、电影、计量、检验、医疗或外科用仪器及设备、精密仪器及设备；上述物品的零件、附件	1.50
52	12	含油子仁及果实；杂项子仁及果实；工业用或药用植物；稻草、秸秆及饲料	1.50
53	65	帽类及其零件	1.50
54	88	航空器、航天器及其零件	1.50
55	53	其他植物纺织纤维；纸纱线及其机织物	1.48
56	48	纸及纸板；纸浆；纸或纸板制品	1.48
57	96	杂项制品	1.47
58	28	无机化学品；贵金属、稀土金属、放射性元素及其同位素的有机及无机化合物	1.47
59	69	陶瓷产品	1.43

表3-6　续3

序号	章	标题	平均拆分税号数
60	05	其他动物产品	1.40
61	61	针织或钩编的服装及衣着附件	1.39
62	31	肥料	1.38
63	81	其他贱金属、金属陶瓷及其制品	1.38
64	37	照相及电影用品	1.37
65	66	雨伞、阳伞、手杖、鞭子、马鞭及其零件	1.33
66	32	鞣料浸膏及染料浸膏；鞣酸及其衍生物；染料、颜料及其他着色料；油漆及清漆；油灰及其他类似胶粘剂；墨水、油墨	1.31
67	55	化学纤维短纤	1.31
68	58	特种机织物；簇绒织物；花边；装饰毯；装饰带；刺绣品	1.30
69	34	肥皂、有机表面活性剂、洗涤剂、润滑剂、人造蜡、调制蜡、光洁剂、蜡烛及类似品、塑型用膏、“牙科用蜡”及牙科用熟石膏制剂	1.29
70	09	咖啡、茶、马黛茶及调味香料	1.28
71	13	虫胶；树胶、树脂及其他植物液、汁	1.27
72	29	有机化学品	1.27
73	86	铁道或电车道机车、车辆及其零件；铁道或电车道轨道固定装置及其零件、附件；各种机械（包括电动机械）交通信号设备	1.26
74	78	铅及其制品	1.25
75	30	药品	1.22
76	79	锌及其制品	1.22
77	93	武器、弹药及其零件、附件	1.22
78	68	石料、石膏、水泥、石棉、云母及类似材料的制品	1.22
79	26	矿砂、矿渣及矿灰	1.22
80	52	棉花	1.20
81	80	锡及其制品	1.20
82	25	盐；硫磺；泥土及石料；石膏料、石灰及水泥	1.19

表3-6　续4

序号	章	标题	平均拆分税号数
83	74	铜及其制品	1.18
84	54	化学纤维长丝；化学纤维纺织材料制扁条及类似品	1.18
85	49	书籍、报纸、印刷图画及其他印刷品；手稿、打字稿及设计图纸	1.17
86	83	贱金属杂项制品	1.17
87	47	木浆及其他纤维状纤维素浆；回收（废碎）纸或纸板	1.14
88	40	橡胶及其制品	1.14
89	36	炸药；烟火制品；火柴；引火合金；易燃材料制品	1.08
90	91	钟表及其零件	1.06
91	75	镍及其制品	1.06
92	71	天然或养殖珍珠、宝石或半宝石、贵金属、包贵金属及其制品；仿首饰；硬币	1.05
93	60	针织物及钩编织物	1.05
94	14	编结用植物材料；其他植物产品	1.00
95	67	已加工羽毛、羽绒及其制品；人造花；人发制品	1.00
96	97	艺术品、收藏品及古物	1.00
平均			1.74

3.2.3　八位税号在各品目的分布

八位税号在各品目的分布详见表3-7，篇幅所限，表中仅列出了八位税号数量排名前30的品目。其中，6个品目的税号数超过100，品目2008的八位税号数最多，为136个。然后依次为品目2204（126个）、品目0207（110个）、品目0304（107个）和品目2009（102个）等。统计结果还表明，品目0409、品目0501、品目0504等171个品目（占品目总数的13.93%）的税号数均为1个，表明不仅HS未作出子目拆分，《欧盟共同海关税则》也未进行拆分。

表 3–7　八位税号在各品目的分布

单位：个

序号	品目	品目条文	八位税号数
1	2008	用其他方法制作或保藏的其他品目未列名水果、坚果及植物的其他食用部分，不论是否加酒、加糖或其他甜物质	136
2	2204	鲜葡萄酿造的酒，包括加酒精的；品目 2009 以外的酿酒葡萄汁	126
3	0207	品目 0105 所列家禽的鲜、冷、冻肉及食用杂碎	110
4	0304	鲜、冷、冻鱼片及其他鱼肉（不论是否绞碎）	107
5	2009	未发酵及未加酒精的水果汁或坚果汁（包括酿酒葡萄汁及椰子水）、蔬菜汁，不论是否加糖或其他甜物质	102
6	0303	冻鱼，但品目 0304 的鱼片及其他鱼肉除外	101
7	0302	鲜、冷鱼，但品目 0304 的鱼片及其他鱼肉除外	88
8	4407	经纵锯、纵切、刨切或旋切的木材，不论是否刨平、砂光或端部接合，厚度超过 6 毫米	65
9	0307	带壳或去壳的软体动物，活、鲜、冷、冻、干、盐腌或盐渍的；熏制的带壳或去壳软体动物，不论在熏制前或熏制过程中是否烹煮	55
10	2208	未改性乙醇，按容量计酒精浓度在 80% 以下；蒸馏酒、利口酒及其他酒精饮料	55
11	2903	烃的卤化衍生物	53
12	6204	女式西服套装、便服套装、上衣、连衣裙、裙子、裙裤、长裤、护胸背带工装裤、马裤及短裤（游泳服除外）	52
13	8708	机动车辆的零件、附件，品目 8701 至 8705 所列车辆用	49
14	2933	仅含有氮杂原子的杂环化合物	48
15	0306	带壳或去壳的甲壳动物，活、鲜、冷、冻、干、盐腌或盐渍的；熏制的带壳或去壳甲壳动物，不论在熏制前或熏制过程中是否烹煮；蒸过或用水煮过的带壳甲壳动物，不论是否冷、冻、干、盐腌或盐渍的	46
16	2710	石油及从沥青矿物提取的油类，但原油除外；以上述油为基本成分（按重量计不低于 70%）的其他品目未列名制品；废油	46

表3-7 续

序号	品目	品目条文	八位税号数
17	0406	乳酪及凝乳	43
18	0305	干、盐腌或盐渍的鱼；熏鱼，不论在熏制前或熏制过程中是否烹煮	42
19	1604	制作或保藏的鱼；鲟鱼子酱及鱼卵制的鲟鱼子酱代用品	42
20	6203	男式西服套装、便服套装、上衣、长裤、护胸背带工装裤、马裤及短裤（游泳裤除外）	42
21	8704	货运机动车辆	42
22	3824	铸模及铸芯用粘合剂；其他品目未列名的化学工业及其相关工业的化学产品及配制品（包括由天然产品混合组成的）	40
23	6403	橡胶、塑料、皮革或再生皮革制外底，皮革制鞋面的鞋靴	40
24	0210	肉及食用杂碎，干、熏、盐腌或盐渍的；可供食用的肉或杂碎的细粉、粗粉	39
25	3920	其他非泡沫塑料的板、片、膜、箔及扁条，未用其他材料强化、层压、支撑或用类似方法合制	39
26	8408	压燃式活塞内燃发动机（柴油或半柴油发动机）	38
27	1006	稻谷、大米	37
28	1602	其他方法制作或保藏的肉、食用杂碎、动物血或昆虫	35
29	8207	手工工具（不论是否有动力装置）及机床（例如，锻压、冲压、攻丝、钻孔、镗孔、铰孔及铣削、车削或上螺丝用的机器）的可互换工具，包括金属拉拔或挤压用模以及凿岩或钻探工具	35
30	8413	液体泵，不论是否装有计量装置；液体提升机	33

各品目的平均拆分税号数详见表3-8，表中仅列出了平均拆分税号数量排名前34的品目。其中，品目2204的平均拆分税号数最多，为25.20个，拆分得非常细。然后依次为品目9503（19.00个）、品目0403（16.00个）、品目0404（15.00个）、品目2309（13.50个）和品目8408（12.67个）等。统计结果还表明，品目0309、品目0409、品目0501、品目0502等489个品目（占品目总数的39.82%）的平均拆分税号数为1.00个，即《欧盟共同海关税则》未对上述品目进行拆分。

表 3-8　各品目的平均拆分税号数

单位：个

序号	品目	品目条文	平均拆分税号数
1	2204	鲜葡萄酿造的酒，包括加酒精的；品目 2009 以外的酿酒葡萄汁	25.20
2	9503	三轮车、踏板车、踏板汽车和类似的带轮玩具；玩偶车；玩偶；其他玩具；缩小（按比例缩小）的模型及类似的娱乐用模型，不论是否活动；各种智力玩具	19.00
3	0403	酸乳；酪乳、结块的乳及稀奶油、酸乳酒及其他发酵或酸化的乳和稀奶油，不论是否浓缩、加糖、加其他甜物质、加香料、加水果、加坚果或加可可	16.00
4	0404	乳清，不论是否浓缩、加糖或其他甜物质；其他品目未列名的含天然乳的产品，不论是否加糖或其他甜物质	15.00
5	2309	配制的动物饲料	13.50
6	8408	压燃式活塞内燃发动机（柴油或半柴油发动机）	12.67
7	2008	用其他方法制作或保藏的其他品目未列名水果、坚果及植物的其他食用部分，不论是否加酒、加糖或其他甜物质	10.46
8	1006	稻谷、大米	9.25
9	2710	石油及从沥青矿物提取的油类，但原油除外；以上述油为基本成分（按重量计不低于 70%）的其他品目未列名制品；废油	9.20
10	0406	乳酪及凝乳	8.60
11	6912	陶餐具、厨房器具及其他家用或盥洗用陶器	8.00
12	9619	任何材料制的卫生巾（护垫）及卫生棉条、尿布及尿布衬里和类似品	8.00
13	2208	未改性乙醇，按容量计酒精浓度在 80% 以下；蒸馏酒、利口酒及其他酒精饮料	7.86

表3-8　续1

序号	品目	品目条文	平均拆分税号数
14	2206	其他发酵饮料（例如，苹果酒、梨酒、蜂蜜酒、清酒）；其他品目未列名的发酵饮料的混合物及发酵饮料与无酒精饮料的混合物	7.00
15	0811	冷冻水果及坚果，不论是否蒸煮、加糖或其他甜物质	6.67
16	7010	玻璃制的坛、瓶、缸、罐、安瓿及其他容器，用于运输或盛装货物；玻璃制保藏罐；玻璃塞、盖及类似的封口器	6.33
17	1518	动、植物或微生物油、脂及其分离品，经过熟练、氧化、脱水、硫化、吹制或在真空、惰性气体中加热聚合及用其他化学方法改性的，但品目1516的产品除外；本章各种油、脂及其分离品混合制成的其他品目未列名的非食用油、脂或制品	6.00
18	1704	不含可可的糖食（包括白巧克力）	6.00
19	2006	糖渍蔬菜、水果、坚果、果皮及植物的其他部分（沥干、糖渍或裹糖的）	6.00
20	2009	未发酵及未加酒精的水果汁或坚果汁（包括酿酒葡萄汁及椰子水）、蔬菜汁，不论是否加糖或其他甜物质	6.00
21	7020	其他玻璃制品	6.00
22	7311	装压缩气体或液化气体用的钢铁容器	6.00
23	7312	非绝缘的钢铁绞股线、绳、缆、编带、吊索及类似品	6.00
24	0207	品目0105所列家禽的鲜、冷、冻肉及食用杂碎	5.79
25	7224	其他合金钢，锭状或其他初级形状；其他合金钢制的半制成品	5.50
26	1522	油鞣回收脂；加工处理油脂物质及动、植物蜡所剩的残渣	5.00
27	2001	蔬菜、水果、坚果及植物的其他食用部分，用醋或醋酸制作或保藏的	5.00

表3-8　续2

序号	品目	品目条文	平均拆分税号数
28	2007	烹煮的果酱、果冻、柑橘酱、果泥及果膏，不论是否加糖或其他甜物质	5.00
29	2501	盐（包括精制盐及变性盐）及纯氯化钠，不论是否为水溶液，也不论是否添加抗结块剂或松散剂；海水	5.00
30	5007	丝或绢丝机织物	5.00
31	5905	糊墙织物	5.00
32	6403	橡胶、塑料、皮革或再生皮革制外底，皮革制鞋面的鞋靴	5.00
33	7309	盛装物料用的钢铁囤、柜、罐、桶及类似容器（装压缩气体或液化气体的除外），容积超过300升，不论是否衬里或隔热，但无机械或热力装置	5.00
34	8529	专用于或主要用于品目8524至8528所列装置或设备的零件	5.00

3.2.4　八位税号在HS子目的分布

八位税号在5612个HS子目的分布详见表3-9，篇幅所限，表中仅列出了八位税号数量为10个及以上的HS子目，共有59个。可以看出，八位税号数最多的HS子目是子目2204.21（58个），然后依次为子目0406.90（32个）、子目2204.22（28个）、子目2204.29（27个）、子目2710.19（26个）、子目2008.99（25个）、子目0404.10（24个）等。统计结果还表明，子目0101.21、子目0101.30、子目0101.90、子目0102.31、子目0103.10等3782个HS子目（占HS子目总数的67.39%）的税号数仅有1个，表明《欧盟共同海关税则》未对上述HS子目进行拆分。

表 3-9　八位税号在 HS 子目的分布

单位：个

序号	HS 子目	八位税号数	序号	HS 子目	八位税号数	序号	HS 子目	八位税号数
1	2204. 21	58	21	8543. 70	14	41	2710. 12	11
2	0406. 90	32	22	0210. 99	13	42	6403. 99	11
3	2204. 22	28	23	0102. 29	12	43	7312. 10	11
4	2204. 29	27	24	0204. 50	12	44	8413. 70	11
5	2710. 19	26	25	0303. 89	12	45	0207. 26	10
6	2008. 99	25	26	0602. 90	12	46	0207. 27	10
7	0404. 10	24	27	2008. 50	12	47	0207. 44	10
8	2008. 97	22	28	2008. 70	12	48	0207. 54	10
9	1006. 30	20	29	2208. 20	12	49	0207. 60	10
10	2009. 89	20	30	2309. 10	12	50	0210. 19	10
11	3824. 99	20	31	7318. 15	12	51	0811. 90	10
12	2009. 90	19	32	8408. 90	12	52	1006. 20	10
13	9503. 00	19	33	0207. 45	11	53	1604. 14	10
14	0403. 90	18	34	0207. 55	11	54	1604. 19	10
15	8408. 10	18	35	0307. 43	11	55	1704. 90	10
16	7010. 90	17	36	1104. 29	11	56	2009. 39	10
17	8481. 80	17	37	1515. 90	11	57	5007. 20	10
18	2208. 90	16	38	2008. 30	11	58	8414. 80	10
19	2309. 90	15	39	2008. 40	11	59	8542. 32	10
20	0403. 20	14	40	2208. 30	11			

第 4 章　日本税则的内容结构分析

4.1　税则结构分析

《日本税则》（*Japan's Tariff Schedule*）是在 HS 基础上细化建立的，沿用了 HS 的归类总规则、注释和分类表，共计 21 类、97 章。

注释包括 HS 注释和日本附加注释。2025 年的日本税则共有 23 个附加注释，这些附加注释分布在 17 个章中，详见表 4-1。其中，第 54 章的附加注释最多，为 3 个。

表 4-1　附加注释在各章的分布

单位：个

章	附加章注数	章	附加章注数	章	附加章注数
01	2	16	1	54	3
02	1	17	2	55	1
03	1	27	1	58	1
12	1	33	1	64	1
13	1	41	2	72	1
15	2	51	1		

《日本税则》的编码结构是九位编码，即在 HS 六位编码基础上增加三位编码，这是本书研究的所有税则中唯一的单数位编码结构，是用于征税和统计的。

4.2　列目结构分析

为分析《日本税则》的列目结构，本书统计九位税号在类、章、品目和 HS 子目项下的分布情况。统计结果表明，2025 年《日本税则》共有

9652个九位税号，是在HS的5611个六位子目①的基础上拆分出来的，共增加了4041个本国子目。9652个九位税号中，农产品的税号数为2461个（占九位税号总数的25.50%），非农产品的税号数为7191个（占九位税号总数的74.50%）。

4.2.1 九位税号在各类的分布

9652个九位税号在各类的分布详见表4-2，可以看出，第11类的税号数最多，为1825个。然后依次为第6类（1187个）、第16类（972个）、第4类（868个）、第1类（862个）、第15类（860个）、第2类（636个）和第9类（357个）等。九位税号数最少的是第21类（19个）。

表4-2 九位税号在各类的分布

单位：个

序号	类	标题	九位税号数
1	S11	纺织原料及纺织制品	1825
2	S06	化学工业及其相关工业的产品	1187
3	S16	机器、机械器具、电气设备及其零件；录音机及放声机、电视图像、声音的录制和重放设备及其零件、附件	972
4	S04	食品；饮料、酒及醋；烟草、烟草及烟草代用品的制品；非经燃烧吸用的产品，不论是否含有尼古丁；其他供人体摄入尼古丁的含尼古丁的产品	868
5	S01	活动物；动物产品	862
6	S15	贱金属及其制品	860
7	S02	植物产品	636
8	S09	木及木制品；木炭；软木及软木制品；稻草、秸秆、针茅或其他编结材料制品；篮筐及柳条编结品	357
9	S07	塑料及其制品；橡胶及其制品	309

① 2022年版HS有1228个品目和5612个六位子目，其中，品目2716电力为可选品目，子目2716.00为可选子目，各国（地区）可根据实际需要决定是否使用该品目。《日本税则》未使用该品目和子目，故实际品目数为1227个，六位子目数为5611个。

表4-2　续

序号	类	标题	九位税号数
10	S18	光学、照相、电影、计量、检验、医疗或外科用仪器及设备、精密仪器及设备；钟表；乐器；上述物品的零件、附件	253
11	S05	矿产品	247
12	S08	生皮、皮革、毛皮及其制品；鞍具及挽具；旅行用品、手提包及类似容器；动物肠线（蚕胶丝除外）制品	225
13	S17	车辆、航空器、船舶及有关运输设备	191
14	S20	杂项制品	184
15	S13	石料、石膏、水泥、石棉、云母及类似材料的制品；陶瓷产品；玻璃及其制品	171
16	S10	木浆及其他纤维状纤维素浆；回收（废碎）纸或纸板；纸、纸板及其制品	166
17	S12	鞋、帽、伞、杖、鞭及其零件；已加工的羽毛及其制品；人造花；人发制品	126
18	S03	动、植物或微生物油、脂及其分解产品；精制食用油脂；动、植物蜡	95
19	S14	天然或养殖珍珠、宝石或半宝石、贵金属、包贵金属及其制品；仿首饰；硬币	77
20	S19	武器、弹药及其零件、附件	22
21	S21	艺术品、收藏品及古物	19
总计			9652

各类的平均拆分税号数详见表4-3，可以看出，《日本税则》的平均拆分税号数为1.72，即每个六位HS子目拆分为1.72个九位税号。其中，第4类的平均拆分税号数最多，为3.95个，表明《日本税则》对相关子目的拆分最细。然后依次为第8类（3.26个）、第12类（2.68个）、第9类（2.45个）、第1类（2.31个）、第11类（2.29个）和第2类（2.01个）等。拆分最少的是第21类，平均拆分税号数仅为1.00个，表明《日本税则》未对该类进行拆分。

表 4-3　各类的平均拆分税号数

单位：个

序号	类	标题	平均拆分税号数
1	S04	食品；饮料、酒及醋；烟草、烟草及烟草代用品的制品；非经燃烧吸用的产品，不论是否含有尼古丁；其他供人体摄入尼古丁的含尼古丁的产品	3.95
2	S08	生皮、皮革、毛皮及其制品；鞍具及挽具；旅行用品、手提包及类似容器；动物肠线（蚕胶丝除外）制品	3.26
3	S12	鞋、帽、伞、杖、鞭及其零件；已加工的羽毛及其制品；人造花；人发制品	2.68
4	S09	木及木制品；木炭；软木及软木制品；稻草、秸秆、针茅或其他编结材料制品；篮筐及柳条编结品	2.45
5	S01	活动物；动物产品	2.31
6	S11	纺织原料及纺织制品	2.29
7	S02	植物产品	2.01
8	S03	动、植物或微生物油、脂及其分解产品；精制食用油脂；动、植物蜡	1.79
9	S05	矿产品	1.68
10	S15	贱金属及其制品	1.51
11	S07	塑料及其制品；橡胶及其制品	1.46
12	S14	天然或养殖珍珠、宝石或半宝石、贵金属、包贵金属及其制品；仿首饰；硬币	1.40
13	S20	杂项制品	1.30
14	S06	化学工业及其相关工业的产品	1.29
15	S19	武器、弹药及其零件、附件	1.22
16	S18	光学、照相、电影、计量、检验、医疗或外科用仪器及设备、精密仪器及设备；钟表；乐器；上述物品的零件、附件	1.22
17	S10	木浆及其他纤维状纤维素浆；回收（废碎）纸或纸板；纸、纸板及其制品	1.19

表4-3　续

序号	类	标题	平均拆分税号数
18	S16	机器、机械器具、电气设备及其零件；录音机及放声机、电视图像、声音的录制和重放设备及其零件、附件	1.17
19	S13	石料、石膏、水泥、石棉、云母及类似材料的制品；陶瓷产品；玻璃及其制品	1.13
20	S17	车辆、航空器、船舶及有关运输设备	1.11
21	S21	艺术品、收藏品及古物	1.00
平均			1.72

4.2.2　九位税号在各章的分布

九位税号在各章的分布详见表4-4。可以看出，第84章的税号数最多，为612个，占九位税号总数的6.34%。然后依次为第29章（530个）、第3章（455个）、第52章（381个）、第85章（360个）、第72章（334个）和第44章（327个）等。税号数最少的是第66章，仅有6个。

表4-4　九位税号在各章的分布

单位：个

序号	章	标题	九位税号数
1	84	核反应堆、锅炉、机器、机械器具及其零件	612
2	29	有机化学品	530
3	03	鱼、甲壳动物、软体动物及其他水生无脊椎动物	455
4	52	棉花	381
5	85	电机、电气设备及其零件；录音机及放声机、电视图像、声音的录制和重放设备及其零件、附件	360
6	72	钢铁	334
7	44	木及木制品；木炭	327
8	20	蔬菜、水果、坚果或植物其他部分的制品	281
9	55	化学纤维短纤	281

表4-4　续1

序号	章	标题	九位税号数
10	54	化学纤维长丝；化学纤维纺织材料制扁条及类似品	232
11	28	无机化学品；贵金属、稀土金属、放射性元素及其同位素的有机及无机化合物	227
12	62	非针织或非钩编的服装及衣着附件	212
13	39	塑料及其制品	208
14	04	乳品；蛋品；天然蜂蜜；其他食用动物产品	197
15	90	光学、照相、电影、计量、检验、医疗或外科用仪器及设备、精密仪器及设备；上述物品的零件、附件	179
16	73	钢铁制品	167
17	61	针织或钩编的服装及衣着附件	158
18	41	生皮（毛皮除外）及皮革	155
19	38	杂项化学产品	144
20	07	食用蔬菜、根及块茎	141
21	16	肉、鱼、甲壳动物、软体动物及其他水生无脊椎动物、以及昆虫的制品	141
22	19	谷物、粮食粉、淀粉或乳的制品；糕饼点心	137
23	27	矿物燃料、矿物油及其蒸馏产品；沥青物质；矿物蜡	136
24	02	肉及食用杂碎	126
25	48	纸及纸板；纸浆；纸或纸板制品	121
26	87	车辆及其零件、附件，但铁道或电车道车辆除外	114
27	08	食用水果及坚果；柑橘属水果或甜瓜的果皮	108
28	21	杂项食品	104
29	40	橡胶及其制品	101
30	60	针织物及钩编织物	100
31	11	制粉工业产品；麦芽；淀粉；菊粉；面筋	99
32	64	鞋靴、护腿和类似品及其零件	99
33	15	动、植物或微生物油、脂及其分解产品；精制的食用油脂；动、植物蜡	95
34	58	特种机织物；簇绒织物；花边；装饰毯；装饰带；刺绣品	92

表4-4　续2

序号	章	标题	九位税号数
35	12	含油子仁及果实；杂项子仁及果实；工业用或药用植物；稻草、秸秆及饲料	87
36	56	絮胎、毡呢及无纺织物；特种纱线；线、绳、索、缆及其制品	84
37	63	其他纺织制成品；成套物品；旧衣着及旧纺织品；碎织物	82
38	09	咖啡、茶、马黛茶及调味香料	80
39	70	玻璃及其制品	80
40	71	天然或养殖珍珠、宝石或半宝石、贵金属、包贵金属及其制品；仿首饰；硬币	77
41	94	家具；寝具、褥垫、弹簧床垫、软座垫及类似的填充制品；未列名灯具及照明装置；发光标志、发光铭牌及类似品；活动房屋	74
42	74	铜及其制品	72
43	25	盐；硫磺；泥土及石料；石膏料、石灰及水泥	71
44	81	其他贱金属、金属陶瓷及其制品	70
45	82	贱金属工具、器具、利口器、餐匙、餐叉及其零件	69
46	96	杂项制品	67
47	51	羊毛、动物细毛或粗毛；马毛纱线及其机织物	63
48	10	谷物	62
49	30	药品	61
50	68	石料、石膏、水泥、石棉、云母及类似材料的制品	59
51	32	鞣料浸膏及染料浸膏；鞣酸及其衍生物；染料、颜料及其他着色料；油漆及清漆；油灰及其他类似胶粘剂；墨水、油墨	57
52	22	饮料、酒及醋	55
53	01	活动物	52
54	91	钟表及其零件	52
55	17	糖及糖食	49
56	76	铝及其制品	44
57	33	精油及香膏；芳香料制品及化妆盥洗品	43

表4-4　续3

序号	章	标题	九位税号数
58	95	玩具、游戏品、运动用品及其零件、附件	43
59	18	可可及可可制品	40
60	23	食品工业的残渣及废料；配制的动物饲料	40
61	26	矿砂、矿渣及矿灰	40
62	42	皮革制品；鞍具及挽具；旅行用品、手提包及类似容器；动物肠线（蚕胶丝除外）制品	40
63	50	蚕丝	39
64	57	地毯及纺织材料的其他铺地制品	37
65	83	贱金属杂项制品	37
66	59	浸渍、涂布、包覆或层压的纺织物；工业用纺织制品	36
67	37	照相及电影用品	34
68	05	其他动物产品	32
69	69	陶瓷产品	32
70	34	肥皂、有机表面活性剂、洗涤剂、润滑剂、人造蜡、调制蜡、光洁剂、蜡烛及类似品、塑型用膏、“牙科用蜡”及牙科用熟石膏制剂	30
71	43	毛皮、人造毛皮及其制品	30
72	53	其他植物纺织纤维；纸纱线及其机织物	28
73	88	航空器、航天器及其零件	28
74	89	船舶及浮动结构体	26
75	31	肥料	25
76	47	木浆及其他纤维状纤维素浆；回收（废碎）纸或纸板	25
77	13	虫胶；树胶、树脂及其他植物液、汁	23
78	46	稻草、秸秆、针茅或其他编结材料制品；篮筐及柳条编结品	23
79	75	镍及其制品	23
80	86	铁道或电车道机车、车辆及其零件；铁道或电车道轨道固定装置及其零件、附件；各种机械（包括电动机械）交通信号设备	23
81	92	乐器及其零件、附件	22

表4-4　续4

序号	章	标题	九位税号数
82	93	武器、弹药及其零件、附件	22
83	24	烟草及烟草代用品的制品；非经燃烧吸用的产品，不论是否含有尼古丁；其他供人体摄入尼古丁的含尼古丁的产品	21
84	35	蛋白类物质；改性淀粉；胶；酶	21
85	06	活树及其他活植物；鳞茎、根及类似品；插花及装饰用簇叶	20
86	49	书籍、报纸、印刷图画及其他印刷品；手稿、打字稿及设计图纸	20
87	78	铅及其制品	20
88	97	艺术品、收藏品及古物	19
89	14	编结用植物材料；其他植物产品	16
90	79	锌及其制品	16
91	36	炸药；烟火制品；火柴；引火合金；易燃材料制品	15
92	65	帽类及其零件	13
93	67	已加工羽毛、羽绒及其制品；人造花；人发制品	8
94	80	锡及其制品	8
95	45	软木及软木制品	7
96	66	雨伞、阳伞、手杖、鞭子、马鞭及其零件	6
总计			9652

各章的平均拆分税号数详见表4-5。可以看出，第19章的平均拆分税号数最多，为7.21个。然后依次为第21章（6.50个）、第4章（5.97个）、第20章（5.40个）、第50章（4.33个）和第41章（4.19个）等。拆分最少的是第45章、第66章、第67章、第86章和第97章这5章，平均拆分税号数均为1.00个，即《日本税则》未对相关HS子目进行拆分。

表 4-5 各章的平均拆分税号数

单位：个

序号	章	标题	平均拆分税号数
1	19	谷物、粮食粉、淀粉或乳的制品；糕饼点心	7.21
2	21	杂项食品	6.50
3	04	乳品；蛋品；天然蜂蜜；其他食用动物产品	5.97
4	20	蔬菜、水果、坚果或植物其他部分的制品	5.40
5	50	蚕丝	4.33
6	41	生皮（毛皮除外）及皮革	4.19
7	64	鞋靴、护腿和类似品及其零件	3.96
8	11	制粉工业产品；麦芽；淀粉；菊粉；面筋	3.67
9	18	可可及可可制品	3.64
10	16	肉、鱼、甲壳动物、软体动物及其他水生无脊椎动物、以及昆虫的制品	3.36
11	54	化学纤维长丝；化学纤维纺织材料制扁条及类似品	3.22
12	14	编结用植物材料；其他植物产品	3.20
13	27	矿物燃料、矿物油及其蒸馏产品；沥青物质；矿物蜡	3.16
14	52	棉花	3.07
15	17	糖及糖食	2.88
16	56	絮胎、毡呢及无纺织物；特种纱线；线、绳、索、缆及其制品	2.80
17	44	木及木制品；木炭	2.55
18	55	化学纤维短纤	2.55
19	43	毛皮、人造毛皮及其制品	2.50
20	78	铅及其制品	2.50
21	58	特种机织物；簇绒织物；花边；装饰毯；装饰带；刺绣品	2.49
22	10	谷物	2.38
23	22	饮料、酒及醋	2.29

表4-5　续1

序号	章	标题	平均拆分税号数
24	60	针织物及钩编织物	2.27
25	05	其他动物产品	2.13
26	13	虫胶；树胶、树脂及其他植物液、汁	2.09
27	46	稻草、秸秆、针茅或其他编结材料制品；篮筐及柳条编结品	2.09
28	09	咖啡、茶、马黛茶及调味香料	2.05
29	62	非针织或非钩编的服装及衣着附件	2.04
30	03	鱼、甲壳动物、软体动物及其他水生无脊椎动物	2.02
31	42	皮革制品；鞍具及挽具；旅行用品、手提包及类似容器；动物肠线（蚕胶丝除外）制品	2.00
32	72	钢铁	2.00
33	07	食用蔬菜、根及块茎	1.93
34	02	肉及食用杂碎	1.91
35	15	动、植物或微生物油、脂及其分解产品；精制的食用油脂；动、植物蜡	1.79
36	79	锌及其制品	1.78
37	12	含油子仁及果实；杂项子仁及果实；工业用或药用植物；稻草、秸秆及饲料	1.74
38	23	食品工业的残渣及废料；配制的动物饲料	1.74
39	51	羊毛、动物细毛或粗毛；马毛纱线及其机织物	1.66
40	65	帽类及其零件	1.63
41	80	锡及其制品	1.60
42	39	塑料及其制品	1.59
43	63	其他纺织制成品；成套物品；旧衣着及旧纺织品；碎织物	1.58
44	08	食用水果及坚果；柑橘属水果或甜瓜的果皮	1.54
45	57	地毯及纺织材料的其他铺地制品	1.54
46	01	活动物	1.53
47	59	浸渍、涂布、包覆或层压的纺织物；工业用纺织制品	1.50

表4-5 续2

序号	章	标题	平均拆分税号数
48	61	针织或钩编的服装及衣着附件	1.49
49	33	精油及香膏；芳香料制品及化妆盥洗品	1.48
50	74	铜及其制品	1.47
51	35	蛋白类物质；改性淀粉；胶；酶	1.40
52	71	天然或养殖珍珠、宝石或半宝石、贵金属、包贵金属及其制品；仿首饰；硬币	1.40
53	94	家具；寝具、褥垫、弹簧床垫、软座垫及类似的填充制品；未列名灯具及照明装置；发光标志、发光铭牌及类似品；活动房屋	1.37
54	96	杂项制品	1.37
55	30	药品	1.36
56	75	镍及其制品	1.35
57	73	钢铁制品	1.35
58	38	杂项化学产品	1.33
59	24	烟草及烟草代用品的制品；非经燃烧吸用的产品，不论是否含有尼古丁；其他供人体摄入尼古丁的含尼古丁的产品	1.31
60	92	乐器及其零件、附件	1.29
61	29	有机化学品	1.29
62	32	鞣料浸膏及染料浸膏；鞣酸及其衍生物；染料、颜料及其他着色料；油漆及清漆；油灰及其他类似胶粘剂；墨水、油墨	1.27
63	40	橡胶及其制品	1.26
64	28	无机化学品；贵金属、稀土金属、放射性元素及其同位素的有机及无机化合物	1.26
65	76	铝及其制品	1.26
66	90	光学、照相、电影、计量、检验、医疗或外科用仪器及设备、精密仪器及设备；上述物品的零件、附件	1.25
67	06	活树及其他活植物；鳞茎、根及类似品；插花及装饰用簇叶	1.25

表4-5 续3

序号	章	标题	平均拆分税号数
68	34	肥皂、有机表面活性剂、洗涤剂、润滑剂、人造蜡、调制蜡、光洁剂、蜡烛及类似品、塑型用膏、“牙科用蜡”及牙科用熟石膏制剂	1.25
69	81	其他贱金属、金属陶瓷及其制品	1.25
70	93	武器、弹药及其零件、附件	1.22
71	53	其他植物纺织纤维；纸纱线及其机织物	1.22
72	85	电机、电气设备及其零件；录音机及放声机、电视图像、声音的录制和重放设备及其零件、附件	1.22
73	48	纸及纸板；纸浆；纸或纸板制品	1.20
74	47	木浆及其他纤维状纤维素浆；回收（废碎）纸或纸板	1.19
75	68	石料、石膏、水泥、石棉、云母及类似材料的制品	1.18
76	87	车辆及其零件、附件，但铁道或电车道车辆除外	1.16
77	36	炸药；烟火制品；火柴；引火合金；易燃材料制品	1.15
78	84	核反应堆、锅炉、机器、机械器具及其零件	1.14
79	37	照相及电影用品	1.13
80	70	玻璃及其制品	1.13
81	49	书籍、报纸、印刷图画及其他印刷品；手稿、打字稿及设计图纸	1.11
82	95	玩具、游戏品、运动用品及其零件、附件	1.10
83	91	钟表及其零件	1.08
84	26	矿砂、矿渣及矿灰	1.08
85	82	贱金属工具、器具、利口器、餐匙、餐叉及其零件	1.08
86	88	航空器、航天器及其零件	1.08
87	69	陶瓷产品	1.07
88	25	盐；硫磺；泥土及石料；石膏料、石灰及水泥	1.06
89	31	肥料	1.04
90	89	船舶及浮动结构体	1.04
91	83	贱金属杂项制品	1.03

表4-5　续4

序号	章	标题	平均拆分税号数
92	45	软木及软木制品	1.00
93	66	雨伞、阳伞、手杖、鞭子、马鞭及其零件	1.00
94	67	已加工羽毛、羽绒及其制品；人造花；人发制品	1.00
95	86	铁道或电车道机车、车辆及其零件；铁道或电车道轨道固定装置及其零件、附件；各种机械（包括电动机械）交通信号设备	1.00
96	97	艺术品、收藏品及古物	1.00
平均			1.72

4.2.3　九位税号在各品目的分布

九位税号在HS的1227个品目中的分布详见表4-6，篇幅所限，表中仅列出了九位税号数量排名前31的品目。可以看出，品目2008的九位税号数最多，为104个。然后依次为品目2903（91个），品目5407（90个），品目2710（88个），品目1901、品目2009和品目5516（均为80个）等。统计结果还表明，品目0205、品目0409、品目0501和品目0702等207个品目（占品目总数的16.87%）的九位税号数为1.00个，表明不仅HS未拆分子目，《日本税则》也未进行拆分。

表4-6　九位税号在各品目的分布

单位：个

序号	品目	品目条文	九位税号数
1	2008	用其他方法制作或保藏的其他品目未列名水果、坚果及植物的其他食用部分，不论是否加酒、加糖或其他甜物质	104
2	2903	烃的卤化衍生物	91
3	5407	合成纤维长丝纱线的机织物，包括品目5404所列材料的机织物	90

表4-6　续1

序号	品目	品目条文	九位税号数
4	2710	石油及从沥青矿物提取的油类，但原油除外；以上述油为基本成分（按重量计不低于 70%）的其他品目未列名制品；废油	88
5	1901	麦精；细粉、粗粒、粗粉、淀粉或麦精制的其他品目未列名的食品，不含可可或按重量计全脱脂可可含量低于 40%；品目 0401 至 0404 所列货品制的其他品目未列名的食品，不含可可或按重量计全脱脂可可含量低于 5%	80
6	2009	未发酵及未加酒精的水果汁或坚果汁（包括酿酒葡萄汁及椰子水）、蔬菜汁，不论是否加糖或其他甜物质	80
7	5516	人造纤维短纤纺制的机织物	80
8	0304	鲜、冷、冻鱼片及其他鱼肉（不论是否绞碎）	79
9	0303	冻鱼，但品目 0304 的鱼片及其他鱼肉除外	76
10	5205	棉纱线（缝纫线除外），按重量计含棉量在 85%及以上，非供零售用	76
11	5208	棉机织物，按重量计含棉量在 85% 及以上，每平方米重量不超过 200 克	72
12	5402	合成纤维长丝纱线（缝纫线除外），非供零售用，包括细度在 67 分特以下的合成纤维单丝	70
13	0307	带壳或去壳的软体动物，活、鲜、冷、冻、干、盐腌或盐渍的；熏制的带壳或去壳软体动物，不论在熏制前或熏制过程中是否烹煮	69
14	4412	胶合板、单板饰面板及类似的多层板	68
15	0302	鲜、冷鱼，但品目 0304 的鱼片及其他鱼肉除外	65
16	0305	干、盐腌或盐渍的鱼；熏鱼，不论在熏制前或熏制过程中是否烹煮	61
17	4407	经纵锯、纵切、刨切或旋切的木材，不论是否刨平、砂光或端部接合，厚度超过 6 毫米	59
18	1602	其他方法制作或保藏的肉、食用杂碎、动物血或昆虫	58
19	1605	制作或保藏的甲壳动物、软体动物及其他水生无脊椎动物	56
20	0404	乳清，不论是否浓缩、加糖或其他甜物质；其他品目未列名的含天然乳的产品，不论是否加糖或其他甜物质	55

表4-6　续2

序号	品目	品目条文	九位税号数
21	2106	其他品目未列名的食品	51
22	5211	棉机织物，按重量计含棉量在85%以下，主要或仅与化学纤维混纺，每平方米重量超过200克	51
23	6204	女式西服套装、便服套装、上衣、连衣裙、裙子、裙裤、长裤、护胸背带工装裤、马裤及短裤（游泳服除外）	50
24	7208	宽度在600毫米及以上的铁或非合金钢平板轧材，经热轧，但未经包覆、镀层或涂层	50
25	5210	棉机织物，按重量计含棉量在85%以下，主要或仅与化学纤维混纺，每平方米重量不超过200克	48
26	0403	酸乳；酪乳、结块的乳及稀奶油、酸乳酒及其他发酵或酸化的乳和稀奶油，不论是否浓缩、加糖、加其他甜物质、加香料、加水果、加坚果或加可可	47
27	5603	无纺织物，不论是否浸渍、涂布、包覆或层压	47
28	5514	合成纤维短纤纺制的机织物，按重量计合成纤维短纤含量在85%以下，主要或仅与棉混纺，每平方米重量超过170克	45
29	6403	橡胶、塑料、皮革或再生皮革制外底，皮革制鞋面的鞋靴	45
30	0306	带壳或去壳的甲壳动物，活、鲜、冷、冻、干、盐腌或盐渍的；熏制的带壳或去壳甲壳动物，不论在熏制前或熏制过程中是否烹煮；蒸过或用水煮过的带壳甲壳动物，不论是否冷、冻、干、盐腌或盐渍的	43
31	5801	起绒机织物及绳绒织物，但品目5802或5806的织物除外	43

各品目的平均拆分税号数详见表4-7，篇幅所限，表中仅列出了平均拆分税号数量排名前30的品目。其中，品目0404的平均拆分税号数最多，为27.50个。然后依次为品目1901（26.67个）、品目2106（25.50个）、品目0403（23.50个）等。统计结果还表明，品目0104、品目0105、品目0204、品目0205等632个品目（占品目总数的51.51%）的平均拆分税号数均为1.00个，即《日本税则》未对上述品目进行拆分。

表4–7 各品目的平均拆分税号数

单位：个

序号	品目	品目条文	平均拆分税号数
1	0404	乳清，不论是否浓缩、加糖或其他甜物质；其他品目未列名的含天然乳的产品，不论是否加糖或其他甜物质	27.50
2	1901	麦精；细粉、粗粒、粗粉、淀粉或麦精制的其他品目未列名的食品，不含可可或按重量计全脱脂可可含量低于40%；品目0401至0404所列货品制的其他品目未列名的食品，不含可可或按重量计全脱脂可可含量低于5%	26.67
3	2106	其他品目未列名的食品	25.50
4	0403	酸乳；酪乳、结块的乳及稀奶油、酸乳酒及其他发酵或酸化的乳和稀奶油，不论是否浓缩、加糖、加其他甜物质、加香料、加水果、加坚果或加可可	23.50
5	2710	石油及从沥青矿物提取的油类，但原油除外；以上述油为基本成分（按重量计不低于70%）的其他品目未列名制品；废油	17.60
6	0309	适合供人食用的鱼、甲壳动物、软体动物和其他水生无脊椎动物的细粉、粗粉及团粒	9.00
7	5002	生丝（未加捻）	9.00
8	0402	浓缩、加糖或其他甜物质的乳及稀奶油	8.40
9	2008	用其他方法制作或保藏的其他品目未列名水果、坚果及植物的其他食用部分，不论是否加酒、加糖或其他甜物质	8.00
10	2105	冰淇淋及其他冰制食品，不论是否含可可	8.00
11	2309	配制的动物饲料	8.00
12	5803	纱罗，但品目5806的狭幅织物除外	8.00
13	6004	宽度超过30厘米，按重量计弹性纱线或橡胶线含量在5%及以上的针织物或钩编织物，但品目6001的货品除外	7.50
14	2206	其他发酵饮料（例如，苹果酒、梨酒、蜂蜜酒、清酒）；其他品目未列名的发酵饮料的混合物及发酵饮料与无酒精饮料的混合物	7.00
15	6002	宽度不超过30厘米，按重量计弹性纱线或橡胶线含量在5%及以上的针织物或钩编织物，但品目6001的货品除外	7.00

表4-7 续

序号	品目	品目条文	平均拆分税号数
16	1806	巧克力及其他含可可的食品	6.80
17	2101	咖啡、茶、马黛茶的浓缩精汁及以其为基本成分或以咖啡、茶、马黛茶为基本成分的制品；烘焙菊苣和其他烘焙咖啡代用品及其浓缩精汁	6.75
18	4408	饰面用单板（包括刨切积层木获得的单板）、制胶合板或类似多层板用单板以及其他经纵锯、刨切或旋切的木材，不论是否刨平、砂光、拼接或端部结合，厚度不超过6毫米	6.75
19	4103	其他生皮（鲜的、盐腌的、干的、石灰浸渍的、浸酸的或以其他方法保藏，但未鞣制、未经羊皮纸化处理或未进一步加工的），不论是否去毛或剖层，但本章注释一（二）或（三）所述不包括的生皮除外	6.67
20	5007	丝或绢丝机织物	6.67
21	1904	谷物或谷物产品经膨化或烘炒制成的食品（例如，玉米片）；其他品目未列名的预煮或经其他方法制作的谷粒（玉米除外）、谷物片或经其他加工的谷粒（细粉、粗粒及粗粉除外）	6.50
22	2852	汞的无机或有机化合物，不论是否已有化学定义，汞齐除外	6.50
23	4107	经鞣制或半硝处理后进一步加工的不带毛的牛皮革（包括水牛皮革）及马科动物皮革，包括羊皮纸化处理的皮革，不论是否剖层，但品目4114的皮革除外	6.33
24	2001	蔬菜、水果、坚果及植物的其他食用部分，用醋或醋酸制作或保藏的	6.00
25	2004	其他冷冻蔬菜，用醋或醋酸以外的其他方法制作或保藏的，但品目2006的产品除外	6.00
26	8712	自行车及其他非机动脚踏车（包括运货三轮脚踏车）	6.00
27	5603	无纺织物，不论是否浸渍、涂布、包覆或层压	5.88
28	1602	其他方法制作或保藏的肉、食用杂碎、动物血或昆虫	5.80
29	6404	橡胶、塑料、皮革或再生皮革制外底，纺织材料制鞋面的鞋靴	5.67
30	6403	橡胶、塑料、皮革或再生皮革制外底，皮革制鞋面的鞋靴	5.63

4.2.4 九位税号在各HS子目的分布

九位税号在5611个HS子目中的分布详见表4-8，篇幅所限，表中仅列出了九位税号数量为10个及以上的HS子目，共有47个。可以看出，九位税号数最多的HS子目是子目2106.90（43个），然后依次为子目1901.90（40个）、子目0404.10和子目2710.20（均为39个）、子目1901.20（32个）等。统计结果还表明，子目0101.30、子目0101.90、子目0102.21和子目0102.31等3894个HS子目（占HS子目总数的69.40%）的九位税号数均为1个，表明《日本税则》未对上述HS子目进行拆分。

表4-8　九位税号在HS子目的分布

单位：个

序号	HS子目	九位税号数	序号	HS子目	九位税号数	序号	HS子目	九位税号数
1	2106.90	43	17	2903.77	16	33	2309.90	11
2	1901.90	40	18	0402.21	15	34	4408.39	11
3	0404.10	39	19	5007.20	15	35	6403.59	11
4	2710.20	39	20	4407.19	14	36	6403.99	11
5	1901.20	32	21	0303.89	13	37	0402.10	10
6	2008.99	31	22	0305.72	13	38	1104.19	10
7	2710.19	31	23	0305.79	13	39	1104.29	10
8	0403.20	28	24	1702.90	13	40	1404.90	10
9	1602.50	22	25	0811.90	12	41	2001.90	10
10	4412.31	21	26	1602.90	12	42	2101.20	10
11	0403.90	19	27	2101.12	12	43	4103.20	10
12	0309.90	16	28	1103.20	11	44	4412.10	10
13	0404.90	16	29	1211.90	11	45	6002.90	10
14	1806.20	16	30	1905.90	11	46	6004.90	10
15	2008.19	16	31	2005.99	11	47	6404.20	10
16	2710.12	16	32	2009.89	11			

第 5 章　欧亚经济联盟税则的内容结构分析

5.1　税则结构分析

欧亚经济联盟（EAEU）成立于 2015 年，成员方包括俄罗斯、哈萨克斯坦、白俄罗斯、吉尔吉斯斯坦和亚美尼亚。欧亚经济联盟的目标是实现联盟内部商品、服务、资本和劳动力自由流动，并推行协调一致的经济政策。

《欧亚经济联盟税则》（*The Common Customs Tariff of the Eurasian Economic Union*）是在 HS 基础上细化建立的，沿用了 HS 的归类总规则、注释和分类表，共计 21 类、97 章。

注释包括 HS 注释和欧亚经济联盟附加注释。2025 年版《欧亚经济联盟税则》包括附加类注和附加章注共有 118 个附加注释。其中，有 5 个附加类注，第 16 类有 3 个，第 17 类有 2 个；附加章注 113 个，分布在 24 个章中，详见表 5-1。其中，第 2 章和第 22 章的附加章注数最多，均为 11 个。

表 5-1　附加章注在各章的分布

单位：个

章	附加章注数	章	附加章注数	章	附加章注数
02	11	22	11	62	2
08	4	23	5	64	2
15	4	27	7	84	9
16	2	29	2	85	5
17	4	37	2	87	10
19	2	39	3	88	3
20	9	44	4	89	3
21	4	61	3	94	2

《欧亚经济联盟税则》的编码结构是十位编码，即在HS六位编码基础上增加四位编码，用于征税和统计。

5.2 列目结构分析

为分析《欧亚经济联盟税则》的列目结构，本书统计十位税号在类、章、品目和HS子目项下的分布情况。

统计结果表明，2025年《欧亚经济联盟税则》共有13262个十位税号，是在HS的5612个六位子目的基础上拆分而来，共增加了7650个本国子目。13262个十位税号中，农产品的税号数为3200（占税号总数的24.13%），非农产品的税号数为10062（占税号总数的75.87%）。

5.2.1 十位税号在各类的分布

13262个十位税号在各类的分布详见表5-2。可以看出，第16类的税号数最多，为2490个。然后依次为第6类（1362个）、第1类（1270个）、第11类（1203个）、第15类（1181个）、第4类（1146个）、第17类（955个）和第2类（628个）等。十位税号数最少的是第21类（19个）。

表5-2　十位税号在各类的分布

单位：个

序号	类	标题	十位税号数
1	S16	机器、机械器具、电气设备及其零件；录音机及放声机、电视图像、声音的录制和重放设备及其零件、附件	2490
2	S06	化学工业及其相关工业的产品	1362
3	S01	活动物；动物产品	1270
4	S11	纺织原料及纺织制品	1203
5	S15	贱金属及其制品	1181
6	S04	食品；饮料、酒及醋；烟草、烟草及烟草代用品的制品；非经燃烧吸用的产品，不论是否含有尼古丁；其他供人体摄入尼古丁的含尼古丁的产品	1146
7	S17	车辆、航空器、船舶及有关运输设备	955
8	S02	植物产品	628

表5-2 续

序号	类	标题	十位税号数
9	S09	木及木制品；木炭；软木及软木制品；稻草、秸秆、针茅或其他编结材料制品；篮筐及柳条编结品	500
10	S07	塑料及其制品；橡胶及其制品	376
11	S18	光学、照相、电影、计量、检验、医疗或外科用仪器及设备、精密仪器及设备；钟表；乐器；上述物品的零件、附件	356
12	S20	杂项制品	353
13	S13	石料、石膏、水泥、石棉、云母及类似材料的制品；陶瓷产品；玻璃及其制品	324
14	S05	矿产品	281
15	S10	木浆及其他纤维状纤维素浆；回收（废碎）纸或纸板；纸、纸板及其制品	222
16	S08	生皮、皮革、毛皮及其制品；鞍具及挽具；旅行用品、手提包及类似容器；动物肠线（蚕胶丝除外）制品	218
17	S03	动、植物或微生物油、脂及其分解产品；精制食用油脂；动、植物蜡	156
18	S12	鞋、帽、伞、杖、鞭及其零件；已加工的羽毛及其制品；人造花；人发制品	115
19	S14	天然或养殖珍珠、宝石或半宝石、贵金属、包贵金属及其制品；仿首饰；硬币	83
20	S19	武器、弹药及其零件、附件	24
21	S21	艺术品、收藏品及古物	19
总计			13262

各类的平均拆分税号数详见表5-3。可以看出，《欧亚经济联盟税则》的平均拆分税号数为2.36个，即每个HS子目拆分出2.36个十位税号。其中，第17类的平均拆分税号数最多，为5.55个。然后依次为第4类（5.21个）、第9类（3.42个）、第1类（3.40个）和第8类（3.16个）等。拆分最少的是第21类，平均拆分税号数为1.00个，表明《欧亚经济联盟税则》未对该类进行拆分。

表 5-3 各类的平均拆分税号数

单位：个

序号	类	标题	平均拆分税号数
1	S17	车辆、航空器、船舶及有关运输设备	5.55
2	S04	食品；饮料、酒及醋；烟草、烟草及烟草代用品的制品；非经燃烧吸用的产品，不论是否含有尼古丁；其他供人体摄入尼古丁的含尼古丁的产品	5.21
3	S09	木及木制品；木炭；软木及软木制品；稻草、秸秆、针茅或其他编结材料制品；篮筐及柳条编结品	3.42
4	S01	活动物；动物产品	3.40
5	S08	生皮、皮革、毛皮及其制品；鞍具及挽具；旅行用品、手提包及类似容器；动物肠线（蚕胶丝除外）制品	3.16
6	S16	机器、机械器具、电气设备及其零件；录音机及放声机、电视图像、声音的录制和重放设备及其零件、附件	2.99
7	S03	动、植物或微生物油、脂及其分解产品；精制食用油脂；动、植物蜡	2.94
8	S20	杂项制品	2.49
9	S12	鞋、帽、伞、杖、鞭及其零件；已加工的羽毛及其制品；人造花；人发制品	2.45
10	S13	石料、石膏、水泥、石棉、云母及类似材料的制品；陶瓷产品；玻璃及其制品	2.15
11	S15	贱金属及其制品	2.07
12	S02	植物产品	1.98
13	S05	矿产品	1.91
14	S07	塑料及其制品；橡胶及其制品	1.78
15	S18	光学、照相、电影、计量、检验、医疗或外科用仪器及设备、精密仪器及设备；钟表；乐器；上述物品的零件、附件	1.71
16	S10	木浆及其他纤维状纤维素浆；回收（废碎）纸或纸板；纸、纸板及其制品	1.59
17	S11	纺织原料及纺织制品	1.51

表5-3 续

序号	类	标题	平均拆分税号数
18	S14	天然或养殖珍珠、宝石或半宝石、贵金属、包贵金属及其制品；仿首饰；硬币	1.51
19	S06	化学工业及其相关工业的产品	1.48
20	S19	武器、弹药及其零件、附件	1.33
21	S21	艺术品、收藏品及古物	1.00
平均			2.36

5.2.2 十位税号在各章的分布

十位税号在各章的分布详见表5-4。可以看出，第84章的税号数最多，为1351个，占税号总数的10.19%。然后依次为第85章（1139个）、第87章（758个）、第29章（538个）、第3章（532个）、第44章（465个）、第2章（433个）和第20章（398个）等。十位税号数最少的是第14章和第80章，仅有6个。

表5-4 十位税号在各章的分布

单位：个

序号	章	标题	十位税号数
1	84	核反应堆、锅炉、机器、机械器具及其零件	1351
2	85	电机、电气设备及其零件；录音机及放声机、电视图像、声音的录制和重放设备及其零件、附件	1139
3	87	车辆及其零件、附件，但铁道或电车道车辆除外	758
4	29	有机化学品	538
5	03	鱼、甲壳动物、软体动物及其他水生无脊椎动物	532
6	44	木及木制品；木炭	465
7	02	肉及食用杂碎	433
8	20	蔬菜、水果、坚果或植物其他部分的制品	398
9	72	钢铁	371

表5-4　续1

序号	章	标题	十位税号数
10	73	钢铁制品	366
11	90	光学、照相、电影、计量、检验、医疗或外科用仪器及设备、精密仪器及设备；上述物品的零件、附件	270
12	22	饮料、酒及醋	266
13	28	无机化学品；贵金属、稀土金属、放射性元素及其同位素的有机及无机化合物	266
14	39	塑料及其制品	265
15	38	杂项化学产品	194
16	62	非针织或非钩编的服装及衣着附件	187
17	94	家具；寝具、褥垫、弹簧床垫、软坐垫及类似的填充制品；未列名灯具及照明装置；发光标志、发光铭牌及类似品；活动房屋	187
18	04	乳品；蛋品；天然蜂蜜；其他食用动物产品	186
19	70	玻璃及其制品	175
20	48	纸及纸板；纸浆、纸或纸板制品	173
21	61	针织或钩编的服装及衣着附件	167
22	15	动、植物或微生物油、脂及其分解产品；精制食用油脂；动、植物蜡	156
23	27	矿物燃料、矿物油及其蒸馏产品；沥青物质；矿物蜡	151
24	52	棉花	149
25	55	化学纤维短纤	147
26	07	食用蔬菜、根及块茎	139
27	08	食用水果及坚果；柑橘属水果或甜瓜的果皮	137
28	17	糖及糖食	130
29	16	肉、鱼、甲壳动物、软体动物及其他水生无脊椎动物、以及昆虫的制品	114
30	88	航空器、航天器及其零件	112
31	40	橡胶及其制品	111

表5-4　续2

序号	章	标题	十位税号数
32	43	毛皮、人造毛皮及其制品	109
33	82	贱金属工具、器具、利口器、餐匙、餐叉及其零件	105
34	54	化学纤维长丝；化学纤维纺织材料制扁条及类似品	89
35	81	其他贱金属、金属陶瓷及其制品	89
36	76	铝及其制品	88
37	96	杂项制品	88
38	01	活动物	86
39	63	其他纺织制成品；成套物品；旧衣着及旧纺织品；碎织物	86
40	30	药品	83
41	71	天然或养殖珍珠、宝石或半宝石、贵金属、包贵金属及其制品；仿首饰；硬币	83
42	12	含油子仁及果实；杂项子仁及果实；工业用或药用植物；稻草、秸秆及饲料	81
43	68	石料、石膏、水泥、石棉、云母及类似材料的制品	81
44	25	盐；硫磺；泥土及石料；石膏料、石灰及水泥	80
45	64	鞋靴、护腿和类似品及其零件	79
46	95	玩具、游戏品、运动用品及其零件、附件	78
47	11	制粉工业产品；麦芽；淀粉；菊粉；面筋	75
48	41	生皮（毛皮除外）及皮革	71
49	32	鞣料浸膏及染料浸膏；鞣酸及其衍生物；染料、颜料及其他着色料；油漆及清漆；油灰及其他类似胶粘剂；墨水、油墨	68
50	69	陶瓷产品	68
51	10	谷物	66
52	23	食品工业的残渣及废料；配制的动物饲料	66
53	09	咖啡、茶、马黛茶及调味香料	64
54	51	羊毛、动物细毛或粗毛；马毛纱线及其机织物	63

表5-4　续3

序号	章	标题	十位税号数
55	21	杂项食品	59
56	56	絮胎、毡呢及无纺织物；特种纱线；线、绳、索、缆及其制品	59
57	60	针织物及钩编织物	58
58	74	铜及其制品	58
59	91	钟表及其零件	55
60	19	谷物、粮食粉、淀粉或乳的制品；糕饼点心	51
61	33	精油及香膏；芳香料制品及化妆盥洗品	51
62	83	贱金属杂项制品	51
63	26	矿砂、矿渣及矿灰	50
64	58	特种机织物；簇绒织物；花边；装饰毯；装饰带；刺绣品	50
65	06	活树及其他活植物；鳞茎、根及类似品；插花及装饰用簇叶	46
66	57	地毯及纺织材料的其他铺地制品	45
67	59	浸渍、涂布、包覆或层压的纺织物；工业用纺织制品	44
68	37	照相及电影用品	43
69	89	船舶及浮动结构体	43
70	86	铁道或电车道机车、车辆及其零件；铁道或电车道轨道固定装置及其零件、附件；各种机械（包括电动机械）交通信号设备	42
71	42	皮革制品；鞍具及挽具；旅行用品、手提包及类似容器；动物肠线（蚕胶丝除外）制品	38
72	35	蛋白类物质；改性淀粉；胶；酶	35
73	31	肥料	34
74	34	肥皂、有机表面活性剂、洗涤剂、润滑剂、人造蜡、调制蜡、光洁剂、蜡烛及类似品、塑型用膏、“牙科用蜡”及牙科用熟石膏制剂	34

表5-4　续4

序号	章	标题	十位税号数
75	53	其他植物纺织纤维；纸纱线及其机织物	34
76	05	其他动物产品	33
77	24	烟草及烟草代用品的制品；非经燃烧吸用的产品，不论是否含有尼古丁；其他供人体摄入尼古丁的含尼古丁的产品	33
78	92	乐器及其零件、附件	31
79	18	可可及可可制品	29
80	47	木浆及其他纤维状纤维素浆；回收纸或纸板	26
81	50	蚕丝	25
82	75	镍及其制品	24
83	93	武器、弹药及其零件、附件	24
84	46	稻草、秸秆、针茅或其他编结材料制品；篮筐及柳条编结品	23
85	49	书籍、报纸、印刷图画及其他印刷品；手稿、打字稿及设计图纸	23
86	65	帽类及其零件	20
87	97	艺术品、收藏品及古物	19
88	36	炸药；烟火制品；火柴；引火合金；易燃材料制品	16
89	13	虫胶；树胶、树脂及其他植物液、汁	14
90	45	软木及软木制品	12
91	79	锌及其制品	12
92	78	铅及其制品	11
93	66	雨伞、阳伞、手杖、鞭子、马鞭及其零件	8
94	67	已加工羽毛、羽绒及其制品；人造花；人发制品	8
95	14	编结用植物材料；其他植物产品	6
96	80	锡及其制品	6
总计			13262

各章的平均拆分税号数详见表5-5。可以看出，《欧亚经济联盟税则》中的第22章平均拆分税号数最多，为11.08个，即平均每个HS子目拆分出11.08个税号，表明相关子目拆分得非常细。然后依次为第43章（9.08个）、第87章（7.73个）、第20章和第17章（均为7.65个）和第2章（6.56个）等。拆分最少的是第67章和第97章，平均拆分税号数均为1.00个，表明《欧亚经济联盟税则》未对相关HS子目进行拆分。

表5-5　各章的平均拆分税号数

单位：个

序号	章	标题	平均拆分税号数
1	22	饮料、酒及醋	11.08
2	43	毛皮、人造毛皮及其制品	9.08
3	87	车辆及其零件、附件，但铁道或电车道车辆除外	7.73
4	20	蔬菜、水果、坚果或植物其他部分的制品	7.65
5	17	糖及糖食	7.65
6	02	肉及食用杂碎	6.56
7	04	乳品；蛋品；天然蜂蜜；其他食用动物产品	5.64
8	88	航空器、航天器及其零件	4.31
9	85	电机、电气设备及其零件；录音机及放声机、电视图像、声音的录制和重放设备及其零件、附件	3.85
10	21	杂项食品	3.69
11	44	木及木制品；木炭	3.63
12	27	矿物燃料、矿物油及其蒸馏产品；沥青物质；矿物蜡	3.51
13	94	家具；寝具、褥垫、弹簧床垫、软坐垫及类似的填充制品；未列名灯具及照明装置；发光标志、发光铭牌及类似品；活动房屋	3.46
14	64	鞋靴、护腿和类似品及其零件	3.16
15	73	钢铁制品	2.95

表5-5　续1

序号	章	标题	平均拆分税号数
16	15	动、植物或微生物油、脂及其分解产品；精制食用油脂；动、植物蜡	2.94
17	06	活树及其他活植物；鳞茎、根及类似品；插花及装饰用簇叶	2.88
18	23	食品工业的残渣及废料；配制的动物饲料	2.87
19	11	制粉工业产品；麦芽；淀粉；菊粉；面筋	2.78
20	50	蚕丝	2.78
21	16	肉、鱼、甲壳动物、软体动物及其他水生无脊椎动物、以及昆虫的制品	2.71
22	19	谷物、粮食粉、淀粉或乳的制品；糕饼点心	2.68
23	18	可可及可可制品	2.64
24	10	谷物	2.54
25	01	活动物	2.53
26	76	铝及其制品	2.51
27	84	核反应堆、锅炉、机器、机械器具及其零件	2.51
28	65	帽类及其零件	2.50
29	70	玻璃及其制品	2.46
30	03	鱼、甲壳动物、软体动物及其他水生无脊椎动物	2.36
31	35	蛋白类物质；改性淀粉；胶；酶	2.33
32	69	陶瓷产品	2.27
33	72	钢铁	2.22
34	05	其他动物产品	2.20
35	46	稻草、秸秆、针茅或其他编结材料制品；篮筐及柳条编结品	2.09
36	24	烟草及烟草代用品的制品；非经燃烧吸用的产品，不论是否含有尼古丁；其他供人体摄入尼古丁的含尼古丁的产品	2.06

表5-5　续2

序号	章	标题	平均拆分税号数
37	39	塑料及其制品	2.02
38	95	玩具、游戏品、运动用品及其零件、附件	2.00
39	56	絮胎、毡呢及无纺织物；特种纱线；线、绳、索、缆及其制品	1.97
40	08	食用水果及坚果；柑橘属水果或甜瓜的果皮	1.96
41	41	生皮（毛皮除外）及皮革	1.92
42	07	食用蔬菜、根及块茎	1.90
43	42	皮革制品；鞍具及挽具；旅行用品、手提包及类似容器；动物肠线（蚕胶丝除外）制品	1.90
44	90	光学、照相、电影、计量、检验、医疗或外科用仪器及设备、精密仪器及设备；上述物品的零件、附件	1.89
45	57	地毯及纺织材料的其他铺地制品	1.88
46	30	药品	1.84
47	59	浸渍、涂布、包覆或层压的纺织物；工业用纺织制品	1.83
48	86	铁道或电车道机车、车辆及其零件；铁道或电车道轨道固定装置及其零件、附件；各种机械（包括电动机械）交通信号设备	1.83
49	92	乐器及其零件、附件	1.82
50	62	非针织或非钩编的服装及衣着附件	1.80
51	38	杂项化学产品	1.80
52	96	杂项制品	1.80
53	33	精油及香膏；芳香料制品及化妆盥洗品	1.76
54	89	船舶及浮动结构体	1.72
55	45	软木及软木制品	1.71
56	48	纸及纸板；纸浆、纸或纸板制品	1.71
57	51	羊毛、动物细毛或粗毛；马毛纱线及其机织物	1.66

表5-5 续3

序号	章	标题	平均拆分税号数
58	63	其他纺织制成品；成套物品；旧衣着及旧纺织品；碎织物	1.65
59	09	咖啡、茶、马黛茶及调味香料	1.64
60	82	贱金属工具、器具、利口器、餐匙、餐叉及其零件	1.64
61	12	含油子仁及果实；杂项子仁及果实；工业用或药用植物；稻草、秸秆及饲料	1.62
62	68	石料、石膏、水泥、石棉、云母及类似材料的制品	1.62
63	81	其他贱金属、金属陶瓷及其制品	1.59
64	61	针织或钩编的服装及衣着附件	1.58
65	32	鞣料浸膏及染料浸膏；鞣酸及其衍生物；染料、颜料及其他着色料；油漆及清漆；油灰及其他类似胶粘剂；墨水、油墨	1.51
66	71	天然或养殖珍珠、宝石或半宝石、贵金属、包贵金属及其制品；仿首饰；硬币	1.51
67	53	其他植物纺织纤维；纸纱线及其机织物	1.48
68	28	无机化学品；贵金属、稀土金属、放射性元素及其同位素的有机及无机化合物	1.48
69	37	照相及电影用品	1.43
70	31	肥料	1.42
71	34	肥皂、有机表面活性剂、洗涤剂、润滑剂、人造蜡、调制蜡、光洁剂、蜡烛及类似品、塑型用膏、“牙科用蜡”及牙科用熟石膏制剂	1.42
72	83	贱金属杂项制品	1.42
73	75	镍及其制品	1.41
74	40	橡胶及其制品	1.39
75	78	铅及其制品	1.38
76	26	矿砂、矿渣及矿灰	1.35

表5-5　续4

序号	章	标题	平均拆分税号数
77	58	特种机织物；簇绒织物；花边；装饰毯；装饰带；刺绣品	1.35
78	55	化学纤维短纤	1.34
79	66	雨伞、阳伞、手杖、鞭子、马鞭及其零件	1.33
80	79	锌及其制品	1.33
81	93	武器、弹药及其零件、附件	1.33
82	60	针织物及钩编织物	1.32
83	29	有机化学品	1.31
84	49	书籍、报纸、印刷图画及其他印刷品；手稿、打字稿及设计图纸	1.28
85	13	虫胶；树胶、树脂及其他植物液、汁	1.27
86	47	木浆及其他纤维状纤维素浆；回收纸或纸板	1.24
87	54	化学纤维长丝；化学纤维纺织材料制扁条及类似品	1.24
88	36	炸药；烟火制品；火柴；引火合金；易燃材料制品	1.23
89	52	棉花	1.20
90	14	编结用植物材料；其他植物产品	1.20
91	80	锡及其制品	1.20
92	25	盐；硫磺；泥土及石料；石膏料、石灰及水泥	1.19
93	74	铜及其制品	1.18
94	91	钟表及其零件	1.15
95	67	已加工羽毛、羽绒及其制品；人造花；人发制品	1.00
96	97	艺术品、收藏品及古物	1.00
平均			2.36

5.2.3 十位税号在各品目的分布

十位税号在各品目的分布详见表 5-6，篇幅所限，表中仅列出了十位税号数量排名前 30 的品目。可以看出，品目 8524 的十位税号数最多，为 298 个。然后依次为品目 8703（278 个）、品目 0207（220 个）、品目 4407（203 个）、品目 2009（173 个）和品目 2204（170 个）等。统计结果还表明，品目 0409、品目 0501、品目 0504 和品目 0508 等 162 个品目（占品目总数的 13.19%）的十位税号数均为 1 个，表明不仅 HS 未拆分子目，《欧亚经济联盟税则》也未进行拆分。

表 5-6 十位税号在各品目的分布

单位：个

序号	品目	品目条文	十位税号数
1	8524	平板显示模组，不论是否装有触摸屏	298
2	8703	主要用于载人的机动车辆（品目 8702 的货品除外），包括旅行小客车及赛车	278
3	0207	品目 0105 所列家禽的鲜、冷、冻肉及食用杂碎	220
4	4407	经纵锯、纵切、刨切或旋切的木材，不论是否刨平、砂光或端部接合，厚度超过 6 毫米	203
5	2009	未发酵及未加酒精的水果汁或坚果汁（包括酿酒葡萄汁及椰子水）、蔬菜汁，不论是否加糖或其他甜物质	173
6	2204	鲜葡萄酿造的酒，包括加酒精的；品目 2009 以外的酿酒葡萄汁	170
7	2008	用其他方法制作或保藏的其他品目未列名水果、坚果及植物的其他食用部分，不论是否加酒、加糖或其他甜物质	143
8	8702	客运机动车辆，10 座及以上（包括驾驶座）	123
9	8462	加工金属的锻造、锻锤或模锻（但轧机除外）机床（包括压力机）；加工金属的弯曲、折叠、矫直、矫平、剪切、冲孔、开槽或步冲机床（包括压力机、纵剪线及定尺剪切线，但拉拔机除外）；其他加工金属或硬质合金的压力机	119

表5-6 续1

序号	品目	品目条文	十位税号数
10	0303	冻鱼，但品目0304的鱼片及其他鱼肉除外	118
11	8704	货运机动车辆	108
12	9405	其他品目未列名的灯具及照明装置，包括探照灯、聚光灯及其零件；装有固定光源的发光标志、发光铭牌及类似品，以及其他品目未列名的这些货品的零件	108
13	0304	鲜、冷、冻鱼片及其他鱼肉（不论是否绞碎）	100
14	0302	鲜、冷鱼，但品目0304的鱼片及其他鱼肉除外	98
15	1701	固体甘蔗糖、甜菜糖及化学纯蔗糖	93
16	4408	饰面用单板（包括刨切积层木获得的单板）、制胶合板或类似多层板用单板以及其他经纵锯、刨切或旋切的木材，不论是否刨平、砂光、拼接或端部结合，厚度不超过6毫米	89
17	8708	机动车辆的零件、附件，品目8701至8705所列车辆用	89
18	0307	带壳或去壳的软体动物，活、鲜、冷、冻、干、盐腌或盐渍的；熏制的带壳或去壳软体动物，不论在熏制前或熏制过程中是否烹煮	76
19	7304	无缝钢铁管及空心异型材（铸铁的除外）	76
20	2710	石油及从沥青矿物提取的油类，但原油除外；以上述油为基本成分（按重量计不低于70%）的其他品目未列名制品；废油	71
21	8539	白炽灯泡、放电灯管，包括封闭式聚光灯及紫外线灯管或红外线灯泡；弧光灯；发光二极管（LED）光源	67
22	8529	专用于或主要用于品目8524至8528所列装置或设备的零件	66
23	4302	未缝制或已缝制（不加其他材料）的已鞣毛皮（包括头、尾、爪及其他块、片），但品目4303的货品除外	64
24	2208	未改性乙醇，按容量计酒精浓度在80%以下；蒸馏酒、利口酒及其他酒精饮料	61
25	8523	录制声音或其他信息用的圆盘、磁带、固态非易失性数据存储器件、“智能卡”及其他媒体，不论是否已录制，包括供复制圆盘用的母片及母带，但不包括第三十七章的产品	61
26	8806	无人驾驶航空器	59

表5-6 续2

序号	品目	品目条文	十位税号数
27	8408	压燃式活塞内燃发动机（柴油或半柴油发动机）	58
28	0306	带壳或去壳的甲壳动物，活、鲜、冷、冻、干、盐腌或盐渍的；熏制的带壳或去壳甲壳动物，不论在熏制前或熏制过程中是否烹煮；蒸过或用水煮过的带壳甲壳动物，不论是否冷、冻、干、盐腌或盐渍的	56
29	8701	牵引车、拖拉机	54
30	6204	女式西服套装、便服套装、上衣、连衣裙、裙子、裙裤、长裤、护胸背带工装裤、马裤及短裤（游泳服除外）	52

各品目的平均拆分税号数详见表5-7，篇幅所限，表中仅列出了平均拆分税号数量排名前30的品目。其中，平均拆分税号数最多的是品目8524，为49.67个。然后依次为品目2204（34.00个）、品目8529（33.00个）、品目8702（24.60个）、品目4408（22.25个）和品目9503（20.00个）等。统计结果还表明，品目0409、品目0410、品目0501等401个品目（占品目总数的32.65%）的平均拆分税号数均为1.00个，表明《欧亚经济联盟税则》未对上述品目进行拆分。

表5-7 各品目的平均拆分税号数

单位：个

序号	品目	品目条文	平均拆分税号数
1	8524	平板显示模组，不论是否装有触摸屏	49.67
2	2204	鲜葡萄酿造的酒，包括加酒精的；品目2009以外的酿酒葡萄汁	34.00
3	8529	专用于或主要用于品目8524至8528所列装置或设备的零件	33.00
4	8702	客运机动车辆，10座及以上（包括驾驶座）	24.60
5	4408	饰面用单板（包括刨切积层木获得的单板）、制胶合板或类似多层板用单板以及其他经纵锯、刨切或旋切的木材，不论是否刨平、砂光、拼接或端部结合，厚度不超过6毫米	22.25

表5-7　续1

序号	品目	品目条文	平均拆分税号数
6	9503	三轮车、踏板车、踏板汽车和类似的带轮玩具；玩偶车；玩偶；其他玩具；缩小（按比例缩小）的模型及类似的娱乐用模型，不论是否活动；各种智力玩具	20.00
7	8703	主要用于载人的机动车辆（品目8702的货品除外），包括旅行小客车及赛车	19.86
8	8408	压燃式活塞内燃发动机（柴油或半柴油发动机）	19.33
9	1701	固体甘蔗糖、甜菜糖及化学纯蔗糖	18.60
10	0403	酸乳；酪乳、结块的乳及稀奶油、酸乳酒及其他发酵或酸化的乳和稀奶油，不论是否浓缩、加糖、加其他甜物质、加香料、加水果、加坚果或加可可	18.00
11	0404	乳清，不论是否浓缩、加糖或其他甜物质；其他品目未列名的含天然乳的产品，不论是否加糖或其他甜物质	16.00
12	4302	未缝制或已缝制（不加其他材料）的已鞣毛皮（包括头、尾、爪及其他块、片），但品目4303的货品除外	16.00
13	2710	石油及从沥青矿物提取的油类，但原油除外；以上述油为基本成分（按重量计不低于70%）的其他品目未列名制品；废油	14.20
14	2309	配制的动物饲料	14.00
15	9619	任何材料制的卫生巾（护垫）及卫生棉条、尿布及尿布衬里和类似品	14.00
16	7312	非绝缘的钢铁绞股线、绳、缆、编带、吊索及类似品	13.50
17	0207	品目0105所列家禽的鲜、冷、冻肉及食用杂碎	11.58
18	2008	用其他方法制作或保藏的其他品目未列名水果、坚果及植物的其他食用部分，不论是否加酒、加糖或其他甜物质	11.00
19	0202	冻牛肉	10.67
20	2009	未发酵及未加酒精的水果汁或坚果汁（包括酿酒葡萄汁及椰子水）、蔬菜汁，不论是否加糖或其他甜物质	10.18

表5-7 续2

序号	品目	品目条文	平均拆分税号数
21	2206	其他发酵饮料（例如，苹果酒、梨酒、蜂蜜酒、清酒）；其他品目未列名的发酵饮料的混合物及发酵饮料与无酒精饮料的混合物	10.00
22	4407	经纵锯、纵切、刨切或旋切的木材，不论是否刨平、砂光或端部接合，厚度超过6毫米	9.67
23	0406	乳酪及凝乳	9.40
24	1006	稻谷、大米	9.00
25	9620	独脚架、双脚架、三脚架及类似品	9.00
26	2208	未改性乙醇，按容量计酒精浓度在80%以下；蒸馏酒、利口酒及其他酒精饮料	8.71
27	2007	烹煮的果酱、果冻、柑橘酱、果泥及果膏，不论是否加糖或其他甜物质	8.67
28	7010	玻璃制的坛、瓶、缸、罐、安瓿及其他容器，用于运输或盛装货物；玻璃制保藏罐；玻璃塞、盖及类似的封口器	8.33
29	8481	用于管道、锅炉、罐、桶或类似品的龙头、旋塞、阀门及类似装置，包括减压阀及恒温控制阀	8.33
30	8704	货运机动车辆	8.31

5.2.4 十位税号在各HS子目的分布

十位税号在各HS子目的分布详见表5-8，篇幅所限，表中仅列出了十位税号数量为10个及以上的HS子目，共有166个。可以看出，十位税号数最多的HS子目是子目8703.40和子目8703.60（均为72个），然后依次为子目2204.29（65个）、子目8529.90（58个）、子目2204.21（57个）等。统计结果还表明，子目0101.21、子目0101.30、子目0101.90、子目0102.31等3262个HS子目（占HS子目总数的58.13%）的十位税号数均为1个，表明《欧亚经济联盟税则》未对上述HS子目进行拆分。

表 5-8　十位税号在 HS 子目的分布

单位：个

序号	HS 子目	十位税号数	序号	HS 子目	十位税号数	序号	HS 子目	十位税号数
1	8703. 40	72	30	2008. 99	27	59	0207. 14	18
2	8703. 60	72	31	0404. 10	26	60	1006. 30	18
3	2204. 29	65	32	4302. 30	26	61	8408. 10	18
4	8529. 90	58	33	7312. 10	25	62	8462. 90	18
5	2204. 21	57	34	8702. 10	25	63	1701. 91	17
6	8524. 11	50	35	8519. 81	24	64	2007. 99	17
7	8524. 19	50	36	8802. 40	24	65	4407. 97	17
8	8524. 91	50	37	7010. 90	23	66	4407. 99	17
9	8524. 99	50	38	8702. 90	23	67	8462. 62	17
10	8524. 12	49	39	0207. 45	22	68	8462. 63	17
11	8524. 92	49	40	0207. 55	22	69	8462. 69	17
12	8702. 20	41	41	0403. 90	22	70	8703. 23	17
13	4408. 39	38	42	2008. 97	22	71	0201. 20	16
14	8539. 51	38	43	2208. 90	22	72	0202. 20	16
15	2710. 19	37	44	4407. 11	21	73	0203. 29	16
16	0406. 90	34	45	4407. 12	21	74	2309. 90	16
17	1701. 13	34	46	8408. 20	21	75	7318. 15	16
18	1701. 14	34	47	0207. 26	20	76	7326. 90	16
19	2009. 90	34	48	0207. 27	20	77	9405. 49	16
20	8703. 50	34	49	0207. 44	20	78	0403. 20	14
21	8703. 70	34	50	0207. 54	20	79	0511. 99	14
22	2204. 22	33	51	0207. 60	20	80	2009. 39	14
23	2009. 89	32	52	2710. 12	20	81	4407. 91	14
24	4302. 19	31	53	4301. 80	20	82	8462. 61	14
25	8481. 80	31	54	9503. 00	20	83	8704. 41	14
26	8702. 30	31	55	0303. 89	19	84	8704. 51	14
27	3824. 99	30	56	8408. 90	19	85	9619. 00	14
28	4408. 90	29	57	8806. 10	19	86	0210. 99	13
29	8523. 29	29	58	0207. 13	18	87	0302. 89	13

表5-8 续

序号	HS 子目	十位税号数	序号	HS 子目	十位税号数	序号	HS 子目	十位税号数
88	0307.43	13	115	8411.12	12	142	0210.19	10
89	0811.90	13	116	8483.40	12	143	1604.14	10
90	2008.70	13	117	8536.50	12	144	1704.90	10
91	4407.19	13	118	8806.29	12	145	1806.90	10
92	4407.93	13	119	8806.99	12	146	2008.60	10
93	4407.94	13	120	1104.29	11	147	2009.31	10
94	4407.95	13	121	1515.90	11	148	2009.79	10
95	4407.96	13	122	1604.19	11	149	2204.10	10
96	7306.30	13	123	2001.90	11	150	2206.00	10
97	8414.30	13	124	2008.40	11	151	3920.10	10
98	8716.39	13	125	2009.81	11	152	3926.90	10
99	9405.11	13	126	2208.20	11	153	4016.99	10
100	9405.19	13	127	3906.90	11	154	4408.10	10
101	0102.29	12	128	4303.10	11	155	4823.90	10
102	0202.30	12	129	5007.20	11	156	6506.99	10
103	0203.19	12	130	6403.99	11	157	7304.39	10
104	0204.50	12	131	7304.29	11	158	8414.80	10
105	0602.90	12	132	7320.20	11	159	8523.49	10
106	2008.30	12	133	7606.12	11	160	8528.72	10
107	2008.50	12	134	8413.70	11	161	8542.32	10
108	2101.11	12	135	8486.90	11	162	8544.49	10
109	2106.90	12	136	8704.42	11	163	8704.43	10
110	2208.30	12	137	8708.80	11	164	8704.52	10
111	2309.10	12	138	9405.21	11	165	8708.50	10
112	2710.20	12	139	9405.29	11	166	9018.90	10
113	4407.29	12	140	9405.41	11			
114	4408.31	12	141	9405.42	11			

第 6 章　加拿大税则的内容结构分析

6.1　税则结构分析

《加拿大海关税则》（*Canadian Gustoms Tariff Schedule*）由归类总规则、注释和税率表三部分组成。

6.1.1　归类总规则

《加拿大海关税则》的总规则由六条 HS 归类总规则和三条加拿大规则组成，三条加拿大规则对 HS 总规则进行了细化解释。

6.1.2　注释

注释包括 HS 类注、章注、子目注释和加拿大附加注释、统计注释。

加拿大附加注释包括附加类注和附加章注。其中，附加类注有 2 个，第 15 类和第 16 类各 1 个。附加章注共计 42 个，分布在 21 个章中。

统计注释也包括类统计注释和章统计注释两种。其中，类统计注释只有 1 个，在第 1 类中。章统计注释共计 37 个，分布在 28 个章中。附加章注及章统计注释在各章的分布详见表 6-1。

表 6-1　加拿大附加注释及统计注释在各章的分布

单位：个

章	附加章注数	章统计注释数	章	附加章注数	章统计注释数
01	1	1	20		1
02		1	25		1
03		1	26		1
04	3	1	27		2
07	2		28	1	
08	3		29	1	
11	1		35	1	1
12	1		38		1
16	2	1	39	2	2

表6-1 续

章	附加章注数	章统计注释数	章	附加章注数	章统计注释数
42		1	75	1	1
44		1	76	2	
48	1		80		1
49		1	81	1	
64		1	84	2	
69		1	85	3	3
70		1	87		2
71		1	90	2	1
72		5	95		1
73		1	98	7	
74	1	1	99	4	

注：表中空格表示没有附加注释，下同。

6.1.3 税率表

《加拿大海关税则》在 HS（21 类、97 章）的基础上增加了第 98 章和第 99 章。第 98 章规定了免税进口商品及条件，包括运输工具和集装箱；个人临时进口货品；个人行李；军人、政府雇员或前加方居民个人进口货品；慈善捐赠的衣物或书籍；邮寄进口的个人物品；礼品等。第 98 章也规定了禁止进口的商品，如部分活动物；假币；旧床垫；二手车；枪械等。第 99 章规定了享受优惠关税政策的进口货品，包括用于制造或修理捕捞的物品和材料；部分农业机械修理零配件；石油或天然气勘探设备的零部件等。

《加拿大海关税则》的税率表采用十位编码，前六位是 HS 编码，后四位是本国子目编码。其中，前八位为税号，后两位为统计编码。

6.2 列目结构分析

为分析《加拿大海关税则》的列目结构，需要统计八位税号在类、章、品目和 HS 子目项下的分布情况。

统计结果表明，2025 年版《加拿大海关税则》共有 7266 个八位税号，是在HS的5612个六位子目的基础上拆分而来，共增加了1654个本国子目。7266个八位税号中，农产品的税号数为1686个（占税号总数的23.20%），非农产品的税号数为5580个（占税号总数的76.80%）。

6.2.1　八位税号在各类的分布

7266个八位税号在各类的分布详见表6-2。可以看出，第16类的税号数最多，为1049个。然后依次为第6类（987个）、第11类（901个）、第15类（660个）、第4类（609个）、第1类（530个）、第2类（479个）和第17类（288个）等。八位税号数最少的是第21类（25个）。

表6-2　八位税号在各类的分布

单位：个

序号	类	标题	八位税号数
1	S16	机器、机械器具、电气设备及其零件；录音机及放声机、电视图像、声音的录制和重放设备及其零件、附件	1049
2	S06	化学工业及其相关工业的产品	987
3	S11	纺织原料及纺织制品	901
4	S15	贱金属及其制品	660
5	S04	食品；饮料、酒及醋；烟草、烟草及烟草代用品的制品；非经燃烧吸用的产品，不论是否含有尼古丁；其他供人体摄入尼古丁的含尼古丁的产品	609
6	S01	活动物；动物产品	530
7	S02	植物产品	479
8	S17	车辆、航空器、船舶及有关运输设备	288
9	S18	光学、照相、电影、计量、检验、医疗或外科用仪器及设备、精密仪器及设备；钟表；乐器；上述物品的零件、附件	272
10	S07	塑料及其制品；橡胶及其制品	259
11	S20	杂项制品	213

表6-2 续

序号	类	标题	八位税号数
12	S13	石料、石膏、水泥、石棉、云母及类似材料的制品；陶瓷产品；玻璃及其制品	182
13	S09	木及木制品；木炭；软木及软木制品；稻草、秸秆、针茅或其他编结材料制品；篮筐及柳条编结品	178
14	S05	矿产品	157
15	S10	木浆及其他纤维状纤维素浆；回收（废碎）纸或纸板；纸、纸板及其制品	140
16	S12	鞋、帽、伞、杖、鞭及其零件；已加工的羽毛及其制品；人造花；人发制品	97
17	S08	生皮、皮革、毛皮及其制品；鞍具及挽具；旅行用品、手提包及类似容器；动物肠线（蚕胶丝除外）制品	83
18	S03	动、植物或微生物油、脂及其分解产品；精制食用油脂；动、植物蜡	68
19	S14	天然或养殖珍珠、宝石或半宝石、贵金属、包贵金属及其制品；仿首饰；硬币	60
20	S19	武器、弹药及其零件、附件	29
21	S21	艺术品、收藏品及古物	25
总计			7266

各类的平均拆分税号数详见表6-3。可以看出，《加拿大海关税则》的平均拆分税号数为1.29个，即每个HS子目拆分出1.29个八位税号。其中，第4类的平均拆分税号数最多，为2.77个，表明《加拿大海关税则》对相关子目拆分得最细。然后依次为第12类（2.06个）、第17类（1.67个）、第19类（1.61个）、第2类（1.51个）和第20类（1.50个）等。拆分最少的是第10类，平均拆分税号数为1.00个，即《加拿大海关税则》未对该类进行拆分。

表6-3　各类的平均拆分税号数

单位：个

序号	类	标题	平均拆分税号数
1	S04	食品；饮料、酒及醋；烟草、烟草及烟草代用品的制品；非经燃烧吸用的产品，不论是否含有尼古丁；其他供人体摄入尼古丁的含尼古丁的产品	2.77
2	S12	鞋、帽、伞、杖、鞭及其零件；已加工的羽毛及其制品；人造花；人发制品	2.06
3	S17	车辆、航空器、船舶及有关运输设备	1.67
4	S19	武器、弹药及其零件、附件	1.61
5	S02	植物产品	1.51
6	S20	杂项制品	1.50
7	S01	活动物；动物产品	1.42
8	S21	艺术品、收藏品及古物	1.32
9	S18	光学、照相、电影、计量、检验、医疗或外科用仪器及设备、精密仪器及设备；钟表；乐器；上述物品的零件、附件	1.31
10	S03	动、植物或微生物油、脂及其分解产品；精制食用油脂；动、植物蜡	1.28
11	S16	机器、机械器具、电气设备及其零件；录音机及放声机、电视图像、声音的录制和重放设备及其零件、附件	1.26
12	S07	塑料及其制品；橡胶及其制品	1.23
13	S09	木及木制品；木炭；软木及软木制品；稻草、秸秆、针茅或其他编结材料制品；篮筐及柳条编结品	1.22
14	S13	石料、石膏、水泥、石棉、云母及类似材料的制品；陶瓷产品；玻璃及其制品	1.21
15	S08	生皮、皮革、毛皮及其制品；鞍具及挽具；旅行用品、手提包及类似容器；动物肠线（蚕胶丝除外）制品	1.20
16	S15	贱金属及其制品	1.16
17	S11	纺织原料及纺织制品	1.13

表6-3 续

序号	类	标题	平均拆分税号数
18	S14	天然或养殖珍珠、宝石或半宝石、贵金属、包贵金属及其制品；仿首饰；硬币	1.09
19	S06	化学工业及其相关工业的产品	1.07
20	S05	矿产品	1.07
21	S10	木浆及其他纤维状纤维素浆；回收（废碎）纸或纸板；纸、纸板及其制品	1.00
平均			1.29

6.2.2 八位税号在各章的分布

八位税号在各章的分布详见表6-4。可以看出，第84章的税号数最多，为629个，占税号总数的8.66%。然后依次为第85章（420个）、第29章（410个）、第3章（254个）、第90章（184个）、第28章（181个）和第87章（177个）等。税号数最少的是第14章，仅有5个。

表6-4 八位税号在各章的分布

单位：个

序号	章	标题	八位税号数
1	84	核反应堆、锅炉、机器、机械器具及其零件	629
2	85	电机、电气设备及其零件；录音机及放声机、电视图像、声音的录制和重放设备及其零件、附件	420
3	29	有机化学品	410
4	03	鱼、甲壳动物、软体动物及其他水生无脊椎动物	254
5	90	光学、照相、电影、计量、检验、医疗或外科用仪器及设备、精密仪器及设备；上述物品的零件、附件	184
6	28	无机化学品；贵金属、稀土金属、放射性元素及其同位素的有机及无机化合物	181
7	87	车辆及其零件、附件，但铁道或电车道车辆除外	177
8	72	钢铁	167

表6-4　续1

序号	章	标题	八位税号数
9	39	塑料及其制品	157
10	19	谷物、粮食粉、淀粉或乳的制品；糕饼点心	150
11	73	钢铁制品	147
12	07	食用蔬菜、根及块茎	145
13	44	木及木制品；木炭	143
14	62	非针织或非钩编的服装及衣着附件	129
15	52	棉花	124
16	61	针织或钩编的服装及衣着附件	121
17	38	杂项化学产品	117
18	02	肉及食用杂碎	116
19	55	化学纤维短纤	110
20	22	饮料、酒及醋	109
21	40	橡胶及其制品	102
22	48	纸及纸板；纸浆、纸或纸板制品	101
23	04	乳品；蛋品；天然蜂蜜；其他食用动物产品	100
24	82	贱金属工具、器具、利口器、餐匙、餐叉及其零件	99
25	08	食用水果及坚果；柑橘属水果或甜瓜的果皮	97
26	16	肉、鱼、甲壳动物、软体动物及其他水生无脊椎动物、以及昆虫的制品	91
27	20	蔬菜、水果、坚果或植物其他部分的制品	89
28	96	杂项制品	86
29	94	家具；寝具、褥垫、弹簧床垫、软坐垫及类似的填充制品；未列名灯具及照明装置；发光标志、发光铭牌及类似品；活动房屋	81
30	54	化学纤维长丝；化学纤维纺织材料制扁条及类似品	79
31	70	玻璃及其制品	73
32	63	其他纺织制成品；成套物品；旧衣着及旧纺织品；碎织物	69
33	15	动、植物或微生物油、脂及其分解产品；精制食用油脂；动、植物蜡	68

表6-4　续2

序号	章	标题	八位税号数
34	25	盐；硫磺；泥土及石料；石膏料、石灰及水泥	68
35	64	鞋靴、护腿和类似品及其零件	63
36	71	天然或养殖珍珠、宝石或半宝石、贵金属、包贵金属及其制品；仿首饰；硬币	60
37	74	铜及其制品	60
38	11	制粉工业产品；麦芽；淀粉；菊粉；面筋	59
39	68	石料、石膏、水泥、石棉、云母及类似材料的制品	59
40	91	钟表及其零件	58
41	12	含油子仁及果实；杂项子仁及果实；工业用或药用植物；稻草、秸秆及饲料	57
42	81	其他贱金属、金属陶瓷及其制品	56
43	27	矿物燃料、矿物油及其蒸馏产品；沥青物质；矿物蜡	52
44	30	药品	50
45	69	陶瓷产品	50
46	32	鞣料浸膏及染料浸膏；鞣酸及其衍生物；染料、颜料及其他着色料；油漆及清漆；油灰及其他类似胶粘剂；墨水、油墨	49
47	60	针织物及钩编织物	48
48	34	肥皂、有机表面活性剂、洗涤剂、润滑剂、人造蜡、调制蜡、光洁剂、蜡烛及类似品、塑型用膏、“牙科用蜡”及牙科用熟石膏制剂	47
49	56	絮胎、毡呢及无纺织物；特种纱线；线、绳、索、缆及其制品	46
50	95	玩具、游戏品、运动用品及其零件、附件	46
51	01	活动物	45
52	21	杂项食品	44
53	83	贱金属杂项制品	44
54	89	船舶及浮动结构体	44
55	17	糖及糖食	43
56	09	咖啡、茶、马黛茶及调味香料	42

表6-4　续3

序号	章	标题	八位税号数
57	23	食品工业的残渣及废料；配制的动物饲料	42
58	37	照相及电影用品	42
59	76	铝及其制品	39
60	51	羊毛、动物细毛或粗毛；马毛纱线及其机织物	38
61	58	特种机织物；簇绒织物；花边；装饰毯；装饰带；刺绣品	38
62	86	铁道或电车道机车、车辆及其零件；铁道或电车道轨道固定装置及其零件、附件；各种机械（包括电动机械）交通信号设备	38
63	26	矿砂、矿渣及矿灰	37
64	41	生皮（毛皮除外）及皮革	37
65	10	谷物	36
66	59	浸渍、涂布、包覆或层压的纺织物；工业用纺织制品	35
67	57	地毯及纺织材料的其他铺地制品	32
68	33	精油及香膏；芳香料制品及化妆盥洗品	31
69	42	皮革制品；鞍具及挽具；旅行用品、手提包及类似容器；动物肠线（蚕胶丝除外）制品	31
70	92	乐器及其零件、附件	30
71	88	航空器、航天器及其零件	29
72	93	武器、弹药及其零件、附件	29
73	46	稻草、秸秆、针茅或其他编结材料制品；篮筐及柳条编结品	28
74	06	活树及其他活植物；鳞茎、根及类似品；插花及装饰用簇叶	27
75	97	艺术品、收藏品及古物	25
76	24	烟草及烟草代用品的制品；非经燃烧吸用的产品，不论是否含有尼古丁；其他供人体摄入尼古丁的含尼古丁的产品	24
77	31	肥料	24
78	35	蛋白类物质；改性淀粉；胶；酶	23
79	53	其他植物纺织纤维；纸纱线及其机织物	23

表6-4 续4

序号	章	标题	八位税号数
80	47	木浆及其他纤维状纤维素浆；回收纸或纸板	21
81	75	镍及其制品	20
82	49	书籍、报纸、印刷图画及其他印刷品；手稿、打字稿及设计图纸	18
83	18	可可及可可制品	17
84	65	帽类及其零件	17
85	05	其他动物产品	15
86	43	毛皮、人造毛皮及其制品	15
87	36	炸药；烟火制品；火柴；引火合金；易燃材料制品	13
88	79	锌及其制品	12
89	13	虫胶；树胶、树脂及其他植物液、汁	11
90	67	已加工羽毛、羽绒及其制品；人造花；人发制品	10
91	50	蚕丝	9
92	78	铅及其制品	8
93	80	锡及其制品	8
94	45	软木及软木制品	7
95	66	雨伞、阳伞、手杖、鞭子、马鞭及其零件	7
96	14	编结用植物材料；其他植物产品	5
总计			7266

各章的平均拆分税号数详见表6-5。可以看出，《加拿大海关税则》的第19章平均拆分税号数最多，为7.89个。然后依次为第22章（4.54个）、第4章（3.03个）、第21章（2.75个）、第46章（2.55个）和第17章（2.53个）等。拆分最少的是第5章、第13章、第14章等20个章，平均拆分税号数均为1.00个，即《加拿大海关税则》未对相关HS子目进行拆分。

表 6-5　各章的平均拆分税号数

单位：个

序号	章	标题	平均拆分税号数
1	19	谷物、粮食粉、淀粉或乳的制品；糕饼点心	7.89
2	22	饮料、酒及醋	4.54
3	04	乳品；蛋品；天然蜂蜜；其他食用动物产品	3.03
4	21	杂项食品	2.75
5	46	稻草、秸秆、针茅或其他编结材料制品；篮筐及柳条编结品	2.55
6	17	糖及糖食	2.53
7	64	鞋靴、护腿和类似品及其零件	2.52
8	11	制粉工业产品；麦芽；淀粉；菊粉；面筋	2.19
9	16	肉、鱼、甲壳动物、软体动物及其他水生无脊椎动物、以及昆虫的制品	2.17
10	65	帽类及其零件	2.13
11	07	食用蔬菜、根及块茎	1.99
12	34	肥皂、有机表面活性剂、洗涤剂、润滑剂、人造蜡、调制蜡、光洁剂、蜡烛及类似品、塑型用膏、“牙科用蜡”及牙科用熟石膏制剂	1.96
13	23	食品工业的残渣及废料；配制的动物饲料	1.83
14	87	车辆及其零件、附件，但铁道或电车道车辆除外	1.81
15	92	乐器及其零件、附件	1.76
16	89	船舶及浮动结构体	1.76
17	02	肉及食用杂碎	1.76
18	96	杂项制品	1.76
19	20	蔬菜、水果、坚果或植物其他部分的制品	1.71
20	06	活树及其他活植物；鳞茎、根及类似品；插花及装饰用簇叶	1.69
21	69	陶瓷产品	1.67

表6-5 续1

序号	章	标题	平均拆分税号数
22	86	铁道或电车道机车、车辆及其零件；铁道或电车道轨道固定装置及其零件、附件；各种机械（包括电动机械）交通信号设备	1.65
23	93	武器、弹药及其零件、附件	1.61
24	80	锡及其制品	1.60
25	42	皮革制品；鞍具及挽具；旅行用品、手提包及类似容器；动物肠线（蚕胶丝除外）制品	1.55
26	82	贱金属工具、器具、利口器、餐匙、餐叉及其零件	1.55
27	18	可可及可可制品	1.55
28	35	蛋白类物质；改性淀粉；胶；酶	1.53
29	56	絮胎、毡呢及无纺织物；特种纱线；线、绳、索、缆及其制品	1.53
30	24	烟草及烟草代用品的制品；非经燃烧吸用的产品，不论是否含有尼古丁；其他供人体摄入尼古丁的含尼古丁的产品	1.50
31	94	家具；寝具、褥垫、弹簧床垫、软坐垫及类似的填充制品；未列名灯具及照明装置；发光标志、发光铭牌及类似品；活动房屋	1.50
32	59	浸渍、涂布、包覆或层压的纺织物；工业用纺织制品	1.46
33	85	电机、电气设备及其零件；录音机及放声机、电视图像、声音的录制和重放设备及其零件、附件	1.42
34	37	照相及电影用品	1.40
35	08	食用水果及坚果；柑橘属水果或甜瓜的果皮	1.39
36	10	谷物	1.38
37	57	地毯及纺织材料的其他铺地制品	1.33
38	79	锌及其制品	1.33
39	63	其他纺织制成品；成套物品；旧衣着及旧纺织品；碎织物	1.33
40	01	活动物	1.32
41	97	艺术品、收藏品及古物	1.32

表6-5　续2

序号	章	标题	平均拆分税号数
42	90	光学、照相、电影、计量、检验、医疗或外科用仪器及设备、精密仪器及设备；上述物品的零件、附件	1.29
43	15	动、植物或微生物油、脂及其分解产品；精制食用油脂；动、植物蜡	1.28
44	40	橡胶及其制品	1.28
45	43	毛皮、人造毛皮及其制品	1.25
46	67	已加工羽毛、羽绒及其制品；人造花；人发制品	1.25
47	62	非针织或非钩编的服装及衣着附件	1.24
48	74	铜及其制品	1.22
49	83	贱金属杂项制品	1.22
50	27	矿物燃料、矿物油及其蒸馏产品；沥青物质；矿物蜡	1.21
51	91	钟表及其零件	1.21
52	39	塑料及其制品	1.20
53	73	钢铁制品	1.19
54	68	石料、石膏、水泥、石棉、云母及类似材料的制品	1.18
55	95	玩具、游戏品、运动用品及其零件、附件	1.18
56	75	镍及其制品	1.18
57	84	核反应堆、锅炉、机器、机械器具及其零件	1.17
58	66	雨伞、阳伞、手杖、鞭子、马鞭及其零件	1.17
59	61	针织或钩编的服装及衣着附件	1.14
60	12	含油子仁及果实；杂项子仁及果实；工业用或药用植物；稻草、秸秆及饲料	1.14
61	03	鱼、甲壳动物、软体动物及其他水生无脊椎动物	1.13
62	44	木及木制品；木炭	1.12
63	88	航空器、航天器及其零件	1.12
64	76	铝及其制品	1.11
65	30	药品	1.11
66	54	化学纤维长丝；化学纤维纺织材料制扁条及类似品	1.10

表6-5 续3

序号	章	标题	平均拆分税号数
67	60	针织物及钩编织物	1.09
68	71	天然或养殖珍珠、宝石或半宝石、贵金属、包贵金属及其制品；仿首饰；硬币	1.09
69	32	鞣料浸膏及染料浸膏；鞣酸及其衍生物；染料、颜料及其他着色料；油漆及清漆；油灰及其他类似胶粘剂；墨水、油墨	1.09
70	38	杂项化学产品	1.08
71	09	咖啡、茶、马黛茶及调味香料	1.08
72	33	精油及香膏；芳香料制品及化妆盥洗品	1.07
73	70	玻璃及其制品	1.03
74	58	特种机织物；簇绒织物；花边；装饰毯；装饰带；刺绣品	1.03
75	25	盐；硫磺；泥土及石料；石膏料、石灰及水泥	1.01
76	28	无机化学品；贵金属、稀土金属、放射性元素及其同位素的有机及无机化合物	1.01
77	05	其他动物产品	1.00
78	13	虫胶；树胶、树脂及其他植物液、汁	1.00
79	14	编结用植物材料；其他植物产品	1.00
80	26	矿砂、矿渣及矿灰	1.00
81	29	有机化学品	1.00
82	31	肥料	1.00
83	36	炸药；烟火制品；火柴；引火合金；易燃材料制品	1.00
84	41	生皮（毛皮除外）及皮革	1.00
85	45	软木及软木制品	1.00
86	47	木浆及其他纤维状纤维素浆；回收纸或纸板	1.00
87	48	纸及纸板；纸浆、纸或纸板制品	1.00
88	49	书籍、报纸、印刷图画及其他印刷品；手稿、打字稿及设计图纸	1.00
89	50	蚕丝	1.00

表6-5　续4

序号	章	标题	平均拆分税号数
90	51	羊毛、动物细毛或粗毛；马毛纱线及其机织物	1.00
91	52	棉花	1.00
92	53	其他植物纺织纤维；纸纱线及其机织物	1.00
93	55	化学纤维短纤	1.00
94	72	钢铁	1.00
95	78	铅及其制品	1.00
96	81	其他贱金属、金属陶瓷及其制品	1.00
平均			1.29

6.2.3　八位税号在各品目的分布

八位税号在各品目中的分布详见表 6-6，篇幅所限，表中仅列出了八位税号数量排名前 32 的品目。可以看出，品目 8708 税号数最多，为 63 个。然后依次为品目 1905（58 个）、品目 0207（49 个）、品目 0304（48 个）和品目 0302（45 个）等。统计结果还表明，品目 0205、品目 0409、品目 0501、品目 0504 等 213 个品目（占品目总数的 17.35%）的税号数均为 1 个，表明不仅 HS 未拆分子目，《加拿大海关税则》也未进行拆分。

表 6-6　八位税号在各品目的分布

单位：个

序号	品目	品目条文	八位税号数
1	8708	机动车辆的零件、附件，品目 8701 至 8705 所列车辆用	63
2	1905	面包、糕点、饼干及其他烘焙糕饼，不论是否含可可；圣餐饼、装药空囊、封缄、糯米纸及类似制品	58
3	0207	品目 0105 所列家禽的鲜、冷、冻肉及食用杂碎	49
4	0304	鲜、冷、冻鱼片及其他鱼肉（不论是否绞碎）	48
5	0302	鲜、冷鱼，但品目 0304 的鱼片及其他鱼肉除外	45
6	0303	冻鱼，但品目 0304 的鱼片及其他鱼肉除外	44

表6-6　续1

序号	品目	品目条文	八位税号数
7	0307	带壳或去壳的软体动物，活、鲜、冷、冻、干、盐腌或盐渍的；熏制的带壳或去壳软体动物，不论在熏制前或熏制过程中是否烹煮	44
8	2204	鲜葡萄酿造的酒，包括加酒精的；品目2009以外的酿酒葡萄汁	43
9	2903	烃的卤化衍生物	42
10	1602	其他方法制作或保藏的肉、食用杂碎、动物血或昆虫	41
11	1904	谷物或谷物产品经膨化或烘炒制成的食品（例如，玉米片）；其他品目未列名的预煮或经其他方法制作的谷粒（玉米除外）、谷物片或经其他加工的谷粒（细粉、粗粒及粗粉除外）	37
12	0406	乳酪及凝乳	34
13	0709	鲜或冷藏的其他蔬菜	34
14	8516	电热的快速热水器、储存式热水器、浸入式液体加热器；电气空间加热器及土壤加热器；电热的理发器具（例如，电吹风机、电卷发器、电热发钳）及干手器；电熨斗；其他家用电热器具；加热电阻器，但品目8545的货品除外	32
15	8528	监视器及投影机，未装电视接收装置；电视接收装置，不论是否装有无线电收音装置或声音、图像的录制或重放装置	31
16	1901	麦精；细粉、粗粒、粗粉、淀粉或麦精制的其他品目未列名的食品，不含可可或按重量计全脱脂可可含量低于40%；品目0401至0404所列货品制的其他品目未列名的食品，不含可可或按重量计全脱脂可可含量低于5%	28
17	6204	女式西服套装、便服套装、上衣、连衣裙、裙子、裙裤、长裤、护胸背带工装裤、马裤及短裤（游泳服除外）	28
18	2933	仅含有氮杂原子的杂环化合物	27
19	8462	加工金属的锻造、锻锤或模锻（但轧机除外）机床（包括压力机）；加工金属的弯曲、折叠、矫直、矫平、剪切、冲孔、开槽或步冲机床（包括压力机、纵剪线及定尺剪切线，但拉拔机除外）；其他加工金属或硬质合金的压力机	27

表6-6　续2

序号	品目	品目条文	八位税号数
20	1702	其他固体糖，包括化学纯乳糖、麦芽糖、葡萄糖及果糖；未加香料或着色剂的糖浆；人造蜜，不论是否掺有天然蜂蜜；焦糖	26
21	1902	面食，不论是否煮熟、包馅（肉馅或其他馅）或其他方法制作，例如，通心粉、面条、汤团、馄饨、饺子、奶油面卷；古斯古斯面食，不论是否制作	26
22	2009	未发酵及未加酒精的水果汁或坚果汁（包括酿酒葡萄汁及椰子水）、蔬菜汁，不论是否加糖或其他甜物质	26
23	5407	合成纤维长丝纱线的机织物，包括品目5404所列材料的机织物	26
24	9401	坐具（包括能做床用的两用椅，但品目9402的货品除外）及其零件	26
25	2008	用其他方法制作或保藏的其他品目未列名水果、坚果及植物的其他食用部分，不论是否加酒、加糖或其他甜物质	25
26	2206	其他发酵饮料（例如，苹果酒、梨酒、蜂蜜酒、清酒）；其他品目未列名的发酵饮料的混合物及发酵饮料与无酒精饮料的混合物	25
27	5205	棉纱线（缝纫线除外），按重量计含棉量在85%及以上，非供零售用	24
28	5402	合成纤维长丝纱线（缝纫线除外），非供零售用，包括细度在67分特以下的合成纤维单丝	24
29	6104	针织或钩编的女式西服套装、便服套装、上衣、连衣裙、裙子、裙裤、长裤、护胸背带工装裤、马裤及短裤（游泳服除外）	24
30	0306	带壳或去壳的甲壳动物，活、鲜、冷、冻、干、盐腌或盐渍的；熏制的带壳或去壳甲壳动物，不论在熏制前或熏制过程中是否烹煮；蒸过或用水煮过的带壳甲壳动物，不论是否冷、冻、干、盐腌或盐渍的	23
31	2106	其他品目未列名的食品	23
32	8479	本章其他品目未列名的具有独立功能的机器及机械器具	23

各品目的平均拆分税号数详见表6-7，表中仅列出了平均拆分税号数量排名前32的品目。其中，品目2206的平均拆分税号数最多，为25.00个。然后依次为品目2106（11.50个）、品目9619（10.00个）和品目1905（9.67个）等。统计结果还表明，品目0101、品目0102、品目0103、品目0104等840个品目（占品目总数的68.40%）的平均拆分税号数均为1.00个，即《加拿大海关税则》未对上述品目进行拆分。

表6-7　各品目的平均拆分税号数

单位：个

序号	品目	品目条文	平均拆分税号数
1	2206	其他发酵饮料（例如，苹果酒、梨酒、蜂蜜酒、清酒）；其他品目未列名的发酵饮料的混合物及发酵饮料与无酒精饮料的混合物	25.00
2	2106	其他品目未列名的食品	11.50
3	9619	任何材料制的卫生巾（护垫）及卫生棉条、尿布及尿布衬里和类似品	10.00
4	1905	面包、糕点、饼干及其他烘焙糕饼，不论是否含可可；圣餐饼、装药空囊、封缄、糯米纸及类似制品	9.67
5	1901	麦精；细粉、粗粒、粗粉、淀粉或麦精制的其他品目未列名的食品，不含可可或按重量计全脱脂可可含量低于40%；品目0401至0404所列货品制的其他品目未列名的食品，不含可可或按重量计全脱脂可可含量低于5%	9.33
6	1904	谷物或谷物产品经膨化或烘炒制成的食品（例如，玉米片）；其他品目未列名的预煮或经其他方法制作的谷粒（玉米除外）、谷物片或经其他加工的谷粒（细粉、粗粒及粗粉除外）	9.25
7	9620	独脚架、双脚架、三脚架及类似品	9.00
8	2204	鲜葡萄酿造的酒，包括加酒精的；品目2009以外的酿酒葡萄汁	8.60
9	1601	肉、食用杂碎、动物血或昆虫制成的香肠及类似产品；用香肠制成的食品	8.00
10	0706	鲜或冷藏的胡萝卜、芜菁、色拉甜菜根、婆罗门参、块根芹、萝卜及类似的食用根茎	7.50

表6-7　续1

序号	品目	品目条文	平均拆分税号数
11	0406	乳酪及凝乳	6.80
12	2309	配制的动物饲料	6.50
13	6505	针织或钩编的帽类，用成匹的花边、毡呢或其他纺织物（条带除外）制成的帽类，不论有无衬里或装饰物；任何材料制的发网，不论有无衬里或装饰物	6.00
14	1902	面食，不论是否煮熟、包馅（肉馅或其他馅）或其他方法制作，例如，通心粉、面条、汤团、馄饨、饺子、奶油面卷；古斯古斯面食，不论是否制作	5.20
15	0702	鲜或冷藏的番茄	5.00
16	8537	用于电气控制或电力分配的盘、板、台、柜及其他基座，装有两个或多个品目8535或8536所列的装置，包括装有第九十章所列的仪器或装置，以及数控装置，但品目8517的交换机除外	5.00
17	0704	鲜或冷藏的卷心菜、菜花、球茎甘蓝、羽衣甘蓝及类似的食用芥菜类蔬菜	4.67
18	0403	酸乳；酪乳、结块的乳及稀奶油、酸乳酒及其他发酵或酸化的乳和稀奶油，不论是否浓缩、加糖、加其他甜物质、加香料、加水果、加坚果或加可可	4.50
19	0809	鲜的杏、樱桃、桃（包括油桃）、李及黑刺李	4.20
20	8708	机动车辆的零件、附件，品目8701至8705所列车辆用	4.20
21	1602	其他方法制作或保藏的肉、食用杂碎、动物血或昆虫	4.10
22	1003	大麦	4.00
23	1107	麦芽，不论是否焙制	4.00
24	1517	人造黄油；本章各种动、植物或微生物油、脂及其分离品混合制成的食用油、脂或制品，但品目1516的食用油、脂及其分离品除外	4.00
25	3705	已曝光已冲洗的摄影硬片及软片，但电影胶片除外	4.00
26	4602	用编结材料直接编成或用品目4601所列货品制成的篮筐、柳条编结品及其他制品；丝瓜络制品	4.00
27	6401	橡胶或塑料制外底及鞋面的防水鞋靴，其鞋面不是用缝、铆、钉、旋、塞或类似方法固定在鞋底上的	4.00

表6-7　续2

序号	品目	品目条文	平均拆分税号数
28	7404	铜废碎料	4.00
29	7907	其他锌制品	4.00
30	8007	其他锡制品	4.00
31	8406	汽轮机	4.00
32	8529	专用于或主要用于品目 8524 至 8528 所列装置或设备的零件	4.00

6.2.4　八位税号在各 HS 子目的分布

八位税号在各 HS 子目的分布详见表 6-8，篇幅所限，表中仅列出了八位税号数量为 10 个及以上的 HS 子目，共有 19 个。可以看出，八位税号数最多的 HS 子目是子目 2206.00（25 个），然后依次为子目 0406.90（24 个）、子目 1905.90（23 个）、子目 2106.90（22 个）、子目 1702.90（18 个）等。统计结果还表明，子目 0101.21、子目 0101.29、子目 0101.30、子目 0101.90 和子目 0102.21 等 4747 个 HS 子目（占 HS 子目总数的 84.59%）的税号数均为 1 个，即《加拿大海关税则》未对上述 HS 子目进行拆分。

表 6-8　八位税号在各 HS 子目的分布

单位：个

序号	HS 子目	八位税号数	序号	HS 子目	八位税号数	序号	HS 子目	八位税号数
1	2206.00	25	8	2204.21	13	15	1902.19	11
2	0406.90	24	9	2204.22	13	16	1904.90	11
3	1905.90	23	10	2204.29	13	17	1905.10	11
4	2106.90	22	11	8406.90	13	18	8516.90	10
5	1702.90	18	12	1904.20	12	19	9619.00	10
6	8528.72	15	13	2309.90	12			
7	1901.90	14	14	1901.20	11			

第 7 章　印度税则的内容结构分析

7.1　税则结构分析

《印度海关税则》（*Customs Tariff of India*）由归类总规则（六条 HS 总规则）、注释和税率表三部分组成。

注释包括 HS 类注、章注、子目注释和印度附加注释。附加注释共计 46 个，分布在 26 个章中，详见表 7-1。

表 7-1　附加注释在各章的分布

单位：个

章	附加注释数	章	附加注释数
02	1	39	1
04	1	40	2
05	1	44	3
07	1	48	1
09	3	49	1
15	2	50	1
25	1	55	1
26	1	58	1
27	1	60	1
28	2	62	3
31	1	71	1
37	1	72	3
38	10	85	1

《印度海关税则》在 HS（21 类、97 章）的基础上增加了第 98 章，将旅客行李、航空或邮寄进境的个人物品纳入第 98 章中，同时还规定了进口项目、试验用化学品以及船上商店购买物品的关税税率。

《印度海关税则》的税率表采用八位编码，前六位是 HS 编码，后两位是本国子目编码。

7.2 列目结构分析

为分析《印度海关税则》的列目结构，需要统计八位税号在类、章、品目和 HS 子目项下的分布情况。

统计结果表明，2025 年《印度海关税则》共有 12290 个八位税号，是在 HS 的 5612 个六位子目的基础上拆分出来的，共增加了 6678 个本国子目。12290 个八位税号中，农产品的税号数为 1757（占税号总数的 14.30%），非农产品的税号数为 10533（占税号总数的 85.70%）。

7.2.1 八位税号在各类的分布

12290 个八位税号在各类的分布详见表 7-2。可以看出，第 6 类的八位税号数最多，为 2407 个。然后依次为第 11 类（2000 个）、第 16 类（1722 个）、第 15 类（1302 个）、第 2 类（659 个）和第 7 类（596 个）等。八位税号数最少的是第 19 类（20 个）。

表 7-2 八位税号在各类的分布

单位：个

序号	类	标题	八位税号数
1	S06	化学工业及其相关工业的产品	2407
2	S11	纺织原料及纺织制品	2000
3	S16	机器、机械器具、电气设备及其零件；录音机及放声机、电视图像、声音的录制和重放设备及其零件、附件	1722
4	S15	贱金属及其制品	1302
5	S02	植物产品	659
6	S07	塑料及其制品；橡胶及其制品	596
7	S01	活动物；动物产品	539
8	S04	食品；饮料、酒及醋；烟草、烟草及烟草代用品的制品；非经燃烧吸用的产品，不论是否含有尼古丁；其他供人体摄入尼古丁的含尼古丁的产品	433

表7-2　续

序号	类	标题	八位税号数
9	S05	矿产品	363
10	S18	光学、照相、电影、计量、检验、医疗或外科用仪器及设备、精密仪器及设备；钟表；乐器；上述物品的零件、附件	345
11	S17	车辆、航空器、船舶及有关运输设备	334
12	S09	木及木制品；木炭；软木及软木制品；稻草、秸秆、针茅或其他编结材料制品；篮筐及柳条编结品	282
13	S10	木浆及其他纤维状纤维素浆；回收（废碎）纸或纸板；纸、纸板及其制品	269
14	S13	石料、石膏、水泥、石棉、云母及类似材料的制品；陶瓷产品；玻璃及其制品	255
15	S20	杂项制品	238
16	S14	天然或养殖珍珠、宝石或半宝石、贵金属、包贵金属及其制品；仿首饰；硬币	137
17	S08	生皮、皮革、毛皮及其制品；鞍具及挽具；旅行用品、手提包及类似容器；动物肠线（蚕胶丝除外）制品	134
18	S03	动、植物或微生物油、脂及其分解产品；精制食用油脂；动、植物蜡	126
19	S12	鞋、帽、伞、杖、鞭及其零件；已加工的羽毛及其制品；人造花；人发制品	104
20	S21	艺术品、收藏品及古物	25
21	S19	武器、弹药及其零件、附件	20
总计			12290

各类的平均拆分税号数详见表7-3。可以看出，《印度海关税则》的平均拆分税号数为2.19个，即每个HS子目拆分出2.19个八位税号。其中，第7类的平均拆分税号数最多，为2.82个，表明《印度海关税则》对相关子目拆分得最细。然后依次为第6类（2.61个）、第11类（2.51个）、第14类（2.49个）、第5类（2.47个）和第3类（2.38个）等。拆分最少的是第19类，平均拆分税号数为1.11个。

表 7-3　各类的平均拆分税号数

单位：个

序号	类	标题	平均拆分税号数
1	S07	塑料及其制品；橡胶及其制品	2.82
2	S06	化学工业及其相关工业的产品	2.61
3	S11	纺织原料及纺织制品	2.51
4	S14	天然或养殖珍珠、宝石或半宝石、贵金属、包贵金属及其制品；仿首饰；硬币	2.49
5	S05	矿产品	2.47
6	S03	动、植物或微生物油、脂及其分解产品；精制食用油脂；动、植物蜡	2.38
7	S15	贱金属及其制品	2.28
8	S12	鞋、帽、伞、杖、鞭及其零件；已加工的羽毛及其制品；人造花；人发制品	2.21
9	S02	植物产品	2.08
10	S16	机器、机械器具、电气设备及其零件；录音机及放声机、电视图像、声音的录制和重放设备及其零件、附件	2.06
11	S04	食品；饮料、酒及醋；烟草、烟草及烟草代用品的制品；非经燃烧吸用的产品，不论是否含有尼古丁；其他供人体摄入尼古丁的含尼古丁的产品	1.97
12	S08	生皮、皮革、毛皮及其制品；鞍具及挽具；旅行用品、手提包及类似容器；动物肠线（蚕胶丝除外）制品	1.94
13	S17	车辆、航空器、船舶及有关运输设备	1.94
14	S09	木及木制品；木炭；软木及软木制品；稻草、秸秆、针茅或其他编结材料制品；篮筐及柳条编结品	1.93
15	S10	木浆及其他纤维状纤维素浆；回收（废碎）纸或纸板；纸、纸板及其制品	1.92
16	S13	石料、石膏、水泥、石棉、云母及类似材料的制品；陶瓷产品；玻璃及其制品	1.69
17	S20	杂项制品	1.68

表7-3　续

序号	类	标题	平均拆分税号数
18	S18	光学、照相、电影、计量、检验、医疗或外科用仪器及设备、精密仪器及设备；钟表；乐器；上述物品的零件、附件	1.66
19	S01	活动物；动物产品	1.45
20	S21	艺术品、收藏品及古物	1.32
21	S19	武器、弹药及其零件、附件	1.11
平均			2.19

7.2.2　八位税号在各章的分布

八位税号在各章的分布详见表 7-4。可以看出，第 84 章的税号数最多，为 1086 个，占税号总数的 8.84%。然后依次为第 29 章（950 个）、第 85 章（636 个）、第 72 章（527 个）、第 52 章（430 个）、第 39 章（428 个）和第 32 章（338 个）等。税号数最少的是第 66 章，仅有 7 个。

表 7-4　八位税号在各章的分布

单位：个

序号	章	标题	八位税号数
1	84	核反应堆、锅炉、机器、机械器具及其零件	1086
2	29	有机化学品	950
3	85	电机、电气设备及其零件；录音机及放声机、电视图像、声音的录制和重放设备及其零件、附件	636
4	72	钢铁	527
5	52	棉花	430
6	39	塑料及其制品	428
7	32	鞣料浸膏及染料浸膏；鞣酸及其衍生物；染料、颜料及其他着色料；油漆及清漆；油灰及其他类似胶粘剂；墨水、油墨	338
8	28	无机化学品；贵金属、稀土金属、放射性元素及其同位素的有机及无机化合物	332

表7-4　续1

序号	章	标题	八位税号数
9	03	鱼、甲壳动物、软体动物及其他水生无脊椎动物	306
10	73	钢铁制品	264
11	90	光学、照相、电影、计量、检验、医疗或外科用仪器及设备、精密仪器及设备；上述物品的零件、附件	261
12	44	木及木制品；木炭	259
13	62	非针织或非钩编的服装及衣着附件	256
14	54	化学纤维长丝；化学纤维纺织材料制扁条及类似品	246
15	87	车辆及其零件、附件，但铁道或电车道车辆除外	231
16	30	药品	225
17	55	化学纤维短纤	217
18	48	纸及纸板；纸浆、纸或纸板制品	214
19	61	针织或钩编的服装及衣着附件	191
20	38	杂项化学产品	190
21	25	盐；硫磺；泥土及石料；石膏料、石灰及水泥	173
22	40	橡胶及其制品	168
23	09	咖啡、茶、马黛茶及调味香料	142
24	71	天然或养殖珍珠、宝石或半宝石、贵金属、包贵金属及其制品；仿首饰；硬币	137
25	15	动、植物或微生物油、脂及其分解产品；精制食用油脂；动、植物蜡	126
26	33	精油及香膏；芳香料制品及化妆盥洗品	124
27	12	含油子仁及果实；杂项子仁及果实；工业用或药用植物；稻草、秸秆及饲料	117
28	63	其他纺织制成品；成套物品；旧衣着及旧纺织品；碎织物	116
29	27	矿物燃料、矿物油及其蒸馏产品；沥青物质；矿物蜡	115
30	08	食用水果及坚果；柑橘属水果或甜瓜的果皮	114
31	70	玻璃及其制品	111
32	51	羊毛、动物细毛或粗毛；马毛纱线及其机织物	105
33	07	食用蔬菜、根及块茎	104

表7-4 续2

序号	章	标题	八位税号数
34	96	杂项制品	101
35	37	照相及电影用品	100
36	82	贱金属工具、器具、利口器、餐匙、餐叉及其零件	98
37	76	铝及其制品	97
38	74	铜及其制品	96
39	57	地毯及纺织材料的其他铺地制品	86
40	58	特种机织物；簇绒织物；花边；装饰毯；装饰带；刺绣品	85
41	68	石料、石膏、水泥、石棉、云母及类似材料的制品	82
42	81	其他贱金属、金属陶瓷及其制品	82
43	26	矿砂、矿渣及矿灰	75
44	94	家具；寝具、褥垫、弹簧床垫、软坐垫及类似的填充制品；未列名灯具及照明装置；发光标志、发光铭牌及类似品；活动房屋	74
45	20	蔬菜、水果、坚果或植物其他部分的制品	72
46	59	浸渍、涂布、包覆或层压的纺织物；工业用纺织制品	72
47	02	肉及食用杂碎	69
48	05	其他动物产品	69
49	64	鞋靴、护腿和类似品及其零件	69
50	23	食品工业的残渣及废料；配制的动物饲料	66
51	22	饮料、酒及醋	65
52	91	钟表及其零件	65
53	53	其他植物纺织纤维；纸纱线及其机织物	64
54	95	玩具、游戏品、运动用品及其零件、附件	63
55	42	皮革制品；鞍具及挽具；旅行用品、手提包及类似容器；动物肠线（蚕胶丝除外）制品	62
56	69	陶瓷产品	62
57	83	贱金属杂项制品	62

表7-4 续3

序号	章	标题	八位税号数
58	34	肥皂、有机表面活性剂、洗涤剂、润滑剂、人造蜡、调制蜡、光洁剂、蜡烛及类似品、塑型用膏、“牙科用蜡”及牙科用熟石膏制剂	57
59	10	谷物	55
60	56	絮胎、毡呢及无纺织物；特种纱线；线、绳、索、缆及其制品	55
61	04	乳品；蛋品；天然蜂蜜；其他食用动物产品	51
62	24	烟草及烟草代用品的制品；非经燃烧吸用的产品，不论是否含有尼古丁；其他供人体摄入尼古丁的含尼古丁的产品	51
63	13	虫胶；树胶、树脂及其他植物液、汁	50
64	41	生皮（毛皮除外）及皮革	50
65	60	针织物及钩编织物	48
66	16	肉、鱼、甲壳动物、软体动物及其他水生无脊椎动物、以及昆虫的制品	47
67	01	活动物	44
68	21	杂项食品	42
69	17	糖及糖食	41
70	86	铁道或电车道机车、车辆及其零件；铁道或电车道轨道固定装置及其零件、附件；各种机械（包括电动机械）交通信号设备	41
71	11	制粉工业产品；麦芽；淀粉；菊粉；面筋	39
72	35	蛋白类物质；改性淀粉；胶；酶	38
73	19	谷物、粮食粉、淀粉或乳的制品；糕饼点心	34
74	49	书籍、报纸、印刷图画及其他印刷品；手稿、打字稿及设计图纸	34
75	31	肥料	31
76	88	航空器、航天器及其零件	31
77	89	船舶及浮动结构体	31
78	50	蚕丝	29
79	75	镍及其制品	27

表7-4　续4

序号	章	标题	八位税号数
80	97	艺术品、收藏品及古物	25
81	06	活树及其他活植物；鳞茎、根及类似品；插花及装饰用簇叶	24
82	36	炸药；烟火制品；火柴；引火合金；易燃材料制品	22
83	43	毛皮、人造毛皮及其制品	22
84	47	木浆及其他纤维状纤维素浆；回收纸或纸板	21
85	79	锌及其制品	21
86	93	武器、弹药及其零件、附件	20
87	92	乐器及其零件、附件	19
88	78	铅及其制品	17
89	18	可可及可可制品	15
90	67	已加工羽毛、羽绒及其制品；人造花；人发制品	15
91	14	编结用植物材料；其他植物产品	14
92	46	稻草、秸秆、针茅或其他编结材料制品；篮筐及柳条编结品	13
93	65	帽类及其零件	13
94	80	锡及其制品	11
95	45	软木及软木制品	10
96	66	雨伞、阳伞、手杖、鞭子、马鞭及其零件	7
总计			12290

各章的平均拆分税号数详见表7-5。可以看出，《印度海关税则》中第32章的平均拆分税号数最多，为7.51个，即平均每个HS子目拆分出7.51个税号，表明对相关子目的拆分非常细。然后依次为第30章（5.00个）、第5章（4.60个）、第13章（4.55个）、第33章（4.28个）、第9章（3.64个）和第57章（3.58个）等。拆分最少的是第47章，平均拆分税号数为1.00个，即《印度海关税则》未对相关HS子目进行细化拆分。

表 7-5　各章的平均拆分税号数

单位：个

序号	章	标题	平均拆分税号数
1	32	鞣料浸膏及染料浸膏；鞣酸及其衍生物；染料、颜料及其他着色料；油漆及清漆；油灰及其他类似胶粘剂；墨水、油墨	7.51
2	30	药品	5.00
3	05	其他动物产品	4.60
4	13	虫胶；树胶、树脂及其他植物液、汁	4.55
5	33	精油及香膏；芳香料制品及化妆盥洗品	4.28
6	09	咖啡、茶、马黛茶及调味香料	3.64
7	57	地毯及纺织材料的其他铺地制品	3.58
8	52	棉花	3.47
9	54	化学纤维长丝；化学纤维纺织材料制扁条及类似品	3.42
10	37	照相及电影用品	3.33
11	39	塑料及其制品	3.27
12	50	蚕丝	3.22
13	24	烟草及烟草代用品的制品；非经燃烧吸用的产品，不论是否含有尼古丁；其他供人体摄入尼古丁的含尼古丁的产品	3.19
14	72	钢铁	3.16
15	42	皮革制品；鞍具及挽具；旅行用品、手提包及类似容器；动物肠线（蚕胶丝除外）制品	3.10
16	59	浸渍、涂布、包覆或层压的纺织物；工业用纺织制品	3.00
17	23	食品工业的残渣及废料；配制的动物饲料	2.87
18	14	编结用植物材料；其他植物产品	2.80
19	53	其他植物纺织纤维；纸纱线及其机织物	2.78
20	76	铝及其制品	2.77
21	51	羊毛、动物细毛或粗毛；马毛纱线及其机织物	2.76
22	64	鞋靴、护腿和类似品及其零件	2.76

表7-5　续1

序号	章	标题	平均拆分税号数
23	22	饮料、酒及醋	2.71
24	27	矿物燃料、矿物油及其蒸馏产品；沥青物质；矿物蜡	2.67
25	21	杂项食品	2.63
26	25	盐；硫磺；泥土及石料；石膏料、石灰及水泥	2.58
27	35	蛋白类物质；改性淀粉；胶；酶	2.53
28	71	天然或养殖珍珠、宝石或半宝石、贵金属、包贵金属及其制品；仿首饰；硬币	2.49
29	62	非针织或非钩编的服装及衣着附件	2.46
30	17	糖及糖食	2.41
31	15	动、植物或微生物油、脂及其分解产品；精制食用油脂；动、植物蜡	2.38
32	34	肥皂、有机表面活性剂、洗涤剂、润滑剂、人造蜡、调制蜡、光洁剂、蜡烛及类似品、塑型用膏、“牙科用蜡”及牙科用熟石膏制剂	2.38
33	87	车辆及其零件、附件，但铁道或电车道车辆除外	2.36
34	12	含油子仁及果实；杂项子仁及果实；工业用或药用植物；稻草、秸秆及饲料	2.34
35	79	锌及其制品	2.33
36	29	有机化学品	2.32
37	58	特种机织物；簇绒织物；花边；装饰毯；装饰带；刺绣品	2.30
38	63	其他纺织制成品；成套物品；旧衣着及旧纺织品；碎织物	2.23
39	80	锡及其制品	2.20
40	85	电机、电气设备及其零件；录音机及放声机、电视图像、声音的录制和重放设备及其零件、附件	2.15
41	73	钢铁制品	2.13
42	78	铅及其制品	2.13
43	48	纸及纸板；纸浆、纸或纸板制品	2.12
44	10	谷物	2.12

表7-5 续2

序号	章	标题	平均拆分税号数
45	40	橡胶及其制品	2.10
46	69	陶瓷产品	2.07
47	96	杂项制品	2.06
48	26	矿砂、矿渣及矿灰	2.03
49	44	木及木制品；木炭	2.02
50	84	核反应堆、锅炉、机器、机械器具及其零件	2.02
51	55	化学纤维短纤	1.97
52	74	铜及其制品	1.96
53	49	书籍、报纸、印刷图画及其他印刷品；手稿、打字稿及设计图纸	1.89
54	67	已加工羽毛、羽绒及其制品；人造花；人发制品	1.88
55	28	无机化学品；贵金属、稀土金属、放射性元素及其同位素的有机及无机化合物	1.84
56	43	毛皮、人造毛皮及其制品	1.83
57	56	絮胎、毡呢及无纺织物；特种纱线；线、绳、索、缆及其制品	1.83
58	90	光学、照相、电影、计量、检验、医疗或外科用仪器及设备、精密仪器及设备；上述物品的零件、附件	1.83
59	61	针织或钩编的服装及衣着附件	1.80
60	19	谷物、粮食粉、淀粉或乳的制品；糕饼点心	1.79
61	86	铁道或电车道机车、车辆及其零件；铁道或电车道轨道固定装置及其零件、附件；各种机械（包括电动机械）交通信号设备	1.78
62	38	杂项化学产品	1.76
63	83	贱金属杂项制品	1.72
64	36	炸药；烟火制品；火柴；引火合金；易燃材料制品	1.69
65	68	石料、石膏、水泥、石棉、云母及类似材料的制品	1.64
66	08	食用水果及坚果；柑橘属水果或甜瓜的果皮	1.63
67	65	帽类及其零件	1.63

表7-5　续3

序号	章	标题	平均拆分税号数
68	95	玩具、游戏品、运动用品及其零件、附件	1.62
69	75	镍及其制品	1.59
70	70	玻璃及其制品	1.56
71	04	乳品；蛋品；天然蜂蜜；其他食用动物产品	1.55
72	82	贱金属工具、器具、利口器、餐匙、餐叉及其零件	1.53
73	06	活树及其他活植物；鳞茎、根及类似品；插花及装饰用簇叶	1.50
74	81	其他贱金属、金属陶瓷及其制品	1.46
75	11	制粉工业产品；麦芽；淀粉；菊粉；面筋	1.44
76	45	软木及软木制品	1.43
77	07	食用蔬菜、根及块茎	1.42
78	20	蔬菜、水果、坚果或植物其他部分的制品	1.38
79	94	家具；寝具、褥垫、弹簧床垫、软坐垫及类似的填充制品；未列名灯具及照明装置；发光标志、发光铭牌及类似品；活动房屋	1.37
80	18	可可及可可制品	1.36
81	03	鱼、甲壳动物、软体动物及其他水生无脊椎动物	1.36
82	91	钟表及其零件	1.35
83	41	生皮（毛皮除外）及皮革	1.35
84	97	艺术品、收藏品及古物	1.32
85	01	活动物	1.29
86	31	肥料	1.29
87	89	船舶及浮动结构体	1.24
88	88	航空器、航天器及其零件	1.19
89	46	稻草、秸秆、针茅或其他编结材料制品；篮筐及柳条编结品	1.18
90	66	雨伞、阳伞、手杖、鞭子、马鞭及其零件	1.17

表7-5 续4

序号	章	标题	平均拆分税号数
91	16	肉、鱼、甲壳动物、软体动物及其他水生无脊椎动物，以及昆虫的制品	1.12
92	92	乐器及其零件、附件	1.12
93	93	武器、弹药及其零件、附件	1.11
94	60	针织物及钩编织物	1.09
95	02	肉及食用杂碎	1.05
96	47	木浆及其他纤维状纤维素浆；回收纸或纸板	1.00
平均			2.19

7.2.3 八位税号在各品目的分布

八位税号在各品目中的分布详见表7-6，篇幅所限，表中仅列出了八位税号数量排名前30的品目。可以看出，共有5个品目的税号数超过了100个，其中，品目3204的税号数最多，为243个。然后依次为品目3004（141个）、品目5407（124个）、品目5208（111个）和品目3920（104个）等。统计结果还表明，品目0205、品目0409、品目0702、品目0707等110个品目（占品目总数的0.90%）的税号数均为1个，表明不仅HS未拆分子目，《印度海关税则》也未进行拆分。

表7-6 八位税号在各品目的分布

单位：个

序号	品目	品目条文	八位税号数
1	3204	有机合成着色料，不论是否已有化学定义；本章注释三所述的以有机合成着色料为基本成分的制品；用作荧光增白剂或发光体的有机合成产品，不论是否已有化学定义	243
2	3004	由混合或非混合产品构成的治病或防病用药品（不包括品目3002、3005或3006的货品），已配定剂量（包括制成皮肤摄入形式的）或制成零售包装	141

表7-6　续1

序号	品目	品目条文	八位税号数
3	5407	合成纤维长丝纱线的机织物，包括品目5404所列材料的机织物	124
4	5208	棉机织物，按重量计含棉量在85%及以上，每平方米重量不超过200克	111
5	3920	其他非泡沫塑料的板、片、膜、箔及扁条，未用其他材料强化、层压、支撑或用类似方法合制	104
6	2933	仅含有氮杂原子的杂环化合物	88
7	5205	棉纱线（缝纫线除外），按重量计含棉量在85%及以上，非供零售用	83
8	2921	氨基化合物	81
9	5209	棉机织物，按重量计含棉量在85%及以上，每平方米重量超过200克	76
10	2903	烃的卤化衍生物	74
11	3301	精油，包括浸膏及净油；香膏；提取的油树脂；用花香吸取法或浸渍法制成的含浓缩精油的脂肪、固定油、蜡及类似品；精油脱萜时所得的萜烯副产品；精油水馏液及水溶液	72
12	6204	女式西服套装、便服套装、上衣、连衣裙、裙子、裙裤、长裤、护胸背带工装裤、马裤及短裤（游泳服除外）	66
13	7208	宽度在600毫米及以上的铁或非合金钢平板轧材，经热轧，但未经包覆、镀层或涂层	62
14	8703	主要用于载人的机动车辆（品目8702的货品除外），包括旅行小客车及赛车	61
15	0304	鲜、冷、冻鱼片及其他鱼肉（不论是否绞碎）	59
16	4802	书写、印刷或类似用途的未经涂布的纸及纸板、未打孔的穿孔卡片及穿孔纸带纸，成卷或成张矩形（包括正方形），任何尺寸，但品目4801或4803的纸除外；手工制纸及纸板	59
17	2922	含氧基氨基化合物	58
18	5211	棉机织物，按重量计含棉量在85%以下，主要或仅与化学纤维混纺，每平方米重量超过200克	58
19	0303	冻鱼，但品目0304的鱼片及其他鱼肉除外	56
20	7219	不锈钢平板轧材，宽度在600毫米及以上	54

表7-6　续2

序号	品目	品目条文	八位税号数
21	2710	石油及从沥青矿物提取的油类，但原油除外；以上述油为基本成分（按重量计不低于70%）的其他品目未列名制品；废油	52
22	0302	鲜、冷鱼，但品目0304的鱼片及其他鱼肉除外	49
23	2915	饱和无环一元羧酸及其酸酐、酰卤化物、过氧化物和过氧酸以及它们的卤化、磺化、硝化或亚硝化衍生物	48
24	9018	医疗、外科、牙科或兽医用仪器及器具，包括闪烁扫描装置、其他电气医疗装置及视力检查仪器	48
25	3808	杀虫剂、杀鼠剂、杀菌剂、除草剂、抗萌剂、植物生长调节剂、消毒剂及类似产品，零售形状、零售包装或制成制剂及成品（例如，经硫磺处理的带子、杀虫灯芯、蜡烛及捕蝇纸）	47
26	4403	原木，不论是否去皮、去边材或粗锯成方	47
27	2918	含附加含氧基的羧酸及其酸酐、酰卤化物、过氧化物和过氧酸以及它们的卤化、磺化、硝化或亚硝化衍生物	46
28	5408	人造纤维长丝纱线的机织物，包括品目5405所列材料的机织物	46
29	5515	合成纤维短纤纺制的其他机织物	46
30	8501	电动机及发电机（不包括发电机组）	46

各品目的平均拆分税号数详见表7-7，篇幅所限，表中仅列出了平均拆分税号数量排名前30的品目。其中，品目3204的平均拆分税号数最多，为22.09个。然后依次为品目3706（20.50个）、品目2942（18.00个）、品目5705和品目7103（均为14.00个）、品目1301（13.00个）等。统计结果还表明，品目0103、品目0105、品目0201、品目0202等314个品目（占品目总数的25.57%）的平均拆分税号数均为1.00个，即《印度海关税则》未对上述品目进行拆分。

表 7-7　各品目的平均拆分税号数

单位：个

序号	品目	品目条文	平均拆分税号数
1	3204	有机合成着色料，不论是否已有化学定义；本章注释三所述的以有机合成着色料为基本成分的制品；用作荧光增白剂或发光体的有机合成产品，不论是否已有化学定义	22.09
2	3706	已曝光已冲洗的电影胶片，不论是否配有声道或仅有声道	20.50
3	2942	其他有机化合物	18.00
4	5705	其他地毯及纺织材料的其他铺地制品，不论是否制成的	14.00
5	7103	宝石（钻石除外）或半宝石，不论是否加工或分级，但未成串或镶嵌；未分级的宝石（钻石除外）或半宝石，为便于运输而暂穿成串	14.00
6	1301	虫胶；天然树胶、树脂、树胶脂及油树脂（例如，香树脂）	13.00
7	0309	适合供人食用的鱼、甲壳动物、软体动物和其他水生无脊椎动物的细粉、粗粉及团粒	12.50
8	7613	装压缩气体或液化气体用的铝制容器	12.00
9	3004	由混合或非混合产品构成的治病或防病用药品（不包括品目 3002、3005 或 3006 的货品），已配定剂量（包括制成皮肤摄入形式的）或制成零售包装	11.75
10	7229	其他合金钢丝	11.50
11	5201	未梳的棉花	11.00
12	5311	其他纺织用植物纤维机织物；纸纱线机织物	11.00
13	8706	装有发动机的机动车辆底盘，品目 8701 至 8705 所列车辆用	11.00
14	2710	石油及从沥青矿物提取的油类，但原油除外；以上述油为基本成分（按重量计不低于 70%）的其他品目未列名制品；废油	10.40
15	5803	纱罗，但品目 5806 的狭幅织物除外	10.00
16	2524	石棉	9.00
17	3301	精油，包括浸膏及净油；香膏；提取的油树脂；用花香吸取法或浸渍法制成的含浓缩精油的脂肪、固定油、蜡及类似品；精油脱萜时所得的萜烯副产品；精油水馏液及水溶液	9.00
18	3926	其他塑料制品及品目 3901 至 3914 所列其他材料的制品	9.00

表7-7 续

序号	品目	品目条文	平均拆分税号数
19	5006	丝纱线及绢纺纱线，供零售用；蚕胶丝	8.00
20	7317	钢铁制的钉、平头钉、图钉、波纹钉、U 形钉（品目 8305 的货品除外）及类似品，不论钉头是否用其他材料制成，但不包括铜头钉	8.00
21	0504	整个或切块的动物（鱼除外）的肠、膀胱及胃，鲜、冷、冻、干、熏、盐腌或盐渍的	8.00
22	2602	锰矿砂及其精矿，包括以干重计含锰量在 20%及以上的锰铁矿及其精矿	8.00
23	3507	酶；其他品目未列名的酶制品	8.00
24	3916	塑料制的单丝（截面直径超过 1 毫米）、条、杆、型材及异型材，不论是否经表面加工，但未经其他加工	8.00
25	7404	铜废碎料	8.00
26	8702	客运机动车辆，10 座及以上	8.00
27	7113	贵金属或包贵金属制的首饰及其零件	7.67
28	3908	初级形状的聚酰胺	7.50
29	5310	黄麻或品目 5303 的其他纺织用韧皮纤维机织物	7.50
30	1211	主要用作香料、药料、杀虫、杀菌或类似用途的植物或这些植物的某部分（包括子仁及果实），鲜、冷、冻或干的，不论是否切割、压碎或研磨成粉	7.33

7.2.4 八位税号在各 HS 子目的分布

八位税号在各 HS 子目的分布详见表 7-8，篇幅所限，表中仅列出了八位税号数量为 10 个及以上的 HS 子目，共有 100 个。可以看出，八位税号数最多的 HS 子目是子目 3004.90（70 个）。然后依次为子目 3204.19（64 个）、子目 3204.12（47 个）、子目 3204.15（42 个）、子目 1211.90（39 个）等。统计结果还表明，子目 0101.21、子目 0102.31、子目 0102.39、子目 0103.10、子目 0103.91 等 3405 个 HS 子目（占 HS 子目总数的 60.67%）的八位税号数均为 1 个，即《印度海关税则》未对上述 HS 子目进行拆分。

表 7-8　八位税号在 HS 子目的分布

单位：个

序号	HS 子目	八位税号数	序号	HS 子目	八位税号数	序号	HS 子目	八位税号数
1	3004. 90	70	35	4403. 99	17	69	8461. 40	12
2	3204. 19	64	36	7226. 99	17	70	2915. 39	11
3	3204. 12	47	37	2903. 77	16	71	2915. 90	11
4	3204. 15	42	38	2921. 45	16	72	2941. 90	11
5	1211. 90	39	39	2930. 90	16	73	3004. 50	11
6	3301. 29	35	40	3926. 90	16	74	5201. 00	11
7	5407. 10	35	41	8419. 89	16	75	5311. 00	11
8	2710. 19	34	42	0910. 99	15	76	5408. 22	11
9	3004. 20	29	43	6214. 90	15	77	5408. 34	11
10	8543. 70	29	44	6304. 92	15	78	6403. 20	11
11	3204. 11	26	45	2601. 11	14	79	7202. 99	11
12	1301. 90	25	46	3002. 41	14	80	8706. 00	11
13	3301. 90	24	47	3003. 90	14	81	1008. 21	10
14	9018. 90	24	48	3402. 90	14	82	1008. 29	10
15	3921. 90	22	49	3908. 10	14	83	2008. 99	10
16	7229. 90	22	50	4811. 90	14	84	2922. 50	10
17	0309. 90	21	51	4823. 90	14	85	2933. 19	10
18	2933. 33	21	52	5407. 81	14	86	2935. 90	10
19	3706. 90	21	53	5705. 00	14	87	3208. 90	10
20	3808. 91	21	54	7113. 19	14	88	3808. 93	10
21	7103. 10	21	55	8546. 20	14	89	3926. 20	10
22	0901. 11	20	56	0804. 50	13	90	5208. 31	10
23	2306. 90	20	57	2710. 12	13	91	5407. 41	10
24	3204. 14	20	58	2933. 39	13	92	5408. 24	10
25	3706. 10	20	59	3204. 17	13	93	5803. 00	10
26	3920. 99	19	60	3926. 40	13	94	7326. 90	10
27	2921. 42	18	61	8458. 99	13	95	8409. 91	10
28	2942. 00	18	62	1302. 19	12	96	8409. 99	10
29	3204. 13	18	63	2106. 90	12	97	8443. 99	10
30	3915. 90	18	64	3507. 90	12	98	8445. 20	10
31	7103. 99	18	65	3920. 69	12	99	8472. 90	10
32	2524. 90	17	66	4421. 91	12	100	8482. 10	10
33	2922. 29	17	67	4421. 99	12			
34	3916. 90	17	68	7613. 00	12			

第 8 章　澳大利亚税则的内容结构分析

8.1　税则结构分析

《澳大利亚海关税则》（*Australian Customs Tariff*）由归类总规则（六条HS总规则）、注释和税率表三部分组成。

注释包括HS类注、章注、子目注释和澳大利亚附加注释。其中，附加注释包括8个类注（第4类1个，第11类3个和第16类4个）和82个章注，82个章注分布在28个章中，详见表8-1。第22章的附加注释最多，为16个。

表 8-1　附加章注在各章的分布

单位：个

章	附加章注数	章	附加章注数
15	1	57	2
19	1	58	1
20	2	61	1
21	3	62	1
22	16	72	1
24	3	73	2
27	6	76	1
28	1	83	1
29	1	84	4
30	3	85	2
38	1	87	9
39	2	90	2
44	2	94	1
48	10	97	2

《澳大利亚海关税则》在 HS（21 类、97 章）的基础上增加了第 98 章和第 99 章，第 98 章列出了特殊交易商品（捐赠物品、根据遗嘱或无遗嘱而成为私人财产的非出售或贸易的货物、加工后再出口的货品、出口加工后复进口的货品、飞机和船舶维修零部件等），第 99 章包括改良和修理贸易、临时交易，以及需要办理海关申报手续的旅客随身物品等其他商品或交易。

《澳大利亚海关税则》税率表采用八位编码，前六位是 HS 编码，后两位是本国子目编码。

8.2　列目结构分析

为分析《澳大利亚海关税则》的列目结构，需要统计八位税号在类、章、品目和 HS 子目项下的分布情况。

统计结果表明，2025 年《澳大利亚海关税则》共有 6752 个八位税号，是在 HS 的 5611 个[①]六位子目的基础上拆分出来的，共增加了 1141 个本国子目，这也是本书研究的八个国家（地区）中税号数最少的国家，表明《澳大利亚海关税则》本国子目拆分相对较少。6752 个八位税号中，农产品的税号数为 1077 个（占比 15.95%），非农产品的税号数为 5675 个（占比 84.05%）。

8.2.1　八位税号在各类的分布

6752 个八位税号在各类的分布详见表 8-2。可以看出，第 16 类的八位税号数最多，为 1063 个。然后依次为第 6 类（1032 个）、第 11 类（915 个）、第 15 类（592 个）、第 1 类（377 个）、第 2 类（332 个）、第 4 类（314 个）和第 17 类（310 个）等。八位税号数最少的是第 19 类和第 21 类（均为 19 个）。

---

① 《澳大利亚海关税则》未使用品目 2716，故实际品目数为 1227 个，子目数为 5611 个。

表 8-2　八位税号在各类的分布

单位：个

序号	类	标题	八位税号数
1	S16	机器、机械器具、电气设备及其零件；录音机及放声机、电视图像、声音的录制和重放设备及其零件、附件	1063
2	S06	化学工业及其相关工业的产品	1032
3	S11	纺织原料及纺织制品	915
4	S15	贱金属及其制品	592
5	S01	活动物；动物产品	377
6	S02	植物产品	332
7	S04	食品；饮料、酒及醋；烟草、烟草及烟草代用品的制品；非经燃烧吸用的产品，不论是否含有尼古丁；其他供人体摄入尼古丁的含尼古丁的产品	314
8	S17	车辆、航空器、船舶及有关运输设备	310
9	S10	木浆及其他纤维状纤维素浆；回收（废碎）纸或纸板；纸、纸板及其制品	284
10	S07	塑料及其制品；橡胶及其制品	241
11	S18	光学、照相、电影、计量、检验、医疗或外科用仪器及设备、精密仪器及设备；钟表；乐器；上述物品的零件、附件	240
12	S09	木及木制品；木炭；软木及软木制品；稻草、秸秆、针茅或其他编结材料制品；篮筐及柳条编结品	206
13	S05	矿产品	197
14	S20	杂项制品	177
15	S13	石料、石膏、水泥、石棉、云母及类似材料的制品；陶瓷产品；玻璃及其制品	173
16	S08	生皮、皮革、毛皮及其制品；鞍具及挽具；旅行用品、手提包及类似容器；动物肠线（蚕胶丝除外）制品	92
17	S12	鞋、帽、伞、杖、鞭及其零件；已加工的羽毛及其制品；人造花；人发制品	60

表8-2　续

序号	类	标题	八位税号数
18	S14	天然或养殖珍珠、宝石或半宝石、贵金属、包贵金属及其制品；仿首饰；硬币	55
19	S03	动、植物或微生物油、脂及其分解产品；精制食用油脂；动、植物蜡	54
20	S19	武器、弹药及其零件、附件	19
21	S21	艺术品、收藏品及古物	19
总计			6752

各类的平均拆分税号数详见表8-3。可以看出，《澳大利亚海关税则》的平均拆分税号数为1.20个，即每个HS子目拆分出1.20个八位税号。其中，第10类的平均拆分税号数最多，为2.03个。然后依次为第17类（1.80个）、第4类（1.43个）、第9类（1.41个）和第5类（1.35个）等。拆分最少的是第14类和第21类，平均拆分税号数为1.00个，表明《澳大利亚海关税则》未对这两类进行拆分。

表8-3　各类的平均拆分税号数

单位：个

序号	类	标题	平均拆分税号数
1	S10	木浆及其他纤维状纤维素浆；回收（废碎）纸或纸板；纸、纸板及其制品	2.03
2	S17	车辆、航空器、船舶及有关运输设备	1.80
3	S04	食品；饮料、酒及醋；烟草、烟草及烟草代用品的制品；非经燃烧吸用的产品，不论是否含有尼古丁；其他供人体摄入尼古丁的含尼古丁的产品	1.43
4	S09	木及木制品；木炭；软木及软木制品；稻草、秸秆、针茅或其他编结材料制品；篮筐及柳条编结品	1.41
5	S05	矿产品	1.35
6	S08	生皮、皮革、毛皮及其制品；鞍具及挽具；旅行用品、手提包及类似容器；动物肠线（蚕胶丝除外）制品	1.33

表8-3　续

序号	类	标题	平均拆分税号数
7	S12	鞋、帽、伞、杖、鞭及其零件；已加工的羽毛及其制品；人造花；人发制品	1.28
8	S16	机器、机械器具、电气设备及其零件；录音机及放声机、电视图像、声音的录制和重放设备及其零件、附件	1.27
9	S20	杂项制品	1.25
10	S18	光学、照相、电影、计量、检验、医疗或外科用仪器及设备、精密仪器及设备；钟表；乐器；上述物品的零件、附件	1.15
11	S11	纺织原料及纺织制品	1.15
12	S13	石料、石膏、水泥、石棉、云母及类似材料的制品；陶瓷产品；玻璃及其制品	1.15
13	S07	塑料及其制品；橡胶及其制品	1.14
14	S06	化学工业及其相关工业的产品	1.12
15	S19	武器、弹药及其零件、附件	1.06
16	S02	植物产品	1.05
17	S15	贱金属及其制品	1.04
18	S03	动、植物或微生物油、脂及其分解产品；精制食用油脂；动、植物蜡	1.02
19	S01	活动物；动物产品	1.01
20	S14	天然或养殖珍珠、宝石或半宝石、贵金属、包贵金属及其制品；仿首饰；硬币	1.00
21	S21	艺术品、收藏品及古物	1.00
平均			1.20

8.2.2　八位税号在各章的分布

八位税号在各章的分布详见表8-4。可以看出，第84章的税号数最多，为692个，占税号总数的10.25%。然后依次为第29章（425个）、第85章（371个）、第48章（241个）、第3章（225个）、第87章（222个）和第28章（190个）等。税号数最少的是第14章和第80章，仅有5个。

表 8-4　八位税号在各章的分布

单位：个

序号	章	标题	八位税号数
1	84	核反应堆、锅炉、机器、机械器具及其零件	692
2	29	有机化学品	425
3	85	电机、电气设备及其零件；录音机及放声机、电视图像、声音的录制和重放设备及其零件、附件	371
4	48	纸及纸板；纸浆、纸或纸板制品	241
5	03	鱼、甲壳动物、软体动物及其他水生无脊椎动物	225
6	87	车辆及其零件、附件，但铁道或电车道车辆除外	222
7	28	无机化学品；贵金属、稀土金属、放射性元素及其同位素的有机及无机化合物	190
8	44	木及木制品；木炭	188
9	72	钢铁	179
10	90	光学、照相、电影、计量、检验、医疗或外科用仪器及设备、精密仪器及设备；上述物品的零件、附件	174
11	38	杂项化学产品	153
12	39	塑料及其制品	148
13	52	棉花	132
14	61	针织或钩编的服装及衣着附件	127
15	73	钢铁制品	126
16	62	非针织或非钩编的服装及衣着附件	123
17	55	化学纤维短纤	116
18	40	橡胶及其制品	93
19	27	矿物燃料、矿物油及其蒸馏产品；沥青物质；矿物蜡	92
20	22	饮料、酒及醋	91
21	07	食用蔬菜、根及块茎	80
22	70	玻璃及其制品	80
23	63	其他纺织制成品；成套物品；旧衣着及旧纺织品；碎织物	75

表8-4　续1

序号	章	标题	八位税号数
24	54	化学纤维长丝；化学纤维纺织材料制扁条及类似品	72
25	08	食用水果及坚果；柑橘属水果或甜瓜的果皮	70
26	25	盐；硫磺；泥土及石料；石膏料、石灰及水泥	68
27	82	贱金属工具、器具、利口器、餐匙、餐叉及其零件	68
28	96	杂项制品	68
29	02	肉及食用杂碎	66
30	20	蔬菜、水果、坚果或植物其他部分的制品	62
31	30	药品	61
32	68	石料、石膏、水泥、石棉、云母及类似材料的制品	58
33	12	含油子仁及果实；杂项子仁及果实；工业用或药用植物；稻草、秸秆及饲料	57
34	94	家具；寝具、褥垫、弹簧床垫、软坐垫及类似的填充制品；未列名灯具及照明装置；发光标志、发光铭牌及类似品；活动房屋	57
35	81	其他贱金属、金属陶瓷及其制品	56
36	71	天然或养殖珍珠、宝石或半宝石、贵金属、包贵金属及其制品；仿首饰；硬币	55
37	15	动、植物或微生物油、脂及其分解产品；精制食用油脂；动、植物蜡	54
38	95	玩具、游戏品、运动用品及其零件、附件	52
39	74	铜及其制品	51
40	91	钟表及其零件	49
41	41	生皮（毛皮除外）及皮革	47
42	32	鞣料浸膏及染料浸膏；鞣酸及其衍生物；染料、颜料及其他着色料；油漆及清漆；油灰及其他类似胶粘剂；墨水、油墨	46
43	58	特种机织物；簇绒织物；花边；装饰毯；装饰带；刺绣品	45
44	60	针织物及钩编织物	44
45	16	肉、鱼、甲壳动物、软体动物及其他水生无脊椎动物、以及昆虫的制品	42

表8-4　续2

序号	章	标题	八位税号数
46	37	照相及电影用品	42
47	57	地毯及纺织材料的其他铺地制品	41
48	09	咖啡、茶、马黛茶及调味香料	39
49	89	船舶及浮动结构体	39
50	51	羊毛、动物细毛或粗毛；马毛纱线及其机织物	38
51	26	矿砂、矿渣及矿灰	37
52	04	乳品；蛋品；天然蜂蜜；其他食用动物产品	36
53	83	贱金属杂项制品	36
54	64	鞋靴、护腿和类似品及其零件	35
55	69	陶瓷产品	35
56	76	铝及其制品	35
57	01	活动物	34
58	56	絮胎、毡呢及无纺织物；特种纱线；线、绳、索、缆及其制品	34
59	59	浸渍、涂布、包覆或层压的纺织物；工业用纺织制品	34
60	33	精油及香膏；芳香料制品及化妆盥洗品	33
61	42	皮革制品；鞍具及挽具；旅行用品、手提包及类似容器；动物肠线（蚕胶丝除外）制品	31
62	34	肥皂、有机表面活性剂、洗涤剂、润滑剂、人造蜡、调制蜡、光洁剂、蜡烛及类似品、塑型用膏、“牙科用蜡”及牙科用熟石膏制剂	28
63	11	制粉工业产品；麦芽；淀粉；菊粉；面筋	27
64	10	谷物	26
65	88	航空器、航天器及其零件	26
66	24	烟草及烟草代用品的制品；非经燃烧吸用的产品，不论是否含有尼古丁；其他供人体摄入尼古丁的含尼古丁的产品	25
67	31	肥料	24
68	23	食品工业的残渣及废料；配制的动物饲料	23
69	53	其他植物纺织纤维；纸纱线及其机织物	23

表8-4 续3

序号	章	标题	八位税号数
70	86	铁道或电车道机车、车辆及其零件；铁道或电车道轨道固定装置及其零件、附件；各种机械（包括电动机械）交通信号设备	23
71	21	杂项食品	22
72	49	书籍、报纸、印刷图画及其他印刷品；手稿、打字稿及设计图纸	22
73	47	木浆及其他纤维状纤维素浆；回收纸或纸板	21
74	19	谷物、粮食粉、淀粉或乳的制品；糕饼点心	20
75	93	武器、弹药及其零件、附件	19
76	97	艺术品、收藏品及古物	19
77	17	糖及糖食	18
78	35	蛋白类物质；改性淀粉；胶；酶	17
79	75	镍及其制品	17
80	92	乐器及其零件、附件	17
81	05	其他动物产品	16
82	06	活树及其他活植物；鳞茎、根及类似品；插花及装饰用簇叶	16
83	43	毛皮、人造毛皮及其制品	14
84	36	炸药；烟火制品；火柴；引火合金；易燃材料制品	13
85	13	虫胶；树胶、树脂及其他植物液、汁	12
86	18	可可及可可制品	11
87	46	稻草、秸秆、针茅或其他编结材料制品；篮筐及柳条编结品	11
88	50	蚕丝	11
89	65	帽类及其零件	11
90	79	锌及其制品	10
91	78	铅及其制品	9
92	67	已加工羽毛、羽绒及其制品；人造花；人发制品	8
93	45	软木及软木制品	7

表8-4　续4

序号	章	标题	八位税号数
94	66	雨伞、阳伞、手杖、鞭子、马鞭及其零件	6
95	14	编结用植物材料；其他植物产品	5
96	80	锡及其制品	5
总计			6752

各章的平均拆分税号数详见表8-5。可以看出，第22章的平均拆分税号数最多，为3.79个。然后依次为第48章（2.39个）、第87章（2.27个）、第27章（2.19个）和第57章（1.71个）等。拆分最少的是第1章、第2章、第3章等34个章，平均拆分税号数均为1.00个，表明《澳大利亚海关税则》未对相关HS子目进行拆分。

表8-5　各章的平均拆分税号数

单位：个

序号	章	标题	平均拆分税号数
1	22	饮料、酒及醋	3.79
2	48	纸及纸板；纸浆；纸或纸板制品	2.39
3	87	车辆及其零件、附件，但铁道或电车道车辆除外	2.27
4	27	矿物燃料、矿物油及其蒸馏产品；沥青物质；矿物蜡	2.19
5	57	地毯及纺织材料的其他铺地制品	1.71
6	24	烟草及烟草代用品的制品；非经燃烧吸用的产品，不论是否含有尼古丁；其他供人体摄入尼古丁的含尼古丁的产品	1.56
7	89	船舶及浮动结构体	1.56
8	42	皮革制品；鞍具及挽具；旅行用品、手提包及类似容器；动物肠线（蚕胶丝除外）制品	1.55
9	44	木及木制品；木炭	1.47
10	63	其他纺织制成品；成套物品；旧衣着及旧纺织品；碎织物	1.44
11	38	杂项化学产品	1.42
12	59	浸渍、涂布、包覆或层压的纺织物；工业用纺织制品	1.42

表8-5 续1

序号	章	标题	平均拆分税号数
13	37	照相及电影用品	1.40
14	64	鞋靴、护腿和类似品及其零件	1.40
15	96	杂项制品	1.39
16	21	杂项食品	1.38
17	65	帽类及其零件	1.38
18	30	药品	1.36
19	95	玩具、游戏品、运动用品及其零件、附件	1.33
20	84	核反应堆、锅炉、机器、机械器具及其零件	1.29
21	41	生皮（毛皮除外）及皮革	1.27
22	85	电机、电气设备及其零件；录音机及放声机、电视图像、声音的录制和重放设备及其零件、附件	1.25
23	49	书籍、报纸、印刷图画及其他印刷品；手稿、打字稿及设计图纸	1.22
24	50	蚕丝	1.22
25	90	光学、照相、电影、计量、检验、医疗或外科用仪器及设备、精密仪器及设备；上述物品的零件、附件	1.22
26	58	特种机织物；簇绒织物；花边；装饰毯；装饰带；刺绣品	1.22
27	61	针织或钩编的服装及衣着附件	1.20
28	20	蔬菜、水果、坚果或植物其他部分的制品	1.19
29	62	非针织或非钩编的服装及衣着附件	1.18
30	34	肥皂、有机表面活性剂、洗涤剂、润滑剂、人造蜡、调制蜡、光洁剂、蜡烛及类似品、塑型用膏、“牙科用蜡”及牙科用熟石膏制剂	1.17
31	43	毛皮、人造毛皮及其制品	1.17
32	69	陶瓷产品	1.17
33	40	橡胶及其制品	1.16
34	68	石料、石膏、水泥、石棉、云母及类似材料的制品	1.16
35	12	含油子仁及果实；杂项子仁及果实；工业用或药用植物；稻草、秸秆及饲料	1.14

表8-5　续2

序号	章	标题	平均拆分税号数
36	33	精油及香膏；芳香料制品及化妆盥洗品	1.14
37	35	蛋白类物质；改性淀粉；胶；酶	1.13
38	56	絮胎、毡呢及无纺织物；特种纱线；线、绳、索、缆及其制品	1.13
39	39	塑料及其制品	1.13
40	70	玻璃及其制品	1.13
41	78	铅及其制品	1.13
42	79	锌及其制品	1.11
43	07	食用蔬菜、根及块茎	1.10
44	04	乳品；蛋品；天然蜂蜜；其他食用动物产品	1.09
45	13	虫胶；树胶、树脂及其他植物液、汁	1.09
46	72	钢铁	1.07
47	05	其他动物产品	1.07
48	52	棉花	1.06
49	82	贱金属工具、器具、利口器、餐匙、餐叉及其零件	1.06
50	17	糖及糖食	1.06
51	28	无机化学品；贵金属、稀土金属、放射性元素及其同位素的有机及无机化合物	1.06
52	93	武器、弹药及其零件、附件	1.06
53	94	家具；寝具、褥垫、弹簧床垫、软坐垫及类似的填充制品；未列名灯具及照明装置；发光标志、发光铭牌及类似品；活动房屋	1.06
54	55	化学纤维短纤	1.05
55	19	谷物、粮食粉、淀粉或乳的制品；糕饼点心	1.05
56	74	铜及其制品	1.04
57	29	有机化学品	1.04
58	32	鞣料浸膏及染料浸膏；鞣酸及其衍生物；染料、颜料及其他着色料；油漆及清漆；油灰及其他类似胶粘剂；墨水、油墨	1.02

表8-5 续3

序号	章	标题	平均拆分税号数
59	91	钟表及其零件	1.02
60	15	动、植物或微生物油、脂及其分解产品；精制的食用油脂；动、植物蜡	1.02
61	73	钢铁制品	1.02
62	25	盐；硫磺；泥土及石料；石膏料、石灰及水泥	1.01
63	01	活动物	1.00
64	02	肉及食用杂碎	1.00
65	03	鱼、甲壳动物、软体动物及其他水生无脊椎动物	1.00
66	06	活树及其他活植物；鳞茎、根及类似品；插花及装饰用簇叶	1.00
67	08	食用水果及坚果；柑橘属水果或甜瓜的果皮	1.00
68	09	咖啡、茶、马黛茶及调味香料	1.00
69	10	谷物	1.00
70	11	制粉工业产品；麦芽；淀粉；菊粉；面筋	1.00
71	14	编结用植物材料；其他植物产品	1.00
72	16	肉、鱼、甲壳动物、软体动物及其他水生无脊椎动物、以及昆虫的制品	1.00
73	18	可可及可可制品	1.00
74	23	食品工业的残渣及废料；配制的动物饲料	1.00
75	26	矿砂、矿渣及矿灰	1.00
76	31	肥料	1.00
77	36	炸药；烟火制品；火柴；引火合金；易燃材料制品	1.00
78	45	软木及软木制品	1.00
79	46	稻草、秸秆、针茅或其他编结材料制品；篮筐及柳条编结品	1.00
80	47	木浆及其他纤维状纤维素浆；回收（废碎）纸或纸板	1.00
81	51	羊毛、动物细毛或粗毛；马毛纱线及其机织物	1.00
82	53	其他植物纺织纤维；纸纱线及其机织物	1.00

表8-5　续4

序号	章	标题	平均拆分税号数
83	54	化学纤维长丝；化学纤维纺织材料制扁条及类似品	1.00
84	60	针织物及钩编织物	1.00
85	66	雨伞、阳伞、手杖、鞭子、马鞭及其零件	1.00
86	67	已加工羽毛、羽绒及其制品；人造花；人发制品	1.00
87	71	天然或养殖珍珠、宝石或半宝石、贵金属、包贵金属及其制品；仿首饰；硬币	1.00
88	75	镍及其制品	1.00
89	76	铝及其制品	1.00
90	80	锡及其制品	1.00
91	81	其他贱金属、金属陶瓷及其制品	1.00
92	83	贱金属杂项制品	1.00
93	86	铁道或电车道机车、车辆及其零件；铁道或电车道轨道固定装置及其零件、附件；各种机械（包括电动机械）交通信号设备	1.00
94	88	航空器、航天器及其零件	1.00
95	92	乐器及其零件、附件	1.00
96	97	艺术品、收藏品及古物	1.00
平均			1.20

8.2.3　八位税号在各品目的分布

八位税号在 HS 的 1227 个品目[①]中的分布详见表 8-6，篇幅所限，表中仅列出了八位税号数量排名前 32 的品目。可以看出，品目 8708 税号数最多，为 73 个。然后依次为品目 4802（69 个）、品目 8703（57 个）、品目 2710（50 个）等。统计结果还表明，品目 0205、品目 0409、品目 0501、品目 0504 等 234 个品目（占品目总数的 19.07%）的八位税号数均为 1 个，表明不仅 HS 未拆分子目，《澳大利亚海关税则》也未进行拆分。

① 《澳大利亚海关税则》未使用可选品目 2716，故实际品目数为 1227 个。

表 8-6　八位税号在各品目的分布

单位：个

序号	品目	品目条文	八位税号数
1	8708	机动车辆的零件、附件，品目 8701 至 8705 所列车辆用	73
2	4802	书写、印刷或类似用途的未经涂布的纸及纸板、未打孔的穿孔卡片及穿孔纸带纸，成卷或成张矩形（包括正方形），任何尺寸，但品目 4801 或 4803 的纸除外；手工制纸及纸板	69
3	8703	主要用于载人的机动车辆（品目 8702 的货品除外），包括旅行小客车及赛车	57
4	2710	石油及从沥青矿物提取的油类，但原油除外；以上述油为基本成分（按重量计不低于 70%）的其他品目未列名制品；废油	50
5	0304	鲜、冷、冻鱼片及其他鱼肉（不论是否绞碎）	48
6	0302	鲜、冷鱼，但品目 0304 的鱼片及其他鱼肉除外	45
7	0303	冻鱼，但品目 0304 的鱼片及其他鱼肉除外	44
8	4407	经纵锯、纵切、刨切或旋切的木材，不论是否刨平、砂光或端部接合，厚度超过 6 毫米	44
9	2903	烃的卤化衍生物	43
10	3827	其他品目未列名的，含甲烷、乙烷或丙烷的卤化衍生物的混合物	36
11	8462	加工金属的锻造、锻锤或模锻（但轧机除外）机床（包括压力机）；加工金属的弯曲、折叠、矫直、矫平、剪切、冲孔、开槽或步冲机床（包括压力机、纵剪线及定尺剪切线，但拉拔机除外）；其他加工金属或硬质合金的压力机	34
12	4823	切成一定尺寸或形状的其他纸、纸板、纤维素絮纸及纤维素纤维网纸；纸浆、纸、纸板、纤维素絮纸及纤维素纤维网纸制的其他物品	32
13	8486	专用于或主要用于制造半导体单晶柱或晶圆、半导体器件、集成电路或平板显示器的机器及装置；本章注释十一（三）规定的机器及装置；零件及附件	32
14	2206	其他发酵饮料（例如，苹果酒、梨酒、蜂蜜酒、清酒）；其他品目未列名的发酵饮料的混合物及发酵饮料与无酒精饮料的混合物	29

表8-6　续1

序号	品目	品目条文	八位税号数
15	0307	带壳或去壳的软体动物，活、鲜、冷、冻、干、盐腌或盐渍的；熏制的带壳或去壳软体动物，不论在熏制前或熏制过程中是否烹煮	28
16	4805	成卷或成张的其他未经涂布的纸及纸板，加工程度不超过本章注释三所列范围	28
17	5205	棉纱线（缝纫线除外），按重量计含棉量在85%及以上，非供零售用	28
18	2933	仅含有氮杂原子的杂环化合物	27
19	4412	胶合板、单板饰面板及类似的多层板	26
20	3702	成卷的未曝光摄影感光胶片，用纸、纸板及纺织物以外任何材料制成；未曝光的一次成像感光卷片	25
21	5407	合成纤维长丝纱线的机织物，包括品目5404所列材料的机织物	25
22	6204	女式西服套装、便服套装、上衣、连衣裙、裙子、裙裤、长裤、护胸背带工装裤、马裤及短裤（游泳服除外）	25
23	4418	建筑用木工制品，包括蜂窝结构木镶板、已装拼的地板、木瓦及盖屋板	24
24	4810	成卷或成张矩形（包括正方形）的任何尺寸的单面或双面涂布高岭土或其他无机物质（不论是否加粘合剂）的纸及纸板，未涂布其他涂料，不论是否染面、饰面或印花	24
25	5206	棉纱线（缝纫线除外），按重量计含棉量在85%以下，非供零售用	24
26	8414	空气泵或真空泵、空气及其他气体压缩机、风机、风扇；装有风扇的通风罩或循环气罩，不论是否装有过滤器气密生物安全柜，不论是否装有过滤器	23
27	0305	干、盐腌或盐渍的鱼；熏鱼，不论在熏制前或熏制过程中是否烹煮	22
28	2204	鲜葡萄酿造的酒，包括加酒精的；品目2009以外的酿酒葡萄汁	22
29	5402	合成纤维长丝纱线（缝纫线除外），非供零售用，包括细度在67分特以下的合成纤维单丝	22

表8-6　续2

序号	品目	品目条文	八位税号数
30	5702	机织地毯及纺织材料的其他机织铺地制品，未簇绒或未植绒，不论是否制成的，包括“开来姆”“苏麦克”“卡拉马尼”及类似的手织地毯	22
31	6104	针织或钩编的女式西服套装、便服套装、上衣、连衣裙、裙子、裙裤、长裤、护胸背带工装裤、马裤及短裤（游泳服除外）	22
32	8536	电路的开关、保护或连接用的电器装置（例如，开关、继电器、熔断器、电涌抑制器、插头、插座、灯座及其他连接器、接线盒），用于电压不超过1000伏的线路；光导纤维、光导纤维束或光缆用连接器	22

各品目的平均拆分税号数详见表8-7，篇幅所限，表中仅列出了平均拆分税号数量排名前31的品目。其中，品目2206的平均拆分税号数最多，为29.00个。然后依次为品目2203（12.00个）、品目2710和品目9503（均为10.00个）、品目9619和品目9620（均为9.00个）等。统计结果还表明，品目0101、品目0102、品目0103、品目0104等959个品目（占品目总数的78.16%）的平均拆分税号数均为1.00个，即《澳大利亚海关税则》未对上述品目进行拆分。

表8-7　各品目的平均拆分税号数

单位：个

序号	品目	品目条文	平均拆分税号数
1	2206	其他发酵饮料（例如，苹果酒、梨酒、蜂蜜酒、清酒）；其他品目未列名的发酵饮料的混合物及发酵饮料与无酒精饮料的混合物	29.00
2	2203	麦芽酿造的啤酒	12.00
3	2710	石油及从沥青矿物提取的油类，但原油除外；以上述油为基本成分（按重量计不低于70%）的其他品目未列名制品；废油	10.00

表8-7　续1

序号	品目	品目条文	平均拆分税号数
4	9503	三轮车、踏板车、踏板汽车和类似的带轮玩具；玩偶车；玩偶；其他玩具；缩小（按比例缩小）的模型及类似的娱乐用模型，不论是否活动；各种智力玩具	10.00
5	9619	任何材料制的卫生巾（护垫）及卫生棉条、尿布及尿布衬里和类似品	9.00
6	9620	独脚架、双脚架、三脚架及类似品	9.00
7	8486	专用于或主要用于制造半导体单晶柱或晶圆、半导体器件、集成电路或平板显示器的机器及装置；本章注释十一（三）规定的机器及装置；零件及附件	6.40
8	4802	书写、印刷或类似用途的未经涂布的纸及纸板、未打孔的穿孔卡片及穿孔纸带纸，成卷或成张矩形（包括正方形），任何尺寸，但品目 4801 或 4803 的纸除外；手工制纸及纸板	6.27
9	4823	切成一定尺寸或形状的其他纸、纸板、纤维素絮纸及纤维素纤维网纸；纸浆、纸、纸板、纤维素絮纸及纤维素纤维网纸制的其他物品	5.33
10	2006	糖渍蔬菜、水果、坚果、果皮及植物的其他部分（沥干、糖渍或裹糖的）	5.00
11	4408	饰面用单板（包括刨切积层木获得的单板）、制胶合板或类似多层板用单板以及其他经纵锯、刨切或旋切的木材，不论是否刨平、砂光、拼接或端部结合，厚度不超过 6 毫米	5.00
12	4801	成卷或成张的新闻纸	5.00
13	6113	用品目 5903、5906 或 5907 的针织物或钩编织物制成的服装	5.00
14	8538	专用于或主要用于品目 8535、8536 或 8537 所列装置的零件	5.00
15	8708	机动车辆的零件、附件，品目 8701 至 8705 所列车辆用	4.87
16	2204	鲜葡萄酿造的酒，包括加酒精的；品目 2009 以外的酿酒葡萄汁	4.40
17	8703	主要用于载人的机动车辆（品目 8702 的货品除外），包括旅行小客车及赛车	4.07
18	2106	其他品目未列名的食品	4.00
19	2205	味美思酒及其他加植物或香料的用鲜葡萄酿造的酒	4.00

表8-7　续2

序号	品目	品目条文	平均拆分税号数
20	5705	其他地毯及纺织材料的其他铺地制品，不论是否制成的	4.00
21	5905	糊墙织物	4.00
22	6307	其他制成品，包括服装裁剪样	4.00
23	8519	声音录制或重放设备	3.25
24	3705	已曝光已冲洗的摄影硬片及软片，但电影胶片除外	3.00
25	3822	附于衬背上的诊断或实验用试剂及不论是否附于衬背上的诊断或实验用配制试剂，不论是否制成试剂盒形式，但品目3006的货品除外；有证标准样品	3.00
26	4205	皮革或再生皮革的其他制品	3.00
27	5803	纱罗，但品目5806的狭幅织物除外	3.00
28	6111	针织或钩编的婴儿服装及衣着附件	3.00
29	6209	婴儿服装及衣着附件	3.00
30	6217	其他制成的衣着附件；服装或衣着附件的零件，但品目62.12的货品除外	3.00
31	8706	装有发动机的机动车辆底盘，品目8701至8705所列车辆用	3.00

8.2.4　八位税号在各HS子目的分布

八位税号在各HS子目的分布详见表8-8，篇幅所限，表中仅列出了八位税号数量为10个及以上的HS子目，共有13个。可以看出，八位税号数最多的HS子目是子目2206.00（29个），然后依次为子目4823.90（27个）、子目2710.91和子目2710.99（均为16个）等。统计结果还表明，子目0101.21、子目0101.29、子目0101.30和子目0101.90等4961个HS子目（占HS子目总数的88.42%）的八位税号数均为1个，表明《澳大利亚海关税则》未对上述HS子目进行拆分。

表 8-8　八位税号在各 HS 子目的分布

单位：个

序号	HS 子目	八位税号数	序号	HS 子目	八位税号数	序号	HS 子目	八位税号数
1	2206. 00	29	6	4802. 62	14	11	3006. 10	10
2	4823. 90	27	7	4802. 69	14	12	8708. 50	10
3	2710. 91	16	8	2203. 00	12	13	9503. 00	10
4	2710. 99	16	9	2710. 19	12			
5	4802. 61	14	10	8486. 90	11			

第 9 章　各国（地区）税则内容结构的比较分析

在对各国（地区）税则内容结构进行充分分析的基础上，本章从附加章、注释和税号三个角度对各国（地区）税则进行横向比较，探求各国（地区）税则设置的普遍规律。

9.1　各国（地区）税则第 98 章和第 99 章的比较

根据《商品名称及编码协调制度的国际公约》的规定，各国（地区）在以 HS 为基础制定本国（地区）税则时，可以在 HS（21 类、97 章）的基础上增设第 98 章和（或）第 99 章。各国（地区）税则第 98 章、第 99 章的内容详见表 9–1。

表 9–1　各国（地区）税则第 98 章、第 99 章的内容

国家（地区）	第 98 章	第 99 章
美国	免税或部分免税进口的规定：出口后复进口货物；大型集装箱或容器；个人免税物品；政府进口货物；宗教、教育、科研用品；展品；渔业产品；船舶零件；非洲特殊关税优惠条件的纺织品和服装等	临时关税立法；临时降低关税；根据农业调整法修正案第 22 条制定的额外进口限制；根据贸易法规的临时修改
中国	特殊交易品及未分类商品（仅限《统计商品目录》）	—
欧盟	成套工业设备进口统计编码	特定货物的 CN 编码和特定货物的统计编码
日本	—	—
欧亚经济联盟	—	—

表9-1 续

国家（地区）	第98章	第99章
加拿大	（1）免税进口商品及条件：运输工具和集装箱；个人临时进口货品；个人行李；军人、政府雇员或前加方居民个人进口货品；慈善捐赠的衣物或书籍；邮寄进口的个人物品；礼品等 （2）禁止进口商品：部分活动物；假币；旧床垫；二手车；枪械等	享受优惠关税政策的进口货品：用于制造或修理捕捞的物品和材料；部分农业机械修理零配件；石油或天然气勘探设备的零部件等
印度	特定商品的关税税率：进口项目；试验用化学品；旅客行李、航空或邮寄进境的个人物品；船上商店购买的物品	—
澳大利亚	特殊交易商品（捐赠物品、根据遗嘱或无遗嘱而成为私人财产的非出售或贸易的货物、加工后再出口的货品、出口加工后复进口的货品、飞机和船舶维修零部件等）和未分类商品	商品贸易中未包括的商品和交易：改良和修理贸易、临时交易，以及需要办理海关申报手续的旅客随身物品等

注："—"表示无，下同。

由表9-1可以看出，美国、欧盟、加拿大和澳大利亚的税则中均增设了第98章和第99章，《印度海关税则》只增设了第98章，中国只在《统计商品目录》中增设了第98章特殊交易品及未分类商品，而《日本税则》和《欧亚经济联盟税则》均未增设第98章和第99章。

从增设章节涉及的商品及相关政策可以看出，增设的目的有两个方面：一方面为特殊商品（如运输工具、个人行李、捐赠物品、科研用品维修零部件等）实施免税或加征关税等特殊的关税政策；另一方面对部分商品规定禁止进口的政策。

具体而言，《美国协调关税税则》第98章第2分章注释2规定复进口产品的认定方法及相关税收政策，除（二）款另有规定外，美国任何产品通过在国外制造或其他方式进行价值提升或状态改良后运回，或进口物品已在国外全部或部分组装到美国产品中运回，应视为外国物品。除另有规定外，应按照全部或部分价值缴纳税款，除非根据1930年修订的《关税法》第402条规定按其全部价值征税。在第402条条款下，如果此类产品或此类物品从价征税，应按该产品或该物品全部价值征税。

《加拿大海关税则》亦是如此。如第98章子目注释规定，一、对子目

9804.20 而言，所缴付的关税减免不得与子目 9804.10 就同一次出国旅行所缴付关税的任何减免相结合；二、对子目 9804.40 而言，所缴付的关税减免只应延伸至返回加拿大时不在品目 9804 另一项下进口货物的人。第 99 章注释一指出，本章的规定不受总规则三（一）中具体列名优先的约束。《加拿大海关税则》第 98 章第二分章是禁止进口的规定，通过编码 9897.0000 禁止进口猫鼬科动物的活标本、椋鸟科的活动物、假币、二手床垫、二手车辆、二手飞机、白磷火柴等，通过编码 9898.0000 禁止进口违禁武器。

各国（地区）税则在第 98 章和第 99 章设置的注释数、品目数及子目数的比较详见表 9-2。

表 9-2　第 98 章和第 99 章增设情况

单位：个

国家（地区）	第 98 章			第 99 章		
	注释数	品目数	子目数	注释数	品目数	子目数
美国	131	22	446	114	7	1145
欧盟	1	1	1	5	5	9
印度	7	6	15	—	—	—
加拿大	7	28	40	4	66	66
澳大利亚	0	4	7	0	3	13

显然，《美国协调关税税则》的第 98 章和第 99 章设目最详细，尽管增设的品目数量不是最多（低于《加拿大海关税则》），但子目数量却是最多的。其中，第 98 章共有 131 个注释（包括 120 个章注和 11 个统计注释）、22 个品目和 446 个八位子目，第 99 章共有 114 个注释（包括 112 个章注和 2 个统计注释）、7 个品目和 1145 个八位子目（截至 2025 年 1 月 1 日已过期的品目和子目不计）。子目条文除了商品名称外，一般都随附商品清单（部分子目还列出了相关商品在第 1 章至第 97 章对应的税号，以明确商品范围）和管理要求。这些商品清单和管理措施单独维护和执行，不触及和破坏《协调制度》商品分类目录的整体结构。

9.2　各国（地区）税则附加注释的比较

各国（地区）税则附加注释数详见表9-3。考虑到各国（地区）附加注释类型的差异，附加注释包括总注释、类注、章注、子目注释和统计注释，同时列出附加总规则数。

表9-3　各国（地区）税则附加注释数

单位：个

国家（地区）	总规则	注释				
		总注释	类注	章注	子目注释	统计注释
美国	4	28	10	460	—	138
中国	—	—	—	—	198	—
欧盟	35	—	5	122	—	—
日本	—	—	—	23	—	—
欧亚经济联盟	—	—	5	118	—	—
加拿大	3	—	2	42	—	38
印度	—	—	—	46	—	—
澳大利亚	—	—	8	82	—	—

由表9-3可以看出，《美国协调关税税则》附加的本国注释在注释类型和注释数量上都是最多的，除了没有附加子目注释（实际上有关子目的注释以附加章注的形式呈现），其他几种类型的附加注释均有，还有4个附加总规则，附加章注数量达460个（覆盖68个章），统计注释也达138个。通过这些附加总规则和附加注释，对税则中增设子目涉及的部分名词、归类要求、管理规定、统计要求等作出详细的解释和规定，便于正确归类和准确统计。

《欧盟共同海关税则》中附加总规则数最多，达35个，包括8个关于税率的总规则、4个关于分类目录和税率的总规则和23个特别规定。其中，8个关于税率的总规则是税率表中各栏适用对象的说明，4个关于分类目录和税率的总规则是海关估价和享受优惠关税的规定，23个特别规定是对船舶、航空器、药品、容器和包装材料、优惠关税待遇等作出的规定。此外，《欧盟共同海关税则》还有 5 个附加类注和 122 个附加章注。

《加拿大海关税则》中附加注释也较多，包括 3 个附加总规则、2 个附加类注和 42 个附加章注。《欧亚经济联盟税则》有 5 个附加类注和 118 个附加章注。《澳大利亚海关税则》有 8 个附加类注和 82 个附加章注。

《日本税则》和《印度海关税则》都只有附加章注，分别为 23 个和 46 个。

《中国税则》只有附加子目注释，为 198 个，相比 2024 年 23 个子目注释已经有了明显的增加，主要是对本国子目中出现的名词做解释。

9.3 各国（地区）税则税号数的比较

9.3.1 税号数比较

各国（地区）税则的税号数详见表 9-4。表中除税号总数外，还列出了平均拆分税号数、农产品与非农产品的税号数及其占比情况。

表 9-4 各国（地区）税则的税号数及其占比情况

国家（地区）	税号数位	税号数			平均拆分税号数（个）
		总数（个）	农产品（占比）	非农产品（占比）	
美国	8	11414	2162（18.94%）	9252（81.06%）	2.03
中国	8	8960	1455（16.24%）	7505（83.76%）	1.60
欧盟	8	9778	2562（26.20%）	7216（73.80%）	1.74
日本	9	9652	2461（25.50%）	7191（74.50%）	1.72
欧亚经济联盟	10	13262	3200（24.13%）	10062（75.87%）	2.36
加拿大	8	7266	1686（23.20%）	5580（76.80%）	1.29
印度	8	12290	1757（14.30%）	10533（85.70%）	2.19
澳大利亚	8	6752	1077（15.95%）	5675（84.05%）	1.20

从税号数位来看，《欧亚经济联盟税则》是十位编码，《日本税则》是九位编码，其他国家（地区）税则均为八位编码。《美国税则》《欧盟共同海关税则》和《加拿大海关税则》在八位税号后加两位统计后缀构成十位统计编码，《中国海关报关实用手册》也是十位编码，但其功能不限于

统计，有海关监管、配额管理和暂定税率等。

从税号总数来看，《欧亚经济联盟税则》的税号数最多，达13262个，平均拆分税号数为2.36个。其次是《印度海关税则》，八位税号数为12290个，平均拆分税号数为2.19个。《美国协调关税税则》的八位税号数为11414个（十位统计编码数为19907个），平均拆分税号数为2.03个。上述3个国家（地区）税则的税号数均超过了10000个。《中国税则》的八位税号数为8960个，平均拆分税号数为1.60个，在所研究的8个国家（地区）税则中排名第六，虽然税号总数并不是特别多，但十位编码数达到了11966个。《澳大利亚海关税则》的税号数最少，仅为6752个，平均拆分税号数为1.20个。

从税号数的分布来看，农产品税号占税号总数之比最大的是《欧盟共同海关税则》，占比为26.20%，然后依次是《日本税则》（25.50%）、《欧亚经济联盟税则》（24.13%）、《加拿大海关税则》（23.20%），上述4个国家（地区）税则中农产品税号占比均超过20%，《中国税则》中农产品税号占16.24%，《印度海关税则》中农产品税号占比最低，为14.30%。《印度海关税则》中非农产品税号数占比最高，达85.70%，《欧盟共同海关税则》中非农产品税号数占比最低（73.80%）。

9.3.2　各类税号数比较

税号在各类分布的比较结果详见表9-5。表中按税号数量降序排列取排名前10的类进行比较。

表9-5　各国（地区）税则中税号在各类的分布

国家（地区）		序号									
		1	2	3	4	5	6	7	8	9	10
美国	类	S06	S11	S16	S15	S04	S01	S02	S18	S07	S13
	税号数(个)	1859	1684	1448	996	797	707	580	517	378	348
	占比（%）	16.29	14.75	12.69	8.73	6.98	6.19	5.08	4.53	3.31	3.05

表9-5 续

国家（地区）		序号									
		1	2	3	4	5	6	7	8	9	10
中国	类	S16	S06	S11	S15	S02	S01	S17	S18	S04	S07
	税号数(个)	1644	1418	1139	792	534	533	521	340	326	282
	占比（%）	18. 35	15. 83	12. 72	8. 84	5. 96	5. 95	5. 81	3. 80	3. 64	3. 15
欧盟	类	S16	S06	S11	S01	S15	S04	S02	S17	S07	S18
	税号数(个)	1384	1273	1144	976	962	878	571	338	305	296
	占比（%）	14. 15	13. 02	11. 72	9. 98	9. 85	8. 99	5. 84	3. 46	3. 12	3. 03
日本	类	S11	S06	S16	S04	S01	S15	S02	S09	S07	S18
	税号数(个)	1825	1187	972	868	862	860	636	357	309	253
	占比（%）	18. 91	12. 30	10. 07	8. 99	8. 93	8. 91	6. 59	3. 70	3. 20	2. 62
欧亚经济联盟	类	S16	S06	S01	S11	S15	S04	S17	S02	S09	S07
	税号数(个)	2490	1362	1270	1203	1181	1146	955	628	500	376
	占比（%）	18. 78	10. 27	9. 58	9. 07	8. 91	8. 64	7. 20	4. 74	3. 77	2. 84
加拿大	类	S16	S06	S11	S15	S04	S01	S02	S17	S18	S07
	税号数(个)	1049	987	901	660	609	530	479	288	272	259
	占比（%）	14. 44	13. 58	12. 40	9. 08	8. 38	7. 29	6. 59	3. 96	3. 74	3. 56
印度	类	S06	S11	S16	S15	S02	S07	S01	S04	S05	S18
	税号数(个)	2407	2000	1722	1302	659	596	539	433	363	345
	占比（%）	19. 59	16. 27	14. 01	10. 59	5. 36	4. 85	4. 39	3. 52	2. 95	2. 81
澳大利亚	类	S16	S06	S11	S15	S01	S02	S04	S17	S10	S07
	税号数(个)	1063	1032	915	592	377	332	314	310	284	241
	占比（%）	15. 74	15. 28	13. 55	8. 77	5. 58	4. 92	4. 65	4. 59	4. 21	3. 57

可以看出，8个国家（地区）税则中，有5个国家（地区）税则（中国、欧盟、欧亚经济联盟、加拿大、澳大利亚）是第16类的税号数最多；2个国家税则（美国和印度）是第6类的税号数最多；《日本税则》税号数最多的是第11类。排名前三的类在上述8个国家（地区）税则中多为第6类、第11类和第16类，只是先后的顺序略有不同。这些商品既是国际贸易的主要商品，又是HS本身六位子目较多的类，因此各国（地区）

税则拆分出的本国税号数也较多。

9.3.3　各章税号数比较

税号在各章分布的比较结果详见表9-6。

表9-6　各国（地区）税则中税号在各章的分布

国家（地区）		序号									
		1	2	3	4	5	6	7	8	9	10
美国	章	29	84	85	62	90	03	28	44	72	04
	税号数(个)	1051	824	624	395	302	279	274	263	262	259
	占比（%）	9.21	7.22	5.47	3.46	2.65	2.44	2.40	2.30	2.30	2.27
中国	章	84	29	85	87	28	03	90	44	72	39
	税号数(个)	1053	603	591	392	325	300	264	232	229	170
	占比（%）	11.76	6.73	6.60	4.38	3.63	3.35	2.95	2.59	2.56	1.90
欧盟	章	84	29	85	03	72	20	28	02	44	73
	税号数(个)	894	519	490	466	344	307	264	248	235	233
	占比（%）	9.16	5.31	5.10	4.77	3.52	3.14	2.70	2.54	2.40	2.38
日本	章	84	29	03	52	85	72	44	20	55	54
	税号数(个)	612	530	455	381	360	334	327	281	281	232
	占比（%）	6.34	5.49	4.71	3.95	3.73	3.46	3.39	2.91	2.91	2.40
欧亚经济联盟	章	84	85	87	29	03	44	02	20	72	73
	税号数(个)	1351	1139	758	538	532	465	433	398	371	366
	占比（%）	10.19	8.59	5.72	4.06	4.01	3.51	3.26	3.00	2.80	2.76
加拿大	章	84	85	29	03	90	28	87	72	39	19
	税号数(个)	629	420	410	254	184	181	177	167	157	150
	占比（%）	8.66	5.78	5.64	3.50	2.53	2.49	2.44	2.30	2.16	2.06
印度	章	84	29	85	72	52	39	32	28	03	73
	税号数(个)	1086	950	636	527	430	428	338	332	306	264
	占比（%）	8.84	7.73	5.17	4.29	3.50	3.48	2.75	2.70	2.49	2.15

表9-6 续

国家（地区）		序号									
		1	2	3	4	5	6	7	8	9	10
澳大利亚	章	84	29	85	48	03	87	28	44	72	90
	税号数(个)	692	425	371	241	225	222	190	188	179	174
	占比（%）	10.25	6.29	5.49	3.57	3.33	3.29	2.81	2.78	2.65	2.58

由表9-6可以看出，8个国家（地区）税则中，7个国家（地区）税则（美国除外）是第84章的税号数最多，《美国协调关税税则》是第29章的税号数最多。在上述8个国家（地区）税则中，排名前三的章多为第84章、第29章和第85章，只是先后顺序略有不同。

9.3.4 各品目税号数比较

税号在各品目分布的比较结果详见表9-7。

表9-7 各国（地区）税则中税号在各品目的分布

国家（地区）		序号									
		1	2	3	4	5	6	7	8	9	10
美国	品目	0406	2933	6204	8708	1806	8528	2008	2903	2921	0304
	税号数(个)	154	113	86	85	72	70	66	65	65	64
	占比（%）	1.35	0.99	0.75	0.74	0.63	0.61	0.58	0.57	0.57	0.56
中国	品目	8703	8708	0302	2903	0303	0304	5402	0307	2846	8443
	税号数(个)	170	89	52	52	51	50	48	44	43	43
	占比（%）	1.90	0.99	0.58	0.58	0.57	0.56	0.54	0.49	0.48	0.48
欧盟	品目	2008	2204	0207	0304	2009	0303	0302	4407	0307	2208
	税号数(个)	136	126	110	107	102	101	88	65	55	55
	占比（%）	1.39	1.29	1.12	1.09	1.04	1.03	0.90	0.66	0.56	0.56
日本	品目	2008	2903	5407	2710	1901	2009	5516	0304	0303	5205
	税号数(个)	104	91	90	88	80	80	80	79	76	76
	占比（%）	1.08	0.94	0.93	0.91	0.83	0.83	0.83	0.82	0.79	0.79

表9-7　续

国家（地区）		序号									
		1	2	3	4	5	6	7	8	9	10
欧亚经济联盟	品目	8524	8703	0207	4407	2009	2204	2008	8702	8462	0303
	税号数(个)	298	278	220	203	173	170	143	123	119	118
	占比（%）	2.25	2.10	1.66	1.53	1.30	1.28	1.08	0.93	0.90	0.89
加拿大	品目	8708	1905	0207	0304	0302	0303	0307	2204	2903	1602
	税号数(个)	63	58	49	48	45	44	44	43	42	41
	占比（%）	0.87	0.80	0.67	0.66	0.62	0.61	0.61	0.59	0.58	0.56
印度	品目	3204	3004	5407	5208	3920	2933	5205	2921	5209	2903
	税号数(个)	243	141	124	111	104	88	83	81	76	74
	占比（%）	1.98	1.15	1.01	0.90	0.85	0.72	0.68	0.66	0.62	0.60
澳大利亚	品目	8708	4802	8703	2710	0304	0302	0303	4407	2903	3827
	税号数(个)	73	69	57	50	48	45	44	44	43	36
	占比（%）	1.08	1.02	0.84	0.74	0.71	0.67	0.65	0.65	0.64	0.53

由表9-7可以看出，各国（地区）税则税号数最多的品目差异较大。《美国协调关税税则》中税号最多的是品目0406，有154个税号，是在5个HS子目基础上拆分出来的。该品目税号多的原因主要有两方面：一方面，《美国协调关税税则》细化了酪乳的品种（如罗克福干酪、切达干酪、科尔比奶酪、艾丹姆和高达奶酪、罗曼诺干酪等）；另一方面，通过附加章注与编码相结合，对不同国家（地区）进口的酪乳进行进口配额管理。然后依次为品目2933（113个）、品目6204（86个）和品目8708（85个）等。

《中国税则》中税号最多的品目是品目8703，有170个税号。在HS按动力类型（汽油车、柴油车、不可充电的混合动力车、可充电的混合动力车、纯电动车）和气缸容量（部分子目）拆分子目的基础上，《中国税则》再根据车辆类型（小轿车、四驱越野车、小客车等）和气缸容量进一步拆分本国子目。然后依次为品目8708（89个），品目0302和品目2903（均为52个）等。

《欧盟共同海关税则》和《日本税则》中税号数最多的品目都是品目

2008，税号数分别为136个和104个。该品目包括经过深加工的含油子仁（如花生、大豆等）、水果、坚果等。《欧盟共同海关税则》对经过深加工的各种水果根据其含糖量、是否添加酒精及酒精浓度、净重等拆分子目，在13个HS子目基础上拆分出了较多的子目。

《加拿大海关税则》和《澳大利亚海关税则》中税号数最多的品目是品目8708，税号数分别为63个和73个，是在15个HS子目的基础上拆分出来的。

《欧亚经济联盟税则》中税号数最多的品目是品目8524，税号数为298个，是表9-7中所有税则税号数最多的品目。该品目是2022年HS新增的品目，《欧亚经济联盟税则》是根据平板显示模组的用途来拆分子目的。

《印度海关税则》税号数最多的品目是品目3204，税号数为243个，在HS子目按染料类型（如分散染料、酸性染料、碱性染料、直接染料、活性染料等）拆分的基础上，《印度海关税则》进一步按化学成分和染料颜色拆分本国子目。

将表9-7中8个国家（地区）税则排名前10的品目进行频次统计可以发现，以下3个品目出现的频率最高：品目0303、品目0304、品目2903，均为6次。然后是以下3个品目：品目0302、品目2008和品目8708，均为4次。上述6个品目中，有3个品目是第3章的鱼，表明各国（地区）税则普遍对鱼的列目进行了细致的拆分。

9.3.5 各HS子目税号数比较

各国（地区）税则中税号在HS子目的分布详见表9-8，篇幅所限，表中仅列出了税号数量排名前8的品目。

表9-8　各国（地区）税则中税号在HS子目的分布

单位：个

国家（地区）		序号							
		1	2	3	4	5	6	7	8
美国	子目	0406.90	2106.90	0406.20	0406.30	8529.90	2933.99	1806.20	3926.90
	税号数	50	42	38	36	31	29	28	26
中国	子目	2846.90	1211.90	8703.40	8703.60	8703.70	8703.50	8517.62	2941.90
	税号数	39	30	28	28	28	26	18	15
欧盟	子目	2204.21	0406.90	2204.22	2204.29	2710.19	2008.99	0404.10	2008.97
	税号数	58	32	28	27	26	25	24	22
日本	子目	2106.90	1901.90	0404.10	2710.20	1901.20	2008.99	2710.19	0403.20
	税号数	43	40	39	39	32	31	31	28
欧亚经济联盟	子目	8703.40	8703.60	2204.29	8529.90	2204.21	8524.11	8524.19	8524.91
	税号数	72	72	65	58	57	50	50	50
加拿大	子目	2206.00	0406.90	1905.90	2106.90	1702.90	8528.72	1901.90	2204.21
	税号数	25	24	23	22	18	15	14	13
印度	子目	3004.90	3204.19	3204.12	3204.15	1211.90	3301.29	5407.10	2710.19
	税号数	70	64	47	42	39	35	35	34
澳大利亚	子目	2206.00	4823.90	2710.91	2710.99	4802.61	4802.62	4802.69	2203.00
	税号数	29	27	16	16	14	14	14	12

由表9-8可以看出，各国（地区）税则税号数最多的子目各不相同。《美国协调关税税则》中税号数最多的HS子目是子目0406.90，税号数为50个。《中国税则》中税号数最多的HS子目是子目2846.90，税号数为39个。这主要是因为中国是稀土金属出口量最大的国家，为了在宏观层面把控稀土金属的出口，中国在《中国税则》中细化了稀土金属化合物的列名。这些商品的监管代码基本上是“4B*xy*”，即需要出口许可证（监管证件代码为4）、电子底账（监管证件代码为B）、出口许可证（加工贸易）（监管证件代码为*x*）和出口许可证（边境小额贸易）（监管证件代码为*y*）

等。《欧盟共同海关税则》中税号数最多的 HS 子目是子目 2204. 21，税号数为 58 个。《日本税则》中税号数最多的 HS 子目是子目 2106. 90，税号数为 43 个。《欧亚经济联盟税则》中税号数最多的 HS 子目是子目 8703. 40，税号数为 72 个，这也是所研究的各国（地区）税则中税号数最多的 HS 子目。《加拿大海关税则》和《澳大利亚海关税则》中税号数最多的 HS 子目是子目 2206. 00，税号数分别为 25 个和 29 个。

此外，将表 9-8 中 8 个国家（地区）税则排名前 8 的 HS 子目进行频次统计发现，以下 4 个 HS 子目出现的频率最高：子目 0406. 90、子目 2106. 90、子目 2204. 21 和子目 2710. 19，均出现 3 次。

下篇

各国（地区）税则税率结构的比较分析

海关的一项重要传统职能是征税，税则中税率栏正是为征收关税而设。然而各国（地区）税则的关税税率水平和税率结构往往存在较大的差异。因此，了解各国（地区）税则的平均关税税率及不同商品的税率结构是非常必要的，不仅有利于自由贸易区谈判中关税税率的确定，而且有助于企业了解各国（地区）关税水平从而降低进口成本。

税则的征税方式可以分为从价税、从量税、复合税、选择税等。从价税是以课税对象的价格为计征依据，一般按进出口商品完税价格的百分比征收。这种方式税负合理，计算和征收简便，是应用最广泛的征税方式。从量税是以课税对象的实物量为计征依据，通常以商品的数量、重量、体积、长度等为计量单位征税。其优点是征税手续简便，可以限制廉价商品的进口。复合税是指按从价税和从量税两种方式同时对进出口商品征税，往往适用于敏感商品和需要保护的商品。选择税则是在从价税和从量税两种计税方式中就高或者就低选择其中一种征税，有利于避免单一征税方式的缺点，但计算关税比较麻烦。可以说，各种征税方式各有其优缺点，对比分析各国（地区）税则中不同征税方式的设置情况，有助于取长补短，合理设置《中国税则》的税率结构，推动国内产品结构的优化调整。

考虑到多数国家（地区）对进口商品征收关税，而对出口商品一般不征税，本篇内容仅对各国（地区）进口税则中的进口税率进行研究。

本篇以进口税率为统计对象，首先统计各国（地区）税则中各种征税方式的税号数及其占比，分析从量税、复合税和选择税等非从价税适用的税号及其对应的商品。然后剔除非从价税，分别从整体、类、章、品目和HS子目五个层面统计名义平均税率、最高税率、最低税率和税率均方差，从整体到局部对各国（地区）税则的进口税率结构进行全面、深入的剖析。最后将各国（地区）税则的进口税率结构统一比较分析。

第 10 章　美国税则的税率结构分析

《美国协调关税税则》中进口税率分为两栏：第一栏又分为普通税率和特惠税率，特惠税率适用于与美国签订双边贸易协定的国家（地区），普通税率适用于其他国家（地区）。第二栏税率仅适用于古巴和朝鲜两个国家。考虑到税率适用对象的覆盖面和统计的便利性，本章仅对《美国协调关税税则》中普通税率进行统计分析。

10.1　税种分析

10.1.1　征税方式分析

从征税方式角度分析，《美国协调关税税则》中各税种的分布详见表10-1。可以看出，《美国协调关税税则》中有从价税、从量税、复合税和选择税四种不同的征税方式。其中从价税是主体，有 10194 个税号采用，占税号总数的 89.31%。此外，791 个税号采用从量税、400 个税号采用复合税、29 个税号采用选择税。

表 10-1　《美国协调关税税则》中各税种的分布

税种	税号数（个）	占比（%）
从价税	10194	89.31
从量税	791	6.93
复合税	400	3.50
选择税	29	0.26
总计	11414	100

10.1.2　非从价税的分布

尽管非从价税（从量税、复合税和选择税）在税则中使用的频率不高，但分析这些非从价税涉及的税号及其相应的商品，对优化《中国税则》的税率往往具有重要的参考意义。本章将分析《美国协调关税税则》

中各种非从价税涉及的税号及其对应的商品。

1. 从量税的分布

《美国协调关税税则》中 791 个税号使用从量税，分布在 12 个类、41 个章、160 个品目和 403 个 HS 子目中。

统计各类设置从量税的情况可知，第 2 类有 246 个税号，第 4 类有 210 个税号，第 1 类有 199 个税号，第 3 类有 37 个税号，这 4 类都是农产品，合计 692 个税号，占税号总数的 87.48%，表明从量税主要应用于农产品征税。

统计各章设置从量税的情况可知，第 4 章有 125 个税号，第 7 章有 86 个税号，第 8 章和第 20 章均有 73 个税号，第 2 章有 55 个税号，第 15 章有 37 个税号，第 22 章有 36 个税号。

从量税在各品目的分布详见表 10–2，篇幅所限，表中仅列出了从量税税号数量在 10 个及以上的品目。可以看出，共有 20 个品目的从量税税号数达到 10 个及以上，其中，品目 0406 的从量税税号数最多，达到 51 个，该品目也是《美国协调关税税则》中税号数最多的品目。然后依次为品目 2009（28 个）、品目 0713（27 个）、品目 0402（24 个）等。

表 10–2　从量税在各品目的分布

单位：个

序号	品目	品目条文	税号数
1	0406	乳酪及凝乳	51
2	2009	未发酵及未加酒精的水果汁或坚果汁（包括酿酒葡萄汁及椰子水）、蔬菜汁，不论是否加糖或其他甜物质	28
3	0713	脱荚的干豆，不论是否去皮或分瓣	27
4	0402	浓缩、加糖或其他甜物质的乳及稀奶油	24
5	0207	品目 0105 所列家禽的鲜、冷、冻肉及食用杂碎	23
6	2710	石油及从沥青矿物提取的油类，但原油除外；以上述油为基本成分（按重量计不低于 70%）的其他品目未列名制品；废油	23
7	0802	鲜或干的其他坚果，不论是否去壳或去皮	22

表10-2 续

序号	品目	品目条文	税号数
8	2005	其他未冷冻蔬菜，用醋或醋酸以外的其他方法制作或保藏的，但品目2006的产品除外	20
9	2008	用其他方法制作或保藏的其他品目未列名水果、坚果及植物的其他食用部分，不论是否加酒、加糖或其他甜物质	20
10	1701	固体甘蔗糖、甜菜糖及化学纯蔗糖	17
11	2106	其他品目未列名的食品	17
12	0403	酸乳；酪乳、结块的乳及稀奶油、酸乳酒及其他发酵或酸化的乳和稀奶油，不论是否浓缩、加糖、加其他甜物质、加香料、加水果、加坚果或加可可	16
13	0710	冷冻蔬菜（不论是否蒸煮）	13
14	0804	鲜或干的椰枣、无花果、菠萝、鳄梨、番石榴、芒果及山竹果	13
15	2204	鲜葡萄酿造的酒，包括加酒精的；品目2009以外的酿酒葡萄汁	13
16	2401	烟草；烟草废料	13
17	0204	鲜、冷、冻绵羊肉或山羊肉	12
18	0401	未浓缩及未加糖或其他甜物质的乳及稀奶油	12
19	9108	已组装的完整表芯	11
20	2403	其他烟草及烟草代用品的制品；“均化”或“再造”烟草；烟草精汁	10

为了便于读者对《美国协调关税税则》中的从量税有一个直观的认识，特将典型的从量税税率列出，详见表10-3。可以看出，从量税计征的单位包括数量（个、头）、体积（立方米）、容量（升）、重量（千克）等，重量还分为内容物的干重、固形物重量等。对于含糖食物，根据糖度不同进行换算（糖度越高，税率越低），并限定了最低从量税税率。可以说，《美国协调关税税则》从量税细致的设置，值得学习和借鉴。

表 10-3　典型的从量税税率

税号	税率
0102. 2940	1 美分/千克
0104. 2000	68 美分/头
0105. 1100	0. 9 美分/个
0401. 1000	0. 34 美分/升
0711. 2018	3. 7 美分/千克固形物
0806. 1020	1. 13 美元/立方米
1701. 1205	糖度 100 度以下，3. 6606 美分/千克-糖度（不足 1 度按比例计算）× 0. 020668 美分/千克，但不低于 3. 143854 美分/千克
1703. 1050	0. 01 美分/千克总糖
5101. 1160	18. 7 美分/千克干重

2. 复合税的分布

《美国协调关税税则》中有 400 个税号设置了复合税，分布在 16 个类、37 个章、102 个品目和 200 个 HS 子目中。

统计各类设置复合税的情况可知，第 18 类有 103 个税号，第 4 类有 89 个税号，第 11 类有 69 个税号，第 15 类有 39 个税号，第 12 类有 26 个税号。

统计各章设置复合税的情况可知，第 91 章有 99 个税号，第 82 章有 35 个税号，第 62 章有 32 个税号，第 18 章有 27 个税号，第 21 章有 20 个税号。

复合税在各品目的分布详见表 10-4，表中仅列出了复合税税号数量为 10 个及以上的品目。可以看出，品目 9102 的复合税税号数最多，达到 36 个。然后依次为品目 1806（27 个）、品目 1901（17 个）等。典型的复合税税率详见表 10-5。由表 10-5 可见，对 0402. 2950 项下的奶粉既征收了 1. 104 美元/千克的从量税，又征收了 14. 9%的从价税。对 2620. 9920 项下的钨矿，既按含钨量征收 17. 6 美分/千克的从量税，又征收了 3. 8%的从价税。对 9102. 1110 项下的手表，既有手表整体从量税，又有表壳、表带和电池各自的从价税。

表 10-4　复合税在各品目的分布

单位：个

序号	品目	品目条文	税号数
1	9102	手表、怀表及其他表，包括秒表，但品目 9101 的货品除外	36
2	1806	巧克力及其他含可可的食品	27
3	1901	麦精；细粉、粗粒、粗粉、淀粉或麦精制的其他品目未列名的食品，不含可可或按重量计全脱脂可可含量低于 40%；品目 0401 至 0404 所列货品制的其他品目未列名的食品，不含可可或按重量计全脱脂可可含量低于 5%	17
4	9105	其他钟	16
5	8211	有刃口的刀及其刀片，不论是否有锯齿（包括整枝刀），但品目 8208 的刀除外	15
6	2106	其他品目未列名的食品	11
7	9101	手表、怀表及其他表，包括秒表，表壳用贵金属或包贵金属制成的	11
8	6402	橡胶或塑料制外底及鞋面的其他鞋靴	10

表 10-5　典型的复合税税率

税号	税率
0402. 2950	1. 104 美元/千克+14. 9%
0711. 5100	5. 7 美分/千克固形物+8%
1702. 2028	16. 9 美分/千克总糖+5. 1%
2620. 9920	17. 6 美分/千克钨+3. 8%
9102. 1110	44 美分/个+6%（表壳）+14%（表带）+5. 3%（电池）

3. 选择税的分布

《美国协调关税税则》中 29 个税号设置了选择税，分布在 4 个类、5 个章、10 个品目中。选择税在各品目中的分布详见表 10-6。可以看出，服装类商品设置了较多的选择税，涉及品目 6103、品目 6104、品目 6203 和品目 6204，所覆盖的商品包括西服套装、便服套装、上衣、长裤、护胸背带工装裤、马裤及短裤等。

表 10–6　选择税在各品目中的分布

单位：个

序号	品目	品目条文	税号数
1	6203	男式西服套装、便服套装、上衣、长裤、护胸背带工装裤、马裤及短裤	6
2	6103	针织或钩编的男式西服套装、便服套装、上衣、长裤、护胸背带工装裤、马裤及短裤	5
3	6104	针织或钩编的女式西服套装、便服套装、上衣、连衣裙、裙子、裙裤、长裤、护胸背带工装裤、马裤及短裤	5
4	6204	女式西服套装、便服套装、上衣、连衣裙、裙子、裙裤、长裤、护胸背带工装裤、马裤及短裤	5
5	8215	餐匙、餐叉、长柄勺、漏勺、糕点夹、鱼刀、黄油刀、糖块夹及类似的厨房或餐桌用具	2
6	9110	未组装或部分组装的完整钟、表机芯（机芯套装件）；已组装的不完整钟、表机芯；未组装的不完整钟、表机芯	2
7	8205	其他品目未列名的手工工具（包括玻璃刀）；喷灯；台钳、夹钳及类似品，但作为机床或水射流切割机附件或零件的除外；砧；轻便锻炉；带支架的手摇或脚踏砂轮	1
8	8206	由品目 8202 至 8205 中两个或多个品目所列工具组成的零售包装成套货品	1
9	8211	有刃口的刀及其刀片	1
10	9608	圆珠笔；毡尖和其他渗水式笔尖笔及唛头笔；自来水笔、铁笔型自来水笔及其他钢笔；蜡纸铁笔；活动铅笔；钢笔杆、铅笔套及类似的笔套；上述物品的零件	1

10. 2　从价税的分析

10. 2. 1　总体税率分析

为了计算《美国协调关税税则》中税率的情况，将税率为从量税、复合税和选择税等非从价税的税号剔除，仅对从价税税率进行统计分析。结果表明，《美国协调关税税则》的名义平均税率为4.24%，最高税率为350%，最低税率为0，税率均方差为10.96%。最高税率350%共有7个税号，都是第24章的烟草制品，分别为品目2401（4个）和品目2403（3个）项下的商品。

《美国协调关税税则》中，农产品的名义平均税率为7.09%，税率均方差为26.94%；非农产品的名义平均税率为3.81%，税率均方差为5.11%。显然，农产品的名义平均税率高于非农产品，税率的离散程度也更大。

《美国协调关税税则》的税率从0到350%，共有204个税级，其中使用最多的税率是0，有4316个税号，占比为42.34%。然后依次为6.5%（546个税号，占比为5.36%）、3.7%（294个税号，占比为2.88%）、5.5%（219个税号，占比为2.15%）、10%（196个税号，占比为1.92%）等。税号数排名前10的税级详见表10-7。

表10-7　《美国协调关税税则》中排名前10税级的分布

序号	税率（%）	税号数（个）	占比（%）
1	0	4316	42.34
2	6.5	546	5.36
3	3.7	294	2.88
4	5.5	219	2.15
5	10	196	1.92
6	2.5	180	1.77
7	5	176	1.73
8	3	173	1.70
9	4.2	128	1.26
10	6	127	1.25

10.2.2　各类税率比较分析

《美国协调关税税则》各类的税率统计结果详见表10-8，表中结果按名义平均税率从高到低排列，并列出了各类的最高税率、最低税率和税率均方差。可以看出，第 12 类的名义平均税率最高，为 11.30%。然后依次为第 4 类（10.95%）、第 11 类（8.68%）、第 2 类（5.94%）和第 13 类（5.31%）等。名义平均税率最低的是第 10 类和第 21 类，名义平均税率均为 0。

各类中最高税率排名第 1 的是第 4 类，即部分烟草及其制品的税率为 350%，然后依次为第 2 类（163.80%）、第 12 类（48.00%）和第 13 类（38.00%）等。各类的最低税率均为 0，即每个类都存在“零税率”。

从税率的均方差来看，第 4 类的税率均方差最大，达 41.63%，表明税率分布的离散程度最大，主要原因是存在 350% 这样极高的税率。然后依次为第 2 类（16.38%）、第 12 类（12.18%）和第 11 类（6.63%）等。

表 10-8 《美国协调关税税则》各类的税率统计结果

单位：%

序号	类	标题	名义平均税率	最高税率	最低税率	均方差
1	S12	鞋、帽、伞、杖、鞭及其零件；已加工的羽毛及其制品；人造花；人发制品	11.30	48.00	0	12.18
2	S04	食品；饮料、酒及醋；烟草、烟草及烟草代用品的制品；非经燃烧吸用的产品，不论是否含有尼古丁；其他供人体摄入尼古丁的含尼古丁的产品	10.95	350.00	0	41.63
3	S11	纺织原料及纺织制品	8.68	32.00	0	6.63
4	S02	植物产品	5.94	163.80	0	16.38
5	S13	石料、石膏、水泥、石棉、云母及类似材料的制品；陶瓷产品；玻璃及其制品	5.31	38.00	0	5.96
6	S08	生皮、皮革、毛皮及其制品；鞍具及挽具；旅行用品、手提包及类似容器；动物肠线（蚕胶丝除外）制品	4.93	20.00	0	5.28
7	S01	活动物；动物产品	4.22	26.40	0	6.37

表10-8　续

序号	类	标题	名义平均税率	最高税率	最低税率	均方差
8	S07	塑料及其制品；橡胶及其制品	3.75	14.00	0	2.50
9	S03	动、植物或微生物油、脂及其分解产品；精制的食用油脂；动、植物蜡	3.70	19.10	0	5.21
10	S06	化学工业及其相关工业的产品	3.49	6.50	0	2.63
11	S20	杂项制品	3.22	32.00	0	3.92
12	S14	天然或养殖珍珠、宝石或半宝石、贵金属、包贵金属及其制品；仿首饰；硬币	3.00	13.50	0	3.37
13	S17	车辆、航空器、船舶及有关运输设备	2.70	25.00	0	5.29
14	S09	木及木制品；木炭；软木及软木制品；稻草、秸秆、针茅或其他编结材料制品；篮筐及柳条编结品	2.34	18.00	0	3.25
15	S15	贱金属及其制品	1.71	15.00	0	2.40
16	S19	武器、弹药及其零件、附件	1.63	5.70	0	1.93
17	S18	光学、照相、电影、计量、检验、医疗或外科用仪器及设备、精密仪器及设备；钟表；乐器；上述物品的零件、附件	1.55	16.00	0	2.64
18	S16	机器、机械器具、电气设备及其零件；录音机及放声机、电视图像、声音的录制和重放设备及其零件、附件	1.46	15.00	0	2.06
19	S05	矿产品	0.36	7.00	0	1.31
20	S10	木浆及其他纤维状纤维素浆；回收（废碎）纸或纸板；纸、纸板及其制品	0	0	0	0
21	S21	艺术品、收藏品及古物	0	0	0	0

10.2.3 各章税率比较分析

《美国协调关税税则》各章的税率统计结果详见表10-9，表中结果按名义平均税率从高到低排列。可以看出，第24章的名义平均税率最高，为71.31%。然后依次为第64章（13.46%）、第12章（13.20%）、第4章（12.29%）、第61章（11.80%）、第55章（10.73%）和第60章（10.10%）等。名义平均税率最低的有5章，分别为第31章、第47章、第48章、第49章、第97章，均为“零税率”。

表10-9 《美国协调关税税则》各章的税率统计结果

单位：%

序号	章	标题	名义平均税率	最高税率	最低税率	均方差
1	24	烟草及烟草代用品的制品；非经燃烧吸用的产品，不论是否含有尼古丁；其他供人体摄入尼古丁的含尼古丁的产品	71.31	350.00	0	139.36
2	64	鞋靴、护腿和类似品及其零件	13.46	48.00	0	12.98
3	12	含油子仁及果实；杂项子仁及果实；工业用或药用植物；稻草、秸秆及饲料	13.20	163.80	0	40.28
4	04	乳品；蛋品；天然蜂蜜；其他食用动物产品	12.29	25.00	0	5.10
5	61	针织或钩编的服装及衣着附件	11.80	32.00	0	8.50
6	55	化学纤维短纤	10.73	25.00	0	5.09
7	60	针织物及钩编织物	10.10	18.50	0	3.01
8	54	化学纤维长丝；化学纤维纺织材料制扁条及类似品	9.97	25.00	0	5.22
9	62	非针织或非钩编的服装及衣着附件	9.91	28.60	0	7.41
10	20	蔬菜、水果、坚果或植物其他部分的制品	9.89	131.80	0	17.81

表10-9　续1

序号	章	标题	名义平均税率	最高税率	最低税率	均方差
11	19	谷物、粮食粉、淀粉或乳的制品；糕饼点心	9.49	17.50	0	5.73
12	42	皮革制品；鞍具及挽具；旅行用品、手提包及类似容器；动物肠线（蚕胶丝除外）制品	8.93	20.00	0	6.52
13	07	食用蔬菜、根及块茎	8.72	29.80	0	7.18
14	52	棉花	8.56	16.50	0	3.65
15	21	杂项食品	7.80	20.00	0	5.26
16	58	特种机织物；簇绒织物；花边；装饰毯；装饰带；刺绣品	6.79	20.20	0	5.50
17	63	其他纺织制成品；成套物品；旧衣着及旧纺织品；碎织物	6.78	20.90	0	4.36
18	69	陶瓷产品	6.72	28.00	0	6.05
19	51	羊毛、动物细毛或粗毛；马毛纱线及其机织物	6.68	25.00	0	8.16
20	17	糖及糖食	6.44	12.20	0	2.86
21	02	肉及食用杂碎	6.01	26.40	0	7.88
22	70	玻璃及其制品	5.94	38.00	0	6.31
23	18	可可及可可制品	5.77	10.00	0	3.57
24	96	杂项制品	4.99	32.00	0	4.83
25	08	食用水果及坚果；柑橘属水果或甜瓜的果皮	4.92	29.80	0	7.40
26	39	塑料及其制品	4.56	6.50	0	2.11
27	66	雨伞、阳伞、手杖、鞭子、马鞭及其零件	4.49	12.00	0	4.11
28	46	稻草、秸秆、针茅或其他编结材料制品；篮筐及柳条编结品	4.48	18.00	0	4.07
29	65	帽类及其零件	4.28	9.40	0	3.52

表10-9 续2

序号	章	标题	名义平均税率	最高税率	最低税率	均方差
30	86	铁道或电车道机车、车辆及其零件；铁道或电车道轨道固定装置及其零件、附件；各种机械（包括电动机械）交通信号设备	4.28	14.00	0	4.94
31	32	鞣料浸膏及染料浸膏；鞣酸及其衍生物；染料、颜料及其他着色料；油漆及清漆；油灰及其他类似胶粘剂；墨水、油墨	4.23	6.50	0	2.58
32	56	絮胎、毡呢及无纺织物；特种纱线；线、绳、索、缆及其制品	4.23	14.10	0	4.05
33	11	制粉工业产品；麦芽；淀粉；菊粉；面筋	4.21	12.80	0	4.06
34	29	有机化学品	4.06	6.50	0	2.63
35	67	已加工羽毛、羽绒及其制品；人造花；人发制品	3.99	17.00	0	4.89
36	38	杂项化学产品	3.85	6.50	0	2.49
37	91	钟表及其零件	3.77	14.00	0	3.80
38	15	动、植物或微生物油、脂及其分解产品；精制的食用油脂；动、植物蜡	3.70	19.10	0	5.21
39	76	铝及其制品	3.68	6.5.00	0	1.75
40	16	肉、鱼、甲壳动物、软体动物及其他水生无脊椎动物、以及昆虫的制品	3.55	35.00	0	4.99
41	81	其他贱金属、金属陶瓷及其制品	3.49	15.00	0	3.58
42	06	活树及其他活植物；鳞茎、根及类似品；插花及装饰用簇叶	3.31	7.00	0	2.60
43	59	浸渍、涂布、包覆或层压的纺织物；工业用纺织制品	3.10	14.10	0	3.14
44	57	地毯及纺织材料的其他铺地制品	3.09	8.00	0	2.81

表10-9　续3

序号	章	标题	名义平均税率	最高税率	最低税率	均方差
45	87	车辆及其零件、附件，但铁道或电车道车辆除外	3.09	25.00	0	5.85
46	82	贱金属工具、器具、利口器、餐匙、餐叉及其零件	3.07	14.00	0	3.06
47	71	天然或养殖珍珠、宝石或半宝石、贵金属、包贵金属及其制品；仿首饰；硬币	3.00	13.50	0	3.37
48	83	贱金属杂项制品	2.96	7.50	0	2.03
49	92	乐器及其零件、附件	2.77	8.70	0	2.39
50	79	锌及其制品	2.55	4.20	0	1.07
51	94	家具；寝具、褥垫、弹簧床垫、软座垫及类似的填充制品；未列名灯具及照明装置；发光标志、发光铭牌及类似品；活动房屋	2.54	12.80	0	3.14
52	28	无机化学品；贵金属、稀土金属、放射性元素及其同位素的有机及无机化合物	2.50	5.50	0	1.95
53	41	生皮（毛皮除外）及皮革	2.46	5.00	0	1.59
54	36	炸药；烟火制品；火柴；引火合金；易燃材料制品	2.45	6.50	0	2.32
55	40	橡胶及其制品	2.40	14.00	0	2.52
56	34	肥皂、有机表面活性剂、洗涤剂、润滑剂、人造蜡、调制蜡、光洁剂、蜡烛及类似品、塑型用膏、“牙科用蜡”及牙科用熟石膏制剂	2.38	6.50	0	2.37
57	43	毛皮、人造毛皮及其制品	2.37	6.50	0	2.00
58	37	照相及电影用品	2.26	3.70	0	1.71
59	75	镍及其制品	2.17	3.00	0	1.17
60	74	铜及其制品	2.08	3.00	0	1.09
61	44	木及木制品；木炭	2.06	10.70	0	2.90

表10-9　续4

序号	章	标题	名义 平均税率	最高税率	最低税率	均方差
62	35	蛋白类物质；改性淀粉；胶；酶	1.99	6.50	0	2.35
63	53	其他植物纺织纤维；纸纱线及其机织物	1.99	14.50	0	4.43
64	78	铅及其制品	1.95	3.00	0	1.03
65	95	玩具、游戏品、运动用品及其零件、附件	1.89	9.20	0	2.54
66	80	锡及其制品	1.85	3.00	0	1.24
67	23	食品工业的残渣及废料；配制的动物饲料	1.83	7.50	0	2.69
68	68	石料、石膏、水泥、石棉、云母及类似材料的制品	1.78	9.00	0	2.45
69	93	武器、弹药及其零件、附件	1.63	5.70	0	1.93
70	10	谷物	1.53	11.20	0	3.03
71	85	电机、电气设备及其零件；录音机及放声机、电视图像、声音的录制和重放设备及其零件、附件	1.51	15.00	0	2.24
72	22	饮料、酒及醋	1.45	17.50	0	4.61
73	33	精油及香膏；芳香料制品及化妆盥洗品	1.45	6.00	0	2.10
74	84	核反应堆、锅炉、机器、机械器具及其零件	1.41	9.90	0	1.92
75	14	编结用植物材料；其他植物产品	1.32	4.40	0	1.60
76	73	钢铁制品	1.11	12.50	0	2.29
77	90	光学、照相、电影、计量、检验、医疗或外科用仪器及设备、精密仪器及设备；上述物品的零件、附件	1.03	16.00	0	2.16
78	50	蚕丝	0.92	3.90	0	1.44
79	01	活动物	0.90	6.80	0	1.77
80	89	船舶及浮动结构体	0.80	2.70	0	0.95

表10-9　续5

序号	章	标题	名义平均税率	最高税率	最低税率	均方差
81	13	虫胶；树胶、树脂及其他植物液、汁	0.79	3.80	0	1.25
82	45	软木及软木制品	0.74	14.00	0	3.13
83	27	矿物燃料、矿物油及其蒸馏产品；沥青物质；矿物蜡	0.71	7.00	0	2.04
84	03	鱼、甲壳动物、软体动物及其他水生无脊椎动物	0.70	15.00	0	2.06
85	05	其他动物产品	0.65	5.10	0	1.33
86	09	咖啡、茶、马黛茶及调味香料	0.58	6.40	0	1.57
87	30	药品	0.36	6.40	0	1.32
88	72	钢铁	0.30	10.00	0	1.17
89	25	盐；硫磺；泥土及石料；石膏料、石灰及水泥	0.27	3.00	0	0.85
90	26	矿砂、矿渣及矿灰	0.13	5.00	0	0.79
91	88	航空器、航天器及其零件	0.11	3.00	0	0.56
92	31	肥料	0.00	0	0	0.00
93	47	木浆及其他纤维状纤维素浆；回收（废碎）纸或纸板	0.00	0	0	0.00
94	48	纸及纸板；纸浆；纸或纸板制品	0.00	0	0	0.00
95	49	书籍、报纸、印刷图画及其他印刷品；手稿、打字稿及设计图纸	0.00	0	0	0.00
96	97	艺术品、收藏品及古物	0.00	0	0	0.00

各章中最高税率排名第一的是第24章，达350.00%。然后依次为第12章（163.80%）、第20章（131.80%）和第64章（48.00%）等。各章的最低税率均为0，即每个章都存在“零税率”。

从税率的均方差来看，第24章的税率均方差最大，达139.36%，表明税率分布的离散程度最大。然后依次为第12章（40.28%）、第20章（17.81%）和第64章（12.98%）等。均方差的排序与最高税率的排序一致，正是因为极端最高税率的存在使得税率分布的离散程度增大。

10.2.4 各品目税率比较分析

《美国协调关税税则》各品目的税率统计结果详见表 10-10，表中结果按名义平均税率从高到低排列，篇幅所限，表中仅列出了名义平均税率前 30 位的品目。可以看出，品目 2403 的名义平均税率最高，为 350.00%。然后依次为品目 1202（139.80%）、品目 2401（58.33%）、品目 0804（29.80%）等。统计结果还表明，名义平均税率为最低的“零税率”，有 414 个品目（占比品目总数的 35.06%，篇幅所限，未在表中列出，下同），包括品目 0102、品目 0103、品目 0104、品目 0203 等。

表 10-10 《美国协调关税税则》各品目的税率统计结果

单位：%

序号	品目	品目条文	名义平均税率	最高税率	最低税率	均方差
1	2403	其他烟草及烟草代用品的制品；“均化”或“再造”烟草；烟草精汁	350.00	350.00	350.00	0
2	1202	未焙炒或未烹煮的花生，不论是否去壳或破碎	139.80	163.80	131.80	13.86
3	2401	烟草；烟草废料	58.33	350.00	0	130.44
4	0804	鲜或干的椰枣、无花果、菠萝、鳄梨、番石榴、芒果及山竹果	29.80	29.80	29.80	0
5	6401	橡胶或塑料制外底及鞋面的防水鞋靴，其鞋面不是用缝、铆、钉或类似方法固定在鞋底上的	24.12	37.50	0	16.47
6	8704	货运机动车辆	20.27	25.00	0	9.50
7	0703	鲜或冷藏的洋葱、青葱、大蒜、韭葱及其他葱属蔬菜	20.00	20.00	20.00	0
8	2105	冰淇淋及其他冰制食品，不论是否含可可	19.40	20.00	17.00	1.20

表10-10　续1

序号	品目	品目条文	名义平均税率	最高税率	最低税率	均方差
9	6112	针织或钩编的运动服、滑雪服及游泳服	19.10	28.20	3.50	8.43
10	0403	酸乳；酪乳、结块的乳及稀奶油、酸乳酒及其他发酵或酸化的乳和稀奶油，不论是否浓缩、加糖、加其他甜物质、加香料、加水果、加坚果或加可可	19.00	20.00	17.00	1.41
11	6404	橡胶、塑料、皮革或再生皮革制外底，纺织材料制鞋面的鞋靴	17.96	48.00	7.50	13.33
12	6402	橡胶或塑料制外底及鞋面的其他鞋靴	17.95	48.00	0	14.12
13	0402	浓缩、加糖或其他甜物质的乳及稀奶油	17.50	17.50	17.50	0
14	2202	加味、加糖或其他甜物质的水，包括矿泉水及汽水，其他无酒精饮料，但不包括品目2009的水果汁、坚果汁或蔬菜汁	17.33	17.50	17.00	0.24
15	6111	针织或钩编的婴儿服装及衣着附件	16.60	32.00	0	9.32
16	6114	针织或钩编的其他服装	14.91	32.00	0.90	10.54
17	5809	其他品目未列名的金属线机织物及品目5605所列含金属纱线的机织物，用于衣着、装饰及类似用途	14.90	14.90	14.90	0
18	5112	精梳羊毛或精梳动物细毛的机织物	14.87	25.00	6.90	8.93
19	6109	针织或钩编的T恤衫、汗衫及其他背心	14.54	32.00	2.60	10.33
20	6105	针织或钩编的男衬衫	14.45	32.00	0.90	9.99
21	6209	婴儿服装及衣着附件	14.34	28.60	0	7.61
22	5513	合成纤维短纤纺制的机织物，按重量计合成纤维短纤含量在85%以下，主要或仅与棉混纺，每平方米重量不超过170克	14.31	14.90	8.50	1.71

表10-10　续2

序号	品目	品目条文	名义平均税率	最高税率	最低税率	均方差
23	8605	铁道或电车道用的非机动客车；行李车、邮政车和其他铁道或电车道用的非机动特殊用途车辆（品目8604的货品除外）	14.00	14.00	14.00	0
24	8606	铁道或电车道用的非机动有篷及无篷货车	14.00	14.00	14.00	0
25	2008	用其他方法制作或保藏的其他品目未列名水果、坚果及植物的其他食用部分，不论是否加酒、加糖或其他甜物质	13.90	131.80	0	26.36
26	5516	人造纤维短纤纺制的机织物	13.55	25.00	0	5.18
27	6106	针织或钩编的女衬衫	13.06	32.00	0.90	9.86
28	6212	胸罩、束腰带、紧身胸衣、吊裤带、吊袜带、束袜带和类似品及其零件，不论是否针织或钩编的	13.06	23.50	2.70	7.60
29	1517	人造黄油；本章各种动、植物或微生物油、脂及其分离品混合制成的食用油、脂或制品，但品目1516的食用油、脂及其分离品除外	13.00	18.00	8.00	5.00
30	5111	粗梳羊毛或粗梳动物细毛的机织物	12.99	25.00	6.90	8.15

各品目中最高税率排名第一的是品目2403和品目2401，均为350.00%。然后依次为品目1202（163.80%）和品目2008（131.80%）等。

从税率的均方差来看，品目2401的税率均方差最大，达130.44%，表明税率分布的离散程度最大。然后依次为品目2008（26.36%）、品目6401（16.47%）、品目6402（14.12%）、品目1202（13.86%）、品目6404（13.33%）等。统计结果还表明，有527个品目的税率均方差为0，即这些品目执行相同的税率，如品目0402、品目0703、品目0804等。

10.2.5　各 HS 子目税率比较分析

《美国协调关税税则》各 HS 子目的税率统计结果详见表 10-11，表中数据按名义平均税率由高到低排列，篇幅所限，表中仅列出了名义平均税率排名前 40 的 HS 子目。可以看出，烟草及烟草制品相关的 3 个子目的名义平均税率最高，即子目 2403. 19、子目 2403. 91 及子目 2403. 99，均为 350. 00%。然后依次为子目 1202. 41（163. 80%）、子目 1202. 30 和子目 1202. 42（均为 131. 80%）、子目 2401. 20（77. 78%）、子目 2008. 11（65. 90%）和子目 2401. 10（58. 33）等。统计结果还表明，名义平均税率为最低的“零税率”的 HS 子目有 2253 个（占比子目总数的 42. 82%），分别为子目 0101. 21、子目 0101. 29、子目 0102. 21、子目 0102. 29、子目 0102. 31 等。

表 10-11　《美国协调关税税则》各 HS 子目税率的统计结果

单位：%

序号	HS 子目	名义平均税率	最高税率	最低税率	均方差
1	2403. 19	350. 00	350. 00	350. 00	0
2	2403. 91	350. 00	350. 00	350. 00	0
3	2403. 99	350. 00	350. 00	350. 00	0
4	1202. 41	163. 80	163. 80	163. 80	0
5	1202. 30	131. 80	131. 80	131. 80	0
6	1202. 42	131. 80	131. 80	131. 80	0
7	2401. 20	77. 78	350. 00	0	145. 51
8	2008. 11	65. 90	131. 80	0	65. 90
9	2401. 10	58. 33	350. 00	0	130. 44
10	2401. 30	38. 89	350. 00	0	109. 99
11	6401. 10	37. 50	37. 50	37. 50	0
12	0804. 10	29. 80	29. 80	29. 80	0
13	6103. 33	28. 20	28. 20	28. 20	0
14	6104. 33	28. 20	28. 20	28. 20	0

表10-11　续

序号	HS 子目	名义平均税率	最高税率	最低税率	均方差
15	6112. 12	28. 20	28. 20	28. 20	0
16	6111. 30	27. 64	32. 00	16. 00	5. 99
17	6401. 99	27. 50	37. 50	0	14. 58
18	0201. 10	26. 40	26. 40	26. 40	0
19	0202. 10	26. 40	26. 40	26. 40	0
20	6112. 31	25. 90	25. 90	25. 90	0
21	0712. 20	25. 55	29. 80	21. 30	4. 25
22	6114. 30	25. 03	32	14. 90	7. 33
23	8704. 21	25. 00	25. 00	25. 00	0
24	8704. 23	25. 00	25. 00	25. 00	0
25	8704. 31	25. 00	25. 00	25. 00	0
26	8704. 32	25. 00	25. 00	25. 00	0
27	8704. 41	25. 00	25. 00	25. 00	0
28	8704. 42	25. 00	25. 00	25. 00	0
29	8704. 43	25. 00	25. 00	25. 00	0
30	8704. 51	25. 00	25. 00	25. 00	0
31	8704. 52	25. 00	25. 00	25. 00	0
32	8704. 60	25. 00	25. 00	25. 00	0
33	8704. 90	25. 00	25. 00	25. 00	0
34	6112. 41	24. 90	24. 90	24. 90	0
35	6203. 33	24. 65	27. 30	22. 00	2. 65
36	6402. 91	24. 33	48. 00	6. 00	13. 48
37	6212. 30	23. 50	23. 50	23. 50	0
38	6106. 20	23. 45	32. 00	14. 90	8. 55
39	6105. 20	22. 80	32. 00	13. 60	9. 20
40	6203. 12	22. 40	27. 30	17. 50	4. 90

各 HS 子目中最高税率排名第一的有 6 个子目，分别为子目 2401. 10、子目 2401. 20、子目 2401. 30、子目 2403. 19、子目 2403. 91 和子目

2403.99，均为350%。然后依次为子目1202.41（163.80%）、子目1202.30、子目1202.42和子目2008.11（均为131.80%）等。

从税率的均方差来看，子目2401.20税率的均方差最大，为145.51%，表明税率分布的离散程度最大。然后依次为子目2401.10（130.44%）、子目2401.30（109.99%）和子目2008.11（65.90%）等。统计结果还表明，有3916个HS子目（占子目总数的74.42%）的税率均方差为0，即这些HS子目执行相同的税率，有子目0101.21、子目0101.29、子目0101.30、子目0102.21和子目0102.29等。

第 11 章　中国税则的税率结构分析

《中国税则》中进口税率分为四栏，分别为最惠国税率、协定税率、特惠税率和普通税率。其中，最惠国税率适用于世界贸易组织成员方，协定税率适用于与中国签订关税优惠条款的区域性贸易协定的国家和地区(类似于《美国协调关税税则》中的特惠税率)，特惠税率适用于与中国签订特殊关税优惠条款的贸易协定的国家和地区（如缅甸、老挝、孟加拉国等)，普通税率适用于其他国家和地区。考虑到税率适用对象的覆盖面和统计的便利性，本章仅对《中国税则》中最惠国税率进行统计分析。

11.1　税种分析

11.1.1　征税方式分析

从征税方式角度分析，2025 年《中国税则》中各税种的分布详见表 11-1。可以看出，《中国税则》中有从价税和从量税两种不同的征税方式，其中从价税占据绝对主体地位，有 8927 个税号采用，占 99.63%，还有 33 个税号采用从量税，占 0.37%。

表 11-1　《中国税则》中各税种的分布

税种	税号数（个）	占比（%）
从价税	8927	99.63
从量税	33	0.37
总计	8960	100

11.1.2　从量税的分布

《中国税则》中从量税和选择税涉及的税号及相应的商品详见表 11-2。可以看出，33 个从量税涉及 4 个品目，分别为品目 0207、品目 2203、品目 2709、品目 3702。如税号 0207.1411 税率为 0.6 元/千克，税号 3702.3190 税率为 56 元/平方米。

表11-2　《中国税则》中从量税的分布

序号	税号	税率
1	0207.1411	0.6元/千克
2	0207.1421	0.8元/千克
3	0207.1422	1元/千克
4	0207.1429	0.5元/千克
5	2203.0000	0元/升
6	2709.0000	0元/千克
7	3702.3190	56元/平方米
8	3702.3220	4.5元/平方米
9	3702.3290	21元/平方米
10	3702.3920	12元/平方米
11	3702.3990	24元/平方米
12	3702.4100	7.1元/平方米
13	3702.4221	0.6元/平方米
14	3702.4229	1.6元/平方米
15	3702.4292	2.4元/平方米
16	3702.4299	7元/平方米
17	3702.4329	3.7元/平方米
18	3702.4390	17元/平方米
19	3702.4421	2元/平方米
20	3702.4422	5元/平方米
21	3702.4429	2.9元/平方米
22	3702.4490	27元/平方米
23	3702.5200	91元/平方米
24	3702.5300	122.6元/平方米
25	3702.5410	10元/平方米
26	3702.5490	24元/平方米
27	3702.5520	8.7元/平方米

表11-2 续

序号	税号	税率
28	3702.5590	27元/平方米
29	3702.5620	13元/平方米
30	3702.5690	74元/平方米
31	3702.9600	21元/平方米
32	3702.9700	9元/平方米
33	3702.9800	10元/平方米

11.2 从价税的分析

11.2.1 总体税率分析

为了计算《中国税则》中总体税率的情况，将《中国税则》中税率为从量税的税号剔除，仅对从价税税率进行统计分析。结果表明，《中国税则》的名义平均税率为7.30%，最高税率为65%，最低税率为0，税率均方差为6.06%。最高税率为65%的共有21个税号，分别为品目1001（4个）、品目1005（1个）、品目1006（8个）、品目1101（1个）、品目1103（3个）、品目1104（2个）和品目2205（2个）。需要说明的是，对谷物产品征收65%的关税是配额外进口的税率，配额内进口的税率则低得多，为1%、6%、9%或10%不等。

《中国税则》中农产品的名义平均税率为11.55%，税率均方差为10.27%；非农产品的名义平均税率为6.47%，税率均方差为4.39%。显然，农产品的名义平均税率和税率均方差均明显高于非农产品。

《中国税则》的税率从0到65%，共有42个税级，其中使用最多的税率是8%，有1286个税号，占14.41%。然后依次为0%（1080个税号，占12.10%）、5%（1063个税号，占11.91%）、6%（1042个税号，占11.67%）、10%（816个税号，占9.14%）等。税级分布详见图11-1。

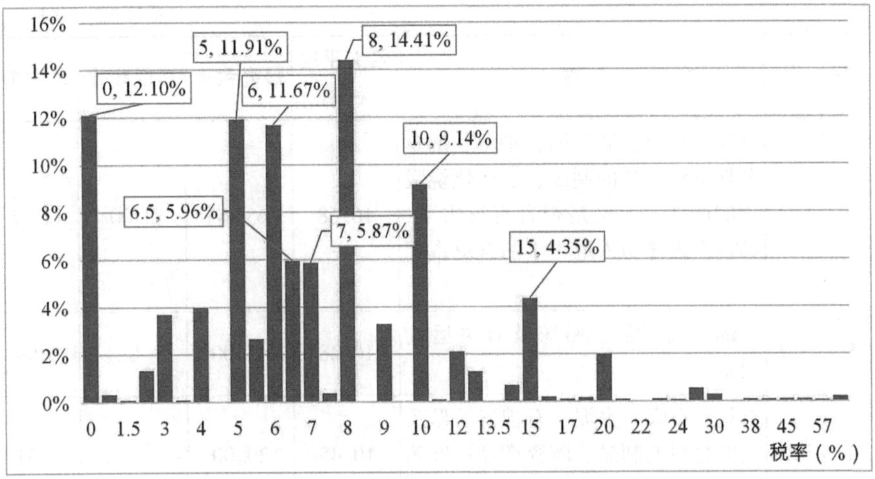

图 11-1　《中国税则》中的税级分布

11.2.2　各类税率比较分析

《中国税则》各类的税率统计结果详见表 11-3，表中数据按名义平均税率由高到低排列，同时列出了各类的最高税率、最低税率和税率均方差。可以看出，第 2 类的名义平均税率最高，为 13.86%。然后依次为第 3 类（13.27%）、第 19 类（13.00%）、第 4 类（10.68%）、第 17 类（10.48%）和第 13 类（10.45%）等。名义平均税率最低的是第 21 类，为 2.50%。

表 11-3　《中国税则》中各类的税率统计结果

单位：%

序号	类	标题	名义平均税率	最高税率	最低税率	均方差
1	S02	植物产品	13.86	65.00	0	12.32
2	S03	动、植物或微生物油、脂及其分解产品；精制的食用油脂；动、植物蜡	13.27	30.00	5.00	5.77
3	S19	武器、弹药及其零件、附件	13.00	13.00	13.00	0.00

表11-3　续1

序号	类	标题	名义平均税率	最高税率	最低税率	均方差
4	S04	食品；饮料、酒及醋；烟草、烟草及烟草代用品的制品；非经燃烧吸用的产品，不论是否含有尼古丁；其他供人体摄入尼古丁的含尼古丁的产品	10.68	65.00	2.00	11.75
5	S17	车辆、航空器、船舶及有关运输设备	10.48	45.00	0	6.99
6	S13	石料、石膏、水泥、石棉、云母及类似材料的制品；陶瓷产品；玻璃及其制品	10.45	20.00	0	3.31
7	S08	生皮、皮革、毛皮及其制品；鞍具及挽具；旅行用品、手提包及类似容器；动物肠线（蚕胶丝除外）制品	10.03	20.00	5.00	4.46
8	S01	活动物；动物产品	9.55	25.00	0	6.04
9	S07	塑料及其制品；橡胶及其制品	9.06	25.00	0	4.25
10	S12	鞋、帽、伞、杖、鞭及其零件；已加工的羽毛及其制品；人造花；人发制品	8.14	14.00	4.00	2.35
11	S11	纺织原料及纺织制品	7.12	40.00	3.00	3.41
12	S15	贱金属及其制品	5.85	9.00	0	2.20
13	S06	化学工业及其相关工业的产品	5.84	50.00	0	3.66
14	S16	机器、机械器具、电气设备及其零件；录音机及放声机、电视图像、声音的录制和重放设备及其零件、附件	5.74	25.00	0	4.06
15	S20	杂项制品	5.45	20.00	0	4.23
16	S18	光学、照相、电影、计量、检验、医疗或外科用仪器及设备、精密仪器及设备；钟表；乐器；上述物品的零件、附件	5.42	20.00	0	5.31

表11-3　续2

序号	类	标题	名义平均税率	最高税率	最低税率	均方差
17	S14	天然或养殖珍珠、宝石或半宝石、贵金属、包贵金属及其制品；仿首饰；硬币	5.39	21.00	0	6.23
18	S10	木浆及其他纤维状纤维素浆；回收（废碎）纸或纸板；纸、纸板及其制品	4.31	7.50	0	2.39
19	S05	矿产品	3.64	9.00	0	2.25
20	S09	木及木制品；木炭；软木及软木制品；稻草、秸秆、针茅或其他编结材料制品；篮筐及柳条编结品	3.21	12.00	0	2.97
21	S21	艺术品、收藏品及古物	2.50	6.00	0	2.62

各类中最高税率排名第一的是第 2 类和第 4 类，均为 65%。然后依次为第 6 类（50.00%）、第 17 类（45.00%）和第 11 类（40.00%）等。

从税率的均方差来看，第 2 类的税率均方差最大，为 12.32%，税率分布的离散程度最大，主要原因是第 2 类部分产品配额外进口征收 65% 的较高的关税。然后依次为第 4 类（11.75%）、第 17 类（6.99%）、第 14 类（6.23%）和第 1 类（6.04%）等。

11.2.3　各章税率比较分析

《中国税则》各章的税率统计结果详见表 11-4，表中数据按名义平均税率由高到低排列。可以看出，第 17 章的名义平均税率最高，为 30.86%。然后依次为第 24 章（26.58%）、第 11 章（25.94%）、第 10 章（25.42%）、第 2 章（18.83%）和第 8 章（18.32%）等。名义平均税率最低的是第 47 章，为“零税率”。

表 11-4　《中国税则》各章的税率统计结果

单位：%

序号	章	标题	名义 平均税率	最高税率	最低税率	均方差
1	17	糖及糖食	30.86	50.00	8.00	15.85
2	24	烟草及烟草代用品的制品；非经燃烧吸用的产品，不论是否含有尼古丁；其他供人体摄入尼古丁的含尼古丁的产品	26.58	57.00	6.50	21.47
3	11	制粉工业产品；麦芽；淀粉；菊粉；面筋	25.94	65.00	5.00	19.62
4	10	谷物	25.42	65.00	0	29.98
5	02	肉及食用杂碎	18.83	25.00	10	4.37
6	08	食用水果及坚果；柑橘属水果或甜瓜的果皮	18.32	30.00	0	7.39
7	22	饮料、酒及醋	17.69	65.00	5.00	16.91
8	43	毛皮、人造毛皮及其制品	15.35	20.00	10.00	4.78
9	04	乳品；蛋品；天然蜂蜜；其他食用动物产品	14.61	25.00	0	5.60
10	09	咖啡、茶、马黛茶及调味香料	13.40	30.00	2.00	5.26
11	15	动、植物或微生物油、脂及其分解产品；精制的食用油脂；动、植物蜡	13.27	30.00	5.00	5.77
12	93	武器、弹药及其零件、附件	13.00	13.00	13.00	0
13	91	钟表及其零件	12.87	20.00	2.00	3.38
14	21	杂项食品	12.76	25.00	3.00	5.02
15	05	其他动物产品	12.51	20.00	0.00	6.38
16	87	车辆及其零件、附件，但铁道或电车道车辆除外	12.24	45.00	3.00	7.00
17	51	羊毛、动物细毛或粗毛；马毛纱线及其机织物	12.04	38.00	5.00	11.22

表11-4　续1

序号	章	标题	名义平均税率	最高税率	最低税率	均方差
18	40	橡胶及其制品	11.25	25.00	0	5.76
19	33	精油及香膏；芳香料制品及化妆盥洗品	11.02	20.00	1.00	7.84
20	18	可可及可可制品	11.00	22.00	8.00	3.93
21	07	食用蔬菜、根及块茎	10.92	13.00	0	4.06
22	68	石料、石膏、水泥、石棉、云母及类似材料的制品	10.88	17.00	5.00	3.12
23	70	玻璃及其制品	10.74	20.00	0	3.37
24	19	谷物、粮食粉、淀粉或乳的制品；糕饼点心	10.43	15.00	10	1.41
25	92	乐器及其零件、附件	10.18	12.00	10	0.57
26	35	蛋白类物质；改性淀粉；胶；酶	9.50	20.00	3.00	3.22
27	13	虫胶；树胶、树脂及其他植物液、汁	9.48	20.00	0	5.32
28	12	含油子仁及果实；杂项子仁及果实；工业用或药用植物；稻草、秸秆及饲料	9.41	30.00	0	7.75
29	14	编结用植物材料；其他植物产品	9.40	15.00	4.00	2.87
30	41	生皮（毛皮除外）及皮革	9.10	14.00	5.00	3.72
31	64	鞋靴、护腿和类似品及其零件	8.93	14.00	4.00	2.30
32	69	陶瓷产品	8.77	15.00	7.00	2.97
33	06	活树及其他活植物；鳞茎、根及类似品；插花及装饰用簇叶	8.65	23.00	0	6.75
34	96	杂项制品	8.41	20.00	4.00	3.11
35	31	肥料	8.34	50.00	3.00	13.65
36	83	贱金属杂项制品	8.29	9.00	7.00	0.86
37	42	皮革制品；鞍具及挽具；旅行用品、手提包及类似容器；动物肠线（蚕胶丝除外）制品	8.08	10.00	6.00	1.96

表11-4　续2

序号	章	标题	名义平均税率	最高税率	最低税率	均方差
38	60	针织物及钩编织物	8.00	8.00	8.00	0
39	50	蚕丝	7.96	9.00	6.00	1.12
40	58	特种机织物；簇绒织物；花边；装饰毯；装饰带；刺绣品	7.94	8.00	6.00	0.34
41	59	浸渍、涂布、包覆或层压的纺织物；工业用纺织制品	7.90	8.00	6.00	0.43
42	89	船舶及浮动结构体	7.86	10.00	3.00	1.91
43	67	已加工羽毛、羽绒及其制品；人造花；人发制品	7.82	8.00	6.00	0.57
44	82	贱金属工具、器具、利口器、餐匙、餐叉及其零件	7.79	8.00	7.00	0.41
45	36	炸药；烟火制品；火柴；引火合金；易燃材料制品	7.69	9.00	6.00	1.49
46	39	塑料及其制品	7.61	14.00	6.50	1.70
47	32	鞣料浸膏及染料浸膏；鞣酸及其衍生物；染料、颜料及其他着色料；油漆及清漆；油灰及其他类似胶粘剂；墨水、油墨	7.42	15.00	5.00	1.90
48	52	棉花	7.40	40.00	5.00	4.36
49	34	肥皂、有机表面活性剂、洗涤剂、润滑剂、人造蜡、调制蜡、光洁剂、蜡烛及类似品、塑型用膏、“牙科用蜡”及牙科用熟石膏制剂	7.38	10.00	6.50	1.52
50	65	帽类及其零件	7.23	10.00	4.00	2.29
51	56	絮胎、毡呢及无纺织物；特种纱线；线、绳、索、缆及其制品	7.18	8.00	5.00	1.34
52	37	照相及电影用品	7.10	35.00	0	9.90
53	03	鱼、甲壳动物、软体动物及其他水生无脊椎动物	7.02	15.00	0	2.75
54	38	杂项化学产品	7.01	16.00	0	2.50

表11-4　续3

序号	章	标题	名义平均税率	最高税率	最低税率	均方差
55	46	稻草、秸秆、针茅或其他编结材料制品；篮筐及柳条编结品	7.00	7.00	7.00	0
56	61	针织或钩编的服装及衣着附件	6.83	10.00	6.00	1.42
57	76	铝及其制品	6.76	9.00	1.50	1.47
58	62	非针织或非钩编的服装及衣着附件	6.72	12.00	6.00	1.39
59	55	化学纤维短纤	6.60	8.00	3.00	1.52
60	73	钢铁制品	6.57	8.00	3.00	1.68
61	84	核反应堆、锅炉、机器、机械器具及其零件	6.38	25.00	0	3.62
62	54	化学纤维长丝；化学纤维纺织材料制扁条及类似品	6.14	8.00	5.00	1.46
63	53	其他植物纺织纤维；纸纱线及其机织物	6.14	8.00	3.00	1.44
64	63	其他纺织制成品；成套物品；旧衣着及旧纺织品；碎织物	6.00	8.00	4.00	0.28
65	20	蔬菜、水果、坚果或植物其他部分的制品	5.93	30.00	5.00	3.77
66	74	铜及其制品	5.77	9.00	1.00	2.33
67	01	活动物	5.71	10.00	0	4.95
68	29	有机化学品	5.64	10.00	2.00	1.26
69	16	肉、鱼、甲壳动物、软体动物及其他水生无脊椎动物、以及昆虫的制品	5.50	12.00	5.00	1.71
70	27	矿物燃料、矿物油及其蒸馏产品；沥青物质；矿物蜡	5.46	9.00	0	2.14
71	48	纸及纸板；纸浆；纸或纸板制品	5.42	7.50	2.00	0.98
72	81	其他贱金属、金属陶瓷及其制品	5.39	8.00	1.50	2.35
73	71	天然或养殖珍珠、宝石或半宝石、贵金属、包贵金属及其制品；仿首饰；硬币	5.39	21.00	0	6.23

表11-4 续4

序号	章	标题	名义平均税率	最高税率	最低税率	均方差
74	23	食品工业的残渣及废料；配制的动物饲料	5.35	15.00	2.00	2.77
75	57	地毯及纺织材料的其他铺地制品	5.33	6.00	4.00	0.94
76	80	锡及其制品	5.14	8.00	1.50	2.65
77	28	无机化学品；贵金属、稀土金属、放射性元素及其同位素的有机及无机化合物	5.01	6.50	1.00	0.47
78	66	雨伞、阳伞、手杖、鞭子、马鞭及其零件	5.00	6.00	4.00	1.00
79	86	铁道或电车道机车、车辆及其零件；铁道或电车道轨道固定装置及其零件、附件；各种机械（包括电动机械）交通信号设备	4.83	10.00	3.00	2.64
80	75	镍及其制品	4.81	6.00	1.50	1.48
81	45	软木及软木制品	4.75	8.00	0	3.73
82	79	锌及其制品	4.63	6.00	1.50	1.67
83	85	电机、电气设备及其零件；录音机及放声机、电视图像、声音的录制和重放设备及其零件、附件	4.62	20.00	0	4.52
84	78	铅及其制品	4.50	6.00	1.50	1.73
85	72	钢铁	4.47	9.00	0	2.02
86	94	家具；寝具、褥垫、弹簧床垫、软座垫及类似的填充制品；未列名灯具及照明装置；发光标志、发光铭牌及类似品；活动房屋	4.21	10.00	0	4.52
87	95	玩具、游戏品、运动用品及其零件、附件	3.64	6.00	0	2.93
88	90	光学、照相、电影、计量、检验、医疗或外科用仪器及设备、精密仪器及设备；上述物品的零件、附件	3.49	12.00	0	4.12

表11-4 续5

序号	章	标题	名义平均税率	最高税率	最低税率	均方差
89	25	盐；硫磺；泥土及石料；石膏料、石灰及水泥	3.41	5.00	0	1.12
90	44	木及木制品；木炭	2.76	12.00	0	2.79
91	49	书籍、报纸、印刷图画及其他印刷品；手稿、打字稿及设计图纸	2.75	6.00	0	2.99
92	97	艺术品、收藏品及古物	2.50	6.00	0	2.62
93	88	航空器、航天器及其零件	1.91	5.00	0	1.60
94	30	药品	1.81	10.00	0	2.25
95	26	矿砂、矿渣及矿灰	1.43	4.00	0	1.90
96	47	木浆及其他纤维状纤维素浆；回收（废碎）纸或纸板	0	0	0	0

各章中最高税率排名第一的是第10章、第11章和第22章，均为65.00%。然后依次为第24章（57.00%）、第17章和第31章（均为50.00%）、第87章（45.00%）、第52章（40.00%）等。

从税率的均方差来看，第10章的税率均方差最大，为29.98%，税率分布的离散程度最大。然后依次为第24章（21.47%）、第11章（19.62%）、第22章（16.91%）、第17章（15.85%）和第31章（13.65%）等。

11.2.4 各品目税率比较分析

《中国税则》各品目的税率统计结果详见表11-5，表中数据按名义平均税率由高到低排列，篇幅所限，仅列出了名义平均税率前30的品目。可以看出，品目1001、品目1101和品目2205的名义平均税率最高，均为65.00%。然后依次为品目2403（57.00%）、品目1006（54.00%）、品目1701（50.00%）、品目8711（43.33%）和品目1005（42.50%）。

表 11-5 《中国税则》各品目的税率统计结果

单位：%

序号	品目	品目条文	名义平均税率	最高税率	最低税率	均方差
1	1001	小麦及混合麦	65.00	65.00	65.00	0
2	1101	小麦或混合麦的细粉	65.00	65.00	65.00	0
3	2205	味美思酒及其他加植物或香料的用鲜葡萄酿造的酒	65.00	65.00	65.00	0
4	2403	其他烟草及烟草代用品的制品；“均化”或“再造”烟草；烟草精汁	57.00	57.00	57.00	0
5	1006	稻谷、大米	54.00	65.00	10.00	22.00
6	1701	固体甘蔗糖、甜菜糖及化学纯蔗糖	50.00	50.00	50.00	0
7	8711	摩托车（包括机器脚踏两用车）及装有辅助发动机的脚踏车，不论有无边车；边车	43.33	45.00	30.00	4.25
8	1005	玉米	42.50	65.00	20.00	22.50
9	2206	其他发酵饮料（例如，苹果酒、梨酒、蜂蜜酒、清酒）；其他品目未列名的发酵饮料的混合物及发酵饮料与无酒精饮料的混合物	40.00	40.00	40.00	0
10	5201	未梳的棉花	40.00	40.00	40.00	0
11	5203	已梳的棉花	40.00	40.00	40.00	0
12	5101	未梳的羊毛	38.00	38.00	38.00	0
13	2207	未改性乙醇，按容量计酒精浓度在80%及以上；任何浓度的改性乙醇及其他酒精	35.00	40.00	30.00	5.00
14	1102	其他谷物细粉，但小麦或混合麦的细粉除外	31.25	40.00	5.00	15.16

表11-5　续1

序号	品目	品目条文	名义平均税率	最高税率	最低税率	均方差
15	1104	经其他加工的谷物（例如，去壳、滚压、制片、制成粒状、切片或粗磨），但品目1006的稻谷、大米除外；谷物胚芽，整粒、滚压、制片或磨碎的	31.25	65.00	20.00	19.49
16	1103	谷物的粗粒、粗粉及团粒	30.63	65.00	5.00	26.98
17	0811	冷冻水果及坚果，不论是否蒸煮、加糖或其他甜物质	30.00	30.00	30.00	0
18	0812	暂时保藏的水果及坚果，但不适于直接食用的	27.50	30.00	25.00	2.50
19	1517	人造黄油；本章各种动、植物或微生物油、脂及其分离品混合制成的食用油、脂或制品，但品目1516的食用油、脂及其分离品除外	26.67	30.00	25.00	2.36
20	1702	其他固体糖，包括化学纯乳糖、麦芽糖、葡萄糖及果糖；未加香料或着色剂的糖浆；人造蜜，不论是否掺有天然蜂蜜；焦糖	26.00	30.00	10.00	8.00
21	0210	肉及食用杂碎，干、熏、盐腌或盐渍的；可供食用的肉或杂碎的细粉、粗粉	25.00	25.00	25.00	0
22	0814	柑橘属水果或甜瓜（包括西瓜）的果皮，鲜、冻、干或用盐水、亚硫酸水或其他防腐液暂时保藏的	25.00	25.00	25.00	0
23	2102	酵母（活性或非活性）；已死的其他单细胞微生物（不包括品目3002的疫苗）；发酵粉	25.00	25.00	25.00	0
24	2402	烟草或烟草代用品制成的雪茄烟及卷烟	25.00	25.00	25.00	0
25	0813	品目0801至0806以外的干果；本章的什锦坚果或干果	23.67	25.00	18.00	2.54

表11-5　续2

序号	品目	品目条文	名义平均税率	最高税率	最低税率	均方差
26	3703	未曝光的摄影感光纸、纸板及纺织物	23.67	35.00	18.00	8.01
27	1804	可可脂、可可油	22.00	22.00	22.00	0.00
28	2404	含烟草、再造烟草、尼古丁、或烟草或尼古丁代用品，非经燃烧吸用的产品；其他供人体摄入尼古丁的含尼古丁的产品	21.71	57.00	6.50	22.39
29	0208	其他鲜、冷、冻肉及食用杂碎	21.67	23.00	20.00	1.49
30	0810	其他鲜果	21.07	30.00	12.00	4.71

各品目中最高税率排名第一的有7个品目，分别为品目1001、品目1005、品目1006、品目1101、品目1103、品目1104和品目2205，均为65.00%。然后依次为品目2403和品目2404（均为57.00%），以及品目1701（50.00%）等。

从税率的均方差来看，品目1103的税率均方差最大，为26.98%，税率分布的离散程度最大。然后依次为品目1005（22.50%）、品目2404（22.39%）、品目1006（22.00%）和品目1104（19.49%）等。统计结果还表明，有724个品目（占品目总数的58.05%）的税率均方差为0，即这些品目执行相同的税率，如品目1001、品目1101等。

11.2.5　各HS子目税率比较分析

《中国税则》各HS子目的税率统计结果详见表11-6，表中数据按名义平均税率由高到低排列，篇幅所限，表中仅列出了名义平均税率前40的HS子目。可以看出，有14个子目的名义平均税率最高，即子目1001.11、子目1001.19、子目1001.91、子目1001.99、子目1005.90、子目1006.10、子目1006.20、子目1006.30、子目1101.00、子目1103.11、子目1103.13、子目1104.23、子目2205.10、子目2205.90，均为65.00%。子目2403.11、子目2403.19、子目2403.91等5个子目均为57.00%，子目1701.12、子目1701.13、子目1701.14、子目1701.91等8个子目均为 50.00%。

表 11-6　《中国税则》各 HS 子目税率的统计结果

单位：%

序号	HS 子目	名义平均税率	最高税率	最低税率	均方差
1	1001.11	65.00	65.00	65.00	0
2	1001.19	65.00	65.00	65.00	0
3	1001.91	65.00	65.00	65.00	0
4	1001.99	65.00	65.00	65.00	0
5	1005.90	65.00	65.00	65.00	0
6	1006.10	65.00	65.00	65.00	0
7	1006.20	65.00	65.00	65.00	0
8	1006.30	65.00	65.00	65.00	0
9	1101.00	65.00	65.00	65.00	0
10	1103.11	65.00	65.00	65.00	0
11	1103.13	65.00	65.00	65.00	0
12	1104.23	65.00	65.00	65.00	0
13	2205.10	65.00	65.00	65.00	0
14	2205.90	65.00	65.00	65.00	0
15	2403.11	57.00	57.00	57.00	0
16	2403.19	57.00	57.00	57.00	0
17	2403.91	57.00	57.00	57.00	0
18	2403.99	57.00	57.00	57.00	0
19	2404.11	57.00	57.00	57.00	0
20	1701.12	50.00	50.00	50.00	0
21	1701.13	50.00	50.00	50.00	0
22	1701.14	50.00	50.00	50.00	0
23	1701.91	50.00	50.00	50.00	0
24	1701.99	50.00	50.00	50.00	0
25	3102.10	50.00	50.00	50.00	0

表11-6　续1

序号	HS子目	名义平均税率	最高税率	最低税率	均方差
26	3105.20	50.00	50.00	50.00	0
27	3105.30	50.00	50.00	50.00	0
28	8711.10	45.00	45.00	45.00	0
29	8711.20	45.00	45.00	45.00	0
30	8711.30	45.00	45.00	45.00	0
31	8711.60	45.00	45.00	45.00	0
32	8711.90	45.00	45.00	45.00	0
33	1103.20	42.50	65.00	20.00	22.50
34	1104.29	42.50	65.00	20.00	22.50
35	1102.20	40.00	40.00	40.00	0
36	2206.00	40.00	40.00	40.00	0
37	2207.10	40.00	40.00	40.00	0
38	5201.00	40.00	40.00	40.00	0
39	5203.00	40.00	40.00	40.00	0
40	8711.40	40.00	40.00	40.00	0

各HS子目中最高税率排名第一的有16个子目，有子目1001.11、子目1001.19、子目1001.91、子目1001.99等，均为65.00%。

税率均方差的结果未全部在表11-6中列出。统计结果表明，子目2404.19的税率均方差最大，为25.25%，税率分布的离散程度最大。然后依次为子目1103.20和子目1104.29（均为22.50%）、子目1102.90（16.50%）、子目5103.10（14.50%）、子目0802.61（12.00%）等。统计结果还表明，有5143个HS子目（占HS子目总数的91.87%）的税率均方差为0，即这些HS子目执行相同的税率，如子目0101.21、子目0101.29、子目0101.90、子目0102.21、子目0102.29等。

第 12 章　欧盟税则的税率结构分析

《欧盟共同海关税则》中的税率表分为四栏，第一栏是八位税号（CN 编码），第二栏是商品描述，第三栏是常规税率（Conventional rate of duty），类似于中国的最惠国税率，而自主税率一般低于常规税率，适用条件以每页脚注展示，第四栏是单位。本章对常规税率进行统计分析。

12.1　税种分析

12.1.1　征税方式分析

从征税方式角度分析，《欧盟共同海关税则》中各税种的分布详见表 12-1。可以看出，《欧盟共同海关税则》中征税方式非常多，有从价税、从量税、复合税、选择税和季节税五种不同的征税方式。其中，以从价税为主，有 8732 个税号采用，占税号总数的 89.30%，还有 694 个税号采用从量税，220 个税号采用复合税，100 个税号采用选择税，32 个税号采用季节税。

表 12-1　《欧盟共同海关税则》中各税种的分布

税种	税号数（个）	占比（%）
从价税	8732	89.30
从量税	694	7.10
复合税	220	2.25
选择税	100	1.02
季节税	32	0.33
总计	9778	100

12.1.2 非从价税的分布

1. 从量税

《欧盟共同海关税则》中 694 个税号使用从量税，分布在 6 个类、17 个章、63 个品目和 192 个 HS 子目中。

统计各类设置从量税的情况可知，第 1 类有 306 个税号，第 4 类有 233 个税号，第 2 类有 138 个税号，第 3 类有 10 个税号，这四类都是农产品，合计 687 个税号，占比为 98.99%，表明从量税主要应用于农产品征税。

统计各章设置从量税的情况可知，第 4 章有 149 个税号，第 22 章有 143 个税号，第 2 章有 138 个税号，第 11 章有 65 个税号，第 10 章有 58 个税号，第 23 章有 32 个税号，第 17 章有 29 个税号，第 16 章有 23 个税号，第 1 章有 19 个税号，第 7 章和第 15 章均有 10 个税号等，上述税号涉及的产品类别均为农产品。在非农产品中，第 35 章有 4 个税号、第 25 章有 3 个税号征收从量税。

从量税在各品目的分布详见表 12-2，篇幅所限，表中仅列出了从量税税号数量达 10 个及以上的品目。可以看出，16 个品目的从量税税号数达 10 个及以上。其中，品目 2204 的从量税税号数最多，为 121 个。然后依次为品目 0207（97 个）、品目 0406（43 个）、品目 1006（36 个）、品目 0404（30 个）等。

表 12-2　从量税在各品目的分布

单位：个

序号	品目	品目条文	税号数
1	2204	鲜葡萄酿造的酒，包括加酒精的；品目 2009 以外的酿酒葡萄汁	121
2	0207	品目 0105 所列家禽的鲜、冷、冻肉及食用杂碎	97
3	0406	乳酪及凝乳	43
4	1006	稻谷、大米	36
5	0404	乳清，不论是否浓缩、加糖或其他甜物质；其他品目未列名的含天然乳的产品，不论是否加糖或其他甜物质	30

表12-2　续

序号	品目	品目条文	税号数
6	1104	经其他加工的谷物（例如，去壳、滚压、制片、制成粒状、切片或粗磨），但品目1006的稻谷、大米除外；谷物胚芽，整粒、滚压、制片或磨碎的	27
7	0402	浓缩、加糖或其他甜物质的乳及稀奶油	24
8	0210	肉及食用杂碎，干、熏、盐腌或盐渍的；可供食用的肉或杂碎的细粉、粗粉	21
9	1602	其他方法制作或保藏的肉、食用杂碎、动物血或昆虫	21
10	2309	配制的动物饲料	20
11	0403	酸乳；酪乳、结块的乳及稀奶油、酸乳酒及其他发酵或酸化的乳和稀奶油，不论是否浓缩、加糖、加其他甜物质、加香料、加水果、加坚果或加可可	18
12	1702	其他固体糖，包括化学纯乳糖、麦芽糖、葡萄糖及果糖；未加香料或着色剂的糖浆；人造蜜，不论是否掺有天然蜂蜜；焦糖	18
13	0203	鲜、冷、冻猪肉	16
14	0401	未浓缩及未加糖或其他甜物质的乳及稀奶油	14
15	1103	谷物的粗粒、粗粉及团粒	14
16	0105	家禽，即鸡、鸭、鹅、火鸡及珍珠鸡	13

典型的从量税税率详见表12-3。可以看出，从量税计征的单位包括数量（个）、容量（升）、重量（千克、吨）等。对于含酒精饮料，根据酒精体积含量进行换算，如税号2208.4051的税率为0.6欧元/百升酒精体积百分比，则40%酒精浓度的酒，其税率为0.6×40=24欧元/百升。

表12-3　典型的从量税税率

税号	税率
0103.9110	41.2欧元/100千克净重
0105.1300	52欧元/1000个
1001.9190	95欧元/吨
2204.1091	32欧元/百升
2208.4051	0.6欧元/百升酒精体积百分比

2. 复合税

《欧盟共同海关税则》中 220 个税号使用复合税，分布在 5 个类、16 个章、37 个品目和 98 个 HS 子目中。

统计各类设置复合税的情况可知，第 4 类有 121 个税号，第 1 类有 77 个税号，第 6 类有 12 个税号，第 2 类有 8 个税号，第 3 类有 2 个税号，其中农产品合计 208 个税号，占比为 94. 55%，表明复合税主要应用于农产品征税。

统计各章设置复合税的情况可知，第 20 章有 71 个税号，第 2 章有 48 个税号，第 19 章有 35 个税号，第 4 章有 16 个税号，第 1 章有 13 个税号等。

复合税在各品目的分布详见表 12-4，篇幅所限，表中仅列出了复合税税号数量达 10 个及以上的品目。可以看出，6 个品目的复合税税号数量达 10 个及以上，其中，品目 2009 的复合税税号数最多，为 32 个。然后依次为品目 0204（27 个）、品目 2008（19 个）、品目 0102 和品目 0403（均为 13 个）、品目 1904（10 个）。

表 12-4　复合税在各品目的分布

单位：个

品目	品目条文	税号数
2009	未发酵及未加酒精的水果汁或坚果汁（包括酿酒葡萄汁及椰子水）、蔬菜汁，不论是否加糖或其他甜物质	32
0204	鲜、冷、冻绵羊肉或山羊肉	27
2008	用其他方法制作或保藏的其他品目未列名水果、坚果及植物的其他食用部分，不论是否加酒、加糖或其他甜物质	19
0102	牛	13
0403	酸乳；酪乳、结块的乳及稀奶油、酸乳酒及其他发酵或酸化的乳和稀奶油，不论是否浓缩、加糖、加其他甜物质、加香料、加水果、加坚果或加可可	13
1904	谷物或谷物产品经膨化或烘炒制成的食品（例如，玉米片）；其他品目未列名的预煮或经其他方法制作的谷粒（玉米除外）、谷物片或经其他加工的谷粒（细粉、粗粒及粗粉除外）	10

典型的复合税举例如下，税号 0102. 2910 的税率为 10. 2%（从价税）+93. 1 欧元/100 千克净重（从量税）；税号 2009. 6911 的税率为 40%

（从价税）+121 欧元/百升（从量税）+20.6 欧元/100 千克净重（从量税），该复合税由一个从价税和两个从量税构成。

3. 选择税

《欧盟共同海关税则》中 100 个税号使用选择税，分布在 6 个类、14 个章、23 个品目和 51 个 HS 子目中。

统计各类设置选择税的情况可知，第 4 类有 57 个税号，第 18 类有 20 个税号，第 6 类有 9 个税号，第 13 类有 7 个税号，第 2 类有 6 个税号，第 11 类有 1 个税号。

统计各章设置选择税的情况可知，第 91 章的选择税税号最多，为 20 个。然后是第 18 章（16 个）、第 19 章（14 个），第 17 章和第 24 章（均为 11 个），第 70 章（7 个），第 7 章、第 21 章、第 35 章和第 38 章（均为 4 个）等。

选择税在各品目的分布详见表 12-5，表中仅列出了税号数量达 10 个及以上的品目。可以看出，有 4 个品目的选择税税号数达 10 个及以上，其中，品目 1806 的选择税税号数最多，为 16 个。然后依次为品目 1905（14 个）、品目 1704 和品目 2401（均为 11 个）。

表 12-5　选择税在各品目的分布

单位：个

序号	品目	品目条文	税号数
1	1806	巧克力及其他含可可的食品	16
2	1905	面包、糕点、饼干及其他烘焙糕饼，不论是否含可可；圣餐饼、装药空囊、封缄、糯米纸及类似制品	14
3	1704	不含可可的糖食（包括白巧克力）	11
3	2401	烟草；烟草废料	11

典型的选择税举例详见表 12-6。如税号 0704.1010 的税率为 9.6%的从价税，最低为 1.1 欧元/千克净重的从量税；税号 9111.1000 的从量税税率是 0.5 欧元/个，但对应的从价税税率最低为 2.7%，最高为 4.6%。税号 1704.9051 的税率设置非常特别，9%+EA，最高为 18.7%+AD S/Z。①

① EA 代表农产品附加关税，AD S/Z 代表附加糖关税。

在《欧盟共同海关税则》附则 1 的表 1 中根据食品中乳脂含量、乳蛋白含量、淀粉（葡萄糖）含量、蔗糖（转化糖、异葡萄糖）含量不同范围对应相应的四位代码，表 2 中对不同代码，设置了农产品附加关税、附加糖关税和附加面粉关税，这些附加关税都是从量税，以欧元/100 千克净重为单位。因此，税号 1704.9051 的税率 9%+EA 是一种复合税，但最高不超过 18.7%+AD S/Z（也是复合税），从根本上来说这是一种选择税。

表 12-6　典型的选择税

税号	税率
0704.1010	9.6%，最低为 1.1 欧元/100 千克净重
1704.9051	9%+EA，最高为 18.7%+AD S/Z
2105.0010	8.6%+20.2 欧元/100 千克净重，最高为 19.4%+9.4 欧元/100 千克净重
9111.1000	0.5 欧元/个，最低为 2.7%最高为 4.6%

4. 季节税

《欧盟共同海关税则》中 32 个税号使用季节税，即根据进口日期不同设置不同的税率，分布在第 7 章、第 8 章、第 20 章和第 22 章这四章中。季节税在 HS 子目中的分布详见表 12-7，共涉及 20 个 HS 子目，其中子目 2204.30 的季节税税号数最多，为 4 个。

表 12-7　季节税在 HS 子目中的分布

单位：个

序号	HS 子目	税号数	序号	HS 子目	税号数	序号	HS 子目	税号数
1	2204.30	4	8	0709.91	1	15	0808.30	1
2	0702.00	3	9	0709.93	1	16	0809.10	1
3	0805.10	3	10	0805.22	1	17	0809.21	1
4	0809.30	3	11	0805.29	1	18	0809.29	1
5	2009.69	3	12	0805.50	1	19	0809.40	1
6	0805.21	2	13	0806.10	1	20	2009.61	1
7	0707.00	1	14	0808.10	1			

以税号 0702.0010 为例，展示《欧盟共同海关税则》中季节税的税率设置，详见表 12-8。可以看出，根据进口日期、进口价格的不同，设置不同的关税税率，既有从量税也有复合税。一般而言，进口价格越高，税负越低，并且每年的 5 月 15 日至 10 月 31 日的税率相对较高。

表 12-8　《欧盟共同海关税则》季节税实例

税号	条文	税率
0702.0010	**鲜或冷藏的整个番茄，最大直径小于 47 毫米**	
	-1 月 1 日至 3 月 31 日：	
	--每 100 千克净重的进口价格为：	
	---不低于 84.6 欧元	8.8%
	---不低于 82.9 欧元，但低于 84.6 欧元	8.8%+1.7 欧元/100 千克净重
	---不低于 81.2 欧元，但低于 82.9 欧元	8.8%+3.4 欧元/100 千克净重
	---不低于 79.5 欧元，但低于 81.2 欧元	8.8%+5.1 欧元/100 千克净重
	---不低于 77.8 欧元，但低于 79.5 欧元	8.8%+6.8 欧元/100 千克净重
	---低于 77.8 欧元	8.8%+29.8 欧元/100 千克净重
	-4 月 1 日至 30 日：	
	--每 100 千克净重的进口价格为：	
	---不低于 112.6 欧元	8.8%
	---不低于 110.3 欧元，但低于 112.6 欧元	8.8%+2.3 欧元/100 千克净重
	---不低于 108.1 欧元，但低于 110.3 欧元	8.8%+4.5 欧元/100 千克净重
	---不低于 105.8 欧元，但低于 108.1 欧元	8.8%+6.8 欧元/100 千克净重
	---不低于 103.6 欧元，但低于 105.8 欧元	8.8%+9 欧元/100 千克净重
	---低于 103.6 欧元	8.8%+29.8 欧元/100 千克净重
	-5 月 1 日至 14 日：	
	--每 100 千克净重的进口价格为：	
	---不低于 72.6 欧元	8.8%

表12-8 续1

税号	条文	税率
	---不低于 71. 1 欧元，但低于 72. 6 欧元	8. 8%+1. 5 欧元/100 千克净重
	---不低于 69. 7 欧元，但低于 71. 1 欧元	8. 8%+2. 9 欧元/100 千克净重
	---不低于 68. 2 欧元，但低于 69. 7 欧元	8. 8%+4. 4 欧元/100 千克净重
	---不低于 66. 8 欧元，但低于 68. 2 欧元	8. 8%+5. 8 欧元/100 千克净重
	---低于 66. 8 欧元	8. 8%+29. 8 欧元/100 千克净重
	-5 月 15 日至 31 日：	
	--每 100 千克净重的进口价格为：	
	---不低于 72. 6 欧元	14. 4%
	---不低于 71. 1 欧元，但低于 72. 6 欧元	14. 4%+1. 5 欧元/100 千克净重
	---不低于 69. 7 欧元，但低于 71. 1 欧元	14. 4%+2. 9 欧元/100 千克净重
	---不低于 68. 2 欧元，但低于 69. 7 欧元	14. 4%+4. 4 欧元/100 千克净重
	---不低于 66. 8 欧元，但低于 68. 2 欧元	14. 4%+5. 8 欧元/100 千克净重
	---低于 66. 8 欧元	14. 4% + 29. 8 欧元/100 千克净重
	-6 月 1 日至 9 月 30 日：	
	--每 100 千克净重的进口价格为：	
	---不低于 52. 6 欧元	14. 4%
	---不低于 51. 5 欧元，但低于 52. 6 欧元	14. 4%+1. 1 欧元/100 千克净重
	---不低于 50. 5 欧元，但低于 51. 5 欧元	14. 4%+2. 1 欧元/100 千克净重
	---不低于 49. 4 欧元，但低于 50. 5 欧元	14. 4%+3. 2 欧元/100 千克净重
	---不低于 48. 4 欧元，但低于 49. 4 欧元	14. 4%+4. 2 欧元/100 千克净重
	---低于 48. 4 欧元	14. 4% + 29. 8 欧元/100 千克净重
	-10 月 1 日至 31 日：	
	--每 100 千克净重的进口价格为：	
	---不低于 62. 6 欧元	14. 4%
	---不低于 61. 3 欧元，但低于 62. 6 欧元	14. 4%+1. 3 欧元/100 千克净重
	---不低于 60. 1 欧元，但低于 61. 3 欧元	14. 4%+2. 5 欧元/100 千克净重
	---不低于 58. 8 欧元，但低于 60. 1 欧元	14. 4%+3. 8 欧元/100 千克净重
	---不低于 57. 6 欧元，但低于 58. 8 欧元	14. 4%+5 欧元/100 千克净重

表12-8　续2

税号	条文	税率
	---低于57.6欧元	14.4% + 29.8 欧元/100 千克净重
	-11月1日至12月20日:	
	--每100千克净重的进口价格为:	
	---不低于62.6欧元	8.8%
	---不低于61.3欧元，但低于62.6欧元	8.8%+1.3欧元/100千克净重
	---不低于60.1欧元，但低于61.3欧元	8.8%+2.5欧元/100千克净重
	---不低于58.8欧元，但低于60.1欧元	8.8%+3.8欧元/100千克净重
	---不低于57.6欧元，但低于58.8欧元	8.8%+5欧元/100千克净重
	---低于57.6欧元	8.8%+29.8欧元/100千克净重
	-12月21日至31日:	
	--每100千克净重的进口价格为:	
	---不低于67.6欧元	8.8%
	---不低于66.2欧元，但低于67.6欧元	8.8%+1.4欧元/100千克净重
	---不低于64.9欧元，但低于66.2欧元	8.8%+2.7欧元/100千克净重
	---不低于63.5欧元，但低于64.9欧元	8.8%+4.1欧元/100千克净重
	---不低于62.2欧元，但低于63.5欧元	8.8%+5.4欧元/100千克净重
	---低于62.2欧元	8.8%+29.8欧元/100千克净重

需要说明的是，《欧盟共同海关税则》中季节税不仅是表12-7中所列出的32个，其他税号也有季节税（如税号0701.9050、0706.9010等），但表中所列的季节税为既有从价税也有复合税的税号，不能单纯地划归到以上从价税或者复合税中，因此在这里单列，而其他的季节税要么是单一的从价税将其纳入从价税（按年初的税率计），要么是选择税而纳入选择税。

12.2　从价税的分析

12.2.1　总体税率分析

为了计算《欧盟共同海关税则》的总体税率情况，将税率为从量税、复合税、选择税和季节税等非从价税的税号剔除，仅对从价税税率进行统计分析。结果表明，《欧盟共同海关税则》的名义平均税率为4.82%，最高税率为74.90%，最低税率为0，税率均方差为5.31%。最高税率为74.90%的有3个税号，均为品目2403项下的。

《欧盟共同海关税则》中农产品的名义平均税率为9.79%，税率均方差为8.12%；非农产品的名义平均税率为3.73%，税率均方差为3.64%。

《欧盟共同海关税则》的税率从0到74.9%，共有120个税级，其中使用最多的税率是0，有2501个税号，占税号总数的28.64%。然后依次为2.7%（609个税号，占税号总数的6.97%）、6.5%（590个税号，占税号总数的6.76%）、8%（506个税号，占税号总数的5.79%）、1.7%（474个税号，占税号总数的5.43%）等。税级分布详见表12-9，篇幅所限，表中仅列出了税号数数量排名前10的税级。

表12-9 《欧盟共同海关税则》中的税级分布

序号	税率（%）	税号数（个）	占比（%）
1	0	2501	28.64
2	2.70	609	6.97
3	6.50	590	6.76
4	8.00	506	5.79
5	1.70	474	5.43
6	12.00	414	4.74
7	5.50	307	3.52
8	4.00	257	2.94
9	3.70	247	2.83
10	2.20	146	1.67

12.2.2 各类税率比较分析

《欧盟共同海关税则》各类的税率统计结果详见表12-10，表中结果按名义平均税率由高到低排列。可以看出，第4类的名义平均税率最高，为14.15%。然后依次为第1类（10.07%）、第12类（8.17%）、第11类（7.96%）、第3类（6.10%）、第17类（5.87%）和第2类（5.45%）等。

名义平均税率最低的是第 10 类和第 21 类，均为“零税率”。

表 12-10　《欧盟共同海关税则》各类的税率统计结果

单位：%

序号	类	标题	名义平均税率	最高税率	最低税率	均方差
1	S04	食品；饮料、酒及醋；烟草、烟草及烟草代用品的制品；非经燃烧吸用的产品，不论是否含有尼古丁；其他供人体摄入尼古丁的含尼古丁的产品	14.15	74.90	0	10.54
2	S01	活动物；动物产品	10.07	23.00	0	6.06
3	S12	鞋、帽、伞、杖、鞭及其零件；已加工的羽毛及其制品；人造花；人发制品	8.17	17.00	0	5.32
4	S11	纺织原料及纺织制品	7.96	12.00	0	3.30
5	S03	动、植物或微生物油、脂及其分解产品；精制的食用油脂；动、植物蜡	6.10	16.00	0	4.29
6	S17	车辆、航空器、船舶及有关运输设备	5.87	22.00	0	5.66
7	S02	植物产品	5.45	20.80	0	5.26
8	S07	塑料及其制品；橡胶及其制品	4.63	6.50	0	2.63
9	S06	化学工业及其相关工业的产品	4.29	12.80	0	2.60
10	S13	石料、石膏、水泥、石棉、云母及类似材料的制品；陶瓷产品；玻璃及其制品	4.05	12.00	0	3.18
11	S08	生皮、皮革、毛皮及其制品；鞍具及挽具；旅行用品、手提包及类似容器；动物肠线（蚕胶丝除外）制品	3.17	9.70	0	2.81
12	S09	木及木制品；木炭；软木及软木制品；稻草、秸秆、针茅或其他编结材料制品；篮筐及柳条编结品	2.66	10.00	0	3.03

表12-10 续

序号	类	标题	名义平均税率	最高税率	最低税率	均方差
13	S20	杂项制品	2.60	10.50	0	1.86
14	S19	武器、弹药及其零件、附件	2.23	3.20	0	1.15
15	S16	机器、机械器具、电气设备及其零件；录音机及放声机、电视图像、声音的录制和重放设备及其零件、附件	1.93	14.00	0	1.90
16	S15	贱金属及其制品	1.91	10.00	0	2.33
17	S18	光学、照相、电影、计量、检验、医疗或外科用仪器及设备、精密仪器及设备；钟表；乐器；上述物品的零件、附件	1.68	6.70	0	1.81
18	S05	矿产品	1.07	8.00	0	1.65
19	S14	天然或养殖珍珠、宝石或半宝石、贵金属、包贵金属及其制品；仿首饰；硬币	0.56	4.00	0	1.21
20	S10	木浆及其他纤维状纤维素浆；回收（废碎）纸或纸板；纸、纸板及其制品	0	0	0	0.00
21	S21	艺术品、收藏品及古物	0	0	0	0.00

各类中最高税率排名第一的是第4类，为74.90%，然后依次为第1类（23%）、第17类（22%）和第2类（20.8%）等。

从税率的均方差来看，第4类的税率均方差最大，为10.54%，税率分布的离散程度最大。然后依次为第1类（6.06%）、第17类（5.66%）、第12类（5.32%）和第2类（5.26%）等。

12.2.3 各章税率比较分析

《欧盟共同海关税则》各章的税率统计结果详见表12-11，表中结果按名义平均税率由高到低排列。可以看出，第24章的名义平均税率最高，达到29.60%。然后依次为第16章（18.11%）、第20章（17.70%）、第3章（11.85%）、第11章（11.75%）等。名义平均税率最低为0，共有7

章，分别为第 14 章、第 26 章、第 47 章、第 48 章、第 49 章、第 80 章和第 97 章。

表 12-11　《欧盟共同海关税则》各章的税率统计结果

单位：%

序号	章	标题	名义平均税率	最高税率	最低税率	均方差
1	24	烟草及烟草代用品的制品；非经燃烧吸用的产品，不论是否含有尼古丁；其他供人体摄入尼古丁的含尼古丁的产品	29.60	74.90	0	25.68
2	16	肉、鱼、甲壳动物、软体动物及其他水生无脊椎动物、以及昆虫的制品	18.11	26.00	0	6.12
3	20	蔬菜、水果、坚果或植物其他部分的制品	17.70	33.60	0	6.05
4	03	鱼、甲壳动物、软体动物及其他水生无脊椎动物	11.85	23.00	0	5.01
5	11	制粉工业产品；麦芽；淀粉；菊粉；面筋	11.75	19.20	7.70	3.76
6	61	针织或钩编的服装及衣着附件	11.60	12.00	8.00	1.12
7	62	非针织或非钩编的服装及衣着附件	11.54	12.00	6.30	1.39
8	17	糖及糖食	11.40	13.40	8.00	2.42
9	19	谷物、粮食粉、淀粉或乳的制品；糕饼点心	10.65	12.80	8.50	2.15
10	64	鞋靴、护腿和类似品及其零件	9.95	17.00	3.00	5.07
11	63	其他纺织制成品；成套物品；旧衣着及旧纺织品；碎织物	9.95	12.00	0	3.09
12	07	食用蔬菜、根及块茎	8.75	15.20	0	4.92
13	21	杂项食品	8.22	14.70	0	4.63
14	60	针织物及钩编织物	7.93	8.00	6.50	0.31
15	87	车辆及其零件、附件，但铁道或电车道车辆除外	7.59	22.00	0	6.00

表12-11 续1

序号	章	标题	名义平均税率	最高税率	最低税率	均方差
16	57	地毯及纺织材料的其他铺地制品	7.55	8.00	3.00	1.23
17	58	特种机织物；簇绒织物；花边；装饰毯；装饰带；刺绣品	7.22	8.00	5.00	0.96
18	08	食用水果及坚果；柑橘属水果或甜瓜的果皮	6.81	20.80	0	5.42
19	76	铝及其制品	6.55	10.00	0	1.68
20	55	化学纤维短纤	6.42	8.00	4.00	1.93
21	52	棉花	6.36	8.00	0	2.26
22	04	乳品；蛋品；天然蜂蜜；其他食用动物产品	6.35	17.30	0	5.54
23	36	炸药；烟火制品；火柴；引火合金；易燃材料制品	6.34	6.50	5.70	0.27
24	59	浸渍、涂布、包覆或层压的纺织物；工业用纺织制品	6.17	8.00	0	1.57
25	18	可可及可可制品	6.13	9.60	0	3.94
26	15	动、植物或微生物油、脂及其分解产品；精制的食用油脂；动、植物蜡	6.10	16.00	0	4.29
27	06	活树及其他活植物；鳞茎、根及类似品；插花及装饰用簇叶	6.02	10.90	0	3.20
28	56	絮胎、毡呢及无纺织物；特种纱线；线、绳、索、缆及其制品	5.96	12.00	3.20	2.03
29	54	化学纤维长丝；化学纤维纺织材料制扁条及类似品	5.96	8.00	3.80	1.98
30	39	塑料及其制品	5.54	6.50	0	2.25
31	32	鞣料浸膏及染料浸膏；鞣酸及其衍生物；染料、颜料及其他着色料；油漆及清漆；油灰及其他类似胶粘剂；墨水、油墨	5.47	6.50	0	1.99
32	02	肉及食用杂碎	5.34	15.40	0	5.40

表12-11　续2

序号	章	标题	名义平均税率	最高税率	最低税率	均方差
33	38	杂项化学产品	5.21	6.50	0	2.03
34	70	玻璃及其制品	5.14	11.00	0	3.16
35	50	蚕丝	5.10	7.50	0	2.52
36	42	皮革制品；鞍具及挽具；旅行用品、手提包及类似容器；动物肠线（蚕胶丝除外）制品	4.99	9.70	1.70	2.67
37	31	肥料	4.82	6.50	0	2.64
38	69	陶瓷产品	4.80	12.00	0	2.65
39	37	照相及电影用品	4.63	6.50	0	2.68
40	35	蛋白类物质；改性淀粉；胶；酶	4.48	9.00	0	3.28
41	29	有机化学品	4.45	6.50	0	2.66
42	66	雨伞、阳伞、手杖、鞭子、马鞭及其零件	4.30	5.20	2.70	0.94
43	28	无机化学品；贵金属、稀土金属、放射性元素及其同位素的有机及无机化合物	4.26	5.50	0	1.94
44	91	钟表及其零件	4.14	6.00	2.70	0.91
45	88	航空器、航天器及其零件	3.89	7.70	0	2.77
46	10	谷物	3.84	12.80	0	4.79
47	51	羊毛、动物细毛或粗毛；马毛纱线及其机织物	3.75	8.00	0	2.96
48	45	软木及软木制品	3.53	4.70	0	2.04
49	53	其他植物纺织纤维；纸纱线及其机织物	3.39	8.00	0	2.88
50	81	其他贱金属、金属陶瓷及其制品	3.35	9.00	0	2.79
51	74	铜及其制品	3.31	5.20	0	2.06
52	92	乐器及其零件、附件	3.21	4.00	1.70	0.50
53	96	杂项制品	3.19	10.50	0	1.90

表12-11　续3

序号	章	标题	名义平均税率	最高税率	最低税率	均方差
54	82	贱金属工具、器具、利口器、餐匙、餐叉及其零件	3.13	8.50	1.70	1.71
55	79	锌及其制品	2.95	5.00	0	1.44
56	13	虫胶；树胶、树脂及其他植物液、汁	2.84	19.20	0	5.41
57	09	咖啡、茶、马黛茶及调味香料	2.84	12.50	0	4.08
58	67	已加工羽毛、羽绒及其制品；人造花；人发制品	2.83	4.70	1.70	1.11
59	41	生皮（毛皮除外）及皮革	2.78	6.50	0	2.74
60	65	帽类及其零件	2.75	5.70	0	1.65
61	46	稻草、秸秆、针茅或其他编结材料制品；篮筐及柳条编结品	2.70	4.70	0	1.36
62	44	木及木制品；木炭	2.61	10.00	0	3.18
63	83	贱金属杂项制品	2.53	3.70	0	0.72
64	94	家具；寝具、褥垫、弹簧床垫、软座垫及类似的填充制品；未列名灯具及照明装置；发光标志、发光铭牌及类似品；活动房屋	2.53	5.70	0	1.87
65	40	橡胶及其制品	2.50	6.50	0	2.19
66	33	精油及香膏；芳香料制品及化妆盥洗品	2.50	12.80	0	2.99
67	78	铅及其制品	2.25	5.00	0	2.08
68	34	肥皂、有机表面活性剂、洗涤剂、润滑剂、人造蜡、调制蜡、光洁剂、蜡烛及类似品、塑型用膏、“牙科用蜡”及牙科用熟石膏制剂	2.24	6.50	0	2.22
69	93	武器、弹药及其零件、附件	2.23	3.20	0	1.15
70	27	矿物燃料、矿物油及其蒸馏产品；沥青物质；矿物蜡	2.10	8.00	0	1.87

表12-11　续4

序号	章	标题	名义平均税率	最高税率	最低税率	均方差
71	95	玩具、游戏品、运动用品及其零件、附件	2.09	4.70	0	1.64
72	85	电机、电气设备及其零件；录音机及放声机、电视图像、声音的录制和重放设备及其零件、附件	2.06	14.00	0	2.57
73	84	核反应堆、锅炉、机器、机械器具及其零件	1.86	9.70	0	1.41
74	86	铁道或电车道机车、车辆及其零件；铁道或电车道轨道固定装置及其零件、附件；各种机械（包括电动机械）交通信号设备	1.76	3.70	0	0.71
75	73	钢铁制品	1.73	3.70	0	1.59
76	43	毛皮、人造毛皮及其制品	1.50	3.70	0	1.40
77	01	活动物	1.32	11.50	0	3.11
78	23	食品工业的残渣及废料；配制的动物饲料	1.30	12.00	0	3.15
79	22	饮料、酒及醋	1.29	32.00	0	4.72
80	12	含油子仁及果实；杂项子仁及果实；工业用或药用植物；稻草、秸秆及饲料	1.24	8.30	0	2.32
81	89	船舶及浮动结构体	1.18	2.70	0	1.03
82	68	石料、石膏、水泥、石棉、云母及类似材料的制品	1.15	3.70	0	1.06
83	90	光学、照相、电影、计量、检验、医疗或外科用仪器及设备、精密仪器及设备；上述物品的零件、附件	1.12	6.70	0	1.59
84	75	镍及其制品	0.64	3.30	0	1.21
85	71	天然或养殖珍珠、宝石或半宝石、贵金属、包贵金属及其制品；仿首饰；硬币	0.56	4.00	0	1.21
86	30	药品	0.35	6.50	0	1.48

表12-11　续5

序号	章	标题	名义平均税率	最高税率	最低税率	均方差
87	05	其他动物产品	0.24	5.10	0	1.09
88	72	钢铁	0.24	7.00	0	1.01
89	25	盐；硫磺；泥土及石料；石膏料、石灰及水泥	0.22	1.70	0	0.57
90	14	编结用植物材料；其他植物产品	0	0	0	0
91	26	矿砂、矿渣及矿灰	0	0	0	0
92	47	木浆及其他纤维状纤维素浆；回收（废碎）纸或纸板	0	0	0	0
93	48	纸及纸板；纸浆；纸或纸板制品	0	0	0	0
94	49	书籍、报纸、印刷图画及其他印刷品；手稿、打字稿及设计图纸	0	0	0	0
95	80	锡及其制品	0	0	0	0
96	97	艺术品、收藏品及古物	0	0	0	0

各章中最高税率排名第一的是第24章，为74.90%。然后依次为第20章（33.60%）、第22章（32.00%）、第16章（26.00%）和第3章（23.00%）等。

从税率的均方差来看，第24章的税率均方差最大，为25.68%，税率分布的离散程度最大。然后依次为第16章（6.12%）、第20章（6.05%）、第87章（6.00%）等。

12.2.4　各品目税率比较分析

《欧盟共同海关税则》各品目的税率统计结果详见表12-12，表中结果按名义平均税率由高到低排列，篇幅所限，仅列出了名义平均税率排名前35个的品目。可以看出，品目2403的名义平均税率最高，为49.92%。然后依次为品目2402（37.80%）、品目2204（32.00%）、品目2007（20.33%）、品目1605（19.62%）和品目1604（19.27%）等。

表12-12　《欧盟共同海关税则》各品目的税率统计结果

单位：%

序号	品目	品目条文	名义平均税率	最高税率	最低税率	均方差
1	2403	其他烟草及烟草代用品的制品；“均化”或“再造”烟草；烟草精汁	49.92	74.90	16.60	26.34
2	2402	烟草或烟草代用品制成的雪茄烟及卷烟	37.80	57.60	10.00	20.59
3	2204	鲜葡萄酿造的酒，包括加酒精的；品目2009以外的酿酒葡萄汁	32.00	32.00	32.00	0
4	2007	烹煮的果酱、果冻、柑橘酱、果泥及果膏，不论是否加糖或其他甜物质	20.33	24.00	15.00	3.87
5	1605	制作或保藏的甲壳动物、软体动物及其他水生无脊椎动物	19.62	26.00	0	5.71
6	1604	制作或保藏的鱼；鲟鱼子酱及鱼卵制的鲟鱼子酱代用品	19.27	25.00	5.50	6.02
7	1108	淀粉；菊粉	19.20	19.20	19.20	0
8	2009	未发酵及未加酒精的水果汁或坚果汁（包括酿酒葡萄汁及椰子水）、蔬菜汁，不论是否加糖或其他甜物质	18.55	33.60	10.50	6.97
9	2008	用其他方法制作或保藏的其他品目未列名水果、坚果及植物的其他食用部分，不论是否加酒、加糖或其他甜物质	18.18	25.60	0	5.75
10	0409	天然蜂蜜	17.30	17.30	17.30	0
11	6401	橡胶或塑料制外底及鞋面的防水鞋靴，其鞋面不是用缝、铆、钉、旋、塞或类似方法固定在鞋底上的	17.00	17.00	17.00	0
12	6404	橡胶、塑料、皮革或再生皮革制外底，用纺织材料制鞋面的鞋靴	16.94	17.00	16.90	0.05

表12-12 续1

序号	品目	品目条文	名义平均税率	最高税率	最低税率	均方差
13	6402	橡胶或塑料制外底及鞋面的其他鞋靴	16.88	17.00	16.80	0.09
14	2004	其他冷冻蔬菜，用醋或醋酸以外的其他方法制作或保藏的，但品目2006的产品除外	16.53	19.20	14.40	1.77
15	2003	蘑菇及块菌，用醋或醋酸以外的其他方法制作或保藏的	16.40	18.40	14.40	2.00
16	2005	其他未冷冻蔬菜，用醋或醋酸以外的其他方法制作或保藏的，但品目2006的产品除外	16.07	19.20	6.40	3.14
17	0803	鲜或干的香蕉，包括芭蕉	16.00	16.00	16.00	0
18	1601	肉、食用杂碎、动物血或昆虫制成的香肠及类似产品；用香肠制成的食品	15.40	15.40	15.40	0
19	8712	自行车及其他非机动脚踏车（包括运货三轮脚踏车）	14.50	15.00	14.00	0.50
20	2002	番茄，用醋或醋酸以外的其他方法制作或保藏的	14.40	14.40	14.40	0
21	1602	其他方法制作或保藏的肉、食用杂碎、动物血或昆虫	14.20	16.60	10.20	2.74
22	0811	冷冻水果及坚果，不论是否蒸煮、加糖或其他甜物质	14.03	20.80	3.20	4.29
23	0710	冷冻蔬菜（不论是否蒸煮）	13.92	15.20	6.40	2.02
24	0302	鲜、冷鱼，但品目0304的鱼片及其他鱼肉除外	13.81	23.00	0	5.83
25	8704	货运机动车辆	13.69	22.00	0	8.35
26	1704	不含可可的糖食（包括白巧克力）	13.40	13.40	13.40	0
27	0305	干、盐腌或盐渍的鱼；熏鱼，不论在熏制前或熏制过程中是否烹煮	13.26	20.00	10.00	1.98

表12-12　续2

序号	品目	品目条文	名义平均税率	最高税率	最低税率	均方差
28	0706	鲜或冷藏的胡萝卜、芜菁、色拉甜菜根、婆罗门参、块根芹、萝卜及类似的食用根茎	13.20	13.60	12.00	0.69
29	0303	冻鱼，但品目0304的鱼片及其他鱼肉除外	13.02	23.00	0	5.92
30	0403	酸乳；酪乳、结块的乳及稀奶油、酸乳酒及其他发酵或酸化的乳和稀奶油，不论是否浓缩、加糖、加其他甜物质、加香料、加水果、加坚果或加可可	12.80	12.80	12.80	0
31	0707	鲜或冷藏的黄瓜及小黄瓜	12.80	12.80	12.80	0
32	1001	小麦及混合麦	12.80	12.80	12.80	0
33	1901	麦精；细粉、粗粒、粗粉、淀粉或麦精制的其他税号未列名的食品，不含可可或按重量计全脱脂可可含量低于40%；品目0401至0404所列货品制的其他税号未列名的食品，不含可可或按重量计全脱脂可可含量低于5%	12.80	12.80	12.80	0
34	2104	汤料及其制品；均化混合食品	12.80	14.10	11.50	1.30
35	2106	其他税号未列名的食品	12.80	12.80	12.80	0

各品目中最高税率排名第一的是品目2403，为74.90%。然后依次为品目2402（57.60%）、品目2009（33.60%）、品目2204（32.00%）和品目1605（26.00%）等。

从税率的均方差来看，品目2403的税率均方差最大，为26.34%。然后依次为品目2402（20.59%）、品目8704（8.35%）。统计结果还表明，有727个品目（占品目总数的60.99%）的税率均方差为0，即这些品目执行相同的税率，如品目0409、品目1108、品目2204、品目6401等。

12.2.5 各 HS 子目税率比较分析

《欧盟共同海关税则》各 HS 子目的税率统计结果详见表 12-13。表中数据按名义平均税率由高到低排列，篇幅所限，仅列出了名义平均税率排名前 40 的 HS 子目。可以看出，子目 2403.11 和子目 2403.19 的名义平均税率最高，均为 74.90%，然后依次为子目 2402.90（57.60%）、子目 2402.20（33.80%）、子目 2204.30（32.00%）和子目 2403.99（29.10%）等。此外，名义平均税率最低的零税率，有 1464 个 HS 子目（占 HS 子目总数的 27.10%），如子目 0101.21、子目 0102.21、子目 0102.29 和子目 0102.31 等。

表 12-13 《欧盟共同海关税则》各 HS 子目税率的统计结果

单位：%

序号	HS 子目	名义平均税率	最高税率	最低税率	均方差
1	2403.11	74.90	74.90	74.90	0
2	2403.19	74.90	74.90	74.90	0
3	2402.90	57.60	57.60	57.60	0
4	2402.20	33.80	57.60	10.00	23.80
5	2204.30	32.00	32.00	32.00	0
6	2403.99	29.10	41.60	16.60	12.50
7	1605.61	26.00	26.00	26.00	0
8	1605.62	26.00	26.00	26.00	0
9	1605.63	26.00	26.00	26.00	0
10	1605.69	26.00	26.00	26.00	0
11	2402.10	26.00	26.00	26.00	0
12	1604.16	25.00	25.00	25.00	0
13	2009.11	24.40	33.60	15.20	9.20
14	1604.14	24.10	25.00	24.00	0.30
15	1604.15	23.33	25.00	20.00	2.36

表12-13　续

序号	HS子目	名义平均税率	最高税率	最低税率	均方差
16	2009.19	22.90	33.60	12.20	10.70
17	2009.29	22.80	33.60	12.00	10.80
18	0302.31	22.00	22.00	22.00	0
19	0302.32	22.00	22.00	22.00	0
20	0302.33	22.00	22.00	22.00	0
21	0302.34	22.00	22.00	22.00	0
22	0302.35	22.00	22.00	22.00	0
23	0302.36	22.00	22.00	22.00	0
24	0302.39	22.00	22.00	22.00	0
25	0303.41	22.00	22.00	22.00	0
26	0303.43	22.00	22.00	22.00	0
27	0303.44	22.00	22.00	22.00	0
28	0303.45	22.00	22.00	22.00	0
29	0303.46	22.00	22.00	22.00	0
30	0303.49	22.00	22.00	22.00	0
31	2008.80	22.00	25.60	17.60	3.260
32	2008.93	22.00	25.60	17.60	3.260
33	2009.79	22.00	30.00	18.00	5.66
34	2007.91	21.60	21.60	21.60	0
35	2008.60	21.49	25.60	17.60	3.27
36	0303.42	21.00	22.00	20.00	1.00
37	2008.50	20.96	25.60	13.60	3.90
38	2008.20	20.91	25.60	17.60	3.10
39	2008.40	20.89	25.60	16.00	3.96
40	2008.70	20.80	25.60	15.20	3.77

各 HS 子目中最高税率排名第一的有 2 个子目，分别为子目 2403. 11 和子目 2403. 19，均为 74. 90%。然后依次为子目 2402. 20 和子目 2402. 90（均为 57. 60%）、子目 2403. 99（41. 60%）等。

从税率的均方差来看，子目 2402. 20 的税率均方差最大，为 23. 80%，税率分布的离散程度最大。然后依次为子目 2403. 99（12. 50%）、子目 2009. 29（10. 80%）和子目 2009. 19（10. 70%）等。统计结果还表明，有 4656 个 HS 子目（占 HS 子目总数的 86. 19%）的税率均方差为 0，即这些 HS 子目执行相同的税率，如子目 1605. 61、子目 1605. 62、子目 1605. 63、子目 1605. 69、子目 2403. 11、子目 2403. 19 等。

第 13 章　日本税则的税率结构分析

《日本税则》设置了 27 栏税率，分别为普通税率、暂定税率、WTO 成员方税率、美国税率、英国税率、欧盟税率、中国税率、韩国税率、其他 RCEP 成员方税率等。考虑到税率适用对象的覆盖面和统计的便利性，本章仅对普通税率进行统计分析。

13.1　税种分析

13.1.1　征税方式分析

从征税方式角度分析，2025 年《日本税则》中各税种分布详见表 13-1。可以看出，《日本税则》中有从价税、从量税、复合税和选择税四种不同的征税方式，其中从价税占据主体，有 8731 个税号采用，占比为 90.46%。此外，有 390 个税号采用从量税、173 个税号采用复合税、358 个税号采用选择税。

表 13-1　《日本税则》中税种的分布

税种	税号数（个）	占比（%）
从价税	8731	90.46
从量税	390	4.04
复合税	173	1.79
选择税	358	3.71
总计	9652	100

13.1.2　非从价税的分布

1. 从量税的分布

《日本税则》中有 390 个税号使用从量税，分布在 9 个类、26 个章、59 个品目和 134 个 HS 子目中。

统计各类设置从量税的情况可知，第 2 类有 138 个税号，第 4 类有 98

个税号，第 5 类有 46 个税号，第 3 类有 39 个税号，第 15 类有 31 个税号，第 1 类有 16 个税号等。

统计各章设置从量税的情况可知，第 11 章有 71 个税号，第 19 章有 57 个税号，第 27 章有 45 个税号，第 15 章有 39 个税号，第 10 章有 31 个税号，第 7 章有 22 个税号等。

从量税在各品目的分布详见表 13-2，篇幅所限，表中仅列出了从量税税号数量达 10 个及以上的品目。可以看出，有 12 个品目的从量税税号数达 10 个及以上。其中，品目 2710 的从量税税号数最多，有 44 个。然后依次为品目 1901（29 个）、品目 1108（24 个）、品目 1904（21 个）等。

表 13-2　从量税在各品目的分布

单位：个

序号	品目	品目条文	税号数
1	2710	石油及从沥青矿物提取的油类，但原油除外；以上述油为基本成分（按重量计不低于 70%）的其他品目未列名制品；废油	44
2	1901	麦精；细粉、粗粒、粗粉、淀粉或麦精制的其他品目未列名的食品，不含可可或按重量计全脱脂可可含量低于 40%；品目 0401 至 0404 所列货品制的其他品目未列名的食品，不含可可或按重量计全脱脂可可含量低于 5%	29
3	1108	淀粉；菊粉	24
4	1904	谷物或谷物产品经膨化或烘炒制成的食品（例如，玉米片）；其他品目未列名的预煮或经其他方法制作的谷粒（玉米除外）、谷物片或经其他加工的谷粒（细粉、粗粒及粗粉除外）	21
5	0713	脱荚的干豆，不论是否去皮或分瓣	20
6	1103	谷物的粗粒、粗粉及团粒	16
7	1104	经其他加工的谷物（例如，去壳、滚压、制片、制成粒状、切片或粗磨），但品目 1006 的稻谷、大米除外；谷物胚芽，整粒、滚压、制片或磨碎的	16
8	1001	小麦及混合麦	14
9	7403	未锻轧的精炼铜及铜合金	14
10	1515	其他固定植物或微生物油、脂（包括希蒙得木油）及其分离品，不论是否精制，但未经化学改性	11

表13-2　续

序号	品目	品目条文	税号数
11	1202	未焙炒或未烹煮的花生，不论是否去壳或破碎	10
12	1512	葵花油、红花油或棉子油及其分离品，不论是否精制，但未经化学改性	10

《日本税则》典型的从量税税率详见表13-3。例如，对税号0101.21290的进口改良种用活马每匹征收4000000日元的关税，对税号2206.00221的其他发酵饮料征收30.80日元/升的关税，对税号2710.20167含生物柴油的石油征收459日元/千升的关税。

表13-3　《日本税则》典型的从量税税率

序号	税号	税率
1	0101.21290	4000000日元/匹
2	0210.20000	190日元/千克
3	1212.21100	1.50日元/件
4	2206.00221	30.80日元/升
5	2710.20167	459日元/千升

2. 复合税的分布

《日本税则》中有173个税号设置了复合税，分布在2个类、6个章、11个品目和28个HS子目中。

统计各类设置复合税的情况可知，第1类有134个税号，第4类有39个税号。

统计各章设置复合税的情况可知，第4章有134个税号，第21章有20个税号，第19章有12个税号，第18章有4个税号，第23章有2个税号，第24章有1个税号。

复合税在各品目的分布详见表13-4。可以看出，品目0404的复合税税号数最多，有53个。然后依次为品目0402（32个）、品目0403（26个）、品目0405（13个）等。例如，对税号0401.10110的进口商品征收25%的从价税，同时征收63日元/千克的从量税。

表 13-4　复合税在各品目的分布

单位：个

序号	品目	品目条文	税号数
1	0404	乳清，不论是否浓缩、加糖或其他甜物质；其他品目未列名的含天然乳的产品，不论是否加糖或其他甜物质	53
2	0402	浓缩、加糖或其他甜物质的乳及稀奶油	32
3	0403	酸乳；酪乳、结块的乳及稀奶油、酸乳酒及其他发酵或酸化的乳和稀奶油，不论是否浓缩、加糖、加其他甜物质、加香料、加水果、加坚果或加可可	26
4	0405	黄油及其他从乳中提取的脂和油；乳酱	13
5	1901	麦精；细粉、粗粒、粗粉、淀粉或麦精制的其他品目未列名的食品，不含可可或按重量计全脱脂可可含量低于 40%；品目 0401 至 0404 所列货品制的其他品目未列名的食品，不含可可或按重量计全脱脂可可含量低于 5%	12
6	2106	其他品目未列名的食品	12
7	0401	未浓缩及未加糖或其他甜物质的乳及稀奶油	10
8	2101	咖啡、茶、马黛茶的浓缩精汁及以其为基本成分或以咖啡、茶、马黛茶为基本成分的制品；烘焙菊苣和其他烘焙咖啡代用品及其浓缩精汁	8
9	1806	巧克力及其他含可可的食品	4
10	2309	配制的动物饲料	2
11	2402	烟草或烟草代用品制成的雪茄烟及卷烟	1

3. 选择税的分布

《日本税则》中有 358 个税号设置了选择税，分布在 9 个类、18 个章、33 个品目和 183 个 HS 子目中。

选择税在各品目的分布详见表 13-5，表中仅列出了选择税税号数量达 10 个及以上的品目。可以看出，第 11 类设置了较多的选择税。其中，品目 5208 选择税税号数最多，有 72 个。然后依次为品目 5205（52 个）、品目 5209（42 个）等。例如，税号 5208. 11010 在 5. 6%（从价税）或 4. 4%+1. 52 日元/平方米（复合税）中就高选择。

表 13-5　选择税在各品目的分布

单位：个

序号	品目	品目条文	税号数
1	5208	棉机织物，按重量计含棉量在 85%及以上，每平方米重量不超过 200 克	72
2	5205	棉纱线（缝纫线除外），按重量计含棉量在 85%及以上，非供零售用	52
3	5209	棉机织物，按重量计含棉量在 85%及以上，每平方米重量超过 200 克	42
4	6403	橡胶、塑料、皮革或再生皮革制外底，皮革制鞋面的鞋靴	34
5	5206	棉纱线（缝纫线除外），按重量计含棉量在 85%以下，非供零售用	20
6	1702	其他固体糖，包括化学纯乳糖、麦芽糖、葡萄糖及果糖；未加香料或着色剂的糖浆；人造蜜，不论是否掺有天然蜂蜜；焦糖	17
7	5211	棉机织物，按重量计含棉量在 85%以下，主要或仅与化学纤维混纺，每平方米重量超过 200 克	17
8	2009	未发酵及未加酒精的水果汁或坚果汁（包括酿酒葡萄汁及椰子水）、蔬菜汁，不论是否加糖或其他甜物质	16
9	5210	棉机织物，按重量计含棉量在 85%以下，主要或仅与化学纤维混纺，每平方米重量不超过 200 克	16
10	5212	其他棉机织物	12

13. 2　从价税的分析

13. 2. 1　总体税率分析

为了计算《日本税则》的总体税率情况，将税率为从量税、复合税和选择税等非从价税的税号剔除，仅对从价税税率进行统计分析。结果表明，《日本税则》的名义平均税率为 6. 15%，最高税率为 60%，最低税率为 0，税率均方差为 8. 60%。其中，农产品的名义平均税率为 11. 74%，税率均方差为 10. 59%；非农产品的名义平均税率为 4. 56%，税率均方差为

7. 19%。显然，农产品的名义平均税率和税率均方差均高于非农产品。

《日本税则》的税率从 0 到 60%，共有 111 个税级，其中，使用最多的税率是 0，有 3224 个税号，占比为 36. 93%。然后依次为 4. 6%（702 个税号，占比为 8. 04%）、10%（457 个税号，占比为 5. 23%）、3. 9%（382 个税号，占比为 4. 38%）、5%（317 个税号，占比为 3. 63%）等。税级分布详见表 13-6，篇幅所限，表中仅列出了税号数数量排名前 10 的税级。

表 13-6　《日本税则》的税级分布

序号	税率（%）	税号数（个）	占比（%）
1	0	3224	36. 93
2	4. 60	702	8. 04
3	10. 00	457	5. 23
4	3. 90	382	4. 38
5	5. 00	317	3. 63
6	8. 00	250	2. 86
7	6. 40	190	2. 18
8	15. 00	189	2. 16
9	11. 20	174	1. 99
10	20. 00	160	1. 83

13. 2. 2　各类税率比较分析

《日本税则》各类的税率统计结果详见表 13-7，表中数据按名义平均税率由高到低排列。可以看出，第 8 类的名义平均税率最高，为 23. 50%。然后依次为第 4 类（17. 45%）、第 12 类（14. 88%）、第 19 类（9. 73%）、第 1 类（9. 21%）、第 11 类（8. 36%）等。名义平均税率最低的是第 21 类，为零税率。

表13-7　《日本税则》各类的税率统计结果

单位：%

序号	类	标题	名义平均税率	最高税率	最低税率	均方差
1	S08	生皮、皮革、毛皮及其制品；鞍具及挽具；旅行用品、手提包及类似容器；动物肠线（蚕胶丝除外）制品	23.50	60.00	0	24.50
2	S04	食品；饮料、酒及醋；烟草、烟草及烟草代用品的制品；非经燃烧吸用的产品，不论是否含有尼古丁；其他供人体摄入尼古丁的含尼古丁的产品	17.45	55.00	0	10.65
3	S12	鞋、帽、伞、杖、鞭及其零件；已加工的羽毛及其制品；人造花；人发制品	14.88	30.00	0	10.56
4	S19	武器、弹药及其零件、附件	9.73	12.80	6.60	3.05
5	S01	活动物；动物产品	9.21	50.00	0	9.51
6	S11	纺织原料及纺织制品	8.36	20.00	0	3.73
7	S02	植物产品	8.06	50.00	0	8.70
8	S09	木及木制品；木炭；软木及软木制品；稻草、秸秆、针茅或其他编结材料制品；篮筐及柳条编结品	5.71	20.00	0	6.03
9	S03	动、植物或微生物油、脂及其分解产品；精制的食用油脂；动、植物蜡	5.27	35.00	0	6.52
10	S07	塑料及其制品；橡胶及其制品	3.48	11.20	0	2.33
11	S06	化学工业及其相关工业的产品	3.42	25.00	0	2.53
12	S15	贱金属及其制品	3.15	10.20	0	2.33
13	S20	杂项制品	2.12	10.00	0	2.52
14	S10	木浆及其他纤维状纤维素浆；回收（废碎）纸或纸板；纸、纸板及其制品	1.83	9.60	0	1.93

表13-7 续

序号	类	标题	名义平均税率	最高税率	最低税率	均方差
15	S14	天然或养殖珍珠、宝石或半宝石、贵金属、包贵金属及其制品；仿首饰；硬币	1.66	12.50	0	2.81
16	S13	石料、石膏、水泥、石棉、云母及类似材料的制品；陶瓷产品；玻璃及其制品	1.65	10.00	0	2.41
17	S05	矿产品	0.91	9.60	0	1.83
18	S18	光学、照相、电影、计量、检验、医疗或外科用仪器及设备、精密仪器及设备；钟表；乐器；上述物品的零件、附件	0.39	40.00	0	2.86
19	S17	车辆、航空器、船舶及有关运输设备	0.07	12.80	0	0.92
20	S16	机器、机械器具、电气设备及其零件；录音机及放声机、电视图像、声音的录制和重放设备及其零件、附件	0.03	5.80	0	0.38
21	S21	艺术品、收藏品及古物	0	0	0	0

各类中最高税率排名第一的是第 8 类，为 60.00%。然后依次为第 4 类（55.00%）、第 1 类和第 2 类（均为 50.00%）、第 18 类（40.00%）。

从税率的均方差来看，第 8 类的税率均方差最高，为 24.50%，税率分布的离散程度最大。然后依次为第 4 类（10.65%）、第 12 类（10.56%）、第 1 类（9.51%）和第 2 类（8.70%）等。

13.2.3 各章税率比较分析

《日本税则》各章的税率统计结果详见表 13-8，表中数据按名义平均税率由高到低排列。可以看出，第 4 章的名义平均税率最高，为 27.60%。然后依次为第 41 章（27.53%）、第 18 章（24.40%）、第 11 章（22.40%）、第 19 章（22.29%）、第 20 章（21.21%）和第 64 章（20.38%）等。名义平均税率最低的零税率共有 11 章，分别为第 26 章、

第31章、第45章、第47章、第49章、第84章、第86章、第88章、第89章、第92章和第97章。

表13-8　《日本税则》各章的税率统计结果

单位：%

序号	章	标题	名义平均税率	最高税率	最低税率	均方差
1	04	乳品；蛋品；天然蜂蜜；其他食用动物产品	27.60	40.00	0	9.72
2	41	生皮（毛皮除外）及皮革	27.53	60.00	0	27.78
3	18	可可及可可制品	24.40	35.00	0	10.46
4	11	制粉工业产品；麦芽；淀粉；菊粉；面筋	22.40	25.00	16.00	2.95
5	19	谷物、粮食粉、淀粉或乳的制品；糕饼点心	22.29	40.00	6.00	7.34
6	20	蔬菜、水果、坚果或植物其他部分的制品	21.21	55.00	5.00	7.88
7	64	鞋靴、护腿和类似品及其零件	20.38	30.00	4.20	8.97
8	21	杂项食品	19.92	35.00	0	9.10
9	17	糖及糖食	18.95	35.00	0	13.60
10	42	皮革制品；鞍具及挽具；旅行用品、手提包及类似容器；动物肠线(蚕胶丝除外)制品	15.98	40.00	3.20	11.39
11	50	蚕丝	13.49	20.00	0	8.67
12	08	食用水果及坚果；柑橘属水果或甜瓜的果皮	12.84	50.00	0	10.28
13	43	毛皮、人造毛皮及其制品	12.67	20.00	0	8.00
14	16	肉、鱼、甲壳动物、软体动物及其他水生无脊椎动物、以及昆虫的制品	12.50	50.00	0	9.47
15	62	非针织或非钩编的服装及衣着附件	11.97	16.00	0	3.51
16	02	肉及食用杂碎	11.43	50.00	0	14.70

表13-8　续1

序号	章	标题	名义平均税率	最高税率	最低税率	均方差
17	61	针织或钩编的服装及衣着附件	9.78	16.00	5.60	1.76
18	93	武器、弹药及其零件、附件	9.73	12.80	6.60	3.05
19	07	食用蔬菜、根及块茎	9.24	25.00	0	5.95
20	22	饮料、酒及醋	9.04	32.00	0	10.78
21	57	地毯及纺织材料的其他铺地制品	8.91	13.40	0	3.57
22	52	棉花	8.81	11.20	0	2.30
23	60	针织物及钩编织物	8.63	15.70	0	3.28
24	55	化学纤维短纤	8.46	16.00	0	2.52
25	03	鱼、甲壳动物、软体动物及其他水生无脊椎动物	7.89	15.00	0	4.06
26	24	烟草及烟草代用品的制品；非经燃烧吸用的产品，不论是否含有尼古丁；其他供人体摄入尼古丁的含尼古丁的产品	7.76	35.00	0	11.03
27	54	化学纤维长丝；化学纤维纺织材料制扁条及类似品	7.63	16.00	4.00	2.32
28	35	蛋白类物质；改性淀粉；胶；酶	7.46	25.00	0	6.43
29	63	其他纺织制成品；成套物品；旧衣着及旧纺织品；碎织物	6.56	9.60	0	2.15
30	58	特种机织物；簇绒织物；花边；装饰毯；装饰带；刺绣品	6.10	16.80	0	3.27
31	66	雨伞、阳伞、手杖、鞭子、马鞭及其零件	6.10	6.40	4.60	0.67
32	44	木及木制品；木炭	5.88	20.00	0	6.20
33	15	动、植物或微生物油、脂及其分解产品；精制的食用油脂；动、植物蜡	5.27	35.00	0	6.52
34	36	炸药；烟火制品；火柴；引火合金；易燃材料制品	5.25	6.40	0	1.68
35	65	帽类及其零件	5.20	7.00	3.40	1.05

表13-8　续2

序号	章	标题	名义平均税率	最高税率	最低税率	均方差
36	46	稻草、秸秆、针茅或其他编结材料制品；篮筐及柳条编结品	5.06	9.60	0	2.69
37	56	絮胎、毡呢及无纺织物；特种纱线；线、绳、索、缆及其制品	5.04	8.00	0	2.28
38	09	咖啡、茶、马黛茶及调味香料	4.96	20.00	0	6.37
39	34	肥皂、有机表面活性剂、洗涤剂、润滑剂、人造蜡、调制蜡、光洁剂、蜡烛及类似品、塑型用膏、“牙科用蜡”及牙科用熟石膏制剂	4.92	6.40	2.30	1.04
40	53	其他植物纺织纤维；纸纱线及其机织物	4.91	16.00	0	6.43
41	59	浸渍、涂布、包覆或层压的纺织物；工业用纺织制品	4.86	8.00	0	1.39
42	39	塑料及其制品	4.85	11.20	0	1.14
43	76	铝及其制品	4.63	10.20	0	3.68
44	14	编结用植物材料；其他植物产品	4.38	10.00	0	4.34
45	72	钢铁	4.11	7.70	0	1.47
46	29	有机化学品	4.04	24.00	0	2.32
47	13	虫胶；树胶、树脂及其他植物液、汁	3.95	25.00	0	6.92
48	32	鞣料浸膏及染料浸膏；鞣酸及其衍生物；染料、颜料及其他着色料；油漆及清漆；油灰及其他类似胶粘剂；墨水、油墨	3.91	5.30	0	1.68
49	33	精油及香膏；芳香料制品及化妆盥洗品	3.88	9.60	0	2.51
50	51	羊毛、动物细毛或粗毛；马毛纱线及其机织物	3.44	8.00	0	3.03
51	96	杂项制品	3.43	10.00	0	2.82
52	75	镍及其制品	3.25	8.10	0	2.76

表13-8　续3

序号	章	标题	名义平均税率	最高税率	最低税率	均方差
53	12	含油子仁及果实；杂项子仁及果实；工业用或药用植物；稻草、秸秆及饲料	3.11	40.00	0	6.26
54	38	杂项化学产品	3.06	5.30	0	1.73
55	74	铜及其制品	3.04	6.60	0	2.66
56	78	铅及其制品	2.97	6.60	0	2.40
57	83	贱金属杂项制品	2.93	8.00	0	2.13
58	28	无机化学品；贵金属、稀土金属、放射性元素及其同位素的有机及无机化合物	2.88	6.80	0	2.04
59	79	锌及其制品	2.72	5.80	0	2.28
60	80	锡及其制品	2.63	4.60	0	1.63
61	48	纸及纸板；纸浆；纸或纸板制品	2.51	9.60	0	1.85
62	73	钢铁制品	2.42	5.20	0	2.11
63	10	谷物	2.40	15.00	0	3.50
64	67	已加工羽毛、羽绒及其制品；人造花；人发制品	2.15	8.00	0	2.94
65	81	其他贱金属、金属陶瓷及其制品	1.95	5.80	0	2.38
66	70	玻璃及其制品	1.89	10.00	0	2.94
67	27	矿物燃料、矿物油及其蒸馏产品；沥青物质；矿物蜡	1.81	9.60	0	2.33
68	69	陶瓷产品	1.68	5.20	0	1.73
69	71	天然或养殖珍珠、宝石或半宝石、贵金属、包贵金属及其制品；仿首饰；硬币	1.66	12.50	0	2.81
70	05	其他动物产品	1.56	20.00	0	4.18
71	94	家具；寝具、褥垫、弹簧床垫、软座垫及类似的填充制品；未列名灯具及照明装置；发光标志、发光铭牌及类似品；活动房屋	1.51	5.80	0	2.09

表13-8 续4

序号	章	标题	名义平均税率	最高税率	最低税率	均方差
72	68	石料、石膏、水泥、石棉、云母及类似材料的制品	1.31	5.20	0	1.83
73	91	钟表及其零件	1.25	40.00	0	5.93
74	95	玩具、游戏品、运动用品及其零件、附件	1.17	4.60	0	1.78
75	82	贱金属工具、器具、利口器、餐匙、餐叉及其零件	0.90	4.60	0	1.78
76	01	活动物	0.87	10.00	0	2.82
77	40	橡胶及其制品	0.79	4.60	0	1.61
78	37	照相及电影用品	0.78	6.60	0	1.89
79	23	食品工业的残渣及废料；配制的动物饲料	0.69	15.00	0	2.68
80	30	药品	0.51	5.80	0	1.57
81	06	活树及其他活植物；鳞茎、根及类似品；插花及装饰用簇叶	0.50	5.00	0	1.50
82	25	盐；硫磺；泥土及石料；石膏料、石灰及水泥	0.27	3.00	0	0.77
83	90	光学、照相、电影、计量、检验、医疗或外科用仪器及设备、精密仪器及设备；上述物品的零件、附件	0.19	6.40	0	1.02
84	87	车辆及其零件、附件，但铁道或电车道车辆除外	0.11	12.80	0	1.19
85	85	电机、电气设备及其零件；录音机及放声机、电视图像、声音的录制和重放设备及其零件、附件	0.09	5.80	0	0.63
86	26	矿砂、矿渣及矿灰	0	0	0	0
87	31	肥料	0	0	0	0
88	45	软木及软木制品	0	0	0	0
89	47	木浆及其他纤维状纤维素浆；回收（废碎）纸或纸板	0	0	0	0

表13-8　续5

序号	章	标题	名义平均税率	最高税率	最低税率	均方差
90	49	书籍、报纸、印刷图画及其他印刷品；手稿、打字稿及设计图纸	0	0	0	0
91	84	核反应堆、锅炉、机器、机械器具及其零件	0	0	0	0
92	86	铁道或电车道机车、车辆及其零件；铁道或电车道轨道固定装置及其零件、附件；各种机械（包括电动机械）交通信号设备	0	0	0	0
93	88	航空器、航天器及其零件	0	0	0	0
94	89	船舶及浮动结构体	0	0	0	0
95	92	乐器及其零件、附件	0	0	0	0
96	97	艺术品、收藏品及古物	0	0	0	0

各章中最高税率排名第一的是第41章，为60.00%。然后依次为第20章（为55.00%），第2章、第8章和第16章（均为50.00%），第4章、第12章、第19章和第42章（均为40.00%）等。

从税率的均方差来看，第41章的税率均方差最大，为27.78%，税率分布的离散程度最大。然后依次为第2章（14.70%）、第17章（13.60%）、第42章（11.39%）、第24章（11.03%）、第22章（10.78%）等。

13.2.4　各品目税率比较分析

《日本税则》各品目的税率统计结果详见表13-9，表中数据按名义平均税率由高到低排列，篇幅所限，表中仅列出了名义平均税率排名前30的品目。可以看出，品目4107的名义平均税率最高，为52.89%。然后依次为品目0201和品目0202（均为50.00%）、品目4104（49.09%）、品目0406（36.00%）、品目4112（33.75%）等。

表13-9　《日本税则》各品目的税率统计结果

单位：%

序号	品目	品目条文	名义平均税率	最高税率	最低税率	均方差
1	4107	经鞣制或半硝处理后进一步加工的不带毛的牛皮革（包括水牛皮革）及马科动物皮革，包括羊皮纸化处理的皮革，不论是否剖层，但品目4114的皮革除外	52.89	60.00	15.00	16.41
2	0201	鲜、冷牛肉	50.00	50.00	50.00	0
3	0202	冻牛肉	50.00	50.00	50.00	0
4	4104	经鞣制的不带毛牛皮（包括水牛皮）、马科动物皮及其坯革，不论是否剖层，但未经进一步加工	49.09	60.00	0	23.14
5	0406	乳酪及凝乳	36.00	40.00	35.00	2.00
6	4112	经鞣制或半硝处理后进一步加工的不带毛的绵羊或羔羊皮革，包括羊皮纸化处理的，不论是否剖层，但品目4114的皮革除外	33.75	60.00	0	26.78
7	0403	酸乳；酪乳、结块的乳及稀奶油、酸乳酒及其他发酵或酸化的乳和稀奶油，不论是否浓缩、加糖、加其他甜物质、加香料、加水果、加坚果或加可可	31.67	35.00	25.00	4.71
8	0402	浓缩、加糖或其他甜物质的乳及稀奶油	30.00	30.00	30.00	0
9	0409	天然蜂蜜	30.00	30.00	30.00	0
10	4105	经鞣制的不带毛绵羊或者羔羊皮及其坯革，不论是否剖层，但未经进一步加工	30.00	60.00	0	30.00
11	2105	冰淇淋及其他冰制食品，不论是否含可可	29.00	35.00	25.00	3.67

表13-9　续1

序号	品目	品目条文	名义平均税率	最高税率	最低税率	均方差
12	6403	橡胶、塑料、皮革或再生皮革制外底，皮革制鞋面的鞋靴	28.36	30.00	27.00	1.49
13	4114	油鞣皮革（包括结合鞣制的油鞣皮革）；漆皮及层压漆皮；镀金属皮革	28.33	35.00	25.00	4.71
14	1704	不含可可的糖食（包括白巧克力）	28.33	35.00	0	12.80
15	2007	烹煮的果酱、果冻、柑橘酱、果泥及果膏，不论是否加糖或其他甜物质	28.25	40.00	20.00	7.36
16	0803	鲜或干的香蕉，包括芭蕉	28.00	50.00	6.00	22.00
17	1806	巧克力及其他含可可的食品	27.57	35.00	10.00	7.33
18	2204	鲜葡萄酿造的酒，包括加酒精的；品目2009以外的酿酒葡萄汁	26.50	30.00	22.50	3.08
19	0812	暂时保藏的水果及坚果，但不适于直接食用的	26.22	50.00	10.00	12.77
20	4203	皮革或再生皮革制的衣服及衣着附件	26.04	40.00	10.00	13.97
21	4101	生牛皮（包括水牛皮）、生马科动物皮（鲜的、盐腌的、干的、石灰浸渍的、浸酸的或以其他方法保藏，但未鞣制、未经羊皮纸化处理或进一步加工的），不论是否去毛或剖层	25.71	60.00	0	29.69
22	0401	未浓缩及未加糖或其他甜物质的乳及稀奶油	25.00	25.00	25.00	0
23	0404	乳清，不论是否浓缩、加糖或其他甜物质；其他品目未列名的含天然乳的产品，不论是否加糖或其他甜物质	25.00	25.00	25.00	0
24	0408	去壳禽蛋及蛋黄，鲜、干、冻、蒸过或水煮、制成型或用其他方法保藏的，不论是否加糖或其他甜物质	25.00	25.00	25.00	0

表13-9　续2

序号	品目	品目条文	名义平均税率	最高税率	最低税率	均方差
25	1102	其他谷物细粉，但小麦或混合麦的细粉除外	25.00	25.00	25.00	0
26	1109	面筋，不论是否干制	25.00	25.00	25.00	0
27	2009	未发酵及未加酒精的水果汁或坚果汁（包括酿酒葡萄汁及椰子水）、蔬菜汁，不论是否加糖或其他甜物质	23.96	35.00	7.20	6.98
28	1106	用品目0713的干豆或品目0714的西谷茎髓及植物根茎、块茎制成的细粉、粗粉及粉末；用第八章的产品制成的细粉、粗粉及粉末	23.71	25.00	16.00	3.15
29	1901	麦精；细粉、粗粒、粗粉、淀粉或麦精制的其他税号未列名的食品，不含可可或按重量计全脱脂可可含量低于40%；品目0401至0404所列货品制的其他税号未列名的食品，不含可可或按重量计全脱脂可可含量低于5%	23.40	35.00	9.60	5.58
30	6401	橡胶或塑料制外底及鞋面的防水鞋靴，其鞋面不是用缝、铆、钉、旋、塞或类似方法固定在鞋底上的	22.80	27.00	20.00	3.43

各品目中最高税率排名第一的60.00%共有5个品目，分别为品目4101、品目4104、品目4105、品目4107、品目4112。另有两个品目未在表13-9中列出，分别为品目4106和品目4113。

从税率的均方差来看，品目4105的税率均方差最大，为30.00%，税率分布的离散程度最大。然后依次为品目4101（29.69%）、品目4112（26.78%）、品目4104（23.14%）等。

13.2.5　各HS子目税率比较分析

《日本税则》各HS子目的税率统计结果详见表13-10，表中数据按名义平均税率由高到低排列，篇幅所限，表中仅列出了名义平均税率排名前

44的子目。可以看出，前8个子目都是皮革产品，表明《日本税则》中对皮革设置了较高的关税。其中，子目4107.11、子目4107.12、子目4107.91和子目4107.92这4个子目的名义平均税率均为53.57%。然后依次为子目4104.41（53.33%）、子目4104.49（51.43%）、子目4107.19和子目4107.99（均为51%）等。统计结果还表明，名义平均税率最低的“零税率”有2443个HS子目（占比为44.49%），如子目0101.21、子目0101.29、子目0101.30、子目0101.90、子目0102.21等。

表13-10　《日本税则》各HS子目税率的统计结果

单位：%

序号	HS子目	名义平均税率	最高税率	最低税率	均方差
1	4107.11	53.57	60.00	15.00	15.75
2	4107.12	53.57	60.00	15.00	15.75
3	4107.91	53.57	60.00	15.00	15.75
4	4107.92	53.57	60.00	15.00	15.75
5	4104.41	53.33	60.00	0	18.86
6	4104.49	51.43	60.00	0	21.00
7	4107.19	51.00	60.00	15.00	18.00
8	4107.99	51.00	60.00	15.00	18.00
9	0201.10	50.00	50.00	50.00	0.00
10	0201.20	50.00	50.00	50.00	0
11	0201.30	50.00	50.00	50.00	0
12	0202.10	50.00	50.00	50.00	0
13	0202.20	50.00	50.00	50.00	0
14	0202.30	50.00	50.00	50.00	0
15	0406.30	40.00	40.00	40.00	0
16	0805.10	40.00	40.00	40.00	0
17	4104.11	40.00	60.00	0	28.28
18	4104.19	40.00	60.00	0	28.28
19	4105.30	40.00	60.00	0	28.28

表13-10　续

序号	HS 子目	名义平均税率	最高税率	最低税率	均方差
20	4106. 22	40. 00	60. 00	0	28. 28
21	2008. 20	38. 33	55. 00	30. 00	11. 79
22	0406. 20	37. 50	40. 00	35. 00	2. 50
23	0406. 40	35. 00	35. 00	35. 00	0
24	0406. 90	35. 00	35. 00	35. 00	0
25	1517. 10	35. 00	35. 00	35. 00	0
26	2403. 11	35. 00	35. 00	35. 00	0
27	0406. 10	35. 00	35. 00	35. 00	0
28	4112. 00	33. 75	60. 00	0	26. 78
29	4113. 10	33. 75	60. 00	0	26. 78
30	2007. 10	32. 50	40. 00	25. 00	7. 50
31	2207. 20	32. 00	32. 00	32. 00	0. 00
32	0403. 20	32. 00	35. 00	25. 00	4. 58
33	1806. 10	31. 67	35. 00	25. 00	4. 71
34	0206. 29	30. 00	50. 00	15. 00	14. 72
35	0402. 91	30. 00	30. 00	30. 00	0
36	0402. 99	30. 00	30. 00	30. 00	0
37	0409. 00	30. 00	30. 00	30. 00	0
38	1704. 10	30. 00	30. 00	30. 00	0
39	1905. 20	30. 00	30. 00	30. 00	0
40	1905. 32	30. 00	30. 00	30. 00	0
41	2009. 50	30. 00	35. 00	25. 00	5. 00
42	4101. 90	30. 00	60. 00	0	30. 00
43	4114. 20	30. 00	35. 00	25. 00	5. 00
44	4203. 29	30. 00	40. 00	10. 00	14. 14

各 HS 子目中最高税率排名第一的有 17 个子目，有子目 4101. 20、子目 4101. 50、子目 4101. 90、子目 4104. 11、子目 4104. 19、子目 4104. 41、

子目 4104.49、子目 4105.30、子目 4106.22、子目 4107.11、子目 4107.12、子目 4107.19、子目 4107.91、子目 4107.92、子目 4107.99、子目 4112.00、子目 4113.10，均为 60.00%；另有两个未在表 13-10 中列出的是子目 4101.20 和子目 4101.50。

从税率的均方差来看，子目 4101.90 的税率均方差最大，为 30.00%，税率分布的离散程度最大。然后是子目 4101.20 和子目 4101.50（均为 29.39%）等。统计结果还表明，有 4437 个 HS 子目（占比为 80.80%）的税率均方差为 0，即这些 HS 子目执行相同的税率，如子目 0201.10、子目 0201.20、子目 0201.30、子目 0202.10、子目 0202.20 等。

第 14 章　欧亚经济联盟税则的税率结构分析

《欧亚经济联盟税则》只有一栏税率，本章对该税率进行统计分析。

14.1　税种分析

14.1.1　征税方式分析

从征税方式角度分析，2025 年《欧亚经济联盟税则》中各税种分布详见表 14-1。可以看出，《欧亚经济联盟税则》中有从价税、从量税、复合税和选择税四种不同的征税方式，其中，从价税占主体，有 11533 个税号采用，占税号总数的 86.96%。此外，有 617 个税号采用从量税、34 个税号采用复合税、1078 个税号采用选择税。这是本书所研究八个国家（地区）税则中采用选择税最多的一个地区。

表 14-1　《欧亚经济联盟税则》中各税种的分布

税种	税号数（个）	占比（%）
从价税	11533	86.96
从量税	617	4.65
复合税	34	0.26
选择税	1078	8.13
总计	13262	100

14.1.2　非从价税的分布

1. 从量税的分布

《欧亚经济联盟税则》中 617 个税号使用从量税，分布在 11 个类、24 个章、69 个品目和 286 个 HS 子目中。

统计各类设置从量税的情况可知，第 11 类有 273 个税号，第 4 类有

188 个税号，第 12 类有 71 个税号，第 17 类有 54 个税号等。

统计各章设置从量税的情况可知，第 62 章有 103 个税号，第 17 章有 96 个税号，第 61 章有 90 个，第 64 章有 71 个税号等。

从量税在各品目的分布详见表 14-2，表中仅列出了从量税税号数量达 10 个及以上的品目。可以看出，17 个品目的从量税税号数量达到 10 个及以上。其中，品目 1701 的从量税税号数最多，达到 93 个。然后依次为品目 2208（61 个）、品目 6403（40 个）、品目 6204（35 个）等。例如，税号 1701. 910011 征收 250 美元/1000 千克的从量税，税号 2208. 201200 征收 1. 5 欧元/升的从量税。

表 14-2　从量税在各品目的分布

单位：个

序号	品目	品目条文	税号数
1	1701	固体甘蔗糖、甜菜糖及化学纯蔗糖	93
2	2208	未改性乙醇，按容量计酒精浓度在 80%以下；蒸馏酒、利口酒及其他酒精饮料	61
3	6403	橡胶、塑料、皮革或再生皮革制外底，皮革制鞋面的鞋靴	40
4	6204	女式西服套装、便服套装、上衣、连衣裙、裙子、裙裤、长裤、护胸背带工装裤、马裤及短裤（游泳服除外）	35
5	8703	主要用于载人的机动车辆（品目 8702 的货品除外），包括旅行小客车及赛车	27
6	6203	男式西服套装、便服套装、上衣、长裤、护胸背带工装裤、马裤及短裤（游泳裤除外）	21
7	5702	机织地毯及纺织材料的其他机织铺地制品，未簇绒或未植绒，不论是否制成的，包括“开来姆”“苏麦克”“卡拉马尼”及类似的手织地毯	20
8	6104	针织或钩编的女式西服套装、便服套装、上衣、连衣裙、裙子、裙裤、长裤、护胸背带工装裤、马裤及短裤（游泳服除外）	18
9	5703	簇绒地毯及纺织材料的其他簇绒铺地制品（包括人造草皮），不论是否制成的	16
10	1806	巧克力及其他含可可的食品	15
11	6402	橡胶或塑料制外底及鞋面的其他鞋靴	15

表14-2　续

序号	品目	品目条文	税号数
12	6110	针织或钩编的套头衫、开襟衫、背心及类似品	14
13	6211	运动服、滑雪服及游泳服；其他服装	14
14	8704	货运机动车辆	14
15	6302	床上、餐桌、盥洗及厨房用的织物制品	12
16	6108	针织或钩编的女式长衬裙、衬裙、三角裤、短衬裤、睡衣、睡衣裤、浴衣、晨衣及类似品	11
17	6112	针织或钩编的运动服、滑雪服及游泳服	11

2. 复合税的分布

《欧亚经济联盟税则》中有 34 个税号设置了复合税，分布在 3 个类、3 个章、4 个品目和 25 个 HS 子目中。

统计各章设置复合税的情况可知，第 94 章有 31 个税号设置了复合税，第 59 章有 2 个税号设置了复合税，第 34 章有 1 个税号设置了复合税。

复合税在各品目的分布详见表 14-3。可以看出，品目 9403 有 18 个税号设置了复合税，品目 9401 有 13 个税号设置了复合税，品目 5904 有 2 个税号设置了复合税，品目 3401 有 1 个税号设置了复合税等。例如，税号 9401. 200009 的税率为 10%从价税加 0. 17 欧元/千克的从量税。

表 14-3　复合税在各品目的分布

单位：个

序号	品目	品目条文	税号数
1	9403	其他家具及其零件	18
2	9401	坐具（包括能做床用的两用椅，但品目 9402 的货品除外）及其零件	13
3	5904	列诺伦（亚麻油地毡），不论是否剪切成形；以织物为底布经涂布或覆面的铺地制品，不论是否剪切成形	2
4	3401	肥皂；做肥皂用的有机表面活性产品及制品，条状、块状或模制形状的，不论是否含有肥皂；洁肤用的有机表面活性产品及制品，液状或膏状并制成零售包装的，不论是否含有肥皂；用肥皂或洗涤剂浸渍、涂面或包覆的纸、絮胎、毡呢及无纺织物	1

3. 选择税的分布

《欧亚经济联盟税则》中有1078个税号设置了选择税，分布在11个类、30个章、89个品目和332个HS子目中。

选择税在各品目的分布详见表14-4，表中仅列出了选择税税号数量达10个及以上的品目。可以看出，选择税税号数量达10个及以上的品目共有26个。其中，品目0207的选择税税号数最多，为215个。然后依次为品目2009（119个）、品目8703（60个）、品目0406（47个）等。例如，税号0207.111001的税率为25%，但不低于0.2欧元/千克；税号2402.100000的税率为17%，但不低于1.7欧元/1000件。

表14-4　选择税在各品目的分布

单位：个

序号	品目	品目条文	税号数
1	0207	品目0105所列家禽的鲜、冷、冻肉及食用杂碎	215
2	2009	未发酵及未加酒精的水果汁或坚果汁（包括酿酒葡萄汁及椰子水）、蔬菜汁，不论是否加糖或其他甜物质	119
3	8703	主要用于载人的机动车辆（品目8702的货品除外），包括旅行小客车及赛车	60
4	0406	乳酪及凝乳	47
5	1602	其他方法制作或保藏的肉、食用杂碎、动物血或昆虫	37
6	0403	酸乳；酪乳、结块的乳及稀奶油、酸乳酒及其他发酵或酸化的乳和稀奶油，不论是否浓缩、加糖、加其他甜物质、加香料、加水果、加坚果或加可可	34
7	1006	稻谷、大米	32
8	0210	肉及食用杂碎，干、熏、盐腌或盐渍的；可供食用的肉或杂碎的细粉、粗粉	29
9	0204	鲜、冷、冻绵羊肉或山羊肉	27
10	6203	男式西服套装、便服套装、上衣、长裤、护胸背带工装裤、马裤及短裤（游泳裤除外）	21
11	1905	面包、糕点、饼干及其他烘焙糕饼，不论是否含可可；圣餐饼、装药空囊、封碱、糯米纸及类似制品	17

表14-4　续

序号	品目	品目条文	税号数
12	6204	女式西服套装、便服套装、上衣、连衣裙、裙子、裙裤、长裤、护胸背带工装裤、马裤及短裤（游泳服除外）	17
13	0206	鲜、冷、冻牛、猪、绵羊、山羊、马、驴、骡的食用杂碎	15
14	0303	冻鱼，但品目 0304 的鱼片及其他鱼肉除外	15
15	2005	其他未冷冻蔬菜，用醋或醋酸以外的其他方法制作或保藏的，但品目 2006 的产品除外	15
16	6302	床上、餐桌、盥洗及厨房用的织物制品	15
17	0208	其他鲜、冷、冻肉及食用杂碎	13
18	1704	不含可可的糖食（包括白巧克力）	12
19	2001	蔬菜、水果、坚果及植物的其他食用部分，用醋或醋酸制作或保藏的	12
20	2309	配制的动物饲料	12
21	0306	带壳或去壳的甲壳动物，活、鲜、冷、冻、干、盐腌或盐渍的；熏制的带壳或去壳甲壳动物，不论在熏制前或熏制过程中是否烹煮；蒸过或用水煮过的带壳甲壳动物，不论是否冷、冻、干、盐腌或盐渍的	11
22	1902	面食，不论是否煮熟、包馅（肉馅或其他馅）或其他方法制作，例如，通心粉、面条、汤团、馄饨、饺子、奶油面卷；古斯古斯面食，不论是否制作	11
23	6103	针织或钩编的男式西服套装、便服套装、上衣、长裤、护胸背带工装裤、马裤及短裤（游泳裤除外）	11
24	0405	黄油及其他从乳中提取的脂和油；乳酱	10
25	2101	咖啡、茶、马黛茶的浓缩精汁及以其为基本成分或以咖啡、茶、马黛茶为基本成分的制品；烘焙菊苣和其他烘焙咖啡代用品及其浓缩精汁	10
26	6104	针织或钩编的女式西服套装、便服套装、上衣、连衣裙、裙子、裙裤、长裤、护胸背带工装裤、马裤及短裤（游泳服除外）	10

14.2 从价税的分析

14.2.1 总体税率分析

为了计算《欧亚经济联盟税则》的总体税率情况，将税率为从量税、复合税和选择税等非从价税的税号剔除，仅对从价税税率进行统计分析。结果表明，《欧亚经济联盟税则》的名义平均税率为6.47%，最高税率为80.00%，最低税率为0，税率均方差为4.71%。其中，农产品的名义平均税率为8.14%，税率均方差为5.47%；非农产品的名义平均税率为6.09%，税率均方差为4.42%。显然，农产品的名义平均税率和税率均方差均高于非农产品。

《欧亚经济联盟税则》的税率从0到80%，共有31个税级。其中，使用最多的税率是5%，有3806个税号，占比为33.00%，然后依次为0（2120个税号，占比为18.38%）、10%（1768个税号，占比为15.33%）、15%（770个税号，占比为6.68%）、8%（500个税号，占比为4.34%）等。税级分布详见表14-5，表中仅列出了税号数排名前10的税级。

表14-5 《欧亚经济联盟税则》的税级分布

序号	税率（%）	数量（个）	占比（%）
1	5	3806	33.00
2	0	2120	18.38
3	10	1768	15.33
4	15	770	6.68
5	8	500	4.34
6	3	403	3.49
7	6.5	327	2.84
8	12.5	306	2.65
9	12	250	2.17
10	6	224	1.94

14.2.2　各类税率比较分析

《欧亚经济联盟税则》中各类的税率统计结果详见表14-6，表中数据按名义平均税率由高到低排列。可以看出，第19类的名义平均税率最高，为14.63%。然后依次为第14类（13.46%）、第13类（10.71%）、第12类（10.23%）和第4类（9.23%）等。名义平均税率最低的是第21类，为零税率。

表14-6　《欧亚经济联盟税则》中各类税率统计结果

单位：%

序号	类	标题	名义平均税率	最高税率	最低税率	均方差
1	S19	武器、弹药及其零件、附件	14.63	15.00	12	0.99
2	S14	天然或养殖珍珠、宝石或半宝石、贵金属、包贵金属及其制品；仿首饰；硬币	13.46	20.00	0	2.90
3	S13	石料、石膏、水泥、石棉、云母及类似材料的制品；陶瓷产品；玻璃及其制品	10.71	15.00	0	3.57
4	S12	鞋、帽、伞、杖、鞭及其零件；已加工的羽毛及其制品；人造花；人发制品	10.23	15.00	0	5.33
5	S04	食品；饮料、酒及醋；烟草、烟草及烟草代用品的制品；非经燃烧吸用的产品，不论是否含有尼古丁；其他供人体摄入尼古丁的含尼古丁的产品	9.23	20.00	0	3.96
6	S09	木及木制品；木炭；软木及软木制品；稻草、秸秆、针茅或其他编结材料制品；篮筐及柳条编结品	9.10	14.00	0	2.50
7	S17	车辆、航空器、船舶及有关运输设备	8.97	20.00	0	5.59
8	S20	杂项制品	8.93	17.50	0	4.04

表14-6　续

序号	类	标题	名义平均税率	最高税率	最低税率	均方差
9	S03	动、植物或微生物油、脂及其分解产品；精制的食用油脂；动、植物蜡	8.15	15.00	0	5.15
10	S01	活动物；动物产品	7.99	80.00	0	7.11
11	S11	纺织原料及纺织制品	7.76	17.50	0	3.26
12	S10	木浆及其他纤维状纤维素浆；回收（废碎）纸或纸板；纸、纸板及其制品	7.06	14.00	0	3.07
13	S02	植物产品	7.02	30.00	0	3.68
14	S15	贱金属及其制品	6.65	15.00	0	4.04
15	S07	塑料及其制品；橡胶及其制品	5.71	15.00	0	2.59
16	S08	生皮、皮革、毛皮及其制品；鞍具及挽具；旅行用品、手提包及类似容器；动物肠线（蚕胶丝除外）制品	5.60	15.00	0	3.96
17	S18	光学、照相、电影、计量、检验、医疗或外科用仪器及设备、精密仪器及设备；钟表；乐器；上述物品的零件、附件	4.99	15.00	0	4.37
18	S06	化学工业及其相关工业的产品	4.51	10.00	0	1.63
19	S05	矿产品	4.43	10.00	0	1.64
20	S16	机器、机械器具、电气设备及其零件；录音机及放声机、电视图像、声音的录制和重放设备及其零件、附件	3.63	17.50	0	4.30
21	S21	艺术品、收藏品及古物	0	0	0	0

各类中最高税率排名第一的是第 1 类，为 80%。然后依次为第 2 类（30.00%），第 4 类、第 14 类和第 17 类（均为 20.00%）。

从税率的均方差来看，第 1 类的税率均方差最大，为 7.11%，税率分布的离散程度最大。然后依次为第 17 类（5.59%）、第 12 类（5.33%）、第3类（5.15%）等。

14.2.3　各章税率比较分析

《欧亚经济联盟税则》中各章的税率统计结果详见表14-7，表中数据按名义平均税率由高到低排列。需要指出的是，由于第57章和第80章所有税号均为非从价税，故表14-7中没有上述两章。可以看出，第2章的名义平均税率最高，为15.48%。然后依次为第66章（15.00%）、第93章（14.63%）、第62章（14.52%）和第4章（13.61%）等。名义平均税率最低的是第64章和第97章，均为零税率。

表14-7　《欧亚经济联盟税则》中各章的税率统计结果

单位：%

序号	章	标题	名义平均税率	最高税率	最低税率	均方差
1	02	肉及食用杂碎	15.48	80.00	0	15.04
2	66	雨伞、阳伞、手杖、鞭子、马鞭及其零件	15.00	15.00	15.00	0
3	93	武器、弹药及其零件、附件	14.63	15.00	12.00	0.99
4	62	非针织或非钩编的服装及衣着附件	14.52	17.50	5.00	3.84
5	04	乳品；蛋品；天然蜂蜜；其他食用动物产品	13.61	15.00	0	3.36
6	71	天然或养殖珍珠、宝石或半宝石、贵金属、包贵金属及其制品；仿首饰；硬币	13.46	20.00	0	2.90
7	22	饮料、酒及醋	12.22	12.50	5.00	1.26
8	42	皮革制品；鞍具及挽具；旅行用品、手提包及类似容器；动物肠线（蚕胶丝除外）制品	12.11	15.00	0	3.63
9	61	针织或钩编的服装及衣着附件	12.07	17.50	5.00	3.23
10	16	肉、鱼、甲壳动物、软体动物及其他水生无脊椎动物、以及昆虫的制品	12.01	15.00	0	2.95

表14-7　续1

序号	章	标题	名义平均税率	最高税率	最低税率	均方差
11	65	帽类及其零件	12.00	15.00	10.00	2.45
12	63	其他纺织制成品；成套物品；旧衣着及旧纺织品；碎织物	11.85	17.50	5.00	2.99
13	68	石料、石膏、水泥、石棉、云母及类似材料的制品	11.41	14.00	0	2.95
14	67	已加工羽毛、羽绒及其制品；人造花；人发制品	11.25	15.00	10.00	2.17
15	19	谷物、粮食粉、淀粉或乳的制品；糕饼点心	11.18	13.00	5.00	1.85
16	07	食用蔬菜、根及块茎	11.13	15.00	0	2.15
17	69	陶瓷产品	10.67	15.00	0	3.26
18	70	玻璃及其制品	10.40	15.00	0	3.89
19	14	编结用植物材料；其他植物产品	10.17	13.00	5.00	3.08
20	58	特种机织物；簇绒织物；花边；装饰毯；装饰带；刺绣品	10.02	13.00	3.00	1.69
21	21	杂项食品	9.97	15.00	0	2.82
22	83	贱金属杂项制品	9.95	15.00	0	5.25
23	96	杂项制品	9.82	15.00	0	4.03
24	11	制粉工业产品；麦芽；淀粉；菊粉；面筋	9.59	10.00	5.00	1.05
25	89	船舶及浮动结构体	9.53	15.00	0	4.39
26	91	钟表及其零件	9.45	15.00	0	3.05
27	88	航空器、航天器及其零件	9.38	15.00	0	4.93
28	44	木及木制品；木炭	9.25	14.00	0	2.46
29	81	其他贱金属、金属陶瓷及其制品	9.12	15.00	0	5.48
30	24	烟草及烟草代用品的制品；非经燃烧吸用的产品，不论是否含有尼古丁；其他供人体摄入尼古丁的含尼古丁的产品	9.04	20.00	3.00	5.67

表14-7　续2

序号	章	标题	名义平均税率	最高税率	最低税率	均方差
31	87	车辆及其零件、附件，但铁道或电车道车辆除外	9.02	20.00	0	5.86
32	94	家具；寝具、褥垫、弹簧床垫、软坐垫及类似的填充制品；未列名灯具及照明装置；发光标志、发光铭牌及类似品；活动房屋	8.75	17.50	0	4.70
33	95	玩具、游戏品、运动用品及其零件、附件	8.32	15.00	5.00	2.10
34	15	动、植物或微生物油、脂及其分解产品；精制的食用油脂；动、植物蜡	8.15	15.00	0	5.15
35	76	铝及其制品	8.13	15.00	0	4.52
36	46	稻草、秸秆、针茅或其他编结材料制品；篮筐及柳条编结品	8.09	10.00	6.00	1.91
37	73	钢铁制品	8.01	15.00	0	3.74
38	52	棉花	7.89	10.00	0	2.85
39	48	纸及纸板；纸浆、纸或纸板制品	7.60	14.00	0	2.66
40	20	蔬菜、水果、坚果或植物其他部分的制品	7.55	13.00	0	3.77
41	55	化学纤维短纤	7.45	10.00	5.00	2.16
42	05	其他动物产品	7.18	10.00	5.00	2.33
43	60	针织物及钩编织物	6.98	8.00	3.00	1.61
44	53	其他植物纺织纤维；纸纱线及其机织物	6.82	10.00	3.00	2.50
45	75	镍及其制品	6.71	15.00	0	6.13
46	82	贱金属工具、器具、利口器、餐匙、餐叉及其零件	6.70	15.00	0	4.35
47	47	木浆及其他纤维状纤维素浆；回收纸或纸板	6.63	10.00	5.00	2.07

表14-7　续3

序号	章	标题	名义平均税率	最高税率	最低税率	均方差
48	56	絮胎、毡呢及无纺织物；特种纱线；线、绳、索、缆及其制品	6.63	10.00	3.75	2.36
49	86	铁道或电车道机车、车辆及其零件；铁道或电车道轨道固定装置及其零件、附件；各种机械（包括电动机械）交通信号设备	6.62	12.00	0	3.02
50	92	乐器及其零件、附件	6.48	15.00	3.00	3.06
51	51	羊毛、动物细毛或粗毛；马毛纱线及其机织物	6.43	10.00	3.00	2.49
52	54	化学纤维长丝；化学纤维纺织材料制扁条及类似品	6.33	15.00	0	2.37
53	36	炸药；烟火制品；火柴；引火合金；易燃材料制品	6.31	6.50	5.00	0.50
54	31	肥料	6.26	6.50	0	1.12
55	03	鱼、甲壳动物、软体动物及其他水生无脊椎动物	6.11	10.00	0	1.66
56	34	肥皂、有机表面活性剂、洗涤剂、润滑剂、人造蜡、调制蜡、光洁剂、蜡烛及类似品、塑型用膏、“牙科用蜡”及牙科用熟石膏制剂	5.94	6.50	0	1.23
57	40	橡胶及其制品	5.93	15.00	0	3.76
58	08	食用水果及坚果；柑橘属水果或甜瓜的果皮	5.92	10.00	0	2.95
59	39	塑料及其制品	5.61	6.50	0	1.89
60	59	浸渍、涂布、包覆或层压的纺织物；工业用纺织制品	5.61	10.00	5.00	1.64
61	17	糖及糖食	5.55	10.00	5.00	1.47
62	33	精油及香膏；芳香料制品及化妆盥洗品	5.52	6.50	0	1.07
63	10	谷物	5.38	30.00	0	4.61

表14-7　续4

序号	章	标题	名义平均税率	最高税率	最低税率	均方差
64	37	照相及电影用品	5.12	6.50	0	1.29
65	13	虫胶；树胶、树脂及其他植物液、汁	5.00	5.00	5.00	0.00
66	45	软木及软木制品	5.00	5.00	5.00	0.00
67	43	毛皮、人造毛皮及其制品	4.96	10.00	3.00	1.95
68	18	可可及可可制品	4.86	10.00	0	1.96
69	35	蛋白类物质；改性淀粉；胶；酶	4.81	5.00	2.00	0.73
70	25	盐；硫磺；泥土及石料；石膏料、石灰及水泥	4.78	10.00	0	1.51
71	28	无机化学品；贵金属、稀土金属、放射性元素及其同位素的有机及无机化合物	4.74	6.50	0	1.09
72	06	活树及其他活植物；鳞茎、根及类似品；插花及装饰用簇叶	4.72	5.00	0	1.15
73	38	杂项化学产品	4.69	10.00	0	1.21
74	27	矿物燃料、矿物油及其蒸馏产品；沥青物质；矿物蜡	4.58	5.00	0	1.36
75	74	铜及其制品	4.47	5.00	0	1.37
76	23	食品工业的残渣及废料；配制的动物饲料	4.46	5.00	0	1.47
77	72	钢铁	4.45	5.00	0	1.57
78	85	电机、电气设备及其零件；录音机及放声机、电视图像、声音的录制和重放设备及其零件、附件	4.36	17.50	0	4.55
79	12	含油子仁及果实；杂项子仁及果实；工业用或药用植物；稻草、秸秆及饲料	4.12	5.00	0	1.80
80	29	有机化学品	4.12	6.50	0	1.71

表14-7　续5

序号	章	标题	名义平均税率	最高税率	最低税率	均方差
81	90	光学、照相、电影、计量、检验、医疗或外科用仪器及设备、精密仪器及设备；上述物品的零件、附件	3.91	15.00	0	4.09
82	09	咖啡、茶、马黛茶及调味香料	3.88	5.00	0	1.82
83	32	鞣料浸膏及染料浸膏；鞣酸及其衍生物；染料、颜料及其他着色料；油漆及清漆；油灰及其他类似胶粘剂；墨水、油墨	3.88	6.50	0	2.11
84	30	药品	3.80	8.00	0	2.19
85	79	锌及其制品	3.67	5.00	3.00	0.94
86	50	蚕丝	3.60	5.00	0	1.20
87	78	铅及其制品	3.55	5.00	3.00	0.89
88	49	书籍、报纸、印刷图画及其他印刷品；手稿、打字稿及设计图纸	3.48	10.00	0	4.22
89	26	矿砂、矿渣及矿灰	3.46	5.00	0	2.15
90	01	活动物	3.26	5.00	0	2.38
91	41	生皮（毛皮除外）及皮革	3.11	5.00	0	2.39
92	84	核反应堆、锅炉、机器、机械器具及其零件	3.02	15.00	0	3.98
93	64	鞋靴、护腿和类似品及其零件	0	0	0	0
94	97	艺术品、收藏品及古物	0	0	0	0

各章中最高税率排名第一的是第 2 章，为 80.00%。然后依次为第 10 章（30.00%），第 24 章、第 71 章和第 87 章（均为 20.00%）等。

从税率的均方差来看，第 2 章的税率均方差最大，为 15.04%，税率分布的离散程度最大。然后依次为第 75 章（6.13%）、第 87 章（5.86%）、第 24 章（5.67%）、第 81 章（5.48%）和第 83 章（5.25%）等。

14.2.4　各品目税率比较分析

《欧亚经济联盟税则》中各品目的税率统计结果详见表 14-8，表中数据按名义平均税率由高到低排列，篇幅所限，仅列出了名义平均税率排名前60的品目。表中47个品目的名义平均税率为15.00%。可以看出，品目0207的名义平均税率最高，为69.00%。然后依次为品目7118和品目8710（均为20.00%），品目7107和品目7111（均为18.00%），品目6213、品目6215和品目6217（均为17.50%）等。

表14-8　《欧亚经济联盟税则》中各品目的税率统计结果

单位：%

序号	品目	品目条文	名义平均税率	最高税率	最低税率	均方差
1	0207	品目0105所列家禽的鲜、冷、冻肉及食用杂碎	69.00	80.00	25.00	22.00
2	7118	硬币	20.00	20.00	20.00	0
3	8710	坦克及其他机动装甲战斗车辆，不论是否装有武器；上述车辆的零件	20.00	20.00	20.00	0
4	7107	以贱金属为底的包银材料	18.00	18.00	18.00	0
5	7111	以贱金属、银或金为底的包铂材料，加工程度未超过半制成	18.00	18.00	18.00	0
6	6213	手帕	17.50	17.50	17.50	0
7	6215	领带及领结	17.50	17.50	17.50	0
8	6217	其他制成的衣着附件；服装或衣着附件的零件，但品目6212的货品除外	17.50	17.50	17.50	0
9	6214	披巾、领巾、围巾、披纱、面纱及类似品	16.50	17.50	15.00	1.22
10	6310	纺织材料的新的或旧的碎织物及废线、绳、索、缆及其制品	16.25	17.50	15.00	1.25
11	6212	胸罩、束腰带、紧身胸衣、吊裤带、吊袜带、束袜带和类似品及其零件，不论是否针织或钩编的	16.00	17.50	15.00	1.22
12	7116	用天然或养殖珍珠、宝石或半宝石（天然、合成或再造）制成的物品	15.33	18.00	10.00	3.77

表14-8　续1

序号	品目	品目条文	名义平均税率	最高税率	最低税率	均方差
13	6117	其他制成的针织或钩编的衣着附件；服装或衣着附件的针织或钩编的零件	15.30	17.50	10.00	2.98
14	0201	鲜、冷牛肉	15.00	15.00	15.00	0
15	0202	冻牛肉	15.00	15.00	15.00	0
16	0210	肉及食用杂碎，干、熏、盐腌或盐渍的；可供食用的肉或杂碎的细粉、粗粉	15.00	15.00	15.00	0
17	0409	天然蜂蜜	15.00	15.00	15.00	0
18	0410	其他品目未列名的昆虫及其他食用动物产品	15.00	15.00	15.00	0
19	0705	鲜或冷藏的莴苣及菊苣	15.00	15.00	15.00	0
20	0708	鲜或冷藏的豆类蔬菜，不论是否脱荚	15.00	15.00	15.00	0
21	1506	其他动物油、脂及其分离品，不论是否精制，但未经化学改性	15.00	15.00	15.00	0
22	1522	油鞣回收脂；加工处理油脂物质及动、植物蜡所剩的残渣	15.00	15.00	15.00	0
23	1601	肉、食用杂碎、动物血或昆虫制成的香肠及类似产品；用香肠制成的食品	15.00	15.00	15.00	0
24	2403	其他烟草及烟草代用品的制品；“均化”或“再造”烟草；烟草精汁	15.00	20.00	10.00	3.78
25	6113	用品目 5903、5906 或 5907 的针织物或钩编织物制成的服装	15.00	15.00	15.00	0
26	6114	针织或钩编的其他服装	15.00	15.00	15.00	0
27	6210	用品目 5602、5603、5903、5906 或 5907 的织物制成的服装	15.00	15.00	15.00	0
28	6601	雨伞及阳伞（包括手杖伞、庭园用伞及类似伞）	15.00	15.00	15.00	0

表14-8 续2

序号	品目	品目条文	名义平均税率	最高税率	最低税率	均方差
29	6602	手杖、带座手杖、鞭子、马鞭及类似品	15.00	15.00	15.00	0
30	6603	品目 6601 或 6602 所列物品的零件及装饰品	15.00	15.00	15.00	0
31	6702	人造花、叶、果实及其零件；用人造花、叶或果实制成的物品	15.00	15.00	15.00	0
32	6901	硅质化石粉（例如各种硅藻土）或类似硅土制的砖、块、瓦及其他陶瓷制品	15.00	15.00	15.00	0
33	6904	陶瓷制建筑用砖、铺地砖、支撑或填充用砖及类似品	15.00	15.00	15.00	0
34	6905	屋顶瓦、烟囱罩、通风帽、烟囱衬壁、建筑装饰物及其他建筑用陶瓷制品	15.00	15.00	15.00	0
35	6906	陶瓷套管、导管、槽管及管子附件	15.00	15.00	15.00	0
36	6914	其他陶瓷制品	15.00	15.00	15.00	0
37	7109	以贱金属或银为底的包金材料，加工程度未超过半制成	15.00	15.00	15.00	0
38	7112	贵金属或包贵金属的废碎料；含有贵金属或贵金属化合物的其他废碎料，主要用于回收贵金属，品目 8549 的货品除外	15.00	15.00	15.00	0
39	7115	贵金属或包贵金属的其他制品	15.00	15.00	15.00	0
40	7303	铸铁管及空心异型材	15.00	15.00	15.00	0
41	7311	装压缩气体或液化气体用的钢铁容器	15.00	15.00	15.00	0
42	8213	剪刀、裁缝剪刀及类似品、剪刀片	15.00	15.00	15.00	0
43	8304	贱金属制的档案柜、卡片索引柜、文件盘、文件篮、笔盘、公章架及类似的办公用具，但品目 9403 的办公室家具除外	15.00	15.00	15.00	0

表14-8　续3

序号	品目	品目条文	名义平均税率	最高税率	最低税率	均方差
44	8310	贱金属制的标志牌、铭牌、地名牌及类似品、号码、字母及类似标志，但品目 9405 的货品除外	15.00	15.00	15.00	0
45	8401	核反应堆；核反应堆的未辐照燃料元件（释热元件）；同位素分离机器及装置	15.00	15.00	15.00	0
46	8804	降落伞（包括可操纵降落伞及滑翔伞）、旋翼降落伞及其零件、附件	15.00	15.00	15.00	0
47	8908	供拆卸的船舶及其他浮动结构体	15.00	15.00	15.00	0
48	9105	其他钟	15.00	15.00	15.00	0
49	9301	军用武器，但左轮手枪、其他手枪及品目 9307 的兵器除外	15.00	15.00	15.00	0
50	9302	左轮手枪及其他手枪，但品目 9303 或 9304 的货品除外	15.00	15.00	15.00	0
51	9304	其他武器（例如，弹簧枪、气枪、气手枪、警棍），但不包括品目 9307 的货品	15.00	15.00	15.00	0
52	9305	品目 9301 至 9304 所列物品的零件、附件	15.00	15.00	15.00	0
53	9306	炸弹、手榴弹、鱼雷、地雷、水雷、导弹及类似军用弹药及其零件；子弹、其他弹药和射弹及其零件，包括弹丸及弹垫	15.00	15.00	15.00	0
54	9307	剑、短弯刀、刺刀、长矛和类似的武器及其零件；刀鞘、剑鞘	15.00	15.00	15.00	0
55	9601	已加工的兽牙、骨、龟壳、角、鹿角、珊瑚、珍珠母及其他动物质雕刻材料及其制品（包括模塑制品）	15.00	15.00	15.00	0
56	9604	手用粗筛、细筛	15.00	15.00	15.00	0
57	9605	个人梳妆、缝纫或清洁鞋靴、衣服用的成套旅行用具	15.00	15.00	15.00	0

表14-8　续4

序号	品目	品目条文	名义平均税率	最高税率	最低税率	均方差
58	9611	手用日期戳、封缄戳、编号戳及类似印戳（包括标签压印器）；手工操作的排字盘及带有排字盘的手印器	15.00	15.00	15.00	0
59	9616	香水喷雾器或类似的化妆用喷雾器及其座架、喷头；粉扑及粉拍，施敷脂粉或化妆品用	15.00	15.00	15.00	0
60	9618	裁缝用人体模型及其他人体活动模型；橱窗装饰用的自动模型及其他活动陈列品	15.00	15.00	15.00	0

最高税率的结果也未全部在表14-8中列出。统计结果表明，最高税率排名第一的是品目0207，为80%。然后依次为品目1006（30.00%），品目0203（25.00%），品目2403、品目2404、品目7118、品目8702和品目8710（均为20.00%）等。

税率均方差的结果也未全部在表14-8中列出。统计结果表明，品目0207的税率均方差最大，为22%。然后依次为品目0203（12.50%），品目1006（12.25%），品目7015和品目8103（7.50%），品目1602、品目7506和品目8907（均为7.07%）。统计结果还表明，有631个品目（占品目总数的54.30%）的税率均方差为0，即这些品目执行相同的税率，如品目0201、品目0202、品目0210、品目0409等。

14.2.5　各HS子目税率比较分析

《欧亚经济联盟税则》中各HS子目的税率统计结果详见表14-9，表中数据按名义平均税率由高到低排列，篇幅所限，仅列出了名义平均税率排名前26的HS子目。可以看出，子目0207.27的名义平均税率最高，为80%。然后依次为子目0207.14（66.25%），子目1006.10、子目7118.10、子目7118.90和子目8710.00（均为20.00%）等。统计结果还表明，名义平均税率最低的零税率HS子目共有696个（占HS子目总数的13.44%），如子目0101.21、子目0102.21、子目0102.31、子目0103.10等。

表 14-9　《欧亚经济联盟税则》中各 HS 子目税率的统计结果

单位：%

序号	HS 子目	名义平均税率	最高税率	最低税率	均方差
1	0207. 27	80. 00	80. 00	80. 00	0
2	0207. 14	66. 25	80. 00	25. 00	23. 82
3	1006. 10	20. 00	30. 00	10. 00	10. 00
4	7118. 10	20. 00	20. 00	20. 00	0
5	7118. 90	20. 00	20. 00	20. 00	0
6	8710. 00	20. 00	20. 00	20. 00	0
7	7107. 00	18. 00	18. 00	18. 00	0
8	7111. 00	18. 00	18. 00	18. 00	0
9	7114. 20	18. 00	18. 00	18. 00	0
10	7116. 20	18. 00	18. 00	18. 00	0
11	6117. 10	17. 50	17. 50	17. 50	0
12	6117. 90	17. 50	17. 50	17. 50	0
13	6212. 20	17. 50	17. 50	17. 50	0
14	6212. 30	17. 50	17. 50	17. 50	0
15	6213. 20	17. 50	17. 50	17. 50	0
16	6213. 90	17. 50	17. 50	17. 50	0
17	6214. 10	17. 50	17. 50	17. 50	0
18	6214. 20	17. 50	17. 50	17. 50	0
19	6214. 40	17. 50	17. 50	17. 50	0
20	6215. 10	17. 50	17. 50	17. 50	0
21	6215. 20	17. 50	17. 50	17. 50	0
22	6215. 90	17. 50	17. 50	17. 50	0
23	6217. 10	17. 50	17. 50	17. 50	0
24	6217. 90	17. 50	17. 50	17. 50	0
25	2403. 99	16. 67	20. 00	10. 00	4. 71
26	6310. 10	16. 67	17. 50	15. 00	1. 18

各 HS 子目中最高税率排名第一的有 2 个子目，分别为子目 0207. 14 和子目 0207. 27，均为 80. 00%。然后依次为子目 1006. 10（30. 00%），子目 0203. 11、子目 0203. 12、子目 0203. 19 等 6 个子目（均为 25. 00%）等。

税率均方差的结果未全部在表 14-9 中列出，统计结果表明，子目 0207. 14 的税率均方差最大，为 23. 82%，税率分布的离散程度最大。然后依次为子目 0203. 11、子目 0203. 12、子目 0203. 19、子目 0203. 21、子目 0203. 22、子目 0203. 29 共 6 个子目（均为 12. 50%）等。统计结果还表明，有 4281 个 HS 子目（占 HS 子目总数的 82. 69%）的税率均方差为 0，即这些 HS 子目执行相同的税率，如子目 0207. 27、子目 6117. 10、子目 6117. 90、子目 6212. 20 和子目 6212. 30 等。

第 15 章　加拿大税则的税率结构分析

《加拿大海关税则》有两栏税率，即最惠国税率和协定税率，协定税率适用于与加拿大签订双边贸易协定的国家和地区，最惠国税率适用于其他国家和地区。考虑到税率适用对象的覆盖面和统计的便利性，本章仅对普通税率进行统计分析。

15.1　税种分析

15.1.1　征税方式分析

从征税方式角度分析，2025 年《加拿大海关税则》中税种的分布详见表 15-1，可以看出，《加拿大海关税则》中有从价税、从量税、复合税和选择税四种不同的征税方式，其中从价税占据主体，有 6952 个税号采用，占比为 95.68%，还有 119 个税号采用从量税，50 个税号采用复合税，145 个税号采用选择税。

表 15-1　《加拿大海关税则》中税种的分布

税种	数量（个）	占比（%）
从价税	6952	95.68
从量税	119	1.64
复合税	50	0.69
选择税	145	1.99
总计	7266	100

15.1.2　非从价税的分布

1. 从量税的分布

《加拿大海关税则》中 119 个税号使用从量税，分布在 5 个类、14 个章、31 个品目和 59 个 HS 子目中。

统计各类设置从量税的情况可知，第 4 类有 61 个税号，第 1 类有 40

个税号，第 2 类有 14 个税号，第 6 类有 3 个税号，第 3 类有 1 个税号。

统计各章设置从量税的情况可知，第 22 章有 38 个税号，第 4 章有 36 个税号，第 17 章有 15 个税号等。

从量税在各品目的分布详见表 15-2，表中仅列出了从量税税号数达 10 个及以上的品目。可以看出，4 个品目的从量税税号数达 10 个及以上，其中，品目 2206 的从量税税号数最多，有 23 个。然后依次为品目 0406（17 个）、品目 1702（11 个）和品目 2208（10 个）。例如，税号 0105.1121 的税率是 0.86 美分/个，税号 0406.1010 的税率是 3.32 美分/千克。

表 15-2　从量税在各品目的分布

单位：个

序号	品目	品目条文	税号数
1	2206	其他发酵饮料（例如，苹果酒、梨酒、蜂蜜酒、清酒）；其他品目未列名的发酵饮料的混合物及发酵饮料与无酒精饮料的混合物	23
2	0406	乳酪及凝乳	17
3	1702	其他固体糖，包括化学纯乳糖、麦芽糖、葡萄糖及果糖；未加香料或着色剂的糖浆；人造蜜，不论是否掺有天然蜂蜜；焦糖	11
4	2208	未改性乙醇，按容量计酒精浓度在 80% 以下；蒸馏酒、利口酒及其他酒精饮料	10

2. 复合税的分布

《加拿大海关税则》中有 50 个税号设置了复合税，分布在 2 个类、4 个章、14 个品目和 31 个 HS 子目中。

统计各章设置复合税的情况可知，第 19 章有 29 个税号，第 7 章和第 11 章均有 10 个税号，第 23 章有 1 个税号。

统计各品目设置复合税的情况可知，品目 1904 有 12 个税号，品目 1905 有 11 个税号，品目 1104 有 5 个税号等。例如，税号 0706.1031 的税率为 0.94 美分/千克（从量税）加 4%（从价税）。

3. 选择税的分布

《加拿大海关税则》中有 145 个税号设置了选择税，分布在 5 个类、13 个章、32 个品目和 79 个 HS 子目中。

选择税在各品目的分布详见表 15-3，表中仅列出了选择税税号数量达 10 个及以上的品目。可以看出，选择税税号数达 10 个及以上的品目共有 4 个，其中，品目 0207 的选择税税号数最多，为 26 个。然后依次为品目 0406（17 个）、品目 0709（11 个）、品目 1602（10 个）。例如，税号 0105.1122 的税率为 238%，但不低于 30.8 美分/个；税号 0207.1391 的税率为 5%，但不小于 4.74 美分/千克或不大于 9.48 美分/千克。

表 15-3　选择税在各品目的分布

单位：个

序号	品目	品目条文	税号数
1	0207	品目 0105 所列家禽的鲜、冷、冻肉及食用杂碎	26
2	0406	乳酪及凝乳	17
3	0709	鲜或冷藏的其他蔬菜	11
4	1602	其他方法制作或保藏的肉、食用杂碎、动物血或昆虫	10

15.2　从价税的分析

15.2.1　总体税率分析

为了计算《加拿大海关税则》的总体税率情况，将税率为从量税、复合税和选择税等非从价税的税号剔除，仅对从价税税率进行统计分析。结果表明，《加拿大海关税则》中名义平均税率为 2.64%，最高税率为 238%，最低税率为 0，税率均方差为 7.11%。

《加拿大海关税则》中，农产品的名义平均税率为 3.11%，税率均方差为 12.37%；非农产品的名义平均税率为 2.52%，税率均方差为 5.02%。显然，农产品的名义平均税率和税率均方差均高于非农产品。

《加拿大海关税则》中，税率从 0 到 238%共有 44 个税级，其中使用最多的税率是 0，有 5055 个税号，占税号总数的 72.71%。然后依次为

6.5%（303个税号，占比为4.36%）、18%（217个税号，占比为3.12%）、6%（193个税号，占比为2.78%）、7%（131个税号，占比为1.88%）等。税级分布详见表15-4，表中仅列出了税号数排名前10的税级。

表15-4　《加拿大海关税则》的税级分布

序号	税率（%）	税号数（个）	占比（%）
1	0	5055	72.71
2	6.5	303	4.36
3	18	217	3.12
4	6	193	2.78
5	7	131	1.88
6	8	110	1.58
7	5	105	1.51
8	9.5	77	1.11
9	4	73	1.05
10	3	71	1.02

15.2.2　各类税率比较分析

《加拿大海关税则》中各类的税率统计结果详见表15-5，表中数据按名义平均税率由高到低排列。可以看出，第12类的名义平均税率最高，为10.24%。然后依次为第11类（6.39%）、第4类（5.43%）、第17类（5.19%）和第20类（4.72%）等。名义平均税率最低的是第10类，为零税率。

表 15-5 《加拿大海关税则》中各类的税率统计结果

单位：%

序号	类	标题	名义平均税率	最高税率	最低税率	均方差
1	S12	鞋、帽、伞、杖、鞭及其零件；已加工的羽毛及其制品；人造花；人发制品	10.24	20.00	0	7.92
2	S11	纺织原料及纺织制品	6.39	18.00	0	8.14
3	S04	食品；饮料、酒及醋；烟草、烟草及烟草代用品的制品；非经燃烧吸用的产品，不论是否含有尼古丁；其他供人体摄入尼古丁的含尼古丁的产品	5.43	238.00	0	18.14
4	S17	车辆、航空器、船舶及有关运输设备	5.19	25.00	0	6.20
5	S20	杂项制品	4.72	18.00	0	4.81
6	S19	武器、弹药及其零件、附件	3.83	7.50	0	2.70
7	S08	生皮、皮革、毛皮及其制品；鞍具及挽具；旅行用品、手提包及类似容器；动物肠线（蚕胶丝除外）制品	3.66	15.50	0	5.02
8	S03	动、植物或微生物油、脂及其分解产品；精制的食用油脂；动、植物蜡	3.29	11.00	0	4.18
9	S13	石料、石膏、水泥、石棉、云母及类似材料的制品；陶瓷产品；玻璃及其制品	2.45	15.50	0	3.28
10	S09	木及木制品；木炭；软木及软木制品；稻草、秸秆、针茅或其他编结材料制品；篮筐及柳条编结品	2.08	11.00	0	3.06
11	S02	植物产品	1.90	94.50	0	9.44
12	S14	天然或养殖珍珠、宝石或半宝石、贵金属、包贵金属及其制品；仿首饰；硬币	1.69	8.50	0	3.02

表15-5　续

序号	类	标题	名义平均税率	最高税率	最低税率	均方差
13	S18	光学、照相、电影、计量、检验、医疗或外科用仪器及设备、精密仪器及设备；钟表；乐器；上述物品的零件、附件	1. 68	14. 00	0	3. 13
14	S07	塑料及其制品；橡胶及其制品	1. 68	15. 50	0	3. 13
15	S21	艺术品、收藏品及古物	1. 56	7. 00	0	2. 80
16	S01	活动物；动物产品	1. 49	26. 50	0	3. 87
17	S15	贱金属及其制品	1. 36	11. 00	0	2. 81
18	S06	化学工业及其相关工业的产品	0. 91	15. 50	0	2. 32
19	S16	机器、机械器具、电气设备及其零件；录音机及放声机、电视图像、声音的录制和重放设备及其零件、附件	0. 68	9. 00	0	2. 00
20	S05	矿产品	0. 36	12. 50	0	1. 72
21	S10	木浆及其他纤维状纤维素浆；回收（废碎）纸或纸板；纸、纸板及其制品	0	0	0	0

各类中最高税率排名第一的是第 4 类，为 238%。然后依次为第 2 类（94. 50%）、第 1 类（26. 50%）和第 17 类（25. 00%）等。

从税率的均方差来看，第 4 类的税率均方差最大，为 18. 14%，税率分布的离散程度最大。然后依次为第 2 类（9. 44%）、第 11 类（8. 14%）、第 12 类（7. 92%）、第 17 类（6. 20%）等。

15. 2. 3　各章税率比较分析

《加拿大海关税则》中各章的税率统计结果详见表 15-6，表中数据按名义平均税率由高到低排列。可以看出，第 61 章的名义平均税率最高，为 16. 81%。然后依次为第 63 章（15. 48%）、第 62 章（15. 32%）、第 16 章（14. 80%）、第 10 章（14. 61%）等。名义平均税率最低的是零税率，共有 18 个章，有第 5 章、第 13 章、第 14 章等。

各章中最高税率排名第一的是第 16 章，为 238%。然后依次为第 10 章

(94.50%)、第2章（26.50%）、第89章（25.00%）等。

从税率的均方差来看，第16章的税率均方差最大，为43.14%，税率分布的离散程度最大。然后依次为第10章（29.24%）、第89章(9.70%)、第64章（8.18%）和第2章（7.10%）等。

表15-6 《加拿大海关税则》中各章的税率统计结果

单位：%

序号	章	标题	名义平均税率	最高税率	最低税率	均方差
1	61	针织或钩编的服装及衣着附件	16.81	18.00	0	4.03
2	63	其他纺织制成品；成套物品；旧衣着及旧纺织品；碎织物	15.48	18.00	0	4.68
3	62	非针织或非钩编的服装及衣着附件	15.32	18.00	0	5.51
4	16	肉、鱼、甲壳动物、软体动物及其他水生无脊椎动物、以及昆虫的制品	14.80	238.00	0	43.14
5	10	谷物	14.61	94.50	0	29.24
6	89	船舶及浮动结构体	13.56	25.00	0	9.70
7	64	鞋靴、护腿和类似品及其零件	12.22	20.00	0	8.18
8	57	地毯及纺织材料的其他铺地制品	11.19	14.00	0	2.94
9	67	已加工羽毛、羽绒及其制品；人造花；人发制品	8.25	15.50	0	6.23
10	42	皮革制品；鞍具及挽具；旅行用品、手提包及类似容器；动物肠线(蚕胶丝除外）制品	7.52	15.50	0	4.21
11	65	帽类及其零件	6.56	15.50	0	6.02
12	36	炸药；烟火制品；火柴；引火合金；易燃材料制品	6.50	6.50	6.50	0
13	96	杂项制品	6.30	18.00	0	4.92
14	24	烟草及烟草代用品的制品；非经燃烧吸用的产品，不论是否含有尼古丁；其他供人体摄入尼古丁的含尼古丁的产品	5.83	13	0	4.30

表15-6　续1

序号	章	标题	名义平均税率	最高税率	最低税率	均方差
15	20	蔬菜、水果、坚果或植物其他部分的制品	5.71	17.00	0	5.04
16	04	乳品；蛋品；天然蜂蜜；其他食用动物产品	5.70	11.00	0	3.76
17	86	铁道或电车道机车、车辆及其零件；铁道或电车道轨道固定装置及其零件、附件；各种机械（包括电动机械）交通信号设备	5.62	11.00	0	4.67
18	94	家具；寝具、褥垫、弹簧床垫、软坐垫及类似的填充制品；未列名灯具及照明装置；发光标志、发光铭牌及类似品；活动房屋	5.14	15.50	0	4.60
19	21	杂项食品	5.13	12.50	0	4.39
20	46	稻草、秸秆、针茅或其他编结材料制品；篮筐及柳条编结品	4.91	11.00	0	3.35
21	69	陶瓷产品	4.74	8.00	0	3.46
22	43	毛皮、人造毛皮及其制品	4.73	15.50	0	6.16
23	06	活树及其他活植物；鳞茎、根及类似品；插花及装饰用簇叶	4.65	16.00	0	4.41
24	33	精油及香膏；芳香料制品及化妆盥洗品	4.29	8.00	0	3.05
25	82	贱金属工具、器具、利口器、餐匙、餐叉及其零件	4.20	11.00	0	3.87
26	66	雨伞、阳伞、手杖、鞭子、马鞭及其零件	4.14	7.50	0	3.59
26	34	肥皂、有机表面活性剂、洗涤剂、润滑剂、人造蜡、调制蜡、光洁剂、蜡烛及类似品、塑型用膏、“牙科用蜡”及牙科用熟石膏制剂	4.14	6.50	0	3.03
28	93	武器、弹药及其零件、附件	3.83	7.50	0	2.70
29	17	糖及糖食	3.73	12.50	0	4.49

表15-6　续2

序号	章	标题	名义平均税率	最高税率	最低税率	均方差
30	37	照相及电影用品	3.71	6.50	0	3.22
31	87	车辆及其零件、附件，但铁道或电车道车辆除外	3.70	13.00	0	3.16
32	91	钟表及其零件	3.66	14.00	0	4.76
33	56	絮胎、毡呢及无纺织物；特种纱线；线、绳、索、缆及其制品	3.59	16.00	0	5.55
34	19	谷物、粮食粉、淀粉或乳的制品；糕饼点心	3.47	14.50	0	2.81
35	02	肉及食用杂碎	3.43	26.50	0	7.10
36	68	石料、石膏、水泥、石棉、云母及类似材料的制品	3.42	15.50	0	3.17
37	15	动、植物或微生物油、脂及其分解产品；精制的食用油脂；动、植物蜡	3.29	11.00	0	4.18
38	92	乐器及其零件、附件	3.23	7.00	0	2.92
39	59	浸渍、涂布、包覆或层压的纺织物；工业用纺织制品	2.99	18.00	0	5.48
40	18	可可及可可制品	2.67	6.00	0	2.87
41	35	蛋白类物质；改性淀粉；胶；酶	2.66	8.50	0	3.52
42	83	贱金属杂项制品	2.45	7.00	0	3.04
43	40	橡胶及其制品	2.03	15.50	0	3.67
44	73	钢铁制品	1.89	8.00	0	3.12
45	32	鞣料浸膏及染料浸膏；鞣酸及其衍生物；染料、颜料及其他着色料；油漆及清漆；油灰及其他类似胶粘剂；墨水、油墨	1.71	6.50	0	2.85
46	71	天然或养殖珍珠、宝石或半宝石、贵金属、包贵金属及其制品；仿首饰；硬币	1.69	8.50	0	3.02
47	44	木及木制品；木炭	1.63	9.50	0	2.73

表15-6 续3

序号	章	标题	名义平均税率	最高税率	最低税率	均方差
48	97	艺术品、收藏品及古物	1.56	7.00	0	2.80
49	76	铝及其制品	1.50	6.50	0	2.74
50	39	塑料及其制品	1.45	6.50	0	2.71
51	22	饮料、酒及醋	1.36	11.00	0	3.39
52	38	杂项化学产品	1.24	15.50	0	2.78
53	85	电机、电气设备及其零件；录音机及放声机、电视图像、声音的录制和重放设备及其零件、附件	1.15	9.00	0	2.46
54	23	食品工业的残渣及废料；配制的动物饲料	1.06	10.50	0	2.25
55	27	矿物燃料、矿物油及其蒸馏产品；沥青物质；矿物蜡	1.03	12.50	0	2.85
56	95	玩具、游戏品、运动用品及其零件、附件	1.02	8.00	0	2.43
57	88	航空器、航天器及其零件	1.02	15.50	0	3.43
58	30	药品	0.87	11.00	0	2.69
59	08	食用水果及坚果；柑橘属水果或甜瓜的果皮	0.83	12.50	0	2.55
60	90	光学、照相、电影、计量、检验、医疗或外科用仪器及设备、精密仪器及设备；上述物品的零件、附件	0.81	8.50	0	1.88
61	01	活动物	0.78	8.00	0	2.20
62	03	鱼、甲壳动物、软体动物及其他水生无脊椎动物	0.70	6.50	0	1.62
63	12	含油子仁及果实；杂项子仁及果实；工业用或药用植物；稻草、秸秆及饲料	0.57	10.00	0	1.91
64	79	锌及其制品	0.50	3.00	0	1.12
65	07	食用蔬菜、根及块茎	0.43	10.50	0	1.64
66	80	锡及其制品	0.38	3.00	0	0.99

表15-6　续4

序号	章	标题	名义平均税率	最高税率	最低税率	均方差
67	58	特种机织物；簇绒织物；花边；装饰毯；装饰带；刺绣品	0.37	14.00	0	2.24
68	84	核反应堆、锅炉、机器、机械器具及其零件	0.36	9.00	0	1.55
69	74	铜及其制品	0.36	9.50	0	1.41
70	11	制粉工业产品；麦芽；淀粉；菊粉；面筋	0.25	10.50	0	1.60
71	75	镍及其制品	0.15	3.00	0	0.65
72	55	化学纤维短纤	0.15	8.00	0	1.07
73	52	棉花	0.13	8.00	0	1.01
74	54	化学纤维长丝；化学纤维纺织材料制扁条及类似品	0.10	8.00	0	0.89
75	70	玻璃及其制品	0.09	6.50	0	0.76
76	09	咖啡、茶、马黛茶及调味香料	0.07	3.00	0	0.46
77	25	盐；硫磺；泥土及石料；石膏料、石灰及水泥	0.04	2.50	0	0.30
78	28	无机化学品；贵金属、稀土金属、放射性元素及其同位素的有机及无机化合物	0.04	6.50	0	0.48
79	05	其他动物产品	0	0	0	0
80	13	虫胶；树胶、树脂及其他植物液、汁	0	0	0	0
81	14	编结用植物材料；其他植物产品	0	0	0	0
82	26	矿砂、矿渣及矿灰	0	0	0	0
83	29	有机化学品	0	0	0	0
84	31	肥料	0	0	0	0
85	41	生皮（毛皮除外）及皮革	0	0	0	0
86	45	软木及软木制品	0	0	0	0

表15-6　续5

序号	章	标题	名义平均税率	最高税率	最低税率	均方差
87	47	木浆及其他纤维状纤维素浆；回收纸或纸板	0	0	0	0
88	48	纸及纸板；纸浆、纸或纸板制品	0	0	0	0
89	49	书籍、报纸、印刷图画及其他印刷品；手稿、打字稿及设计图纸	0	0	0	0
90	50	蚕丝	0	0	0	0
91	51	羊毛、动物细毛或粗毛；马毛纱线及其机织物	0	0	0	0
92	53	其他植物纺织纤维；纸纱线及其机织物	0	0	0	0
93	60	针织物及钩编织物	0	0	0	0
94	72	钢铁	0	0	0	0
95	78	铅及其制品	0	0	0	0
96	81	其他贱金属、金属陶瓷及其制品	0	0	0	0

15.2.4　各品目税率比较分析

《加拿大海关税则》中各品目的税率统计结果详见表15-7，表中数据按名义平均税率由高到低排列，篇幅所限，仅列出了名义平均税率排名前30的品目。可以看出，品目1601的名义平均税率最高，为69.58%。然后依次为品目1001（41.83%）、品目1003（33.00%）、品目8904（25.00%）、品目8901（23.75%）等。

表 15-7　《加拿大海关税则》中各品目的税率统计结果

单位：%

序号	品目	品目条文	名义平均税率	最高税率	最低税率	均方差
1	1601	肉、食用杂碎、动物血或昆虫制成的香肠及类似产品；用香肠制成的食品	69.58	238.00	0	92.89
2	1001	小麦及混合麦	41.83	76.50	0	31.64
3	1003	大麦	33.00	94.50	0	39.86
4	8904	拖轮及顶推船	25.00	25.00	25.00	0
5	8901	巡航船、游览船、渡船、货船、驳船及类似的客运或货运船舶	23.75	25.00	15.00	3.31
6	1602	其他方法制作或保藏的肉、食用杂碎、动物血或昆虫	18.65	238.00	0	48.09
7	6101	针织或钩编的男式大衣、短大衣、斗篷、短斗篷、带风帽的防寒短上衣（包括滑雪短上衣）、防风衣、防风短上衣及类似品，但品目6103的货品除外	18.00	18.00	18.00	0
8	6102	针织或钩编的女式大衣、短大衣、斗篷、短斗篷、带风帽的防寒短上衣（包括滑雪短上衣）、防风衣、防风短上衣及类似品，但品目6104的货品除外	18.00	18.00	18.00	0
9	6103	针织或钩编的男式西服套装、便服套装、上衣、长裤、护胸背带工装裤、马裤及短裤（游泳裤除外）	18.00	18.00	18.00	0
10	6104	针织或钩编的女式西服套装、便服套装、上衣、连衣裙、裙子、裙裤、长裤、护胸背带工装裤、马裤及短裤（游泳服除外）	18.00	18.00	18.00	0
11	6105	针织或钩编的男衬衫	18.00	18.00	18.00	0
12	6106	针织或钩编的女衬衫	18.00	18.00	18.00	0

表15-7　续1

序号	品目	品目条文	名义平均税率	最高税率	最低税率	均方差
13	6107	针织或钩编的男式内裤、三角裤、长睡衣、睡衣裤、浴衣、晨衣及类似品	18.00	18.00	18.00	0
14	6108	针织或钩编的女式长衬裙、衬裙、三角裤、短衬裤、睡衣、睡衣裤、浴衣、晨衣及类似品	18.00	18.00	18.00	0
15	6109	针织或钩编的T恤衫、汗衫及其他背心	18.00	18.00	18.00	0
16	6110	针织或钩编的套头衫、开襟衫、背心及类似品	18.00	18.00	18.00	0
17	6112	针织或钩编的运动服、滑雪服及游泳服	18.00	18.00	18.00	0
18	6114	针织或钩编的其他服装	18.00	18.00	18.00	0
19	6116	针织或钩编的分指手套、连指手套及露指手套	18.00	18.00	18.00	0
20	6212	胸罩、束腰带、紧身胸衣、吊裤带、吊袜带、束袜带和类似品及其零件，不论是否针织或钩编的	18.00	18.00	18.00	0
21	6216	分指手套、连指手套及露指手套	18.00	18.00	18.00	0
22	6308	由机织物及纱线构成的零售包装成套物品，不论是否带附件，用以制作小地毯、装饰毯、绣花台布、餐巾或类似的纺织物品	18.00	18.00	18.00	0
23	8906	其他船舶，包括军舰及救生船，但划艇除外	18.00	25.00	0	9.80
24	6303	窗帘（包括帷帘）及帐幔；帘帷或床帷	17.83	18.00	17.00	0.37
25	6205	男衬衫	17.75	18.00	17.00	0.43
26	6203	男式西服套装、便服套装、上衣、长裤、护胸背带工装裤、马裤及短裤（游泳裤除外）	17.53	18.00	17.00	0.50

表15-7　续2

序号	品目	品目条文	名义平均税率	最高税率	最低税率	均方差
27	6201	男式大衣、短大衣、斗篷、短斗篷、带风帽的防寒短上衣（包括滑雪短上衣）、防风衣、防风短上衣及类似品，但品目 6203 的货品除外	17.50	18.00	17.00	0.50
28	6204	女式西服套装、便服套装、上衣、连衣裙、裙子、裙裤、长裤、护胸背带工装裤、马裤及短裤（游泳服除外）	17.50	18.00	16.00	0.57
29	6215	领带及领结	17.33	18.00	16.00	0.94
30	6207	男式背心及其他内衣、内裤、三角裤、长睡衣、睡衣裤、浴衣、晨衣及类似品	17.25	18.00	16.00	0.66

各品目中最高税率排名第一的是品目 1601 和品目 1602，均为 238.00%。然后依次为品目 1003（94.50%）、品目 1001（76.50%）。

从税率的均方差来看，品目 1601 的税率均方差最大，为 92.89%。然后依次为品目 1602（48.09%）、品目 1003（39.86%）、品目 1001（31.64%）。统计结果还表明，有 877 个品目（占品目总数的 71.53%）的税率均方差为 0，即这些品目执行相同的税率，如品目 6101、品目 6102、品目 6105、品目 6106 等。

15.2.5　各 HS 子目税率比较分析

《加拿大海关税则》中各 HS 子目的税率统计结果详见表 15-8，表中数据按名义平均税率由高到低排列，篇幅所限，仅列出了名义平均税率排名前 16 的 HS 子目。可以看出，子目 1001.91 的名义平均税率最高，为 76.50%。然后依次为子目 1601.00（69.58%）、子目 1602.20（65.92%）、子目 1001.11（49.00%）、子目 1003.10（38.50%）等。统计结果还表明，名义平均税率为 0 的 HS 子目共有 4155 个（占 HS 子目总数的 74.36%），如子目 0101.21、子目 0101.29、子目 0101.30、子目 0101.90、子目 0102.21 等。

表 15-8　《加拿大海关税则》中各 HS 子目税率的统计结果

单位：%

序号	HS 子目	名义平均税率	最高税率	最低税率	均方差
1	1001. 91	76. 50	76. 50	76. 5	0
2	1601. 00	69. 58	238. 00	0	92. 89
3	1602. 20	65. 92	238. 00	0	95. 27
4	1001. 11	49. 00	49. 00	49. 00	0
5	1003. 10	38. 50	94. 50	0	40. 52
6	1001. 99	38. 25	76. 50	0	38. 25
7	1003. 90	28. 88	94. 50	0	38. 85
8	8901. 10	25. 00	25. 00	25. 00	0
9	8901. 20	25. 00	25. 00	25. 00	0
10	8901. 30	25. 00	25. 00	25. 00	0
11	8904. 00	25. 00	25. 00	25. 00	0
12	8905. 10	25. 00	25. 00	25. 00	0
13	8906. 10	25. 00	25. 00	25. 00	0
14	1001. 19	24. 50	49. 00	0	24. 50
15	8901. 90	21. 67	25. 00	15. 00	4. 71
16	6401. 10	20. 00	20. 00	20. 00	0

各 HS 子目中最高税率排名第一的是子目 1601. 00 和子目 1602. 20，均为 238. 00%。然后依次为子目 1003. 10 和子目 1003. 90（均为 94. 50%）、子目 1001. 91 和子目 1001. 99（均为 76. 50%）等。

从税率的均方差来看，子目 1602. 20 的税率均方差最大，为 95. 27%，税率分布的离散程度最大。然后依次为子目 1601. 00（92. 89%）、子目 1003. 10（40. 52%）、子目 1003. 90（38. 85%）、子目 1001. 99（38. 25%）、子目 1001. 19（24. 50%）等。统计结果还表明，有 4971 个 HS 子目（占 HS 子目总数的 88. 96%）的税率均方差为 0，即这些 HS 子目执行相同的税率，如子目 1001. 11、子目 1001. 91、子目 8901. 10、子目 8901. 20 和子目 8901. 30 等。

第 16 章　印度税则的税率结构分析

《印度海关税则》仅有一栏税率，本章便对这一税率进行统计分析。

16.1　税种分析

16.1.1　征税方式分析

从征税方式角度分析，2025 年版《印度海关税则》中各税种分布详见表 16-1，可以看出，《印度海关税则》中有从价税、从量税和选择税三种征税方式，其中从价税占据主体，有 11583 个税号采用，占税号总数的 94.25%。此外，3 个税号采用从量税，704 个税号采用选择税。

表 16-1　《印度海关税则》中各税种的分布

税种	税号数（个）	占比(%)
从价税	11583	94.25
从量税	3	0.02
选择税	704	5.73
总计	12290	100

16.1.2　非从价税的分布

1. 从量税的分布

《印度海关税则》中只有 3 个税号使用从量税，详见表 16-2。其中，税号 0802.1100 的税率是 42 卢比/千克，税号 0802.1200 的税率是 120 卢比/千克，税号 2716.0000 的税率为 2000 卢比/1000 千瓦时。

表 16-2　从量税的分布

序号	税号	税率
1	0802.1100	42 卢比/千克
2	0802.1200	120 卢比/千克
3	2716.0000	2000 卢比/1000 千瓦时

2. 选择税的分布

《印度海关税则》中有 704 个税号设置了选择税，分布在 3 个类、11 个章、48 个品目和 231 个 HS 子目中。其中，第 11 类的选择税税号数最多，有 681 个。第 7 类有 17 个，第 14 类有 6 个。

统计各章设置选择税的情况可知，第 54 章有 157 个税号，第 52 章有 150 个税号，第 62 章有 125 个税号，第 55 章有 86 个税号等。

选择税在各品目的分布详见表 16-3，表中仅列出了税号数在 10 个及以上的品目。可以看出，有 18 个品目的选择税税号数达 10 个及以上，其中，品目 5407 有 114 个税号，品目 5515 有 46 个税号，品目 5209 有 45 个。

例如，税号 5111.1110 的税率为 10%或 115 卢比/平方米，以较高者为准。税号 6208.1100 的税率为 20%或 80 卢比/件，以较高者为准。

表 16-3　选择税在各品目的分布

单位：个

序号	品目	品目条文	税号数
1	5407	合成纤维长丝纱线的机织物，包括品目 5404 所列材料的机织物	114
2	5515	合成纤维短纤纺制的其他机织物	46
3	5209	棉机织物，按重量计含棉量在 85%及以上，每平方米重量超过 200 克	45
4	5408	人造纤维长丝纱线的机织物，包括品目 5405 所列材料的机织物	43

表16-3 续

序号	品目	品目条文	税号数
5	5208	棉机织物，按重量计含棉量在85%及以上，每平方米重量不超过200克	41
6	5211	棉机织物，按重量计含棉量在85%以下，主要或仅与化学纤维混纺，每平方米重量超过200克	41
7	5112	精梳羊毛或精梳动物细毛的机织物	26
8	5111	粗梳羊毛或粗梳动物细毛的机织物	25
9	6214	披巾、领巾、围巾、披纱、面纱及类似品	25
10	6204	女式西服套装、便服套装、上衣、连衣裙、裙子、裙裤、长裤、护胸背带工装裤、马裤及短裤（游泳服除外）	22
11	5210	棉机织物，按重量计含棉量在85%以下，主要或仅与化学纤维混纺，每平方米重量不超过200克	20
12	5801	起绒机织物及绳绒织物，但品目5802或5806的织物除外	19
13	6210	用品目5602、5603、5903、5906或5907的织物制成的服装	18
14	5702	机织地毯及纺织材料的其他机织铺地制品，未簇绒或未植绒，不论是否制成的，包括“开来姆”“苏麦克”“卡拉马尼”及类似的手织地毯	13
15	5514	合成纤维短纤纺制的机织物，按重量计合成纤维短纤含量在85%以下，主要或仅与棉混纺，每平方米重量超过170克	12
16	5516	人造纤维短纤纺制的机织物	12
17	6104	针织或钩编的女式西服套装、便服套装、上衣、连衣裙、裙子、裙裤、长裤、护胸背带工装裤、马裤及短裤（游泳服除外）	10
18	6207	男式背心及其他内衣、内裤、三角裤、长睡衣、睡衣裤、浴衣、晨衣及类似品	10

16.2 从价税的分析

16.2.1 总体税率分析

为了计算《印度海关税则》的总体税率情况，将税则中税率为从量税和选择税等非从价税的税号剔除，仅对从价税税率进行统计分析。结果表明,《印度海关税则》的名义平均税率为16.01%,最高税率为150%,最低税率为0,税率均方差为19.00%。其中,农产品的名义平均税率为41.05%,税率均方差为29.87%;非农产品的名义平均税率为11.54%,税率均方差为11.60%。显然,农产品的名义平均税率和税率均方差均高于非农产品。

《印度海关税则》的税率从0到150%,共有25个税级,其中使用最多的税率是10%,有3397个税号,占税号总数的29.33%。然后依次为7.5%(2886个税号,占比为24.92%)、30%(1257个税号,占比为10.85%)、15%(1207个税号,占比为10.42%)等。税级分布详见表16-4,表中仅列出了税号数排名前10的税级。

表16-4 《印度海关税则》中排名前10的税级分布

序号	税率(%)	税号数(个)	占比(%)
1	10	3397	29.33
2	7.5	2886	24.92
3	30	1257	10.85
4	15	1207	10.42
5	20	914	7.89
6	5	783	6.76
7	0	250	2.16
8	100	172	1.48
9	2.5	167	1.44
10	25	131	1.13

16.2.2 各类税率比较分析

《印度海关税则》中各类的税率统计结果详见表16-5,表中数据按名义平均税率由高到低排列。可以看出,第3类的名义平均税率最高,为74.17%。然后依次为第4类(47.42%)、第17类(43.45%)、第2类(39.20%)和第1类(30.45%)等。名义平均税率最低的是第5类,为5.20%。

表 16-5　《印度海关税则》中各类的税率统计结果

单位：%

序号	类	标题	名义平均税率	最高税率	最低税率	均方差
1	S03	动、植物或微生物油、脂及其分解产品；精制的食用油脂；动、植物蜡	74.17	100	15.00	31.73
2	S04	食品；饮料、酒及醋；烟草、烟草及烟草代用品的制品；非经燃烧吸用的产品，不论是否含有尼古丁；其他供人体摄入尼古丁的含尼古丁的产品	47.42	150	5.00	43.56
3	S17	车辆、航空器、船舶及有关运输设备	43.45	125.00	0	45.01
4	S02	植物产品	39.20	120.00	0	24.01
5	S01	活动物；动物产品	30.45	100.00	0	5.87
6	S12	鞋、帽、伞、杖、鞭及其零件；已加工的羽毛及其制品；人造花；人发制品	25.53	35.00	10.00	10.94
7	S20	杂项制品	18.36	70.00	10.00	9.11
8	S14	天然或养殖珍珠、宝石或半宝石、贵金属、包贵金属及其制品；仿首饰；硬币	13.40	25.00	2.50	6.57
9	S11	纺织原料及纺织制品	12.91	30.00	0	5.80
10	S15	贱金属及其制品	12.25	27.50	0	4.70
11	S13	石料、石膏、水泥、石棉、云母及类似材料的制品；陶瓷产品；玻璃及其制品	11.05	20.00	5.00	3.10
12	S07	塑料及其制品；橡胶及其制品	10.33	70.00	2.50	4.21
13	S08	生皮、皮革、毛皮及其制品；鞍具及挽具；旅行用品、手提包及类似容器；动物肠线（蚕胶丝除外）制品	10.22	15.00	0	4.96

表16-5　续

序号	类	标题	名义平均税率	最高税率	最低税率	均方差
14	S19	武器、弹药及其零件、附件	10.00	10.00	10.00	0
15	S10	木浆及其他纤维状纤维素浆；回收（废碎）纸或纸板；纸、纸板及其制品	9.39	20.00	0	2.22
16	S18	光学、照相、电影、计量、检验、医疗或外科用仪器及设备、精密仪器及设备；钟表；乐器；上述物品的零件、附件	9.19	25.00	0	4.48
17	S16	机器、机械器具、电气设备及其零件；录音机及放声机、电视图像、声音的录制和重放设备及其零件、附件	8.93	40.00	0	4.33
18	S09	木及木制品；木炭；软木及软木制品；稻草、秸秆、针茅或其他编结材料制品；篮筐及柳条编结品	8.90	10.00	5.00	2.07
19	S21	艺术品、收藏品及古物	8.80	10.00	0	3.25
20	S06	化学工业及其相关工业的产品	8.78	100.00	0	4.25
21	S05	矿产品	5.20	40.00	0	4.03

各类中最高税率排名第一的是第4类，为150.00%。然后依次为第17类（125.00%），第2类（120.00%），第1类、第3类和第6类（均为100.00%）。

从税率的均方差来看，第17类车辆的税率均方差最大，为45.01%，税率分布的离散程度最大。然后依次为第4类（43.56%）、第3类（31.73%）、第2类（24.01%）、第12类（10.94%）等。

16.2.3　各章税率比较分析

《印度海关税则》中各章的税率统计结果详见表16-6，表中数据按名义平均税率由高到低排列。可以看出，第22章的名义平均税率最高，为19.31%。然后依次为第15章（74.17%）、第21章（64.52%）、第9章（60.88%）、第87章（58.07%）等。名义平均税率最低的是第75章，为 0.37%。

表 16-6 《印度海关税则》中各章的税率统计结果

单位：%

序号	章	标题	名义平均税率	最高税率	最低税率	均方差
1	22	饮料、酒及醋	119.31	150.00	5.00	52.37
2	15	动、植物或微生物油、脂及其分解产品；精制的食用油脂；动、植物蜡	74.17	100.00	15.00	31.73
3	21	杂项食品	64.52	150.00	30.00	54.08
4	09	咖啡、茶、马黛茶及调味香料	60.88	100.00	30.00	31.39
5	87	车辆及其零件、附件，但铁道或电车道车辆除外	58.07	125.00	0	47.14
6	17	糖及糖食	46.95	100.00	25.00	30.26
7	10	谷物	42.00	100.00	0	29.07
8	08	食用水果及坚果；柑橘属水果或甜瓜的果皮	38.82	120.00	2.50	23.49
9	04	乳品；蛋品；天然蜂蜜；其他食用动物产品	34.90	60.00	30.00	9.15
10	20	蔬菜、水果、坚果或植物其他部分的制品	34.65	50.00	30.00	8.14
11	16	肉、鱼、甲壳动物、软体动物及其他水生无脊椎动物、以及昆虫的制品	32.98	100.00	30.00	14.13
12	07	食用蔬菜、根及块茎	32.69	100.00	30.00	10.12
13	64	鞋靴、护腿和类似品及其零件	32.39	35.00	20.00	5.69
14	02	肉及食用杂碎	32.03	100.00	30.00	11.74
15	19	谷物、粮食粉、淀粉或乳的制品；糕饼点心	31.76	50.00	30.00	5.67

表16-6　续1

序号	章	标题	名义平均税率	最高税率	最低税率	均方差
16	24	烟草及烟草代用品的制品；非经燃烧吸用的产品，不论是否含有尼古丁；其他供人体摄入尼古丁的含尼古丁的产品	31.18	60.00	30.00	5.82
17	11	制粉工业产品；麦芽；淀粉；菊粉；面筋	31.15	50.00	15.00	5.93
18	03	鱼、甲壳动物、软体动物及其他水生无脊椎动物	29.69	30.00	5.00	2.46
19	14	编结用植物材料；其他植物产品	29.64	30.00	25.00	1.29
20	05	其他动物产品	29.64	30.00	5.00	2.99
21	13	虫胶；树胶、树脂及其他植物液、汁	29.50	30.00	5.00	3.50
22	01	活动物	29.32	30.00	0	4.47
23	18	可可及可可制品	29.00	30.00	15.00	3.74
24	12	含油子仁及果实；杂项子仁及果实；工业用或药用植物；稻草、秸秆及饲料	28.38	70.00	5.00	8.32
25	06	活树及其他活植物；鳞茎、根及类似品；插花及装饰用簇叶	26.25	60.00	10.00	22.33
26	95	玩具、游戏品、运动用品及其零件、附件	22.86	70.00	10.00	12.40
27	94	家具；寝具、褥垫、弹簧床垫、软坐垫及类似的填充制品；未列名灯具及照明装置；发光标志、发光铭牌及类似品；活动房屋	22.16	25.00	10.00	5.87
28	33	精油及香膏；芳香料制品及化妆盥洗品	20.89	100.00	10.00	10.32
29	57	地毯及纺织材料的其他铺地制品	20.00	20.00	20.00	0
30	62	非针织或非钩编的服装及衣着附件	20.00	20.00	20.00	0
31	61	针织或钩编的服装及衣着附件	19.72	20.00	10.00	1.64

表16-6 续2

序号	章	标题	名义平均税率	最高税率	最低税率	均方差
32	50	蚕丝	16.38	30.00	15.00	3.19
33	60	针织物及钩编织物	16.25	25.00	10.00	5.45
34	73	钢铁制品	15.64	25.00	15.00	2.21
35	23	食品工业的残渣及废料；配制的动物饲料	15.08	20.00	15.00	0.61
36	83	贱金属杂项制品	14.84	20.00	10.00	4.40
37	66	雨伞、阳伞、手杖、鞭子、马鞭及其零件	14.29	20.00	10.00	4.95
38	35	蛋白类物质；改性淀粉；胶；酶	14.21	20.00	10.00	4.94
39	72	钢铁	14.14	27.50	2.50	3.18
40	89	船舶及浮动结构体	14.11	25.00	0	8.63
41	91	钟表及其零件	14.00	20.00	5.00	5.83
42	42	皮革制品；鞍具及挽具；旅行用品、手提包及类似容器；动物肠线（蚕胶丝除外）制品	13.55	15.00	10.00	2.27
43	71	天然或养殖珍珠、宝石或半宝石、贵金属、包贵金属及其制品；仿首饰；硬币	13.40	25.00	2.50	6.57
44	59	浸渍、涂布、包覆或层压的纺织物；工业用纺织制品	12.78	20.00	10.00	4.48
45	96	杂项制品	12.77	20.00	10.00	4.48
46	67	已加工羽毛、羽绒及其制品；人造花；人发制品	12.67	20.00	10.00	4.42
47	69	陶瓷产品	11.69	20.00	7.50	4.16
48	56	絮胎、毡呢及无纺织物；特种纱线；线、绳、索、缆及其制品	11.64	20.00	10.00	3.70
49	53	其他植物纺织纤维；纸纱线及其机织物	11.33	30.00	0	5.61
50	70	玻璃及其制品	11.31	20.00	5.00	3.27

表16-6　续3

序号	章	标题	名义平均税率	最高税率	最低税率	均方差
51	63	其他纺织制成品；成套物品；旧衣着及旧纺织品；碎织物	11.07	20.00	10.00	3.09
52	40	橡胶及其制品	10.88	70.00	2.50	6.95
53	43	毛皮、人造毛皮及其制品	10.45	15.00	0	2.98
54	85	电机、电气设备及其零件；录音机及放声机、电视图像、声音的录制和重放设备及其零件、附件	10.40	40.00	0	5.49
55	34	肥皂、有机表面活性剂、洗涤剂、润滑剂、人造蜡、调制蜡、光洁剂、蜡烛及类似品、塑型用膏、“牙科用蜡”及牙科用熟石膏制剂	10.35	25.00	7.50	2.87
56	68	石料、石膏、水泥、石棉、云母及类似材料的制品	10.21	15.00	7.50	1.12
57	58	特种机织物；簇绒织物；花边；装饰毯；装饰带；刺绣品	10.19	20.00	10.00	1.37
58	39	塑料及其制品	10.14	15.00	5.00	2.60
59	48	纸及纸板；纸浆、纸或纸板制品	10.05	20.00	10.00	0.68
60	36	炸药；烟火制品；火柴；引火合金；易燃材料制品	10.00	10.00	10.00	0
61	86	铁道或电车道机车、车辆及其零件；铁道或电车道轨道固定装置及其零件、附件；各种机械（包括电动机械）交通信号设备	10.00	10.00	10.00	0
62	92	乐器及其零件、附件	10.00	10.00	10.00	0
63	93	武器、弹药及其零件、附件	10.00	10.00	10.00	0
64	46	稻草、秸秆、针茅或其他编结材料制品；篮筐及柳条编结品	10.00	10.00	10.00	0
65	65	帽类及其零件	10.00	10.00	10.00	0
66	45	软木及软木制品	10.00	10.00	10.00	0

表16-6 续4

序号	章	标题	名义平均税率	最高税率	最低税率	均方差
67	82	贱金属工具、器具、利口器、餐匙、餐叉及其零件	10.00	10.00	10.00	0
68	52	棉花	9.98	30.00	5.00	2.00
69	37	照相及电影用品	9.90	10.00	0	0.99
70	30	药品	9.87	10.00	0	1.15
71	76	铝及其制品	9.33	20.00	2.50	3.32
72	38	杂项化学产品	8.97	30.00	0	3.58
73	55	化学纤维短纤	8.91	20.00	2.50	6.67
74	44	木及木制品；木炭	8.80	10.00	5.00	2.13
75	97	艺术品、收藏品及古物	8.80	10.00	0	3.25
76	84	核反应堆、锅炉、机器、机械器具及其零件	8.07	20.00	0	3.17
77	88	航空器、航天器及其零件	8.06	10.00	2.50	3.28
78	32	鞣料浸膏及染料浸膏；鞣酸及其衍生物；染料、颜料及其他着色料；油漆及清漆；油灰及其他类似胶粘剂；墨水、油墨	8.05	10.00	2.50	1.09
79	51	羊毛、动物细毛或粗毛；马毛纱线及其机织物	7.96	10.00	2.5.00	2.89
80	90	光学、照相、电影、计量、检验、医疗或外科用仪器及设备、精密仪器及设备；上述物品的零件、附件	7.93	25.00	0	3.26
81	28	无机化学品；贵金属、稀土金属、放射性元素及其同位素的有机及无机化合物	7.38	27.50	0	1.71
82	49	书籍、报纸、印刷图画及其他印刷品；手稿、打字稿及设计图纸	7.35	10.00	0	4.41
83	54	化学纤维长丝；化学纤维纺织材料制扁条及类似品	7.30	20.00	2.50	5.50
84	29	有机化学品	7.26	20.00	0	1.24

表16-6　续5

序号	章	标题	名义平均税率	最高税率	最低税率	均方差
85	74	铜及其制品	7.16	20.00	2.50	4.43
86	81	其他贱金属、金属陶瓷及其制品	6.98	10.00	2.50	2.58
87	31	肥料	6.69	10.00	0	1.95
88	25	盐；硫磺；泥土及石料；石膏料、石灰及水泥	6.24	40.00	0	5.10
89	78	铅及其制品	6.18	10.00	5.00	2.12
90	41	生皮（毛皮除外）及皮革	6.00	10.00	0	4.90
91	47	木浆及其他纤维状纤维素浆；回收纸或纸板	5.95	10.00	5.00	1.96
92	80	锡及其制品	5.91	10.00	5.00	1.93
93	79	锌及其制品	5.71	10.00	5.00	1.57
94	27	矿物燃料、矿物油及其蒸馏产品；沥青物质；矿物蜡	5.04	15.00	0	2.54
95	26	矿砂、矿渣及矿灰	3.03	5.00	0	1.18
96	75	镍及其制品	0.37	5.00	0	1.31

各章中最高税率排名第一的是第21章和第22章，均为150.00%。然后依次为第87章（125.00%）、第8章（120.00%）等。

从税率的均方差来看，第21章的税率均方差最大，为54.08%，税率分布的离散程度最大。然后依次为第22章（52.37%）、第87章（47.14%）、第15章（31.73%）、第9章（31.39%）等。

16.2.4　各品目税率比较分析

《印度海关税则》中各品目的税率统计结果详见表16-7，表中数据按名义平均税率由高到低排列，篇幅所限，表中仅列出了税率排名前30的品目。可以看出，品目2204、品目2205、品目2206和品目2208的名义平均税率最高，均为150.00%。然后依次为品目2106（141.54%），品目8703（125.00%）等。

表 16-7 《印度海关税则》中各品目的税率统计结果

单位：%

序号	品目	品目条文	名义平均税率	最高税率	最低税率	均方差
1	2204	鲜葡萄酿造的酒，包括加酒精的；品目 2009 以外的酿酒葡萄汁	150.00	150.00	150.00	0
2	2205	味美思酒及其他加植物或香料的用鲜葡萄酿造的酒	150.00	150.00	150.00	0
3	2206	其他发酵饮料（例如，苹果酒、梨酒、蜂蜜酒、清酒）；其他品目未列名的发酵饮料的混合物及发酵饮料与无酒精饮料的混合物	150.00	150.00	150.00	0
4	2208	未改性乙醇，按容量计酒精浓度在80%以下；蒸馏酒、利口酒及其他酒精饮料	150.00	150.00	150.00	0
5	2106	其他品目未列名的食品	141.54	150.00	40.00	29.31
6	8703	主要用于载人的机动车辆（品目 8702 的货品除外），包括旅行小客车及赛车	125.00	125.00	125.00	0
7	2207	未改性乙醇，按容量计酒精浓度在80%及以上；任何浓度的改性乙醇及其他酒精	113.75	150.00	5.00	62.79
8	0901	咖啡，不论是否焙炒或浸除咖啡碱；咖啡豆荚及咖啡豆皮；含咖啡的咖啡代用品	100.00	100.00	100.00	0
9	0902	茶，不论是否加香料	100.00	100.00	100.00	0
10	1508	花生油及其分离品，不论是否精制，但未经化学改性	100.00	100.00	100.00	0
11	1511	棕榈油及其分离品，不论是否精制，但未经化学改性	100.00	100.00	100.00	0
12	1512	葵花油、红花油或棉子油及其分离品，不论是否精制，但未经化学改性	100.00	100.00	100.00	0

表16-7　续1

序号	品目	品目条文	名义平均税率	最高税率	最低税率	均方差
13	1513	椰子油、棕榈仁油或巴巴苏棕榈果油及其分离品，不论是否精制，但未经化学改性	100.00	100.00	100.00	0
14	1515	其他固定植物或微生物油、脂（包括希蒙得木油）及其分离品，不论是否精制，但未经化学改性	100.00	100.00	100.00	0
15	1516	动、植物或微生物油、脂及其分离品，全部或部分氢化、相互酯化、再酯化或反油酸化，不论是否精制，但未经进一步加工	100.00	100.00	100.00	0
16	1517	人造黄油；本章各种动、植物或微生物油、脂及其分离品混合制成的食用油、脂或制品，但品目1516的食用油、脂及其分离品除外	100.00	100.00	100.00	0
17	1518	动、植物或微生物油、脂及其分离品，经过熟练、氧化、脱水、硫化、吹制或在真空、惰性气体中加热聚合及用其他化学方法改性的，但品目1516的产品除外；本章各种油、脂及其分离品混合制成的其他品目未列名的非食用油、脂或制品	100.00	100.00	100.00	0
18	1601	肉、食用杂碎、动物血或昆虫制成的香肠及类似产品；用香肠制成的食品	100.00	100.00	100.00	0
19	1701	固体甘蔗糖、甜菜糖及化学纯蔗糖	100.00	100.00	100.00	0
20	2203	麦芽酿造的啤酒	100.00	100.00	100.00	0
21	8711	摩托车（包括机器脚踏两用车）及装有辅助发动机的脚踏车，不论有无边车；边车	100.00	100.00	100.00	0
22	0806	鲜或干的葡萄	76.67	100.00	30.00	33.00
23	1001	小麦及混合麦	76.00	100.00	40.00	29.39

表16-7　续2

序号	品目	品目条文	名义平均税率	最高税率	最低税率	均方差
24	1006	稻谷、大米	75.71	80.00	70.00	4.95
25	1514	菜子油或芥子油及其分离品，不论是否精制，但未经化学改性	75.00	75.00	75.00	0
26	1203	干椰子肉	70.00	70.00	70.00	0
27	4001	天然橡胶、巴拉塔胶、古塔波胶、银胶菊胶、糖胶树胶及类似的天然树胶，初级形状或板、片、带	70.00	70.00	70.00	0
28	9503	三轮车、踏板车、踏板汽车和类似的带轮玩具；玩偶车；玩偶；其他玩具；缩小（按比例缩小）的模型及类似的娱乐用模型，不论是否活动；各种智力玩具	70.00	70.00	70.00	0
29	0904	胡椒；辣椒干及辣椒粉	67.50	70.00	30.00	9.68
30	0802	鲜或干的其他坚果，不论是否去壳或去皮	63.89	120.00	10.00	39.04

各品目中最高税率排名第一的有6个品目，分别是品目2106、品目2204、品目2205、品目2206、品目2207和品目2208，均为150.00%。然后依次为品目8703（125.00%）、品目0802（120.00%）等。

税率均方差的结果未全部在表16-7中列出。统计结果表明，品目2207的税率均方差最大，为62.79%。然后依次为品目3302（40.66%）、品目0802（39.04%）、品目0806（33.00%）、品目1001（29.39%）、品目2106（29.31%）等。统计结果还表明，有999个品目（占品目总数的82.43%）的税率均方差为0，即这些品目执行相同的税率，如品目2204、品目2205、品目8703等。

16.2.5　各HS子目税率比较分析

《印度海关税则》中各HS子目的税率统计结果详见表16-8，表中数据按名义平均税率由高到低排列，篇幅所限，表中列出了名义平均税率均为150.00%的17个HS子目。

表 16-8　《印度海关税则》中各 HS 子目的税率统计结果

单位：%

序号	HS 子目	名义平均税率	最高税率	最低税率	均方差
1	2106. 90	150. 00	150. 00	150. 00	0
2	2204. 10	150. 00	150. 00	150. 00	0
3	2204. 21	150. 00	150. 00	150. 00	0
4	2204. 22	150. 00	150. 00	150. 00	0
5	2204. 29	150. 00	150. 00	150. 00	0
6	2204. 30	150. 00	150. 00	150. 00	0
7	2205. 10	150. 00	150. 00	150. 00	0
8	2205. 90	150. 00	150. 00	150. 00	0
9	2206. 00	150. 00	150. 00	150. 00	0
10	2207. 10	150. 00	150. 00	150. 00	0
11	2208. 20	150. 00	150. 00	150. 00	0
12	2208. 30	150. 00	150. 00	150. 00	0
13	2208. 40	150. 00	150. 00	150. 00	0
14	2208. 50	150. 00	150. 00	150. 00	0
15	2208. 60	150. 00	150. 00	150. 00	0
16	2208. 70	150. 00	150. 00	150. 00	0
17	2208. 90	150. 00	150. 00	150. 00	0

税率均方差的完整结果未在表 16-8 中列出。统计结果表明，子目 1001. 99 的税率均方差最高，为 30%，税率分布的离散程度最大，然后依次为子目 2515. 20（15%）、子目 2515. 12（14. 14%）、子目 0904. 11（12. 57%）、子目 8712. 00（12. 50%）等。统计结果还表明，有 5256 个 HS 子目（占比为 97. 66%）的税率均方差为 0，表明这些 HS 子目执行相同的税率，如子目 2106. 90、子目 2204. 10、子目 2204. 21、子目 2204. 22 等。

第17章　澳大利亚税则的税率结构分析

《澳大利亚海关税则》仅有一栏税率，但对新西兰、新加坡、韩国和最不发达国家（地区）等在部分税号设置了优惠税率，本章便对这一税率进行统计分析。

17.1　税种分析

17.1.1　征税方式分析

从征税方式的角度分析，2025年版《澳大利亚海关税则》中各税种分布详见表17-1。可以看出，《澳大利亚海关税则》中有从价税、从量税、复合税和选择税四种不同的征税方式，其中从价税占据主体，有6586个税号采用，占税号总数的97.54%。此外，114个税号采用从量税，48个税号采用复合税，4个税号采用选择税。

表17-1　《澳大利亚海关税则》中各税种的分布

税种	税号数（个）	占比（%）
从价税	6586	97.54
从量税	114	1.69
复合税	48	0.71
选择税	4	0.06
总计	6752	100

17.1.2　非从价税的分布

1. 从量税的分布

《澳大利亚海关税则》中有114个税号使用从量税，分布在4个类、7个章、16个品目和70个HS子目中。

统计各类设置从量税的情况可知，第5类有52个税号，第4类有37

个税号，第 6 类有 20 个，第 1 类有 5 个税号等。

统计各章设置从量税的情况可知，第 27 章有 52 个税号，第 22 章有 24 个税号，第 24 章有 13 个等。

从量税在各品目的分布详见表 17-2，表中仅列出了从量税税号数达 10 个及以上的品目，共有 3 个品目。其中，品目 2710 有 43 个，品目 2206 有 13 个，品目 2203 有 11 个。例如，税号 2203. 0091 的税率是 104. 31 澳元/升酒精，税号 0406. 1000 的税率是 1. 22 澳元/千克。

表 17-2　从量税在各品目的分布

单位：个

品目	品目条文	税号数
2710	石油及从沥青矿物提取的油类，但原油除外；以上述油为基本成分（按重量计不低于 70%）的其他品目未列名制品；废油	43
2206	其他发酵饮料（例如，苹果酒、梨酒、蜂蜜酒、清酒）；其他品目未列名的发酵饮料的混合物及发酵饮料与无酒精饮料的混合物	13
2203	麦芽酿造的啤酒	11

2. 复合税的分布

《澳大利亚海关税则》中有 48 个税号设置了复合税，集中在第 22 章（33 个税号）、第 87 章（13 个）和第 38 章（2 个）。

复合税在各品目的分布详见表 17-3，可以看出，品目 8703 的复合税税号数量最多，为 13 个。然后依次为品目 2204（10 个）、品目 2208（9 个）、品目 2206（8 个）等。例如，税号 8703. 2111 仅装有点燃式活塞内燃发动机、排气量不超过 1000 毫升的二手乘用车的税率为 5%+12000 澳元/辆，税号 2204. 1023 的税率为 5%+104. 31 澳元/升酒精。

表 17-3　复合税在各品目的分布

单位：个

序号	品目	品目条文	税号数
1	8703	主要用于载人的机动车辆（品目 8702 的货品除外），包括旅行小客车及赛车	13

表17-3　续

序号	品目	品目条文	税号数
2	2204	鲜葡萄酿造的酒，包括加酒精的；品目 2009 以外的酿酒葡萄汁	10
3	2208	未改性乙醇，按容量计酒精浓度在 80%以下；蒸馏酒、利口酒及其他酒精饮料	9
4	2206	其他发酵饮料（例如，苹果酒、梨酒、蜂蜜酒、清酒）；其他品目未列名的发酵饮料的混合物及发酵饮料与无酒精饮料的混合物	8
5	2205	味美思酒及其他加植物或香料的用鲜葡萄酿造的酒	4
6	2207	未改性乙醇，按容量计酒精浓度在 80%及以上；任何浓度的改性乙醇及其他酒精	2
7	3817	混合烷基苯及混合烷基萘	1
8	3819	闸用液压油及其他液压传动用液体，不含石油或从沥青矿物提取的油类，或者按重量计石油或从沥青矿物提取的油类含量低于 70%	1

3. 选择税的分布

《澳大利亚海关税则》中有 4 个税号设置了选择税详见表 17-4，即对品目 2009 项下的葡萄柚汁、柚汁、柑橘属水果汁等设置了 5%（从价税）或 0.45 澳元/千克（从量税），两者之间从低选择。

表 17-4　选择税的分布

税号	税率
2009.2100	5%或 0.45 澳元/千克，两者从低
2009.2900	5%或 0.45 澳元/千克，两者从低
2009.3190	5%或 0.45 澳元/千克，两者从低
2009.3990	5%或 0.45 澳元/千克，两者从低

17.2　从价税的分析

17.2.1　总体税率分析

为了计算《澳大利亚海关税则》的总体税率情况，将税则中税率为从量税、复合税和选择税等非从价税的税号剔除，仅对从价税税率进行统计分析。结果表明，《澳大利亚海关税则》的名义平均税率为2.19%，最高税率为10%，最低税率为0，税率均方差为2.48%。

《澳大利亚海关税则》中，农产品的名义平均税率为0.87%，税率均方差为1.88%；非农产品的名义平均税率为2.43%，税率均方差为2.50%。与其他国家（地区）税则不同的是，《澳大利亚海关税则》中农产品的名义平均税率和税率均方差均低于非农产品的。

《澳大利亚海关税则》的税率从0到10%，只有4个税级，其中使用最多的税率是0，有3695个税号，占税号总数的56.10%。然后依次为5%（2878个税号，占比为43.70%）、4%（12个税号，占比为0.18%）、10%（1个税号，占比为0.02%）。税级分布详见表17-5。

表17-5　《澳大利亚海关税则》中税级的分布

序号	税率（%）	税号数（个）	占比（%）
1	0	3695	56.10
2	5	2878	43.70
3	4	12	0.18
4	10	1	0.02
总计		6586	100

17.2.2　各类税率比较分析

《澳大利亚海关税则》中各类的税率统计结果详见表17-6，表中数据按名义平均税率由高到低排列。可以看出，第7类的名义平均税率最高，为4.34%。然后依次为第11类（3.56%）、第15类（3.35%）、第17类（3.32%）和第13类（3.15%）等。名义平均税率最低的是第21类，为零税率。

表 17-6 《澳大利亚海关税则》各类的税率统计结果

单位：%

序号	类	标题	名义平均税率	最高税率	最低税率	均方差
1	S07	塑料及其制品；橡胶及其制品	4.34	5.00	0	1.70
2	S11	纺织原料及纺织制品	3.56	10.00	0	2.28
3	S15	贱金属及其制品	3.35	5.00	0	2.35
4	S17	车辆、航空器、船舶及有关运输设备	3.32	5.00	0	2.36
5	S13	石料、石膏、水泥、石棉、云母及类似材料的制品；陶瓷产品；玻璃及其制品	3.15	5.00	0	2.41
6	S20	杂项制品	2.66	5.00	0	2.50
7	S08	生皮、皮革、毛皮及其制品；鞍具及挽具；旅行用品、手提包及类似容器；动物肠线（蚕胶丝除外）制品	2.55	5.00	0	2.50
8	S10	木浆及其他纤维状纤维素浆；回收（废碎）纸或纸板；纸、纸板及其制品	2.45	5.00	0	2.50
9	S04	食品；饮料、酒及醋；烟草、烟草及烟草代用品的制品；非经燃烧吸用的产品，不论是否含有尼古丁；其他供人体摄入尼古丁的含尼古丁的产品	2.44	5.00	0	2.47
10	S12	鞋、帽、伞、杖、鞭及其零件；已加工的羽毛及其制品；人造花；人发制品	2.17	5.00	0	2.48
11	S09	木及木制品；木炭；软木及软木制品；稻草、秸秆、针茅或其他编结材料制品；篮筐及柳条编结品	2.06	5.00	0	2.46

表17-6　续

序号	类	标题	名义平均税率	最高税率	最低税率	均方差
12	S16	机器、机械器具、电气设备及其零件；录音机及放声机、电视图像、声音的录制和重放设备及其零件、附件	2.06	5.00	0	2.46
13	S19	武器、弹药及其零件、附件	1.58	5.00	0	2.32
14	S06	化学工业及其相关工业的产品	1.29	5.00	0	2.19
15	S03	动、植物或微生物油、脂及其分解产品；精制的食用油脂；动、植物蜡	1.20	5.00	0	2.14
16	S14	天然或养殖珍珠、宝石或半宝石、贵金属、包贵金属及其制品；仿首饰；硬币	1.00	5.00	0	2.00
17	S18	光学、照相、电影、计量、检验、医疗或外科用仪器及设备、精密仪器及设备；钟表；乐器；上述物品的零件、附件	0.75	5.00	0	1.79
18	S02	植物产品	0.60	5.00	0	1.62
19	S05	矿产品	0.38	5.00	0	1.32
20	S01	活动物；动物产品	0.04	5.00	0	0.42
21	S21	艺术品、收藏品及古物	0	0	0	0

从税率的均方差来看，第 8 类、第 10 类和第 20 类的税率均方差最大，均为 2.5%，税率分布的离散程度最大。然后依次为第 12 类（2.48%）、第 4 类（2.47%）、第 9 类和第 16 类（均为 2.46%）等。

17.2.3　各章税率比较分析

《澳大利亚海关税则》中各章的税率统计结果详见表 17-7，表中数据按名义平均税率由高到低排列。可以看出，第 34 章的名义平均税率最高，为 4.75%，然后依次为第 54 章（4.58%）、第 39 章（4.53%）、第 73 章（4.40%）等。名义平均税率最低的是零税率，共有 17 章，有第 1 章、第 2 章、第 3 章、第 6 章、第 9 章等。

表 17-7 《澳大利亚海关税则》各章的税率统计结果

单位：%

序号	章	标题	名义平均税率	最高税率	最低税率	均方差
1	34	肥皂、有机表面活性剂、洗涤剂、润滑剂、人造蜡、调制蜡、光洁剂、蜡烛及类似品、塑型用膏、“牙科用蜡”及牙科用熟石膏制剂	4.75	5.00	0	1.09
2	54	化学纤维长丝；化学纤维纺织材料制扁条及类似品	4.58	5.00	0	1.38
3	39	塑料及其制品	4.53	5.00	0	1.46
4	73	钢铁制品	4.40	5.00	0	1.62
5	86	铁道或电车道机车、车辆及其零件；铁道或电车道轨道固定装置及其零件、附件；各种机械（包括电动机械）交通信号设备	4.35	5.00	0	1.68
6	62	非针织或非钩编的服装及衣着附件	4.27	5.00	0	1.77
7	61	针织或钩编的服装及衣着附件	4.17	10.00	0	1.96
8	83	贱金属杂项制品	4.17	5.00	0	1.86
9	76	铝及其制品	4.14	5.00	0	1.88
10	40	橡胶及其制品	4.03	5.00	0	1.98
11	72	钢铁	3.97	5.00	0	2.02
12	20	蔬菜、水果、坚果或植物其他部分的制品	3.97	5.00	0	2.03
13	55	化学纤维短纤	3.97	5.00	0	2.03
14	42	皮革制品；鞍具及挽具；旅行用品、手提包及类似容器；动物肠线（蚕胶丝除外）制品	3.87	5.00	0	2.09
15	22	饮料、酒及醋	3.82	5.00	0	2.12

表17-7　续1

序号	章	标题	名义平均税率	最高税率	最低税率	均方差
16	94	家具；寝具、褥垫、弹簧床垫、软座垫及类似的填充制品；未列名灯具及照明装置；发光标志、发光铭牌及类似品；活动房屋	3.77	5.00	0	2.15
17	63	其他纺织制成品；成套物品；旧衣着及旧纺织品；碎织物	3.73	5.00	0	2.17
18	69	陶瓷产品	3.71	5.00	0	2.19
19	68	石料、石膏、水泥、石棉、云母及类似材料的制品	3.71	5.00	0	2.19
20	19	谷物、粮食粉、淀粉或乳的制品；糕饼点心	3.70	5.00	0	2.15
21	87	车辆及其零件、附件，但铁道或电车道车辆除外	3.68	5.00	0	2.20
22	56	絮胎、毡呢及无纺织物；特种纱线；线、绳、索、缆及其制品	3.68	5.00	0	2.21
23	60	针织物及钩编织物	3.64	5.00	0	2.23
24	74	铜及其制品	3.53	5.00	0	2.28
25	36	炸药；烟火制品；火柴；引火合金；易燃材料制品	3.46	5.00	0	2.31
26	82	贱金属工具、器具、利口器、餐匙、餐叉及其零件	3.38	5.00	0	2.34
27	33	精油及香膏；芳香料制品及化妆盥洗品	3.30	5.00	0	2.34
28	57	地毯及纺织材料的其他铺地制品	3.29	5.00	0	2.37
29	32	鞣料浸膏及染料浸膏；鞣酸及其衍生物；染料、颜料及其他着色料；油漆及清漆；油灰及其他类似胶粘剂；墨水、油墨	3.15	5.00	0	2.41
30	58	特种机织物；簇绒织物；花边；装饰毯；装饰带；刺绣品	3.11	5.00	0	2.42

表17-7　续2

序号	章	标题	名义平均税率	最高税率	最低税率	均方差
31	59	浸渍、涂布、包覆或层压的纺织物；工业用纺织制品	3.09	5.00	0	2.43
32	64	鞋靴、护腿和类似品及其零件	3.00	5.00	0	2.45
33	89	船舶及浮动结构体	2.95	5.00	0	2.46
34	48	纸及纸板；纸浆；纸或纸板制品	2.72	5.00	0	2.49
35	52	棉花	2.65	5.00	0	2.50
36	38	杂项化学产品	2.59	5.00	0	2.50
37	51	羊毛、动物细毛或粗毛；马毛纱线及其机织物	2.50	5.00	0	2.50
38	70	玻璃及其制品	2.50	5.00	0	2.50
39	18	可可及可可制品	2.27	5.00	0	2.49
40	44	木及木制品；木炭	2.23	5.00	0	2.49
41	95	玩具、游戏品、运动用品及其零件、附件	2.21	5.00	0	2.48
42	84	核反应堆、锅炉、机器、机械器具及其零件	2.20	5.00	0	2.48
43	43	毛皮、人造毛皮及其制品	2.14	5.00	0	2.47
44	96	杂项制品	2.06	5.00	0	2.46
45	49	书籍、报纸、印刷图画及其他印刷品；手稿、打字稿及设计图纸	1.82	5.00	0	2.41
46	65	帽类及其零件	1.82	5.00	0	2.41
47	41	生皮（毛皮除外）及皮革	1.81	5.00	0	2.40
48	85	电机、电气设备及其零件；录音机及放声机、电视图像、声音的录制和重放设备及其零件、附件	1.79	5.00	0	2.40
49	21	杂项食品	1.77	5.00	0	2.15

表17-7　续3

序号	章	标题	名义平均税率	最高税率	最低税率	均方差
50	24	烟草及烟草代用品的制品；非经燃烧吸用的产品，不论是否含有尼古丁；其他供人体摄入尼古丁的含尼古丁的产品	1.67	5.00	0	2.36
51	93	武器、弹药及其零件、附件	1.58	5.00	0	2.32
52	17	糖及糖食	1.56	5.00	0	2.22
53	30	药品	1.23	5.00	0	2.15
54	15	动、植物或微生物油、脂及其分解产品；精制的食用油脂；动、植物蜡	1.20	5.00	0	2.14
55	07	食用蔬菜、根及块茎	1.19	5.00	0	2.13
56	35	蛋白类物质；改性淀粉；胶；酶	1.18	5.00	0	2.12
57	71	天然或养殖珍珠、宝石或半宝石、贵金属、包贵金属及其制品；仿首饰；硬币	1.00	5.00	0	2.00
58	16	肉、鱼、甲壳动物、软体动物及其他水生无脊椎动物、以及昆虫的制品	0.95	5.00	0	1.96
59	37	照相及电影用品	0.95	5.00	0	1.96
60	50	蚕丝	0.91	5.00	0	1.93
61	92	乐器及其零件、附件	0.88	5.00	0	1.91
62	13	虫胶；树胶、树脂及其他植物液、汁	0.83	5.00	0	1.86
63	66	雨伞、阳伞、手杖、鞭子、马鞭及其零件	0.83	5.00	0	1.86
64	90	光学、照相、电影、计量、检验、医疗或外科用仪器及设备、精密仪器及设备；上述物品的零件、附件	0.80	5.00	0	1.84
65	11	制粉工业产品；麦芽；淀粉；菊粉；面筋	0.74	5.00	0	1.78

表17-7　续4

序号	章	标题	名义平均税率	最高税率	最低税率	均方差
66	29	有机化学品	0.72	5.00	0	1.75
67	45	软木及软木制品	0.71	5.00	0	1.75
68	08	食用水果及坚果；柑橘属水果或甜瓜的果皮	0.70	5.00	0	1.72
69	25	盐；硫磺；泥土及石料；石膏料、石灰及水泥	0.59	5.00	0	1.61
70	78	铅及其制品	0.56	5.00	0	1.57
71	28	无机化学品；贵金属、稀土金属、放射性元素及其同位素的有机及无机化合物	0.53	5.00	0	1.53
72	91	钟表及其零件	0.51	5.00	0	1.51
73	79	锌及其制品	0.50	5.00	0	1.50
74	12	含油子仁及果实；杂项子仁及果实；工业用或药用植物；稻草、秸秆及饲料	0.44	5.00	0	1.41
75	53	其他植物纺织纤维；纸纱线及其机织物	0.43	5.00	0	1.41
76	27	矿物燃料、矿物油及其蒸馏产品；沥青物质；矿物蜡	0.38	5.00	0	1.32
77	05	其他动物产品	0.31	5.00	0	1.21
78	75	镍及其制品	0.29	5.00	0	1.18
79	04	乳品；蛋品；天然蜂蜜；其他食用动物产品	0.29	5.00	0	1.11
80	01	活动物	0	0	0	0
81	02	肉及食用杂碎	0	0	0	0
82	03	鱼、甲壳动物、软体动物及其他水生无脊椎动物	0	0	0	0
83	06	活树及其他活植物；鳞茎、根及类似品；插花及装饰用簇叶	0	0	0	0
84	09	咖啡、茶、马黛茶及调味香料	0	0	0	0

表17-7　续5

序号	章	标题	名义平均税率	最高税率	最低税率	均方差
85	10	谷物	0	0	0	0
86	14	编结用植物材料；其他植物产品	0	0	0	0
87	23	食品工业的残渣及废料；配制的动物饲料	0	0	0	0
88	26	矿砂、矿渣及矿灰	0	0	0	0
89	31	肥料	0	0	0	0
90	46	稻草、秸秆、针茅或其他编结材料制品；篮筐及柳条编结品	0	0	0	0
91	47	木浆及其他纤维状纤维素浆；回收（废碎）纸或纸板	0	0	0	0
92	67	已加工羽毛、羽绒及其制品；人造花；人发制品	0	0	0	0
93	80	锡及其制品	0	0	0	0
94	81	其他贱金属、金属陶瓷及其制品	0	0	0	0
95	88	航空器、航天器及其零件	0	0	0	0
96	97	艺术品、收藏品及古物	0	0	0	0

各章中最高税率排名第一的是第 61 章，为 10%，然后有 78 个章的最高税率均为 5%，包含第 4 章、第 5 章、第 7 章等。

从税率的均方差来看，《澳大利亚海关税则》税率的波动性不大，第 38 章、第 51 章、第 52 章和第 70 章的税率均方差最大，均为 2. 50%，税率分布的离散程度最大。然后是第 18 章、第 44 章和第 48 章，均为 2. 49%等。

17. 2. 4　各品目税率比较分析

《澳大利亚海关税则》中各品目的税率统计结果详见表 17-8，
据按名义平均税率由高到低排列，篇幅所限，表中仅列出了名义
排名前 10 的品目。可以看出，品目 6104 的名义平均税率最高，
品目 0806、品目 0813、品目 1105 等 279 个品目的名义
为 5. 00%。

表 17-8 《澳大利亚海关税则》中各品目的税率统计结果

单位：%

序号	品目	品目条文	名义平均税率	最高税率	最低税率	均方差
1	6104	针织或钩编的女式西服套装、便服套装、上衣、连衣裙、裙子、裙裤、长裤、护胸背带工装裤、马裤及短裤（游泳服除外）	5.23	10.00	5.00	1.04
2	0806	鲜或干的葡萄	5.00	5.00	5.00	0
3	0813	品目 0801 至 0806 以外的干果；本章的什锦坚果或干果	5.00	5.00	5.00	0
4	1105	马铃薯的细粉、粗粉、粉末、粉片、颗粒及团粒	5.00	5.00	5.00	0
5	1507	豆油及其分离品，不论是否精制，但未经化学改性	5.00	5.00	5.00	0
6	1517	人造黄油；本章各种动、植物或微生物油、脂及其分离品混合制成的食用油、脂或制品，但品目 1516 的食用油、脂及其分离品除外	5.00	5.00	5.00	0
7	1601	肉、食用杂碎、动物血或昆虫制成的香肠及类似产品；用香肠制成的食品	5.00	5.00	5.00	0
8	1704	不含可可的糖食（包括白巧克力）	5.00	5.00	5.00	0
9	1806	巧克力及其他含可可的食品	5.00	5.00	5.00	0
10	2001	蔬菜、水果、坚果及植物的其他食用部分，用醋或醋酸制作或保藏的	5.00	5.00	5.00	0

各品目中最高税率排名第一的是品目 6104，为 10%。

税率均方差的结果未全部在表 17-8 中列出。统计结果表明，品目 1210、品目 1508、品目 1514 等 70 个品目的税率均方差均为 2.50%。统计结果还表明，有 854 个品目（占比为 69.83%）的税率均方差为 0，表明这些品目执行相同的税率，如品目 0101、品目 0102、品目 0103、品目 0104、品目 0105 等。

17.2.5　各HS子目税率比较分析

《澳大利亚海关税则》中各HS子目的税率统计结果详见表17-9，篇幅所限，仅列出了名义平均税率排名前10的HS子目。可以看出，子目6104.53的名义平均税率最高，为10%。子目0709.52、子目0709.53、子目0709.54等2124个子目的名义平均税率均为5%。统计结果还表明，共有3054个子目（占比为54.82%）的名义平均税率为0，如子目0101.21、子目0101.29、子目0101.30、子目0101.90、子目0102.21、子目0102.29等。

统计结果还表明，共有5187个子目（占比为93.11%）的税率均方差为0，即这些子目执行相同的税率，如子目0709.51、子目0709.52、子目0709.53和子目0709.54等。

表17-9　《澳大利亚海关税则》中HS子目税率的统计结果

单位：%

序号	HS子目	名义平均税率	最高税率	最低税率	均方差
1	6104.53	10.00	10.00	10.00	0
2	0709.52	5.00	5.00	5.00	0
3	0709.53	5.00	5.00	5.00	0
4	0709.54	5.00	5.00	5.00	0
5	0709.55	5.00	5.00	5.00	0
6	0709.56	5.00	5.00	5.00	0
7	0709.59	5.00	5.00	5.00	0
8	0710.10	5.00	5.00	5.00	0
9	0710.29	5.00	5.00	5.00	0
10	0710.30	5.00	5.00	5.00	0

第 18 章　各国（地区）税则税率结构的比较分析

在对各国（地区）税则税率结构进行充分分析的基础上，本章从征税方式和税率结构两个角度对各国（地区）税则进行横向比较，探求各国（地区）税则税率设置的规律。

18.1　各国（地区）税则征税方式的比较分析

18.1.1　不同征税方式的税号数比较

各国（地区）税则中不同征税方式对应税号数及其占比详见表 18-1。显然，各国（地区）税则均以从价税为主要征税方式，其中，《中国税则》的从价税税号占比最高，达 99.63%；《欧亚经济联盟税则》的从价税税号占比最低，为 86.96%。在非从价税中，从量税一般占据主导地位，如《美国协调关税税则》中从量税占比为 6.93%，《欧盟共同海关税则》占比 7.10%，《日本税则》占比为 4.04%；《欧亚经济联盟税则》《加拿大海关税则》和《印度海关税则》却以选择税为主，占比分别为 8.13%、1.99% 和 5.73%。复合税税负较高，在总税号数中占比相对较低，其中占比最高的税则是《美国协调关税税则》，为 3.50%，其次是《欧盟共同海关税则》（2.25%）和《日本税则》（1.79%）。

表 18-1　各国（地区）税则不同征税方式税号数及其占比

税种		从价税	从量税	复合税	选择税	季节税	总计
美国	税号数（个）	10194	791	400	29	—	11414
	占比（%）	89.31	6.93	3.50	0.26	—	—
中国	税号数（个）	8927	33	—	—	—	8960
	占比（%）	99.63	0.37	—	—	—	—

表18-1　续

税种		从价税	从量税	复合税	选择税	季节税	总计
欧盟	税号数（个）	8732	694	220	100	32	9778
	占比（%）	89.30	7.10	2.25	1.02	0.33	—
日本	税号数（个）	8731	390	173	358	—	9652
	占比（%）	90.46	4.04	1.79	3.71	—	
欧亚经济联盟	税号数（个）	11533	617	34	1078	—	13262
	占比（%）	86.96	4.65	0.26	8.13	—	—
加拿大	税号数（个）	6952	119	50	145	—	7266
	占比（%）	95.68	1.64	0.69	1.99	—	—
印度	税号数（个）	11583	3	—	704	—	12290
	占比（%）	94.25	0.02	—	5.73	—	—
澳大利亚	税号数（个）	6586	114	48	4	—	6752
	占比（%）	97.54	1.69	0.71	0.06	—	—

就各国（地区）税则的征税方式种类而言，《中国税则》是最简单的，只有从价税和从量税两种征税方式；《欧盟共同海关税则》的征税方式是最多的，有从价税、从量税、复合税、选择税和季节税五种征税方式，其中复合税、选择税和季节税等都显著加大了计税的复杂性和难度。

18.1.2　从量税征税商品的比较

各国（地区）税则中从量税税号及税号数详见表18-2，表中仅列出了从量税税号数量较多的品目。可以看出，从量税主要是针对农产品和石油相关的产品，主要涉及的品目包括：品目0207、品目0406、品目2710、品目0713、品目0802、品目2203、品目2206和品目2208等。《中国税则》的从量税主要集中在品目3702（成卷的未曝光摄影感光胶片，用纸、纸板及纺织物以外任何材料制成；未曝光的一次成像感光卷片）上；《欧亚经济联盟税则》则对蔗糖、酒、鞋靴、纺织服装、地毯和机动车辆等类商品设置了从量税。

表 18-2　各国（地区）税则中从量税品目及税号数

单位：个

国家（地区）	品目	条文	税号数
美国	0406	乳酪及凝乳	51
	2009	未发酵及未加酒精的水果汁或坚果汁、蔬菜汁	28
	0713	脱荚的干豆	27
	0402	浓缩、加糖或其他甜物质的乳及稀奶油	24
	0207	家禽的鲜、冷、冻肉及食用杂碎	23
	2710	石油及从沥青矿物提取的油类，但原油除外；以上述油为基本成分（不低于 70%）的其他品目未列名制品；废油	23
	0802	鲜或干的其他坚果	22
	2005	其他未冷冻蔬菜，用醋或醋酸以外的其他方法制作或保藏的	20
	2008	用其他方法制作或保藏的其他品目未列名水果、坚果及植物的其他食用部分	20
中国	3702	成卷的未曝光摄影感光胶片、用纸、纸板及纺织物以外任何材料制成、未曝光的一次成像感光卷片	27
	0207	家禽的鲜、冷、冻肉及食用杂碎	4
	2203	麦芽酿造的啤酒	1
	2709	石油原油及从沥青矿物提取的原油	1
欧盟	2204	鲜葡萄酿造的酒，包括加酒精的；品目 2009 以外的酿酒葡萄汁	121
	0207	家禽的鲜、冷、冻肉及食用杂碎	97
	0406	乳酪及凝乳	43
	1006	稻谷、大米	36
	0404	乳清；其他品目未列名的含天然乳的产品	30
	1104	经其他加工的谷物；谷物胚芽，整粒、滚压、制片或磨碎的	27
	0402	浓缩、加糖或其他甜物质的乳及稀奶油	24
	0210	肉及食用杂碎，干、熏、盐腌或盐渍的；可供食用的肉或杂碎的细粉、粗粉	21
	1602	其他方法制作或保藏的肉、食用杂碎、动物血或昆虫	21
	2309	配制的动物饲料	20

表18-2　续1

国家（地区）	品目	条文	税号数
日本	2710	石油及从沥青矿物提取的油类，但原油除外；以上述油为基本成分（按重量计不低于70%）的其他品目未列名制品；废油	44
	1901	麦精；细粉、粗粒、粗粉、淀粉或麦精制的其他税号未列名的食品，不含可可或全脱脂可可含量低于40%；品目0401至0404所列货品制的其他税号未列名的食品，不含可可或全脱脂可可含量低于5%	29
	1108	淀粉；菊粉	24
	1904	谷物或谷物产品经膨化或烘炒制成的食品；其他税号未列名的预煮或经其他方法制作的谷粒、谷物片或经其他加工的谷粒	21
	0713	脱荚的干豆，不论是否去皮或分瓣	20
欧亚经济联盟	1701	固体甘蔗糖、甜菜糖及化学纯蔗糖	93
	2208	未改性乙醇，按容量计酒精浓度在80%以下；蒸馏酒、利口酒及其他酒精饮料	61
	6403	橡胶、塑料、皮革或再生皮革制外底，皮革制鞋面的鞋靴	40
	6204	女式西服套装、便服套装、上衣、连衣裙、裙子、裙裤、长裤、护胸背带工装裤、马裤及短裤	35
	8703	主要用于载人的机动车辆，包括旅行小客车及赛车	27
	6203	男式西服套装、便服套装、上衣、长裤、护胸背带工装裤、马裤及短裤	21
	5702	机织地毯及纺织材料的其他机织铺地制品，未簇绒或未植绒	20
加拿大	2206	其他发酵饮料；其他品目未列名的发酵饮料的混合物及发酵饮料与无酒精饮料的混合物	23
	0406	乳酪及凝乳	17
	1702	其他固体糖，包括化学纯乳糖、麦芽糖、葡萄糖及果糖；未加香料或着色剂的糖浆；人造蜜，不论是否掺有天然蜂蜜；焦糖	11
	2208	未改性乙醇，按容量计酒精浓度在80%以下；蒸馏酒、利口酒及其他酒精饮料	10
印度	0802	鲜或干的其他坚果	2
	2716	电力	1

表18-2　续2

国家（地区）	品目	条文	税号数
澳大利亚	2710	石油及从沥青矿物提取的油类，但原油除外；以上述油为基本成分（按重量计不低于70%）的其他品目未列名制品；废油	43
	2206	其他发酵饮料；其他品目未列名的发酵饮料的混合物及发酵饮料与无酒精饮料的混合物	13
	2203	麦芽酿造的啤酒	11

18.1.3　复合税征税商品的比较

各国（地区）税则中复合税税号及税号数详见表18-3，表中仅列出了复合税税号数较多的品目。可以看出，征收复合税的商品类别比较丰富，但也是以农产品为主。如《美国协调关税税则》中除了农产品，还有钟表、贱金属制品、鞋靴等；《欧亚经济联盟税则》主要是第94章的家具，《澳大利亚海关税则》主要是第87章的机动车辆和第22章的含酒精饮料。《中国税则》和《印度海关税则》未设置复合税。

表18-3　各国（地区）税则中复合税税号数

单位：个

国家（地区）	品目	条文	税号数
美国	9102	手表、怀表及其他表，包括秒表	36
	1806	巧克力及其他含可可的食品	27
	1901	麦精；细粉、粗粒、粗粉、淀粉或麦精制的其他税号未列名的食品，不含可可或全脱脂可可含量低于40%；品目0401至0404所列货品制的其他税号未列名的食品，不含可可或全脱脂可可含量低于5%	17
	9105	其他钟	16
	8211	有刃口的刀及其刀片	15
	2106	其他税号未列名的食品	11
	9101	手表、怀表及其他表，表壳用贵金属或包贵金属制成的	11
	6402	橡胶或塑料制外底及鞋面的其他鞋靴	10

表18-3　续1

国家（地区）	品目	条文	税号数
中国	—		
欧盟	2009	未发酵及未加酒精的水果汁或坚果汁、蔬菜汁	32
	0204	鲜、冷、冻绵羊肉或山羊肉	27
	2008	用其他方法制作或保藏的其他品目未列名水果、坚果及植物的其他食用部分	19
	0102	牛	13
	0403	酸乳；酪乳、结块的乳及稀奶油、酸乳酒及其他发酵或酸化的乳和稀奶油	13
	1904	谷物或谷物产品经膨化或烘炒制成的食品；其他税号未列名的预煮或经其他方法制作的谷粒、谷物片或经其他加工的谷粒	10
日本	0404	乳清；其他品目未列名的含天然乳的产品	53
	0402	浓缩、加糖或其他甜物质的乳及稀奶油	32
	0403	酸乳；酪乳、结块的乳及稀奶油、酸乳酒及其他发酵或酸化的乳和稀奶油	26
	0405	黄油及其他从乳中提取的脂和油；乳酱	13
欧亚经济联盟	9403	其他家具及其零件	18
	9401	坐具及其零件	13
加拿大	1904	谷物或谷物产品经膨化或烘炒制成的食品	12
	1905	烘焙糕饼	11
	1104	经其他加工的谷物	5
印度	—		
澳大利亚	8703	主要用于载人的机动车辆（品目8702的货品除外），包括旅行小客车及赛车	13
	2204	鲜葡萄酿造的酒，包括加酒精的；品目2009以外的酿酒葡萄汁	10
	2208	未改性乙醇，按容量计酒精浓度在80%以下；蒸馏酒、利口酒及其他酒精饮料	9
	2206	其他发酵饮料；其他品目未列名的发酵饮料的混合物及发酵饮料与无酒精饮料的混合物	8

表18-3　续2

国家（地区）	品目	条文	税号数
澳大利亚	2205	味美思酒及其他加植物或香料的用鲜葡萄酿造的酒	4
	2207	未改性乙醇，按容量计酒精浓度在 80%及以上；任何浓度的改性乙醇及其他酒精	2

18.1.4　选择税征税商品的比较

各国（地区）税则中选择税征税商品及税号数详见表 18-4，表中仅列出了部分税号数较多的品目。可以看出，各国（地区）税则选择税征收对象各不相同。《美国协调关税税则》的选择税主要针对纺织服装类商品；《欧盟共同海关税则》《加拿大海关税则》和《澳大利亚海关税则》主要针对农产品征收选择税；《日本税则》主要针对第 52 章的棉纱线或棉机织物征收选择税；欧亚经济联盟税则主要针对农产品、机动车辆和纺织服装征收选择税；《印度海关税则》主要针对机织物和纺织服装征收选择税。《中国税则》未设置选择税。

表 18-4　各国（地区）税则中选择税税号及税号数

单位：个

国家（地区）	品目	条文	税号数
美国	6203	男式西服套装、便服套装、上衣、长裤、护胸背带工装裤、马裤及短裤	6
	6103	针织或钩编的男式西服套装、便服套装、上衣、长裤、护胸背带工装裤、马裤及短裤	5
	6104	针织或钩编的女式西服套装、便服套装、上衣、连衣裙、裙子、裙裤、长裤、护胸背带工装裤、马裤及短裤	5
	6204	女式西服套装、便服套装、上衣、连衣裙、裙子、裙裤、长裤、护胸背带工装裤、马裤及短裤	5
中国	—		

表18-4　续1

国家（地区）	品目	条文	税号数
欧盟	1806	巧克力及其他含可可的食品	16
	1905	面包、糕点、饼干及其他烘焙糕饼，不论是否含可可；圣餐饼、装药空囊、封缄、糯米纸及类似制品	14
	1704	不含可可的糖食（包括白巧克力）	11
	2401	烟草；烟草废料	11
日本	5208	棉机织物，含棉量在85%及以上，每平方米重量不超过200克	72
	5205	棉纱线，含棉量在85%及以上，非供零售用	52
	5209	棉机织物，含棉量在85%及以上，每平方米重量超过200克	42
	6403	橡胶、塑料、皮革或再生皮革制外底，皮革制鞋面的鞋靴	34
	5206	棉纱线，含棉量在85%以下，非供零售用	20
欧亚经济联盟	0207	品目0105所列家禽的鲜、冷、冻肉及食用杂碎	215
	2009	未发酵及未加酒精的水果汁或坚果汁、蔬菜汁	119
	8703	主要用于载人的机动车辆，包括旅行小客车及赛车	60
	0406	乳酪及凝乳	47
	1602	其他方法制作或保藏的肉、食用杂碎、动物血或昆虫	37
	0403	酸乳；酪乳、结块的乳及稀奶油、酸乳酒及其他发酵或酸化的乳和稀奶油	34
	1006	稻谷、大米	32
	0210	肉及食用杂碎，干、熏、盐腌或盐渍的；可供食用的肉或杂碎的细粉、粗粉	29
	0204	鲜、冷、冻绵羊肉或山羊肉	27
	6203	男式西服套装、便服套装、上衣、长裤、护胸背带工装裤、马裤及短裤	21
加拿大	0207	品目0105所列家禽的鲜、冷、冻肉及食用杂碎	26
	0406	乳酪及凝乳	17
	0709	鲜或冷藏的其他蔬菜	11
	1602	其他方法制作或保藏的肉、食用杂碎、动物血或昆虫	10

表18-4 续2

国家（地区）	品目	条文	税号数
印度	5407	合成纤维长丝纱线的机织物，包括品目5404所列材料的机织物	114
	5515	合成纤维短纤纺制的其他机织物	46
	5209	棉机织物，含棉量在85%及以上，每平方米重量超过200克	45
	5408	人造纤维长丝纱线的机织物	43
	5208	棉机织物，含棉量在85%及以上，每平方米重量不超过200克	41
	5211	棉机织物，含棉量在85%以下，主要或仅与化学纤维混纺，每平方米重量超过200克	41
	5112	精梳羊毛或精梳动物细毛的机织物	26
	5111	粗梳羊毛或粗梳动物细毛的机织物	25
	6214	披巾、领巾、围巾、披纱、面纱及类似品	25
	6204	女式西服套装、便服套装、上衣、连衣裙、裙子、裙裤、长裤、护胸背带工装裤、马裤及短裤	22
	5210	棉机织物，含棉量在85%以下，主要或仅与化学纤维混纺，每平方米重量不超过200克	20
澳大利亚	2009	葡萄柚汁、柚汁、柑橘属水果汁	4

18.2 各国（地区）税则税率结构的比较分析

各国（地区）税则的税率结构详见表18-5。表中列出了各国（地区）税则的名义平均税率、最高税率、最低税率、税率均方差和税级数的统计结果。

表18-5 各国（地区）税则的税率结构

国家（地区）	名义平均税率（%）			最高税率（%）	最低税率（%）	税率均方差（%）	税级数（个）
	整体	农产品	非农产品				
美国	4.24	7.09	3.81	350.00	0	10.96	204
中国	7.30	11.55	6.47	65.00	0	6.06	42

表18-5　续

国家（地区）	名义平均税率（%）			最高税率（%）	最低税率（%）	税率均方差（%）	税级数（个）
	整体	农产品	非农产品				
欧盟	4.82	9.79	3.73	74.90	0	5.31	120
日本	6.15	11.74	4.56	60.00	0	8.60	111
欧亚经济联盟	6.47	8.14	6.09	80	0	4.71	31
加拿大	2.64	3.11	2.52	238.00	0	7.11	44
印度	16.01	41.05	11.54	150.00	0	19.00	25
澳大利亚	2.19	0.87	2.43	10.00	0	2.48	4

从名义平均税率来看，《印度海关税则》的名义平均税率最高，为16.01%，《中国税则》的名义平均税率是7.30%。然后依次是《欧亚经济联盟税则》（6.47%）、《日本税则》（6.15%）、《欧盟共同海关税则》（4.82%）、《美国协调关税税则》（4.24%）、《加拿大海关税则》（2.64%）。名义平均税率最低的是《澳大利亚海关税则》，为2.19%。《中国税则》的名义平均税率与《日本税则》的非常接近，只高出了1.15%，中国也早已兑现2001年加入WTO时的降税承诺。需要注意的是，名义平均税率并不能准确反映实际关税水平，两者之间不是严格正相关关系，与税则的税率结构和进口商品结构有关。如果进口额较大的商品税率较低，进口额较小的商品税率较高，实际的关税税率可能并不高。

从农产品和非农产品的名义平均税率来看，上述大多数国家（地区）税则的农产品名义平均税率都高于非农产品，唯一的例外是《澳大利亚海关税则》。农产品名义平均税率最高的为《印度海关税则》，高达41.05%，然后依次为《日本税则》（11.74%）、《中国税则》（11.55%）、《欧盟共同海关税则》（9.79%）、《欧亚经济联盟税则》（8.14%）、《美国协调关税税则》（7.09%）、《加拿大海关税则》（3.11%）；农产品名义平均税率最低的是《澳大利亚海关税则》，仅为0.87%。非农产品中，名义平均税率最高的仍然是《印度海关税则》，为11.54%，然后依次为《中国税则》（6.47%）、《欧亚经济联盟税则》（6.09%）、《日本税则》（4.56%）、《美国协调关税税则》（3.81%）、《欧盟共同海关税则》（3.73%）、《澳大利亚海关税则》（2.43%）；最低的是《加拿大海关税则》，为2.52%。

最高税率适用的品目详见表 18-6。可以看出，《美国协调关税税则》的最高税率为 350. 00%，是所有税则中最高的从价税税率，适用于品目 2401 和品目 2403 的烟草及其制品。《欧盟共同海关税则》的最高税率适用于品目 2403，其最高税率为 74. 90%。《中国税则》的最高税率为 65%，适用于以下 7 个品目：品目 1001、品目 1005、品目 1006、品目 1101、品目 1103、品目 1104 和品目 2205，其中前 6 个品目都是配额外进口谷物的税率。《日本税则》的最高税率为 60. 00%，适用于第 41 章的带毛生皮及已鞣皮革。《加拿大海关税则》的最高税率为 238. 00%，适用于品目 1601 和品目 1602 的香肠和经制作的肉和食用杂碎。《印度海关税则》的最高税率为 150. 00%，适用于品目 2106、品目 2204、品目 2205、品目 2206、品目 2207 和品目 2208。《澳大利亚海关税则》的最高税率仅为 10. 00%，是 8 个国家（地区）税则中最低的，适用于品目 6104 的女式服装。

表 18-6　最高税率适用的品目

国家（地区）	最高税率（%）	品目	条文
美国	350. 00	2401	含烟草、再造烟草、尼古丁、或烟草或尼古丁代用品，非经燃烧吸用的产品；其他供人体摄入尼古丁的含尼古丁的产品
		2403	其他烟草及烟草代用品的制品、“均化”或“再造”烟草、烟草精汁
中国	65. 00	1001	小麦及混合麦
		1005	玉米
		1006	稻谷、大米
		1101	小麦或混合麦的细粉
		1103	谷物的粗粒、粗粉及团粒
		1104	经其他加工的谷物、谷物胚芽
		2205	味美思酒及其他加植物或香料的用鲜葡萄酿造的酒
欧盟	74. 90	2403	其他烟草及烟草代用品的制品、“均化”或“再造”烟草、烟草精汁

表18-6　续

国家（地区）	最高税率（%）	品目	条文
日本	60.00	4101	生牛皮、生马科动物皮
		4104	经鞣制的不带毛牛皮、马科动物皮及其坯革、但未经进一步加工
		4105	经鞣制的不带毛绵羊或者羔羊皮及其坯革、但未经进一步加工
		4106	经鞣制的其他不带毛动物皮及其坯革、但未经进一步加工
		4107	经鞣制或半硝处理后进一步加工的不带毛的牛皮革及马科动物皮革
		4112	经鞣制或半硝处理后进一步加工的不带毛的绵羊或羔羊皮革
		4113	经鞣制或半硝处理后进一步加工的不带毛的其他动物皮革
欧亚经济联盟	80.00	0207	家禽的鲜、冷、冻肉及食用杂碎
加拿大	238.00	1601	香肠、用香肠制成的食品
		1602	其他方法制作或保藏的肉、食用杂碎、动物血或昆虫
印度	150.00	2106	其他税号未列名的食品
		2204	鲜葡萄酿造的酒
		2205	味美思酒及其他加植物或香料的用鲜葡萄酿造的酒
		2206	其他发酵饮料（例如，苹果酒、梨酒、蜂蜜酒、清酒）；其他品目未列名的发酵饮料的混合物及发酵饮料与无酒精饮料的混合物
		2207	未改性乙醇，按容量计酒精浓度在80%及以上；任何浓度的改性乙醇及其他酒精
		2208	未改性乙醇，按容量计酒精浓度在80%以下；蒸馏酒、利口酒及其他酒精饮料
澳大利亚	10.00	6104	针织或钩编的女式西服套装、便服套装、上衣、连衣裙、裙子、裙裤、长裤、护胸背带工装裤、马裤及短裤

8个国家（地区）税则中的最低税率均为0，表明这些税则中均存在零税率的情形。税率的均方差反映了从价税税率分布的离散程度，《印度海关税则》的税率均方差最大，为19.00%，即税率分布的离散程度较大。

然后是《美国协调关税税则》的 10.96%，《中国税则》的税率均方差为 6.06%，税率分布离散程度并不是特别大，税率均方差最小的是《澳大利亚海关税则》，仅为 2.48%。

从税级数来看，《美国协调关税税则》的税级数最多，从 0 到 350% 设置了 204 个税级。然后是《欧盟共同海关税则》（120 个）、《日本税则》（111 个），这 3 个发达国家（地区）税则的税级数相对较多。中国税则的税级数为 42，处于中等水平。税级数最少的是《澳大利亚海关税则》，仅有 4 个，税率结构相对简单，名义平均税率也是最低的。

参考文献

［1］吴家煌．世界主要国家关税政策与措施［M］．北京：法律出版社，1998.

［2］李九领．关税理论与政策［M］．北京：中国海关出版社，2010.

［3］宗慧民．进出口商品归类（第三版）［M］．北京：中国海关出版社有限公司，2022 年．

［4］宗慧民．中美海关进出口税则结构比较分析［J］．对外经济贸易实务，2010，000（005）：53-55. DOI：10.3969/j.issn.1003-5559.2010.05.016.

［5］WTO，ITC，UNCTAD. World tariff profiles 2024，［EB/OL］. https：//unctad.org/publication/world-tariff-profiles-2024.